21世纪普通高等教育规划教材·会计系列

# 管理会计

（第四版）

袁水林　主编
张一贞　主审

上海财经大学出版社

**图书在版编目(CIP)数据**

管理会计/袁水林主编. —4 版. —上海:上海财经大学出版社,
2018.3

(21 世纪普通高等教育规划教材·会计系列)

ISBN 978-7-5642-2927-6/F·2927

Ⅰ.①管… Ⅱ.①袁… Ⅲ.①管理会计-高等学校-教材
Ⅳ.①F234.3

中国版本图书馆 CIP 数据核字(2018)第 015179 号

□ 责任编辑 黄 荟
□ 装帧设计 晨 宇

GUANLI KUAIJI
**管 理 会 计**
(第四版)
袁水林 主编
张一贞 主审

上海财经大学出版社出版发行
(上海市中山北一路 369 号 邮编 200083)
网 址:http://www.sufep.com
电子邮箱:webmaster @ sufep.com
全国新华书店经销
上海华业装璜印刷厂印刷装订
2018 年 3 月第 4 版 2018 年 3 月第 1 次印刷

787mm×1092mm 1/16 17.5 印张 448 千字
印数:65 001—69 000 定价:39.00 元
(本教材习题集,请登录 www.sufep.com 本书页面下载)

21世纪普通高等教育规划教材

21 SHI JI PU TONG GAO DENG JIAO YU GUI HUA JIAO CAI

# 编委会

BIAN WEI HUI

# 第四版前言

管理会计学是现代企业会计的一个重要分支，它将会计与管理结合起来，运用现代管理科学的成果，通过对企业经营活动的预测、决策、预算、控制、考核、评价，实现企业内部的全面管理，为加强企业管理、提高经济效益服务。

随着社会经济的迅速发展、科学技术的日新月异，企业之间的竞争愈演愈烈；世界经济趋于一体化，使国际性竞争日趋激烈；我国经济体制、企业经营方式的不断改革和国际贸易的不断发展，这一切都对企业管理提出了新的要求。因此，管理会计作为现代化企业进程中不可缺少的一环，其作用日显突出。2014 年《财政部关于全面推进管理会计体系建设的指导意见》的颁布、2016 年《管理会计基本指引》的正式发布、2017 年起《管理会计应用指引》和《管理会计示范案例》的陆续出台，将在我国管理会计体系建设、加快发展具有中国特色的管理会计方面发挥重要的作用。

本教材是 21 世纪经济管理专业应用型精品系列教材之一，是根据我国高等教育发展的需求、为满足和适应高等学校的教学要求而编写的。本教材自 2006 年出版发行以来，得到广大读者的厚爱和支持，借此机会表示衷心的感谢！

随着我国社会主义市场经济体制的不断完善与发展以及企业经营管理环境的变化，我们对本教材进行了第四次修订。这次修订的基本思路是：在充分继承原有教材良好的编写风格的基础上，尽可能吸收近年来国内外管理会计研究的新成果和实践中的新创造。

在编写中，本教材在体例上力求体现理论性、系统性、应用性和开放性，将案例和习题贯穿于教材之中；在风格上力求体现通俗性、生动性、技术性和实用性；全书配有习题集，使其更符合高等学校学生的教学特点。本教材既可作为高等院校会计学专业及财经类专业的教科书，也可作为在职人员培训和企业管理人员的参考用书。

本教材共分十一章，由山西财经大学会计学院袁水林任主编，负责全书的设计、总纂和定稿工作。各章写作分工如下：第一章由山西财经大学袁水林编写，第八章、第十一章由山西财经大学张祎编写，第六章由东北师范大学胡静波编写，第四章由山西大学赵虎娥编写，第二章、第三章、第十章由山西财经大学李列平编写，第五章、第七章、第九章由山西大学商务学院刘艳萍编写。全书由山西财经大学张一贞教授主审。

在本教材的出版与修订过程中，得到了上海财经大学出版社、湖北众邦文化传播有限公司的大力支持，在此一并感谢。

由于时间仓促，书中难免存在误漏和不当之处，恳请读者批评指正。

**编　者**

2017 年 8 月

# 目　录

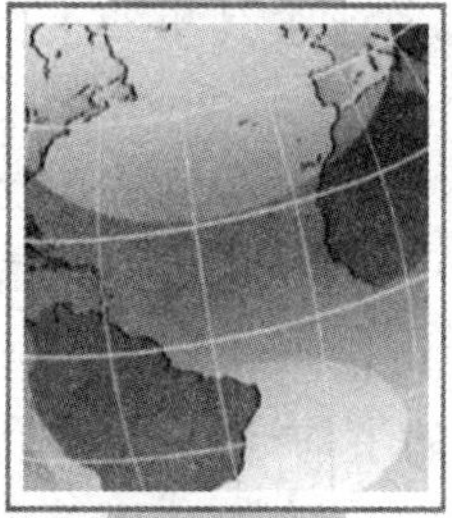

# 第一章 管理会计概述

## 引言

管理会计是从传统会计中分离出来的一个新的会计学科分支。它拓宽了会计的管理职能，具有规划、决策、控制和评价等具体职能；它侧重研究企业内部未来和现在资金运动的规划与控制；它把决策会计和执行会计作为自己的基本内容；它吸收了现代管理科学的最新成果，是一门综合性的边缘学科。本章主要介绍管理会计的形成与发展、管理会计的基本内容、管理会计工具方法、管理会计信息报告、管理会计的主要特点及其与财务会计的区别和联系。

## 第一节　管理会计的形成与发展

管理会计是以现代管理科学为基础，以提高企业价值为目的，以一系列特定的技术、方法为手段，对企业整个经济活动进行规划、决策、控制和评价的一种管理活动。

管理会计有着比传统会计更为广泛和深刻的内容。虽然它是从传统会计体系中分离出来的，但在职能作用和方式方法等方面突破了传统会计的框架，对帮助企业管理者科学制定经营决策、强化企业内部管理和提高企业价值等起着重要作用，是现代企业管理的重要工具。

会计是随着社会经济的发展而发展的，管理会计作为会计的一个分支，也必然随着社会经济的发展而产生和发展。从目前来看，管理会计的形成与发展主要经历了执行性管理会计、决策性管理会计、战略性管理会计等阶段。

### 一、执行性管理会计阶段(20 世纪初至 20 世纪 50 年代)

执行性管理会计是以泰罗制科学管理学说为基础形成的会计信息系统。20 世纪初，由于生产专业化、社会化程度的提高以及竞争日益激烈，企业的生存和发展不仅取决于产量的增加，更重要的是成本的降低，管理效率的重要性日益凸显。在此背景下，美国工程师泰罗提出的以提高劳动生产率、标准化生产和专业化管理为内容的科学管理学说在西方众多企业中受到重视。泰罗制科学管理学说的核心是强调提高生产效率和工作效率，通过他所倡导的著名的时间研究、动作研究等，来制定在一定客观条件下认为可以实现的同时又是最有效率的标准，以实现生产的标准化，杜绝生产中的一切损失和浪费。

列宁曾对泰罗制作过全面分析。他说：“资本主义在这方面的最新发明——泰罗制——也同资本主义其他一切进步的东西一样，有两个方面：一方面是资产阶级剥削的最巧妙的残酷手段；另一方面是一系列最丰富的科学成就，即按科学来分析人在劳动中的机械动作，省去多余的笨拙动作，制定最精确的工作方法，实行最完善的计算和监督制度等。”列宁在这里所说的“最完善的计算和监督制度”当时在会计上的具体体现，主要包括标准成本、预算控制和差异分析等方面，它是会计为配合泰罗制的广泛实施，在计算和监督方面所取得的重大进展，特别是将严密的事前计算、事中控制和事后分析引进会计体系中来，使会计的工作内容不再局限于事后的核算，从而为会计更好地服务于企业管理开辟了一条新的途径。此时，管理会计事实上已初步形成。

然而，以标准成本、预算控制和差异分析为主要内容的管理会计存在很大的局限性。因为其基本点只是在企业的战略、方向等重大问题已经确定的前提下，协助解决在执行中如何提高生产效率和生产经济效益问题。而生产效率和生产经济效益的高低，通常可借助于投入与产出的对比关系来表现。把标准成本和差异分析纳入会计体系中，通过严密的事前计算、事中控制与事后分析，促进企业用较少的材料、工时和一定的生产设备生产出较多的产品，从而降低企业的生产成本，提高生产经济效果，其主要缺陷在于，与企业管理全局、企业同外界关系有关的问题没有在会计体系中得到应有的反映。因而总的来说，这还只是一种局部性、执行性的管理会计，仍处于管理会计发展历程中的初级阶段。

## 二、决策性管理会计阶段(20 世纪 50 年代至 20 世纪 80 年代)

从 20 世纪 50 年代起，资本主义世界进入所谓战后期。战后期的资本主义经济有许多新特点，主要表现在：一方面，现代科学技术突飞猛进并大规模应用于生产，使生产力获得十分迅速的发展；另一方面，资本主义企业进一步集中，跨国公司大量涌现，企业的规模越来越大，生产经营日趋复杂，企业外部的市场情况瞬息万变，竞争更加激烈。这些新的条件和环境，对企业管理相应地提出了新的要求，即迫切要求实现企业管理现代化。它包括：一方面，强烈要求企业的内部管理更加合理化、科学化；另一方面，还要求企业具有灵活反应和高度适应的能力，否则就会在激烈的竞争中被淘汰。战后资本主义经济发展的这种新的形势和要求，是战前风靡一时的泰罗制科学管理学说所无法适应的。

首先，泰罗制科学管理学说着眼于对生产过程进行科学管理，把重点放在通过对生产过程的个别环节、个别方面的高度标准化，为尽可能提高生产和工作效率创造条件，但对企业管理的全局、企业与外部的关系则很少考虑。这种理论在新的情况下就显得有些本末倒置。因为在新的情况下，大量的实践证明，企业的盛衰成败和生存发展首先取决于企业采取的方针、决策是否正确，所定的目标是不是同外界的客观经济情况相适应。如果方针、决策不对，经营目标定错了，企业的个别环节效率再高也无济于事，还会在激烈的竞争中被淘汰。因此，现代管理科学认为，提高企业生产经营各个环节、各个方面的生产和工作效率固然很重要，但更重要的是要把正确地进行经营决策放在首位。所谓“管理的重心在经营，经营的重心在决策”，正是为适应新的情况而被提出来的企业管理的新指导方针。

其次，泰罗制科学管理学说没有把人当作具有积极性、创造性的人，而是把人当作机器的附属品，强调管得严，才能提高效率，使企业职工处于消极被动和极度紧张的状态，势必引起企业职工的强烈不满和反对，因而不可能取得预想的效果。

正是由于泰罗制科学管理学说带有这两个根本性的缺陷，不能适应战后资本主义经济发展的新的形势和要求，它被现代管理科学所取代就成为历史的必然，由此形成了主要致力于加强企业内部生产与经营管理，尤其是对企业未来进行科学预测与决策、对生产经营活动进行事前与事中规划的相对独立的理论与方法体系。

管理会计在新的历史条件下，以现代管理科学为基础，一方面丰富和发展了其早期形成的一些技术方法，例如，以杜邦公司为代表的大型企业倡导并发展了以事业部为基础、以投资净利率指标为核心、以“权责分散，监控集中”为精髓的杜邦财务指标体系，用来衡量各个部门的效率和整个企业的业绩，丰富并完善了以预算体系和成本会计系统为基础的财务控制体系；另一方面又大量吸收了现代管理科学中的预测学、决策学、运筹学、行为科学以及系统理论等方面的研究成果，把它们引进并应用到管理会计中来，管理会计向着精密的数量化技术方向发展，投入产出法、线性规划、存货控制和方差分析等规划决策模型的运用，极大地推动了管理会计在企业的有效应用，逐步形成了包括预测、决策、预算、控制、考核评价在内的管理会计内容体系。管理会计完成了从“为产品定价提供信息”到“为企业经营管理决策提供信息”的转变，由成本计算、标准成本制度、预算控制阶段发展到管理控制与决策阶段。

## 三、战略性管理会计阶段(20 世纪 80 年代以后)

进入 20 世纪 70 年代，社会经济发展表现出以下基本特征：第一，竞争要求企业进行“顾客化生产”。市场全球化使企业面临更加激烈的市场竞争，企业面临的市场从过去的已知顾客群转向包括潜在顾客群在内的多样化的顾客群体。为适应这种变化，企业的生产组织必须从以追求规模效益为目标的大批量生产方式转为能为顾客不同需求迅速作出反应的“顾客化生产”，即以顾客为中心，以顾客的满意程度为判断依据，在对顾客需求进行动态掌握的基础上，在较短的时间内完成从产品设计、制造到投放市场的全过程。第二，科学技术的发展，特别是在计算机、网络和远程通信等技术上的突破，使西方国家开始由工业社会向信息社会转变，企业的“赚钱”方式也相应地由依靠实物资本投资转变为依靠无形资产(如人力资产、信息资产、组织资产、声誉、技术等)的开发利用，从而使传统的预算或者纯粹的财务指标内在的缺陷凸显，即无法反映那些导致财务指标变化的驱动因素(如人力资源、客户满意度、品牌、优质服务、企业文化、研发能力等)，这也是财务指标被肆意操纵和扭曲的主要原因。在新的企业经营环境下，财务指标的这些内在缺陷越来越充分地暴露出来。

由于市场竞争的日趋激烈，人们认识到外部环境的准确预测几乎是不可能的，企业的计划必须以外部环境的变化为基础，更加留心市场的动态，更加密切关注竞争对手，企业战略管理理论与实践由此产生和发展。

随着企业战略管理理论的发展和完善，著名管理学家西蒙于 1981 年首次提出了“战略管理会计”一词。他认为，战略管理会计应该侧重于本企业与竞争对手的对比，收集竞争对手关于市场份额、定价、产量等方面的信息。战略管理会计研究的主要内容应包括市场份额的评估、战略预算的编制(把本企业和竞争对手的信息按多栏式预算格式加以对比反映)、竞争地位的变化研究(以企业现有状态为起点，改变资本结构或定价策略将给企业竞争地位造成的影响)等。

到了 20 世纪 80 年代末，西方会计界人士提出，既然战略管理会计源于企业未来的战略，那么不同的企业战略所要求的战略管理会计的侧重点也就有所不同。比如，1978 年，迈尔斯和斯诺按企业对外部环境变化所持的不同战略，把企业分为四类：(1)防卫者——一般选择需求量不大且稳定的产品市场作为企业的目标市场，企业专注于降低成本和提高质量；(2)开拓者——时刻寻找市场机会以求发展，对它们来说，灵活性比效率、利润更重要；(3)分析者——是前两者的结合，在主要生产传统产品的同时，不断开发新产品和新顾客；(4)被动者——不能有效对外部环境的变化作出反应，在竞争中往往以失败告终。

1987 年，西蒙以调查问卷形式发现，在持防卫者战略的企业中，战略管理会计并不十分注重对预算的编制和控制，而是侧重于研究影响战略的不确定因素，如产品或技术的变化对企业现行成本的影响;在持开拓者战略的企业中,战略管理会计极为重视预测数据、设立严格的预算目标以及控制产品产量,对成本的控制则比较疏松。

1989 年,杉克对迈克尔·波特竞争优势分析中提出的低成本战略和高差异战略所做的调查显示:在持低成本战略的企业中,战略管理会计侧重于使用传统管理会计,它们用标准成本评价部门业绩,用产品成本作为定价和编制弹性预算的基础,力求完成预算目标,并重视分析竞争对手的成本。另外,随着适时制生产系统(JIT)的建立,作业成本得以广泛应用于持低成本战略的企业。在持高差异战略的企业中,战略管理会计注重市场营销部门的成本效益分析,认为市场营销是企业成功的关键,而预算控制和标准成本则放在次要位置。

综上所述,战略管理会计是通过引进战略理念,并与传统的管理会计理论和方法相衔接(如预算、成本控制、业绩评价等),运用价值链分析、平衡计分卡、战略地图等战略分析与管理方法,从而将管理会计打造成企业战略实施的工具。

同时,上述管理会计的创新与发展在很大程度上深化和拓宽了管理会计的学科内容,也使管理会计从局限于制造企业的应用被普及到服务性企业、非营利组织和政府部门,并在这些企业或组织的管控系统中居于主导地位。

## 四、管理会计在我国的发展

管理会计作为会计的一个分支,虽然在理论上引入我国较晚,但在实践中早已有之。新中国成立之初,在计划经济体制下,国有企业的生产计划由国家统一确定下达,企业产品由国家统一定价。这是一种没有市场的企业制度,因此,企业管理的重心是降低成本、提高资源使用效率,即以最低的投入生产出最高的产量,由此形成的一些做法实际上属于管理会计的工作范畴。一是班组成本核算制,当时以天津自行车厂和鞍山钢铁厂最为典型,内容包括划小核算单位、按核算单位分派成本责任和分析绩效、设置内部银行和厂币进行结算等,与标准成本制度比较接近;二是国有企业流动资金定额管理,特别是其中的计算方法,与存货控制模型异曲同工;三是国有企业生产、技术和财务综合计划,与全面预算管理也极为接近;四是国家考核国有企业以非财务指标为主,但也包括财务指标,具有平衡计分卡的"味道"。

改革开放后,围绕着放权让利不断深化,企业逐渐成为独立的生产者和经营者,一批适应市场变化的企业将目光转向市场和企业内部管理,西方管理会计理论和方法在我国会计界引起广泛讨论,成本性态分析、盈亏临界点、本量利依存关系、经营决策经济效益的分析评价乃至作业成本法等管理会计理念和方法,在我国企业中运用并取得一定效果。同时,一些企业结合自己的历史经验和现实情况,以发展和创新为主流,从而出现了一批具有中国特色并行之有效的管理会计方法。

首先是"邯钢经验"。被称为"模拟市场核算,实行成本否决",是 20 世纪 90 年代初期由邯郸钢铁厂创造的一种成本管理方法。在邯钢经验中,将成本指标与责任者的责任和报酬挂钩,不仅延续了改革开放前班组核算的做法,也包含着"泰罗制"和标准成本制度的元素,但其特色也非常明显,尤其是在确定成本责任或标准时,我国班组核算和西方标准成本制度都是"从下而上",而邯钢则是"从上而下",即先用总销售收入减去总目标利润倒算出总目标成本,再根据工艺流程倒算出各生产分厂的总目标成本,最后按照分厂内部组织结构将分厂总目标成本层层分解直到个人。应该说,邯钢经验是对我国恢复产品市场后如何缓解企业市场竞争压力的最佳反映,因而也是实施成本领先战略的工具。

其次是全面预算管理。1993 年我国实施《公司法》标志着我国企业形式由工厂制转为公司制；1998 年随着我国政府职能转变的基本完成，出现了一大批由原国家工业部委转化而来的集团公司，同时基于民营企业的集团公司也层出不穷。在这样的背景下，为顺应集团公司实现“多元同心”或整合的需要，预算管理“闪亮登场”，并具有明显的中国特色。一是基于责任中心编制和执行预算，将西方的全面预算编制与责任会计结合起来；二是预算编制是多维度的，突出会计维度，更突出组织结构维度并与奖惩制度的设计相结合；三是在预算执行过程中，将改革开放前的厂内银行发展成为财务结算中心，成为监督下级预算执行、实现对整个集团公司有效控制的强有力手段；四是将预算管理纳入集团公司管理控制系统的组成部分，实现“大预算战略”。

再次是国有企业绩效考核。在我国企业中，国有企业一直居于主导地位，国家从未放松对国有企业的考核。以 2003 年国务院及地方国资委主导国有企业考核为分界线，之前的考核重点在于平衡国家、企业和职工三者之间的利益关系，之后的考核重点则在于企业负责人的经营业绩。国资委主导的绩效考核包括国资委对国有企业的考核与国有企业内部各个层级上级对下级的考核两个层次。第一层次的考核主要是财务指标，2010 年以前采用利润总额和净资产报酬率，此后采用经济增加值（EVA）；为了保证指标水平的科学合理以及充分调动企业负责人的积极性，还采用了相对业绩评价，包括标杆法和强制性排名法。第二层次的考核尽管形式多样，但共同点也明显：一是借鉴平衡计分卡方法，财务指标与非财务指标并用，但以财务指标为主，并将传统的指标分解方法与平衡计分卡的战略转化功能相结合；二是将业绩评价与预算管理相结合；三是创造“进取指标”或“奋斗指标”概念，并与“保底指标”相对应，既保证上级考核指标的完成，也刺激下级充分发挥自己的潜力。

尽管我国对管理会计做了不少成功探索和有益尝试，但总体上发展滞后。目前，我国单位运用管理会计大致有四种状态：第一种是“不知未做”，即既不知道管理会计是什么，也没有在实践中运用有关技术和方法。随着管理重要性日益凸显，这种情况相对较少。第二种是“不知在做”，即不知道管理会计是什么，但在实践中运用了管理会计的技术和方法，这种状态在我国企业中比较普遍。比如，原铁道部从 1989 年开始搞本量利分析，将年度经营指标的预测决策分解下达给各铁路局，并从计划年度上一年的头两三个月开始进行有关收入、成本费用、利润及整个收支的预测。1998 年推动清算办法改革，即在国家批准的统一运价下，在铁道部和铁路局之间实行模拟区域运价，运用作业成本法和标准成本法进行测算，对不同铁路局实行不同的单价。2002 年，按照财政部的要求开展全面预算管理实践，从年初收支“盘子”的预测到确定各铁路局经营目标，再到实行资产经营责任制考核，也都是管理会计的内容。第三种是“已知未做”，即知道什么是管理会计，但在实践中没有加以运用。这部分单位主观上对管理会计重要性认识不足，加之管理会计不像财务会计有对外公开的需要，也缺乏运用管理会计提高企业管理水平的外在动力。第四种是“已知在做”，即既知道什么是管理会计，也在实践中不断探索运用。这部分单位最有活力和创新意识，走在我国管理会计实践的最前沿，但它们目前也只是运用了管理会计的部分职能，系统性、针对性和有效性还有待进一步提升。

总体上看，我国管理会计在服务社会经济发展，对企业经营情况和支出效益作深入分析，制定战略规划、经营决策并进行过程控制和业绩评价等方面，尚未发挥其应有的作用。根据《会计改革与发展“十二五”规划纲要》，中国会计行业的主管机构——国家财政部——于 2014 年 10 月 27 日正式出台了《财政部关于全面推进管理会计体系建设的指导意见》，首次从国家主管部门的角度确定了未来我国管理会计发展建设的指导思想、基本原则和主要目标，并提出四个方面的主要任务和落实任务的基本措施。第一，推动加强管理会计基本理论、概念框架和工具方法研究，形成有中国特色的管理会计理论体系。第二，推进管理会计指引体系建设，逐步形成以《管理会计基本指引》为统领、以《管理会计应用指引》为具体指导、以《管理会计示范案例》为补充的管理会计指引体系。第三，推动建立人才能力框架，完善现行会计人才评价体系。第四，通过指导单位建立面向管理会计的信息系统，以信息化手段为支撑，实现会计与业务活动的有机融合，推动管理会计功能的有效发挥。

2016 年 6 月，《管理会计基本指引》正式发布。《管理会计基本指引》重在实务指导，即在对管理会计的目标、原则等概念进行统一的基础上，重点从单位管理会计应用的角度分别在应用环境、管理会计活动、工具方法、信息报告四个方面提供指导；同时《管理会计基本指引》还扩大了管理会计的应用范畴，将管理会计的应用领域从传统的预算、成本和业绩评价扩大到经营管理、战略管理、投融资管理、风险管理等方面，使得管理会计的内容与职能得到进一步扩充与丰富。

《管理会计基本指引》的发布，以及今后将陆续出台的《管理会计应用指引》、《管理会计示范案例》，将在我国管理会计体系建设、加快发展具有中国特色的管理会计方面发挥重要的作用。

## 五、管理会计的基本内容

管理会计作为规划、控制企业未来生产经营活动的一种管理活动，其在企业管理中的应用领域是十分广泛的，涉及企业的战略管理、预算管理、成本管理、营运管理、投融资管理、绩效管理、风险管理等方面。随着生产的发展和科学技术的不断进步，管理会计在上述应用领域的工作内容和方法也在不断得到发展和充实。一般来说，管理会计的基本内容主要包括规划与决策会计和控制与业绩评价会计两项。

### (一)规划与决策会计

规划与决策会计，是管理会计系统中侧重于发挥规划经济前景和实施管理决策职能的最具有能动作用的子系统。它处于现代管理会计的核心地位，又是现代管理会计形成的关键标志之一，其主要内容包括以下几个方面：

1. 战略规划

战略规划是对企业全局的且长远的发展方向、目标、任务、政策以及资源配置作出的决策与安排。在战略规划中，企业在进行环境分析和可利用资源分析的基础上，制定企业及各部门未来发展的战略目标，并将其具体化为一套财务关键指标和非财务指标的预测值，从而为企业长期经营计划的安排和年度经营活动方案的确定提供目标与方向。

2. 长期投资决策

长期投资决策是对企业未来投资与设备更新所作的计划与安排，是企业长期经营计划的重要组成部分。而源于战略规划的企业长期经营计划，属于“研究开发计划”，它涉及新产品和新市场的研究开发(在这里，研究开发是一个广义的概念，不限于传统意义上的技术研究开发等)。企业进行正确的长期投资，既是落实战略规划的必要手段，同时对企业未来生产经营又具有长远的意义，决定了企业未来的经营方向、规模、资源配置以及长期发展目标等问题。

3. 短期经营决策

短期经营决策源于战略规划、受制于长期经营计划，是对企业年度营运活动中的物料供应、产品生产和销售等环节所作的规划和安排。它以落实战略规划、成熟的经营计划以及关注现有产品和现有市场为重点，通过对有关可行性方案的经济性进行计量、分析和比较，为最大限度地改善经营管理、提升企业价值的创造力而选取最优行动方案。短期经营决策以尽可能取得最大的经济效益为直接目标。

**(二)控制与业绩评价会计**

控制与业绩评价会计是以现代管理科学中的行为科学原理为基础,运用一系列特定的工具与手段,通过编制预算、制定标准、划分责任、考评业绩,为执行特定的决策方案而卓有成效地实施决策、执行计划、评价工作业绩,以确保预期目标顺利实现的管理会计子系统,其主要内容包括预算管理、成本控制、责任会计、绩效管理等。

1. 预算管理

预算是企业经营目标的具体化,它是从"规划与决策会计"到"控制与业绩评价会计"的桥梁。它既是对已经选定的各决策方案的具体化,又是对企业总体目标的进一步分解、落实,使企业总体目标具体到企业内部各部门、各单位,以此作为它们开展日常经营活动和进行业绩评价的依据。

2. 成本控制

成本控制是企业的成本管理者根据预定的目标,对成本发生和形成过程以及影响成本的各种因素和条件施加主动的影响或干预,使成本按照预期方向发展的成本管理活动,它是管理会计的重要工作内容。

3. 责任会计

责任会计是以强化企业内部控制为目的,将经济责任与会计数据相结合,全面评价和考核各责任单位工作业绩的内部会计控制制度。通过实施责任会计,可以明确有关责任单位的权利和责任,并借助于有关指标的计算和分析,评价各责任单位的工作业绩,以便进一步改善未来的经营管理工作。

4. 绩效管理

绩效管理是企业与员工之间就业绩目标及如何实现业绩目标达成共识,并帮助和激励员工取得优异业绩,从而实现企业目标的管理过程。绩效管理的核心是业绩评价和激励管理。

管理会计的规划与决策、控制与业绩评价两部分功能是相互联系、不可分割的。对于一个具体企业而言,要开展生产经营活动,首先要制订一定的计划,并做出相应的决策,然后实施相应的控制,以促成计划的实现。同时,在控制过程中取得的有关数据资料,又是未来制订新的计划和做出新的决策所不可缺少的数据资料,是使新的计划和决策建立在客观、合理基础上的重要依据和前提条件。

另外,管理会计中还有成本性态分析、变动成本法、本量利分析等重要内容,它们是规划与决策会计和控制与业绩评价会计的基础和前提,其基本理论和基本方法贯穿于规划、决策、控制、评价的整个过程之中,渗透企业管理的各个领域。

## 第二节　管理会计基本理论

### 一、管理会计的目标

管理会计是为适应企业加强内部经营管理、提高企业竞争力的需要而产生和发展起来的。因此,管理会计的最终目标是增强企业的价值创造力,推动企业实现战略规划。为实现企业最终目标,管理会计应实现以下两个分目标:

**(一)为管理和决策提供信息**

会计是一个信息系统,管理会计作为会计学的一个分支,其主要任务是向企业管理当局提供有关企业管理和经营决策的会计信息,主要包括与预测和决策企业经营活动有关的信息、与预算和控制企业经营活动有关的信息、与考核和评价企业经营活动有关的信息,以及与维护企业资产安全、完整和资源有效利用有关的信息。会计人员向企业管理者提供管理会计信息时,应当认真选择并加工整理,确保所提供的会计信息对企业管理有用。

为保证管理会计信息的有用性,管理会计信息必须具备以下质量特征:

(1)相关性。相关性是指管理会计所提供的信息应当具有对决策有影响或对预期产生结果有用的特征。

(2)准确性。准确性是指管理会计所提供的信息在相关范围内必须正确地反映客观事实。

(3)一贯性。一贯性是指同一企业在不同时期应使用相同的规则、程序和方法,其目的在于使企业本身各个年度的管理会计信息能够相互可比。

(4)客观性。客观性是指由两个以上有资格的人利用相同的规则、程序和方法,对同样一组数据进行检验,可以得出基本相同的计量结果和验证结论。

(5)灵活性。灵活性是指数据能够成为几种不同类型的信息,从而为不同管理目的服务。灵活的信息分类能够更好地适应不同的管理要求,并减少管理所需要的信息数量。

(6)及时性。及时性是指管理会计必须为管理当局决策提供最为及时、迅速的信息。

(7)简明性。简明性是指管理会计所提供的信息,不论是在内容上还是在形式上,都应当简单明了、易于理解,使信息使用者理解它的含义和用途,并懂得如何加以运用。

(8)成本效益性。成本效益性是指将形成、使用管理会计信息所花费的代价与其在决策和控制上所取得的效果进行对比分析,借以确定在信息的形成、使用上如何以较小的代价取得较大的效果。

**(二)参与企业的经营管理**

管理会计的实质是会计与管理的直接结合,是一种会计管理。在现代管理理论的指导下,管理会计正在以各种方式积极参与企业的经营管理,表现为企业管理循环的每一步骤都有与之相配合的管理会计步骤。其具体步骤为:

(1)企业管理做出决策,确定企业的经营目标,管理会计应参与决策并相应地编制预算。

(2)企业管理为完成经营目标,把目标分解落实到各车间部门,管理会计方面就要建立责任会计制度,制定各单位的预算。

(3)企业管理在实际执行过程中,管理会计要进行内部控制。

(4)企业管理方面对实际执行情况进行检查,管理会计方面则按责任会计进行业绩考核。

(5)企业管理方面总结过去,提出新的业务规划方案,管理会计方面要对过去的效益进行分析,对新的业务规划方案进行预测,为下一循环的决策提供依据。

## 二、管理会计的对象

围绕什么是管理会计的对象,国内理论界基本形成三种不同的观点。

**(一)现金流动论**

该观点认为管理会计的对象是企业的现金流动,其主要理由是:(1)作为一门学科研究的对象,应该贯穿于该学科的始终,因为它是该学科有关内容的集中和概括,而从内容上看,现金流动贯穿了管理会计全过程的各个环节。(2)通过现金流动可以把企业生产经营中的资金、成本、利润等各个方面联系起来，进行统一评价，为改善经营管理、提高经济效益提供重要的、综合性的信息。(3)现金流动具有最大的综合性和敏感性，可以在规划、决策、控制、评价等各个环节发挥积极能动作用。

**(二)价值差量论**

该观点认为管理会计的对象是价值差量，其主要理由是:(1)一般来说，现代管理会计的基本内容包括成本性态分析与变动成本计算、盈亏临界点与本量利分析、经营决策分析与评价、资本支出决策分析与评价、标准成本系统、责任会计等，这些都运用价值差量方法进行研究与分析，即价值差量问题贯穿于管理会计工作的始终。(2)价值差量具有很大的综合性。管理会计研究的“差量”问题，既有价值差量，又包括实物差量和劳动差量，后者是前者的基础，前者是后者的表现。(3)现金流动不能作为管理会计的对象，因为现金流动仅在经营决策和资本支出决策的分析和评价中有所涉及，其他内容均不直接涉及现金流动，所以现金流动并不能在现代管理会计中贯穿始终。

**(三)资金总运动论**

该观点认为管理会计的对象是企业及所属各级机构过去、现在和将来的资金总运动，其主要理由是:(1)管理会计与财务会计同属于现代会计的范畴，因而有着共同的对象——资金运动;所不同的是，管理会计的对象涵盖了所有时空的资金运动，而财务会计仅以过去的资金运动为对象。(2)把资金总运动作为管理会计的对象，与管理会计的实践和历史发展相吻合。

以上三种观点各有其道理，我们认为:从实质上讲，管理会计的对象是企业的生产经营活动;从管理体现经济效益的角度来看，管理会计的对象是企业生产经营活动中的价值运动，并以价值差量为其主要表现形式。

## 三、管理会计的基本假设

所谓管理会计假设，是会计人员对那些未经确切认识和无法正面论证的经济事务和会计事项，根据客观的正常情况和趋势所作出的合乎情理的判断与解释。管理会计假设不仅有其存在的必要性，而且还有许多方面需要去研究和补充完善，这是因为管理会计假设不仅是构成管理会计完整理论体系的重要组成要素，是实现管理会计目标的条件，更为重要的是它对管理会计实践具有指导作用，对构建管理会计的基本理论体系具有重要意义。一般认为，管理会计应构建以下假设:

**(一)会计主体假设**

会计主体假设，是对管理会计对象运行的空间范围和活动立场所作的限定。由于管理会计是向企业内部管理人员提供有选择的、特定的或部分管理信息的内部会计，因此，管理会计主体更具有层次性。管理会计主体可以是整个企业，但更多的是企业内部各责任单位。正是因为管理会计主体假设区别于财务会计主体假设，才使得管理会计的管理活动得以深入责任单位、深入作业层面。

**(二)持续运作假设**

持续运作假设，是对管理会计对象运行方式的规定，即企业以及各责任单位的生产经营和筹资、投资活动将无限期地延续下去。因为只有这样，才能保证管理会计的预测、决策、控制和业绩评价等各项工作所使用的方法保持稳定、有效;否则，就没有必要用现金流量取代利润、用贴现的方法确定投资项目的优劣、用不同的方法确定贴现率了。

**(三)会计分期假设**

会计分期假设，是对管理会计对象运行时间范围的规定，即把企业持续不断的生产经营和筹资、投资活动划分为一定期间的活动，以便及时提供有用的管理信息。由于管理会计的工作重点是为企业内部各级、各部门管理人员服务，因此，会计分期的时间跨度不局限于对外报告的月、季、年，而应根据企业本身实际情况和需要，灵活地分期(可以短到 1 天、1 周、1 旬，也可以长到 10 年、20 年)并编制内部报告，用于控制和评价各责任单位的经济活动。

**(四)货币时间价值假设**

货币时间价值假设，是指等量货币在不同时点上具有不同的价值，管理会计的许多决策就是在此假设基础上作出的。

(1)它是管理会计预测、决策的基础。例如，在长期筹资和投资决策中，必须考虑货币时间价值对现金流向、现金流量的影响，以便恰当地进行资金运作。

(2)它是管理会计控制的基础。现金存在于企业内部，仍然有一个有效利用问题，如果资金停顿在某一形态上(如固定资产闲置、半成品由于生产不配套形成积压、产成品由于质量原因形成积压等)，就必然无法实现资金的保值和增值。

(3)它是管理会计预算编制的重要基础。传统的预算编制以静态预算为基础，没有考虑货币的时间价值，从而对企业管理产生不利的影响。现代预算是以货币时间价值假设为基础编制的，有利于正确反映未来期间的现金流向、现金流量和现金存量，也有利于正确考核各部门的工作业绩。

**(五)成本性态可分假设**

成本性态可分假设，是指一切成本都可以按其性态划分为固定成本和变动成本。管理会计运用的许多概念和方法都是建立在成本性态可分假设之上的，如固定成本、变动成本、边际贡献等概念，以及本量利分析法、弹性预算编制方法、标准成本差异分析方法等。当然，成本性态可分是在“一定期间和一定业务量范围内”这个假设条件下才成立的，超出这个限制，固定成本也会发生变动。此外，实务中广泛存在的混合成本，在决策时往往采取一定的方法进行分解，与实际情况有一定的差异，有一定的主观随意性。因此，固定成本和变动成本的划分并不是绝对的，而是带有一定的假设性。

**(六)目标利润最大化假设**

目标利润最大化假设，是指企业在经营管理决策中，以目标利润最大化的方案为最优方案，并假设在实施最优方案时能够实现目标利润。当然，目标利润并不等于现实利润，能否实现目标利润最大化，还要受许多因素制约。况且，目标利润最大化假设还要受所掌握信息的限制和决策者主观意志的影响，这本身就具有一定的假定性。

**(七)风险价值可计量假设**

风险价值可计量假设，是指所有的不确定型决策都可以转化为风险型决策，不仅风险具有价值，而且风险价值可以计量。决策按风险程度的大小，分为确定型决策、风险型决策和不确定型决策。由于对未来的结果及其出现的概率无法把握，不确定型决策往往采用非数学计量方法进行计量。尽管投资决策中的风险价值只是一种虚拟的报酬，并不存在一定的客体可以直接计量，但是这一假设却为管理会计解决现实问题提供了可能。

## 四、管理会计的基本要素

从系统论观点来看，系统是由若干相互联系、相互作用的要素所构成的具有特定功能的有机整体，而管理会计作为一种会计信息系统，以战略规划为导向，以持续创造价值为核心，在参与企业规划、决策、控制、评价活动过程中，也就形成了一个由相互联系的各个要素组成、与企业内外部环境有着密切关系的开放式动态系统。管理会计系统一般由应用环境、管理会计活动、工具方法、信息与报告四项系统要素组成。

**(一)应用环境**

企业实施管理会计，应充分了解和分析其应用环境，从而保证管理会计工作的顺利开展和管理会计功能的充分发挥。而管理会计应用环境是对企业管理会计活动产生影响作用的企业内外部条件的总称，包括内外部环境。

1. 内部环境

管理会计的内部环境主要包括与管理会计建设和实施相关的价值创造模式、组织架构、管理模式、资源保障、信息系统等因素。

(1)价值创造模式。企业实施管理会计的核心就是创造价值，实现企业价值的增长。因此，要依据价值增长规律，准确把握企业的价值创造模式，分析企业价值的驱动因素，从而推动财务与业务等的有机结合。

(2)组织架构。组织架构是企业实施管理会计的制度保障，企业的组织架构一般分为集权结构(U 型结构)、多分部结构(M 型结构)、控股公司结构(H 型结构)、特许经营结构(F 型结构)四种类型，企业应根据自身组织架构的特点，建立健全能够满足管理会计活动所需的由财务、业务等相关人员组成的管理会计组织体系，有条件的企业可以设置管理会计机构，组织开展管理会计工作。

(3)管理模式。不同企业由于生产经营活动规模不同、业务活动范围和地域不同，因而所采用的管理模式各异。企业应根据自身的管理模式确定管理会计的责任主体，明确各层级以及各层级内的部门、岗位之间的管理会计责任权限，制订管理会计实施方案，以落实管理会计责任。

(4)资源保障。企业应从人力、财力、物力等方面做好资源保障工作，加强资源整合，提高资源利用效率效果，以确保管理会计工作的顺利开展；同时企业还应注重管理会计理念、知识培训，加强管理会计人才的培养。

(5)信息系统。企业实施管理会计，以信息化手段为支撑，是实现会计与业务活动有机融合、有效发挥管理会计功能的重要手段。因此，企业应将管理会计信息化需求纳入信息化规划，通过新建或整合、改造现有系统，从源头防止出现“信息孤岛”；同时，对于大型企业和企业集团，可充分利用专业化分工和信息技术优势，建立财务共享服务中心，加快会计职能从重核算到重管理决策的拓展。

2. 外部环境

管理会计的外部环境主要包括国内外经济、市场、行业、法律等因素。

市场经济条件下，经济发展与运行带有一定的波动性，这种波动大体上经历复苏、繁荣、衰退和萧条几个阶段的循环，这种循环叫做经济周期。西方学者曾探讨了经济周期中企业经营管理的策略，如表 1—1 所示。

表 1—1　　不同经济周期的企业经营管理策略

| 复　苏 | 繁　荣 | 衰　退 | 萧　条 |
|---|---|---|---|
| 1. 增加厂房设备 | 1. 扩充厂房设备 | 1. 停止扩张 | 1. 建立投资标准 |
| 2. 实行长期租赁 | 2. 继续建立存货 | 2. 出售多余设备 | 2. 保持市场份额 |
| 3. 建立存货 | 3. 提高价格 | 3. 停产不利产品 | 3. 缩减管理费用 |
| 4. 引入新产品 | 4. 开展营销策划 | 4. 停止长期采购 | 4. 放弃次要利益 |
| 5. 增加劳动力 | 5. 增加劳动力 | 5. 削减存货 | 5. 削减存货 |
| | | 6. 停止雇员 | 6. 裁减雇员 |

我国的经济发展与运行也呈现其特有的周期特征，带有一定的经济波动。此外，由于经济全球化的发展，西方的经济周期也不同程度地波及我国，对我国宏观经济政策的制定、市场的挑战与机遇、行业或产业结构的调整、区域经济的发展产生影响。因此，企业在管理会计实施与应用中，应充分研究和分析国内外的经济形势与政策，准确把握市场的变化规律，通过行业维、市场维、竞争维战略定位分析，制定企业的发展战略，选择适当的经营管理策略，并运用管理会计的工具方法予以实施，保证企业战略规划的完成与实现。

**（二）管理会计活动**

管理会计活动是企业利用管理会计信息，运用管理会计工具方法，在规划、决策、控制、评价等方面服务于企业管理需要的相关活动。也就是说，作为会计信息系统的一个子系统，企业管理会计活动的核心是为企业内部各层级提供各种相关有用的管理决策与管理控制信息，从而服务于企业价值提升、战略目标达成这一总目标。

1. 战略规划制定

管理会计活动应做好相关信息支持，参与企业战略规划拟定，从支持其定位、目标设定、实施方案选择等方面，为企业合理制定战略规划提供支撑。而在企业战略规划制定中，不仅需要企业内部信息，而且还需要外部信息；不仅需要获取成本降低的信息，更需要如何建立核心竞争力的信息；不仅需要反馈式信息，而且还需要前瞻式信息；不仅关注有形资源信息，而且也关注无形资源信息。全方位、多角度的管理会计信息是企业制定战略规划的根本。

2. 战略规划落实

管理会计活动应融合财务和业务等活动，及时、充分提供和利用相关信息，支持企业各层级根据战略规划作出决策。企业高层战略目标和规划确定后，则需将企业长期战略转化为短期或年度业绩指标，将企业整体的业绩指标转化为企业各层级、每个层级的各单位、每个单位的各成员的业绩指标。要保证战略规划的落实，管理会计活动应嵌入企业相关领域、层次、环节，以业务流程为基础，利用平衡计分卡、流程改进和再造等管理会计工具方法，将财务与业务等有机融合。

3. 战略规划实施

管理会计活动应设定定量、定性标准，强化分析、沟通、协调、反馈等控制机制，支持和引导企业持续高质高效地实施企业战略规划。设定控制标准，首先需要解决的问题就是控制标准与战略的衔接，其中最规范、最系统的方法首推平衡计分卡和业务流程改进与再造。设定控制标准的另一个重要问题是控制标准的种类。一般来说，控制标准分为客观控制标准和主观控制标准。客观控制标准就是事先由控制者与被控制者双方认可的业绩考核指标，通常规定了计算公式，然后由被控制者执行，最后由控制者根据事先规定的计算公式计算被控制者业绩考核指标的完成情况，评定其实际业绩水平。客观控制标准又分为结果控制标准和过程控制标准。主观控制标准是由控制者根据印象、感觉和偏好对被控制者的实际业绩进行评价。也就是说，作为控制标准，被控制者事先知道谁将评价他的业绩、大概从哪些方面评价他的业绩，至于具体评价标准和方法，无法像客观控制标准那样以书面形式表示出来。最知名的主观业绩评价方法是英特尔公司发明的“360度评价”。

4. 战略规划评价

管理会计活动应合理设计评价体系，基于管理会计信息等，评价单位战略规划实施情况，并以此为基础进行考核，完善激励机制；同时，对管理会计活动进行评估和完善，以持续改进管理会计应用。

**（三）工具方法**

管理会计工具方法是实现管理会计目标的具体手段，是企业应用管理会计时所采用的战略地图、滚动预算管理、作业成本管理、本量利分析、平衡计分卡等模型、技术、流程的统称。管理会计工具方法具有开放性，随着实践发展不断丰富和完善。

管理会计工具方法主要应用于以下领域：战略管理、预算管理、成本管理、营运管理、投融资管理、绩效管理、风险管理等。(1)战略管理领域应用的管理会计工具方法包括但不限于战略地图、价值链管理等；(2)预算管理领域应用的管理会计工具方法包括但不限于全面预算管理、滚动预算管理、作业预算管理、零基预算管理、弹性预算管理等；(3)成本管理领域应用的管理会计工具方法包括但不限于目标成本管理、标准成本管理、变动成本管理、作业成本管理、生命周期成本管理等；(4)营运管理领域应用的管理会计工具方法包括但不限于本量利分析、敏感性分析、边际分析、标杆管理等；(5)投融资管理领域应用的管理会计工具方法包括但不限于贴现现金流法、项目管理、资本成本分析等；(6)绩效管理领域应用的管理会计工具方法包括但不限于关键指标法、经济增加值、平衡计分卡等；(7)风险管理领域应用的管理会计工具方法包括但不限于单位风险管理框架、风险矩阵模型等。

上述管理会计的工具方法，企业应结合自身实际情况，根据管理特点和实践需要加以选择，并加强管理会计工具方法的系统化、集成化应用。

**（四）信息与报告**

1. 管理会计信息

管理会计信息是企业管理会计活动过程中所使用和生成的会计信息，是企业进行管理决策、开展管理控制的重要支撑。

(1)管理会计信息从内容上看，可分为财务信息和非财务信息。

财务信息是以货币为计量单位的信息，既包括资金、收入、成本、利润等财务绝对数，也包括根据财务绝对数计算出的投资报酬率、资产负债率、边际贡献率等各种财务相对数。非财务信息则是以非货币（如实物量、时间等）为计量单位的信息，如制造业的产品产量、单位产品材料消耗量、单位产品耗用工时、机器运行小时、客运企业的实载率、宾馆的入住率等。还有一类非财务信息是技术经济指标，如火电厂的机组热效率、炼钢厂的吨钢电耗、养殖场的饲料转化率，这些指标的主要特征是将技术与经济密切联系起来。

需要指出的是，并不是所有的非财务信息都可以纳入管理会计信息之中，只有那些能够影响财务信息或者作为财务信息动因的非财务信息对管理会计才有意义。财务信息与非财务信息的相互结合，可以保证企业管理会计活动不会偏离企业价值创造的轨道。这主要表现在两个方面：第一，企业内部各管理层级不能直接改变财务结构，只能通过自己的决策改变那些造成财务结果的作业或活动。第二，为了使相关作业转化为有利的财务结果，企业内部各管理层级必须了解生产、业务、管理的流程，并分析这些流程中各项作业的相关信息，通过改变这些作业的方式，达到理解、控制和改变财务结果的目的。传统的财务控制和单纯的非财务控制都已经失效，有效的办法是将两者结合起来。

(2)管理会计信息从信息形成角度，可分为基础信息、专业信息和管理信息。

基础信息是管理会计利用内外部各种渠道，通过采集、转换等方式取得的反映企业生产经营活动基本情况的各种数据与资料，如从企业职能部门获取的采购/生产/销售等专项信息、从企业管理部门建立的管理信息系统[如产品信息系统(PIS)、人力资源系统(HRS)等]获取的数据与资料。

专业信息是利用特定的会计技术与方法，对基础信息进行加工、整理、分析和传递，以特定结构和目标表达的会计信息，如资产负债表、利润表、现金流量表、预算、成本计算单、预算反馈表、业绩考核指标体系都是专业信息。基础信息和专业信息的共同点就是不能直接用于决策。

管理信息是决策支持系统的产出，是针对特定问题而对专业信息"深加工"所得到的决策预案。例如，某企业从其资产负债表中发现，本季度末应收账款比上季度增加 500 万元，增幅达到 10%。这是一条典型的专业信息，将这条专业信息转化为管理信息就是设计降低应收账款水平的决策预案。经过分析得知，应收账款中有 200 万元的账龄已经超过 1 年；公司赊销政策规定的信用期为 180 天；银行贷款利率平均为 10%；财务部门未设置专人或专门机构归集应收账款；销售人员的业绩考核中不包括销售回款；有些客户信誉不好。根据这些情况，我们可设计相应的决策预案：一是独立设立或在销售部门内设立客户信誉评估机构，负责在销售合同签订之前对客户信誉作出评估意见，对于信誉不良的客户，或者拒绝接受订单，或者以现金销售；二是独立设立或在财务部门内设立应收账款回收专人或单位，负责回收应收账款；三是将销售回款作为业绩考核指标与销售人员报酬挂钩；四是拨专款奖励销售人员、财务人员以及信誉评估人员。假定这 200 万元逾期应收账款还将推迟 1 年，那么年利息损失将达到 20 万元，对于回收和减少应收账款的专项拨款正好从这里筹集。在这些决策预案中，决策者可能决定采取独立设置客户信誉评估部；将销售回款与销售人员报酬挂钩，并按销售回款的 5%奖励销售人员，收回账龄 1 年以上的应收账款另加 2%奖励；两个季度后，应收账款将降低到4 500万元。这就是在专业信息基础上设计决策预案，继而进行决策的过程。

2. 管理会计报告

管理会计报告是指企业运用管理会计方法，根据财务与业务的基础信息加工整理形成的、满足企业价值管理需要的对内报告。管理会计报告目标是为企业各层级进行规划、决策、控制、评价等管理活动提供有用信息。

企业管理会计报告按照管理会计信息使用者所处的管理层级，可以分为战略层管理会计报告、经营层管理会计报告和业务层管理会计报告。

(1)战略层管理会计报告

战略层管理会计报告是为战略层进行战略规划、战略制定、战略执行、战略评价以及其他方面的管理活动提供相关信息的对内报告。战略层管理会计报告的报告对象是企业的战略层，包括股东大会、董事会和监事会等。战略层管理会计报告主要包括：

①战略管理报告。战略管理报告主要反映内外部环境分析、战略选择与目标设定、战略执行及其结果，以及战略评价等方面内容。

②综合业绩报告。综合业绩报告反映的内容包括关键绩效指标预算及其执行结果、差异

分析以及其他重大绩效事项等。

③价值创造报告。价值创造报告的内容包括价值创造目标、价值驱动的财务因素与非财务因素、内部各业务单元的资源占用与价值贡献，以及提升公司价值的措施等。

④经营分析报告。经营分析报告的内容包括过去经营决策执行情况回顾、本期经营目标执行的差异及其原因、影响未来经营状况的内外部环境与主要风险分析、下一期的经营目标及管理措施等。

⑤风险分析报告。风险分析报告主要反映企业全面风险管理工作回顾、内外部风险因素分析、主要风险识别与评估、风险管理工作计划等。

⑥重大事项报告。重大事项报告是针对企业的重大投资项目、重大资本运营、重大融资、重大担保事项、关联交易等事项进行的报告。

⑦例外事项报告。例外事项报告是针对企业发生的自然灾害、管理层变更、股权变更、安全事故等偶发性事项进行的报告。

(2)经营层管理会计报告

经营层管理会计报告是为经营层进行规划、决策、控制和评价等管理活动提供相关信息的对内报告。经营层管理会计报告的报告对象是经营管理层。经营层管理会计报告主要有：

①全面预算管理报告。全面预算管理报告主要包括预算目标制定与分解、预算执行差异分析以及预算考评等内容。

②投资分析报告。投资分析报告主要反映投资对象、投资额度、投资结构、投资进度、投资效益、投资风险和投资管理建议等。

③项目可行性报告。项目可行性报告是反映项目概况、市场预测、产品方案与生产规模、厂址选择、工艺与组织方案设计、财务评价、项目风险分析，以及项目可行性研究结论与建议等的报告。

④融资分析报告。融资分析报告的内容主要反映融资需求测算、融资渠道与融资方式分析及选择、资本成本、融资程序、融资风险及其应对措施和融资管理建议等方面。

⑤盈利分析报告。盈利分析报告的内容主要反映盈利目标及其实现程度、利润的构成及其变动趋势、影响利润的主要因素及其变化情况，以及提高盈利能力的具体措施等。企业还应对收入和成本进行深入分析。盈利分析报告既可基于企业集团、独立企业进行，也可基于责任中心、产品、区域、客户等进行。

⑥资金管理报告。资金管理报告主要反映资金管理目标、主要流动资金项目(如现金、应收票据、应收账款、存货)的管理状况、资金管理存在的问题以及解决措施等。企业集团资金管理报告的内容还应包括资金管理模式(集中管理还是分散管理)、资金集中方式、资金集中程度、内部资金往来等。

⑦成本管理报告。成本管理报告的内容应包括成本预算、实际成本及其差异分析、成本差异形成的原因以及改进措施等。

⑧业绩评价报告。业绩评价报告的内容包括绩效目标、关键绩效指标、实际执行结果、差异分析、考评结果以及相关建议等。

(3)业务层管理会计报告

业务层管理会计报告是为企业日常业务或作业活动提供相关信息的对内报告。业务层管理会计报告的报告对象是企业的职能部门、业务部门以及车间、班组等。业务层管理会计报告应根据内部价值链进行构造，内容主要有：

①研究开发报告。研究开发报告主要反映研发背景、主要研发内容、技术方案、研发进度、项目预算等。

②采购业务报告。采购业务报告主要反映采购业务预算、采购业务执行结果以及差异分析等。采购业务报告要重点反映采购质量、数量以及时间、价格等方面的内容。

③生产业务报告。生产业务报告主要反映生产业务预算、生产业务执行结果以及差异分析等。生产业务报告要重点反映生产成本、生产数量以及产品质量、生产时间等方面的内容。

④配送业务报告。配送业务报告主要反映配送业务预算、配送业务执行结果以及差异分析等。配送业务报告要重点反映配送的及时性、准确性以及配送损耗等方面的内容。

⑤销售业务报告。销售业务报告主要反映销售业务预算、销售业务执行结果以及差异分析等。销售业务报告要重点反映销售的数量结构和质量结构等方面的内容。

⑥售后服务业务报告。售后服务业务报告主要反映售后服务业务预算、售后服务业务执行结果以及差异分析等。售后服务业务报告要重点反映售后服务的客户满意度等方面的内容。

⑦人力资源报告。人力资源报告主要反映人力资源预算、人力资源执行结果以及差异分析等。人力资源报告要重点反映人力资源使用及考核等方面的内容。

此外，企业管理会计报告按照内容，可以分为综合企业管理会计报告和专项企业管理会计报告；按照管理会计功能，可以分为管理规划报告、管理决策报告、管理控制报告和管理评价报告；按照责任中心，可以分为投资中心报告、利润中心报告和成本中心报告；按照报告主体整体性程度，可以分为整体报告和分部报告。

企业管理会计报告由管理会计信息归集、处理并报出的责任部门编制。企业可以根据管理的需要和管理会计活动的性质设定报告期间。一般应以日历期间（月度、季度、年度）作为企业管理会计报告期间，也可以根据特定需要设定企业管理会计报告期间。企业管理会计报告的形式要件包括报告名称、报告期间或时间、报告对象、报告内容以及报告人等。

## 第三节　管理会计的特点

管理会计与财务会计虽然同属于会计学的范畴，但各有其特点。要充分发挥管理会计的职能作用，必须明确管理会计的特点；而要掌握管理会计的特点，就必须了解管理会计的属性及其与财务会计的关系。

### 一、管理会计的属性

管理会计的基本属性，可以从它作为一项工作和作为一门学科这两个方面分别进行论述，从而可以使我们从中掌握它们之间的统一性。

#### （一）管理会计的工作属性

管理会计作为向企业管理者提供管理信息的会计信息系统，是管理信息系统的一个子系统，是决策支持系统的重要组成部分。

现代管理科学认为，决策是管理者的首要职能，而决策离不开信息。从一定意义上讲，管理就是正确地收集、加工和利用信息并作出决策。基于这一认识，现代管理科学把一个完整的管理信息系统区分为三个层次：一是决策系统；二是决策支持系统；三是执行与控制系统。与此相适应，管理人员也可区分为三种不同类型：一是决策人员；二是参谋人员；三是执行人员。会计人员作为信息专家，属于决策支持系统中的参谋人员。

决策支持系统是决策系统的基础，参谋人员是决策人员的有力助手，这种关系表现为管理会计具有辅助性和专业性的基本特征。辅助性是指管理会计人员并不最终掌握决策权与执行权，但可有效地利用他们所掌握的相关信息，充分发挥信息职能去帮助、影响决策者和执行者。专业性是指管理会计机构由有关领域的专家组成，使其能提出优化决策目标的科学建议。管理会计人员的专业水平、工作质量及其效果，对实现决策的科学化具有重大影响。因此，在实践中，只有正确认识管理会计机构及人员的地位作用，才能保证所定的目标和措施被卓有成效地贯彻执行，这也是现代化管理的要求。

**(二)管理会计的学科属性**

管理会计作为一个信息系统，其学科属性是信息科学的一个组成部分。管理会计作为决策支持系统的一个重要组成部分，其学科属性又是"软科学"的一个组成部分。因此，管理会计的学科属性具有双重性。管理会计作为信息科学组成部分的属性，是由管理会计的职能所决定的，这一点是国内外会计学术界所公认的。管理会计作为"软科学"组成部分的属性，则是会计理论界的一个新观点。这是因为"软科学"是一门以研究决策为核心的新兴学科，为管理者进行决策提供科学的依据。管理会计的这种双重性表现为会计与管理的有机结合。

## 二、管理会计与财务会计的关系

虽然管理会计与财务会计同属于现代会计的两大分支，但两者在许多方面存在明显的区别。为了更好地掌握管理会计的特点，必须明确管理会计与财务会计的关系。

**(一)管理会计与财务会计的区别**

为了便于集中比较，现将管理会计与财务会计的区别作简要总结，如表1—2所示。

**表1—2　　管理会计与财务会计的区别**

| 比较项目 | 管理会计 | 财务会计 |
| --- | --- | --- |
| 基本目标 | 主要服务于企业内部管理，必要时也对外报告。 | 向企业外部利害关系各方提供资料，兼顾企业内部管理。 |
| 基本职能 | 规划未来、控制现在和评价过去，着重于规划未来。 | 着重于反映过去，提供信息。 |
| 核算对象 | 可以是整个企业，也可以是某个责任部门，甚至是某个责任人；可以是生产经营活动的全过程，也可以是某个阶段或某一方面。 | 以整个企业生产经营活动的全过程为对象。 |
| 会计主体 | 以各责任单位为会计主体，同时兼顾局部与整体两个方面。 | 以整个企业作为会计主体。 |
| 约束条件 | 不必遵循会计准则、会计制度及其他法规，处理方法具有很大的灵活性。 | 必须遵循会计准则、会计制度及其他法规，处理方法灵活性较小。 |
| 核算方法 | 不必严格按照固定的核算程序、方法及规定的凭证和账表格式组织核算，广泛运用高等数学知识，但不要求绝对精确。 | 采用相对固定的核算程序、方法及规定的凭证和账表格式，并采用一般的数学方法，但力求精确。 |
| 会计报告 | 采用多种计量单位，没有固定的格式和内容，不定期编报，不一定对外报送。 | 统一采用货币计量，按规定格式定期对外编报。 |
| 法律效力 | 管理会计报告不是正式报告，不具有法律效力。 | 财务会计报告是正式报告，具有法律效力。 |

应当注意的是，上述区别并不是绝对的。从广泛意义上讲，财务会计同样是为了满足管理

的需要，而现代管理会计的许多可行性分析也常常作为向外提供的资料。因此，管理会计与财务会计很难截然区分。

**(二)管理会计与财务会计的联系**

管理会计虽与财务会计有区别，但两者还是密切联系的。管理会计是利用财务会计资料对企业经济效益进行预测、决策的，而这种预测、决策是否正确，最终还是要通过财务会计进行检验。管理会计不能离开财务会计单独存在，两者有千丝万缕的联系。管理会计与财务会计的联系主要表现在以下几个方面：

1. 最终目标一致

尽管财务会计与管理会计采用不同方法提供不同性质的会计信息，但它们提供会计信息的最终目标是一致的，即均要提供与经济决策相关的信息。信息的决策有用性是财务会计与管理会计共同的目标。财务会计通过对外提供财务报告，对企业外部投资者、债权人的经济决策施加影响，提供决策支持。管理会计通过规划、控制、组织活动，为企业内部管理人员的经济决策进行参谋和咨询，提供决策支持。两者的目标都是要为决策者的经济决策提供有用的、相关的会计信息。

2. 原始资料同源

财务会计与管理会计所反映的都是企业的生产经营活动，只是两者所处的立场不同而已，财务会计与管理会计都要以表现生产经营活动的原始资料为依据。由于财务会计有一整套会计核算程序和方法对原始资料进行系统的整理、记录和加工，因此，财务会计核算的信息往往成为管理会计的基础。管理会计主要通过对财务会计信息的进一步加工，结合其他资料，为企业提供内部管理所要求的会计信息。财务会计与管理会计的原始资料是同源的，它们都反映企业的生产经营活动。

3. 会计信息同质

虽然管理会计在许多会计概念、会计原则、会计方法上不同于财务会计，但管理会计是会计系统的一个分支，它是以会计手段为企业内部管理服务的，因此，它所提供的为企业管理服务的会计信息同样具备系统、全面、货币计量等会计信息的基本特征，即财务会计与管理会计均为信息使用者提供以货币形式表现的综合性财务信息。

## 三、管理会计的主要特点

管理会计的特点是相对于财务会计而言所独具的某些特色或显著的不同之处。通过对管理会计与财务会计的比较，可以看出管理会计具有以下主要特点：

**(一)侧重于为企业内部的经营管理服务**

管理会计的目的主要是为企业内部各级管理人员提供有效经营和最优决策信息，为加强企业的内部管理、提高企业经济效益而服务，即管理会计侧重于为企业内部的经营管理服务。正是由于这一特点，才决定和派生出了管理会计的其他主要特点。财务会计虽然对内、对外都提供企业最基本的财务、成本信息，但它主要侧重于为企业外部有经济利害关系的各方服务。需要强调的是，不能简单地认为，财务会计服务于外部、管理会计服务于内部。确切地讲，无论是管理会计还是财务会计，都同时为企业内部、外部有关方面的人员服务，只是服务的侧重点不同。

**(二)面向未来、控制现在**

为了有效地服务于企业内部的经营管理，一方面，要求管理会计运用其特有的理论和方法，对生产经营方面将要采取的各种方案进行科学的预测分析，并以此作为决策分析和编制预算的客观依据，即对未来将要发生的经济活动进行核算；另一方面，为确保规划的经营目标能得以实现，还必须切实地控制现在。管理会计以事前、事中核算为主的这一特点是其基本职能的客观反映，是由管理会计的目标特点派生出来的时间特点，与传统财务会计形成鲜明对比。财务会计主要是反映过去，单纯地提供和解释会计信息；与这一特点相适应，管理会计中较多地使用对有关指标的未来估计数据，虽然也使用一些历史数据，但需对其进行必要的加工与整理。

**（三）同时兼顾生产经营的全局与局部**

财务会计一般只提供企业全局的综合经济信息，而管理会计还要提供企业内部不同部门、不同产品、不同项目或过程等局部的有关生产经营的信息。管理会计的这一范围特点也是由其目标特点所决定的。因为要有效地服务于企业内部经营管理，就必须做到从全局着眼，综合考虑，以实现局部和整体的统一；否则，必然是各行其是、顾此失彼。因此，管理会计必须同时兼顾全局与局部两个方面，对哪一方面都不可偏废。

**（四）核算方法灵活多样**

如前所述，财务会计必须严格遵循会计准则、会计制度及其他法规，从凭证、账簿到报表都要严格按照既定的会计程序进行，具有严密而稳定的结构。而管理会计主要是为企业内部改善经营管理提供有用的信息，在许多方面可以不受会计准则、会计制度及其他法规的制约，结构比较松散，领域更加广阔，核算方法更加灵活多样。无论是核算程序的确定、数据资料的来源，还是核算的具体方法和报告的编制形式，都不必局限于固定的格式，只要能满足企业内部的需要，就可以认为是“有效的”。

**（五）数学方法的广泛运用**

财务会计虽然也要应用一些数学方法，但范围较小，且一般只涉及初等数学。而管理会计为了在现代化的管理中能更好地发挥其经济作用，越来越多地借助于现代数学方法来解决复杂的经济问题，使之朝着定量化方向发展。以数学来武装管理会计，特别是大量运用运筹学和数理统计学中许多科学的方法，把复杂的经济活动用简明而精确的数学模式表达出来，并用高等数学方法对所掌握的有关数据进行科学的加工整理，以揭示有关对象之间的内在关系和最优数量关系，以便为管理者提供决策依据，这是现代管理会计的又一特点。数学方法的广泛运用，表明管理会计正在走向进一步的成熟与完善。

## 本章关键概念

管理会计　　执行性管理会计　　决策性管理会计　　管理信息系统

## 复习思考题

1. 什么是管理会计？它是怎样形成和发展起来的？
2. 管理会计的基本内容有哪些？规划与决策会计和控制与业绩评价会计之间的关系怎样？
3. 管理会计与财务会计之间有哪些主要区别？又有哪些联系？
4. 简要说明我国企业会计工作中有哪些属于管理会计的内容。
5. 人们已普遍认识到：“经济越发展，会计越重要。”但在当前有些企业和其他经济组织管理中，为什么管理会计并没有得到足够的重视？

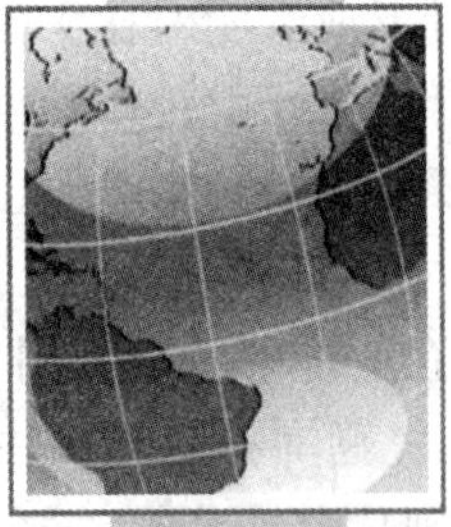

# 第二章 变动成本法

**引言**

变动成本法是管理会计中普遍使用的成本计算方法和损益计算方法，是本量利分析的理论和方法基础。从管理决策和业绩评价角度看，变动成本法与传统财务会计中所采用的完全成本法相比，可以体现出不同的特点和优越之处。本章主要介绍变动成本法产生的基础——成本性态分析，变动成本法的含义、特点，并与完全成本法进行比较，对两者作出评价。

## 第一节　成本性态分析

### 一、成本按性态分类

成本是指为达到特定目的而消耗或放弃的资源，它是衡量企业经营管理水平高低和经济效益好坏的一个重要指标。企业为了实现有效经营，提高生产经营效果，在决策、预算和日常控制等各个环节，都必须对成本问题进行认真的分析研究。

成本可以按照各种不同的标准进行分类，以适应企业经营管理的不同需要。

传统会计中的成本是指企业为生产一定种类、一定数量产品所支出的各种生产费用的货币表现，所以也称其为生产成本、制造成本或产品成本；并按照具体的经济用途，分为“直接人工”、“直接材料”和“制造费用”等项目。

管理会计的产生使成本概念更加多样化。管理会计为行使其预测、决策职能，将“沉没成本”、“相关成本”、“机会成本”等概念广泛应用于不同类型的经营管理决策中，极大地丰富了成本的内涵。管理会计人员应针对特定的管理需求，选择恰当的分类标准对成本进行分类。成本性态分类是管理会计进行成本分类的重要方法，是短期经营决策等多种决策方法的基础，具有重大意义。

所谓成本性态，也称成本习性，是指成本总额与业务量之间在数量方面的依存关系。这里的业务量可以是产量、销量，也可以是直接人工小时、机器工作小时等，通常是指产量或销量；这里的成本总额包括为取得营业收入而发生的全部生产成本和非生产成本。研究成本对业务量的依存性，进行成本性态分析，可以从数量上掌握成本与业务量之间规律性的联系，为企业优化管理决策资源，对于有效实施成本控制、挖掘成本降低潜力和争取最佳经济效益，都有很大的帮助。

企业的总成本按照成本性态分类，可以分为固定成本、变动成本和混合成本三类。

**(一)固定成本**

固定成本，是指在一定时期和一定业务量范围内，成本总额不受业务量变动的影响而保持固定不变的成本。例如，企业按直线法计提的厂房和机器设备的折旧费、管理人员的工资、财产保险费、广告费、职工培训费、租金等，均属于固定成本。

1. 固定成本的基本特征

由于固定成本总额不受业务量变动的影响而保持不变，从而单位固定成本与业务量的增减呈反比例的变动，由此可以得出固定成本的两个特点：

(1)固定成本总额(用 $a$ 表示)的不变性。若设函数 $y$＝固定成本总额，则固定成本总额 $y$ 与业务量 $x$ 之间的关系是 $y=a$，见图 2—1。

(2)单位固定成本的反比例变动性。若设函数 $y$＝单位固定成本，则单位固定成本 $y$ 与业务量 $x$ 之间的关系是 $y=\dfrac{a}{x}$，见图 2—2。

**【例 2—1】** 某企业由于拓展业务需要，从某租赁公司租入一条计算机生产线，租金每年为 600 000元，其最大的生产能力为每年 5 000 台，则产量在 5 000 台内变动时对成本的影响见表 2—1。

**表 2—1**

| 产量(台) | 总成本(元) | 单位产品负担的固定成本(元) |
|---|---|---|
| 1 000 | 600 000 | 600 |
| 2 000 | 600 000 | 300 |
| 3 000 | 600 000 | 200 |
| 4 000 | 600 000 | 150 |
| 5 000 | 600 000 | 120 |

其成本性态模型见图 2—1、图 2—2。

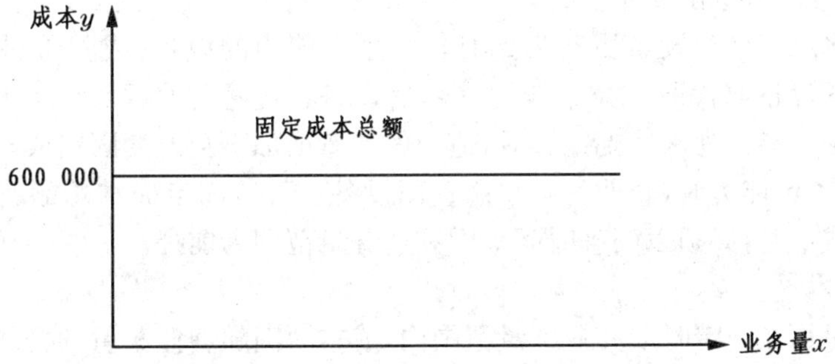


**图 2—1　固定成本总额成本性态模型**

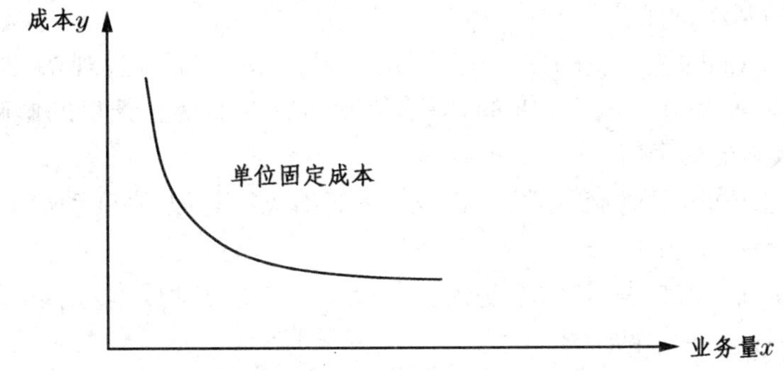


**图 2—2　单位固定成本成本性态模型**

2. 固定成本的分类

为了有效地控制固定成本，需要对不同性质的固定成本进行分类。通常，固定成本按其是否受管理当局短期计划和决策行为的影响，可以分为约束性固定成本和酌量性固定成本两类。

(1)约束性固定成本

约束性固定成本，也称“经营能力成本”，是指管理当局无法通过短期决策改变其支出数额的固定成本。它与企业经营能力的形成及其正常维护直接相关，如固定资产折旧费、保险费、财产税、管理人员工资等。这些成本是企业保持正常生产经营能力的必要条件，具有很强的约束性；企业的经营能力一经形成，在短期内难以做出重大的改变，因而可以在企业生产经营的较长时期内继续存在和发挥作用。

(2)酌量性固定成本

酌量性固定成本，也称“抉择性固定成本”或“经营方针成本”，它是指管理当局可以通过短期决策改变其不同时期支出数额的固定成本。它是由企业管理部门按照经营方针的要求，通过确定未来某一会计期间的有关预算额而形成的，如企业的开发研究费、广告费、职工培训费等。酌量性固定成本不同于约束性固定成本，其支出数额的多少可以改变，服从于企业每一会计期间生产经营的实际需要和财务负担能力，因而可以伴随经营方针和财务状况的改变而相应改变，一经确定，只能在某一特定的会计期间存在和发挥作用。

3. 固定成本的“相关范围”概念

对固定成本的所谓“固定性”，我们不能作绝对化的理解，固定性是在一定范围条件内才存在的，这种范围被称为“相关范围”。一般而言，固定成本的相关范围包括两层含义：一是特定时间范围；二是特定的业务量范围。首先，从长期看，任何成本都是可以改变的，约束性固定成本和酌量性固定成本都会随着企业经营方针的改变而有所增减。例如，随着企业规模的不断增长，企业需要将原有生产设备更新为拥有较大生产能力的设备；或随着科学技术的不断发展，企业以先进的设备取代原有技术较为落后的设备。这些都会导致固定成本总额的变化。其次，当企业的生产能力尚未达到饱和时，适当的产量增加不会改变固定成本，然而，当产量的增加超过了现有生产能力时，企业就必须添置新设备，于是，固定成本总额就会相应增加。所以，在研究固定成本时，必须以明确时间范围和业务量范围为前提。

**(二)变动成本**

变动成本，是指在一定时期和业务量范围内，成本总额随着业务量的变动而呈正比例变动的成本。企业生产成本中的直接材料、直接人工，制造费用中的产品包装费用，销售费用中按销售量支付的销售佣金等，均属于变动成本。

1. 变动成本的基本特征

由于变动成本总额随业务量的变化呈正比例变化，从单位业务量观察，就会发现单位直接材料、单位直接人工等费用是固定不变的，即单位变动成本不受业务量的影响而保持不变，由此可以得出变动成本的两个特点：

(1)变动成本总额的正比例变动性。若设 $y$＝变动成本总额，则变动成本总额 $y$ 与业务量 $x$ 之间的关系是 $y=bx$，见图 2—3。

(2)单位变动成本(用 $b$ 表示)的不变性。若设 $y$＝单位变动成本，则单位变动成本 $y$ 与业务量 $x$ 之间的关系是 $y=b$，见图 2—4。

**【例 2—2】** 承前【例 2—1】，若该企业每生产 1 台计算机，需要一个外购的 CPU，目前符合该企业要求的 CPU 市场价格为 300 元/件，则产量在一定范围内变动时对成本的影响见

表 2—2。

**表 2—2**

| 产量(台) | 单位变动成本(元) | 变动成本总额(元) |
|---|---|---|
| 1 000 | 300 | 300 000 |
| 2 000 | 300 | 600 000 |
| 3 000 | 300 | 900 000 |
| 4 000 | 300 | 1200 000 |
| 5 000 | 300 | 1500 000 |

其成本性态模型见图 2—3、图 2—4。

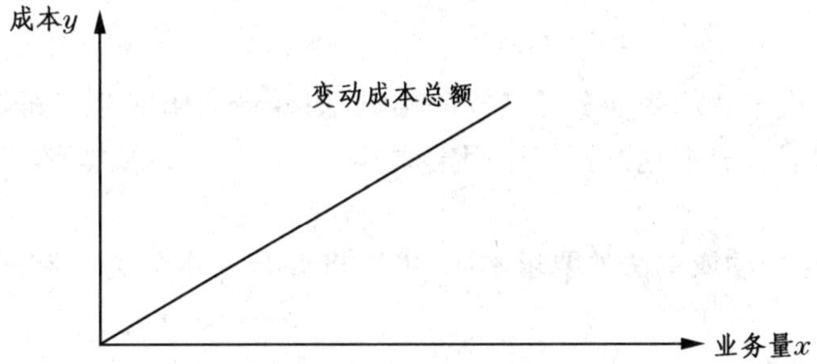


**图 2—3　变动成本总额成本性态模型**

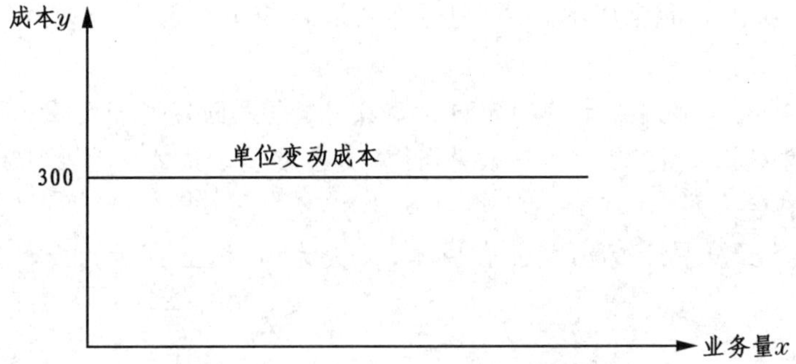


**图 2—4　单位变动成本成本性态模型**

2. 变动成本的分类

变动成本也可以分为两类,即酌量性变动成本和约束性变动成本。

(1)酌量性变动成本

酌量性变动成本,是指单位变动成本发生额由高层管理者经营决策行为决定的成本。例如,按照一定百分比从销售收入中提取的销售佣金,其金额的大小取决于高层管理者确定的提取比例。

(2)约束性变动成本

约束性变动成本,是指单位变动成本发生额由工艺、设计技术等方面的原因决定,不受经营管理者决策影响的成本。例如,某计算机生产企业在生产过程中使用的是国外进口的处理器，该处理器的成本主要取决于国外厂商的生产技术以及市场价格，本企业很难改变，除非使用国产处理器从而改变整个企业的生产工艺。

3. 变动成本的“相关范围”概念

和固定成本相类似，变动成本总额与业务量之间的依存关系也需要保证一定的范围条件，也可以称为“相关范围”。即在一定时期的业务量范围内，成本和业务量之间是正比例的线性关系；但在一定的业务量范围之外，这种关系就可能不存在或表现为非线性关系。例如，当企业的产销量较低时，其生产经营很难达到规模效应，这时单位产品所负担的直接材料和直接人工都比较多；随着企业产销量的增加，达到某种程度后资源利用率会提高，单位产品所负担的直接材料和直接人工等变动成本有所降低并保持稳定不变；当企业的产销量继续增加，并超过了生产能力后，单位产品负担的变动成本又会有所增加。所以，研究变动成本时也应该考虑一定的时间范围和业务量范围，当相关范围发生改变时，原有的单位变动成本将会被新的单位变动成本取代。

**(三)混合成本**

混合成本，是指成本总额受业务量变动的影响，但变动的幅度并不同业务量的变动保持正比例关系的成本，即混合成本是既不属于固定成本也不属于变动成本，但又兼备了两者的某些特点的成本。

按照混合成本与变动成本法的要求不同，可以将混合成本分为标准式混合成本和非标准式混合成本。

1. 标准式混合成本

标准式混合成本是由明显的固定成本和变动成本两部分组成的成本，它的固定部分是不受业务量影响的基数成本，变动部分是在基数成本的基础上随着业务量的增长而呈正比例增长的成本。设 $y$=标准式混合成本总额，则标准式混合成本总额 $y$ 与业务量 $x$ 的关系为 $y=a+bx$，见图2—5。

**【例2—3】** 某电信部门规定的固定电话费用中，每月固定月租为20元，在此基础上，通话业务每分钟再付费0.1元，对于客户来说，话费支出就属于成本。现要求列出费用支出与业务量之间的数量依存关系。

解：客户的话费开支属于标准式混合成本，设其为 $y$，设业务量为 $x$，则两者的线性关系为：

$y=20+0.1x$

其成本性态模型见图2—5。

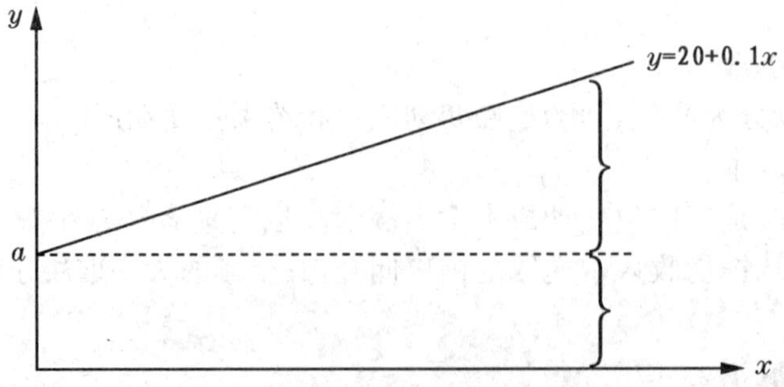


**图2—5 标准式混合成本成本性态模型**

2. 非标准式混合成本

标准式混合成本以外的所有混合成本形式都可以称为非标准式混合成本。非标准式混合成本的表现形式包括阶梯式非标准混合成本、低坡式非标准混合成本、曲线式非标准混合成本等，见图 2－6、图 2－7、图 2－8。

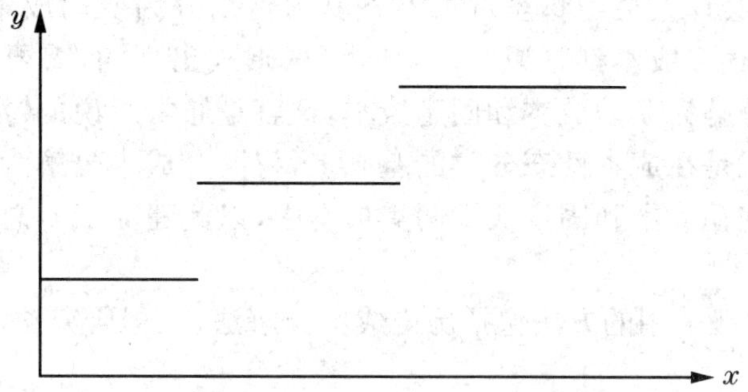


图 2－6　阶梯式非标准混合成本

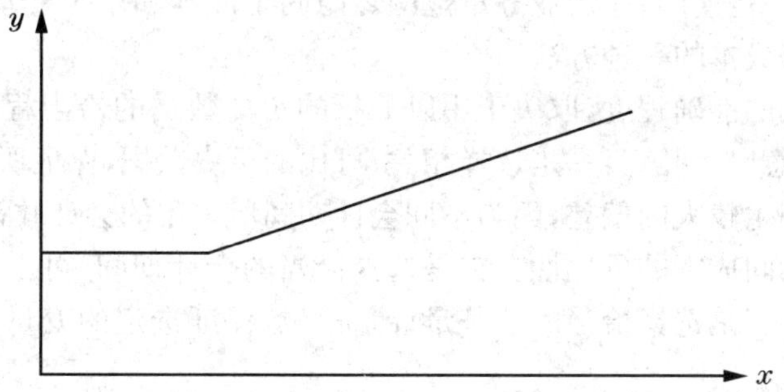


图 2－7　低坡式非标准混合成本

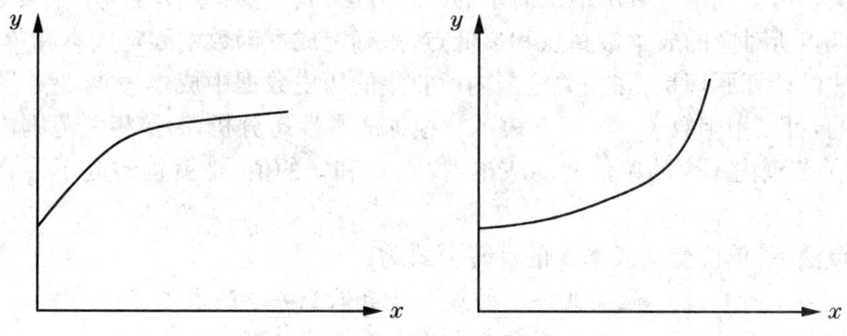


图 2－8　曲线式非标准混合成本

实践中，还有很多混合成本，其与业务量之间的依存关系无法准确地估计和测定，可以称为其他非标准式混合成本。

如果从较长时期和业务量的变动趋势看，所有的成本总额都是混合成本，既没有绝对不变的固定成本总额，也没有绝对不变的单位变动成本。相关范围的存在说明，成本性态不是成本自身固有的特性，它受到时间和数量的限制，所以，开展成本性态分析的本质就是进行混合成本的分解，把成本总额在误差允许的范围内，用标准混合成本 $y=a+bx$ 的形式代替。

## 二、混合成本的分解

企业经营管理者为了规划和控制企业的经济活动，经常需要了解成本与业务量之间的变化关系，为此，管理会计人员需将全部成本按其习性划分为变动成本和固定成本两大类。然而，在实际工作中，很多成本都是以“混合成本”的形式出现的，需要管理会计人员使用一些专门的方法，将其分解为变动成本和固定成本，这就是通常所说的“混合成本的分解”。所谓的成本性态分析，就是在成本性态分类的基础上，将混合成本分解为变动成本和固定成本两部分后，分别纳入变动成本和固定成本两类成本中，以此建立成本总额与业务量函数关系的过程。

分解混合成本，一般采用的方法包括历史成本分解法、工程研究法、账户分类法和合同认定法。

### (一)历史成本分解法

历史成本分解法，是指根据混合成本的历史数据，依据以前各期的实际成本与业务量之间的依存关系，来推算一定期间、一定业务量范围之内固定成本和单位变动成本的平均值，并以此确定所估算的未来成本的一种方法。

历史成本分解法的准确程度，取决于用以分析的历史数据的恰当程度。为了保证成本分解的可靠性，必须注意以下几点：一是选择相关、可比的历史数据，保证所收集的数据不会因为会计政策的变化而产生较大的偏差，因为不同会计期间所采用的会计政策和方法的不同，会在很大程度上影响各期间成本的可比性。二是选择恰当的会计期间，可以消除期限较长带来的不稳定因素的影响。三是选择恰当的业务量计量单位，保证选定的变量和成本之间存在密切的依存关系。

历史成本分解法可具体分为高低点法、散布图法和回归直线法。

1. 高低点法

高低点法是历史成本分解法中最简单的一种方法，其主要特点是，利用相关范围内业务量最高点和最低点所对应的成本最高点和最低点，来确定成本函数中固定成本和单位变动成本。

高低点法的计算原理是：在相关范围内所收集的历史数据中成本 $y$ 与业务量 $x$ 是存在线性依存关系的，可以用函数 $y=a+bx$ 表示。根据成本性态分析，$a$ 是相关范围内不变的固定成本，$b$ 是相关范围内不变的单位变动成本，找到 $a$ 和 $b$ 的值，也就构建起了混合成本的线性函数。

在高低点法下，单位变动成本 $b$ 的计算公式为：

$$b=\frac{\text{最高业务量的成本}-\text{最低业务量的成本}}{\text{最高业务量}-\text{最低业务量}}$$

当 $b$ 值确定后，可以根据下列公式中的任何一个求出 $a$ 值：

$$a=\text{最高业务量的成本}-b\times\text{最高业务量}$$

或：

$$a=\text{最低业务量的成本}-b\times\text{最低业务量}$$

**【例 2—4】** 设某企业 20×3 年度的维修成本历史数据如表 2—3 所示。假定下一年 1 月份该企业预计产量为 1 300 机器小时，则预计 20×4 年 1 月份将发生的成本为多少？

**表 2—3**

| 月份 | 机器工作小时 | 维修成本(元) |
|---|---|---|
| 1 | 1 200 | 900 |
| 2 | 1 300 | 910 |
| 3 | 1 150 | 840 |
| 4 | 1 050 | 850 |
| 5 | 900 | 820 |
| 6 | 800 | 730 |
| 7 | 700 | 720 |
| 8 | 800 | 780 |
| 9 | 950 | 750 |
| 10 | 1 100 | 890 |
| 11 | 1 250 | 920 |
| 12 | 1 400 | 930 |

解：经过观察，发现业务量最高点和最低点分别是 12 月份的 1 400 小时和 7 月份的 700 小时，所对应的成本分别为 930 元和 720 元，所以 $b$ 和 $a$ 分别为：

$$b=\frac{930-720}{1\,400-700}=\frac{210}{700}=0.3$$

$$a=930-0.3\times1\,400=510$$

或：

$$a=720-0.3\times700=510$$

则成本函数为：

$$y=510+0.3x$$

若 20×4 年 1 月份预计的产量为 1 300 机器小时，则预计的维修成本为：

$$y=510+0.3\times1\,300=900(\text{元})$$

使用高低点法分解混合成本，计算简便。但因为它只选择了诸多历史资料中的两组数据作为计算依据，使得计算结果具有偶然性而不具有代表性，所以这种方法只适用于各期成本变动趋势稳定的情况。

2. 散布图法

散布图法，也称布点图法，是将所观察到的历史数据在坐标图上作点，绘出各期成本的散布图，并使用仪器在各成本点之间画出一条反映成本变动趋势的直线，据以确定固定成本和单位变动成本的一种方法。

散布图法的步骤为：

(1)描点。在平面直角坐标系中，绘制成本的散布点，以横轴代表业务量，纵轴代表成本，于是历史成本的数据就形成若干点散布于坐标图中，由此绘制的图即为散布图。

(2)画线。通过目测或使用仪器画出一条反映成本平均变动趋势的直线。注意应尽量使画出的这条直线两边的散布点数量相同，从而使各点到直线的距离之和达到最小。

(3)读数。所画出的直线与纵轴的截距即为固定成本 $a$，在所画出直线上任取一点 $x$，即可计算得出 $b$ 的值，依据的公式是 $b=\frac{y-a}{x}$。

**【例 2—5】** 仍以【例 2—4】的成本资料为依据，设维修成本为 $y$ 轴，机器工作小时为业务量 $x$ 轴，绘制散布图见图 2—9。

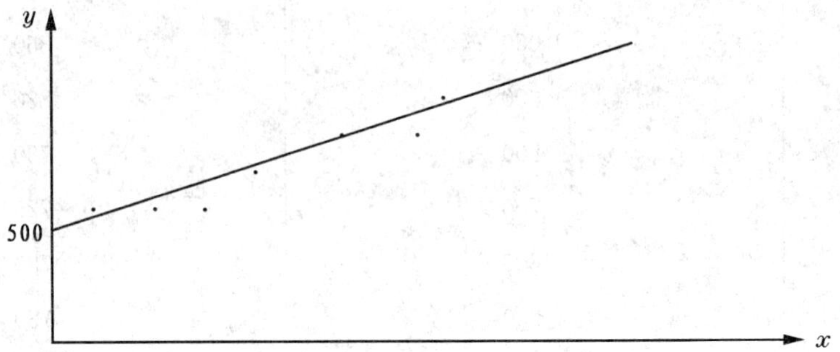


**图 2—9**

在图 2—9 中，所绘直线和纵轴的交点是 500，表示固定成本为 500 元，则斜率 $b$ 的计算方法为：

在直线上任取一点，如令 $x=1\ 200$，此时 $y=900$，则：

$$b=\frac{900-500}{1\ 200}=0.33$$

由此可得成本函数：$y=500+0.33x$

采用散布图法分解混合成本，应注意尽可能使所画的直线具有代表性，使成本点比较均匀地分布在直线的两侧，而对于个别异常的成本点，可以不予考虑。这种方法的优点在于全面考虑了已知的所有成本数据，其图像可以反映成本的变动趋势，比较形象，易于理解。因此，散布图法比高低点法分解混合成本更精确。但由于画出的反映成本平均变动趋势的直线仍带有一种随意性，所以不能达到较高的精确度，只适用于混合成本分解精确度要求不高的情况。

3. 回归直线法

回归直线法，是根据一系列历史成本资料，用最小二乘法原理计算能代表平均成本水平的直线截距和斜率，以其作为固定成本和单位变动成本的一种成本分解方法。它与高低点法和散布图法相比较，是一种更为精确的方法。

回归直线法的数学推导，是以混合成本的直线方程式 $y=a+bx$ 为基础的，其应用过程如下：

设成本 $y$ 和业务量 $x$ 的模型为 $y=a+bx$，为找到固定成本 $a$ 和单位变动成本 $b$ 的值，先以求和形式($\sum$)表达各组数据的和。得：

$$\sum y=na+b\sum x \qquad (2-1)$$

再以 $x$ 乘以 $y=a+bx$ 式的每一项，并求和，得：

$$\sum xy=a\sum x+b\sum x^2 \qquad (2-2)$$

由式(2—1)和式(2—2)组成联立方程式，求解得出：

$$b=\frac{n\sum xy-\sum x\sum y}{n\sum x^2-(\sum x)^2}$$

$$a=\frac{\sum y-b\sum x}{n}$$

**【例 2—6】** 根据【例 2—4】的资料，用回归直线法对维修成本进行分解。相关数据的计算见表 2—4。

**表 2—4**

| 月　份 | 机器工作小时($x$) | 维修成本($y$) | $xy$ | $x^2$ |
|---|---|---|---|---|
| 1 | 1 200 | 900 | 1 080 000 | 1 440 000 |
| 2 | 1 300 | 910 | 1 183 000 | 1 690 000 |
| 3 | 1 150 | 840 | 966 000 | 1 322 500 |
| 4 | 1 050 | 850 | 892 500 | 1 102 500 |
| 5 | 900 | 820 | 738 000 | 810 000 |
| 6 | 800 | 730 | 584 000 | 640 000 |
| 7 | 700 | 720 | 504 000 | 490 000 |
| 8 | 800 | 780 | 624 000 | 640 000 |
| 9 | 950 | 750 | 712 500 | 902 500 |
| 10 | 1 100 | 890 | 979 000 | 1 210 000 |
| 11 | 1 250 | 920 | 1 150 000 | 1 562 500 |
| 12 | 1 400 | 930 | 1 302 000 | 1 960 000 |
| $\sum n$ | 12 600 | 10 040 | 10 715 000 | 13 770 000 |

将表 2—4 中数据代入回归直线公式，得：

$$b=\frac{12\times 10\,715\,000-12\,600\times 10\,040}{12\times 13\,770\,000-(12\,600)^2}=0.32$$

$$a=\frac{10\,040-0.32\times 12\,600}{12}=500.67$$

由此，可以得到维修成本的线性方程 $y=500.67+0.32x$

还应指出的是，回归直线法是统计方法在成本性态分析中的应用，采用这一统计方法的前提是成本总额和业务量之间必须具有线性关系，否则得出的结果没有意义。因此，我们需要对线性的相关性做出分析。

线性关系常用相关系数 $r$ 加以反映。所谓相关系数，是指两个变量 $x$ 和 $y$ 之间相关程度及其方向的系数，其计算公式为：

$$r=\frac{n\sum xy-\sum x\sum y}{\sqrt{[n\sum x^2-(\sum x)^2][n\sum y^2-(\sum y)^2]}}$$

相关系数 $r$ 的取值范围在 0 与 ±1 之间。当 $r=0$ 时，说明变量之间不存在相关关系；当 $r=1$时，说明两者是完全的正相关；当 $r=-1$ 时，说明两者是完全的负相关；当 $0<|r|<1$ 时，$r$ 的数值反映 $x$ 与 $y$ 的相关程度。$|r|$的数值越大，相关程度越大；数值越小，相关程度越小。

由于成本和业务量之间不可能负相关，故在混合成本的分解中，$r$ 的取值范围在 0 到 1 之间。在管理会计中，一般当 $r$ 大于 0.8 时，就表明成本总额和业务量之间有密切联系，可以采用回归直线法进行成本性态分析。

综合以上三种方法,可以看出,回归直线法使混合成本的分解建立在科学分析和精确计算的基础之上,得到的结果更为精确,但计算却相对复杂得多。无论是高低点法、散布图法还是回归直线法,都属于历史成本分析方法,只适用于存在可比历史成本数据的情况,倘若这一条件不满足,则需要采用其他方法进行混合成本的分解。

**(二)工程研究法**

工程研究法又称技术测定法,是由工程技术人员通过某种技术方法测定正常生产流程中"投入—产出"之间的规律性联系,以便逐项研究决定成本高低的每个因素,并在此基础上估算出固定成本和单位变动成本的一种方法。

采用这种方法的关键之处在于:准确测定反映在一定生产技术和管理水平条件下,投入的成本和产出的数量之间具有规律性联系的各种消耗量标准。例如,生产一定数量产品所需消耗的各种原材料的重量、机器小时、特定技术等级的人工小时等。将这些数量标准乘以相应的单位价格,便可得到各项标准成本。例如,企业详细的工程设计说明书中,一般都包括制造某种合格产品所需的各种原材料及其标准耗用量,只要将其与原材料单位价格相结合,即可准确地测定出原材料成本是多少。根据工程设计说明书与时间及动作研究,就可以准确地测定生产流程中每一步骤所消耗的时间(人工小时),再将其乘以小时工资率,便可得到单位产品的标准人工成本。

工程研究法分解成本的基本步骤是:(1)确定研究的成本项目;(2)对导致成本形成的生产过程进行观察和分析;(3)确定生产过程的最佳操作方法;(4)以最佳操作方法为标准,测定成本项目每一构成内容的标准成本,并以此为依据分别确定固定成本和变动成本。

采用工程研究法必须注意两个问题:(1)工程研究法只有在能够测定出固定成本总额和单位变动成本的前提条件下,才是可行的。(2)如果采用工程研究法进行成本性态分析的成本较大,应根据成本—效益原则进行取舍。

工程研究法适用于任何可以从客观立场进行观察的"投入—产出"过程,并要求产品的投入量和产出量之间的关系比较稳定。除了上述提到的直接材料、直接人工外,也可以用于办公费用、装运费用、仓储费用等非制造成本的测定。

工程研究法的优越性体现在:(1)工程研究法不仅可以对现有的生产流程进行测定,还可以将所有生产活动和辅助生产活动进行详细的分析,以寻求改进工作的途径,找出最经济、最有效的程序和方法,使产品制造、工作效率及资源配置效益都有所提高。(2)工程研究法的主要目的是确立理想的投入—产出关系,所以企业在建立标准成本和制定预算时,使用工程研究法具有较好的科学性和指导性。(3)工程研究法既是在缺乏历史成本资料条件下可用的最有效的方法,也是用于检验历史成本分析结论的最佳方法。

工程研究法的局限性在于:(1)分析成本较高,需要耗用大量的人力、物力和时间。(2)对投入—产出关系的直接相关性要求过高,不能进行没有特定投入—产出关系的各项费用的分析。

**(三)账户分类法**

账户分类法是根据各有关成本账户(包括明细账)的内容,按照它们与业务量之间的关系,判断其应当归属于固定成本或变动成本的一种成本分解方法。其中,性质与固定成本较为接近的归为固定成本,与变动成本相似的则归为变动成本;不能简单划分的,经过分解后再作归类。例如,大部分管理费用在正常业务量范围内变动都不明显,可按固定成本处理;而材料、燃料费用等虽然与产销量不一定呈正比例的变化关系,但费用的发生与业务量之间关系密切,可视其为变动成本。

**【例 2—7】** 某企业基本生产车间的月成本如表 2—5 所示,采用账户分类法对其成本进行分解。

**表 2—5**

| 产量 5 000 件 | | | | | | | | |
|---|---|---|---|---|---|---|---|---|
| 项目 | 原材料 | 直接人工 | 燃料动力费 | 维修费 | 间接人工 | 折旧 | 行政管理费 | 合计 |
| 总成本(元) | 10 000 | 12 000 | 4 000 | 2 000 | 2 000 | 8 000 | 2 000 | 40 000 |

经分析,原材料和直接人工通常为变动成本,燃料动力费、维修费、间接人工等因素的变动虽然与业务量的变动不呈正比例关系,但由于我们没有其他可比较的实际成本资料,无法进行成本性态分析,只能将其视为变动成本;行政管理费中包括多项支出,其中大部分与业务量没有明显的线性关系,虽然可能会发生变化,但基于上述原因,我们将其视为固定成本。分类情况见表 2—6。

**表 2—6** 单位:元

| 项目 | 产量为 5 000 件时的成本 | | |
|---|---|---|---|
| | 总成本 | 固定成本 | 变动成本 |
| 原材料 | 10 000 | | 10 000 |
| 直接人工 | 12 000 | | 12 000 |
| 燃料动力费 | 4 000 | | 4 000 |
| 维修费 | 2 000 | | 2 000 |
| 间接人工 | 2 000 | | 2 000 |
| 折旧 | 8 000 | 8 000 | |
| 行政管理费 | 2 000 | 2 000 | |
| 合　计 | 40 000 | 10 000 | 30 000 |

根据表 2—6 中的分类结构,可将总成本分解为固定成本和变动成本两个部分,并以线性方程 $y=a+bx$ 表示。

其中:

$a=10\ 000$

$b=\dfrac{30\ 000}{5\ 000}=6$

即 $y=10\ 000+6x$

通过上述分析,可见账户分类法具有简便易行的优点,而且其计算结果可以直接揭示出固定成本和变动成本的结构,内容更加具体明确。若实际总成本发生了超支或节约,还可以据此进一步查明成本差异形成的原因,因此,这种方法在实际工作中得到了广泛的应用。

账户分类法不可避免地也存在一些缺陷,表现为:(1)该方法在确定成本性态时,仅依赖某一产量水平下的一组观测数据,无法反映成本随业务量变动的波动情况,据此进行的成本性态分析不一定完全符合客观实际。(2)该方法在很大程度上取决于会计人员对某一账户成本性态的主观判断。如在上例中,如果间接人工费用中大部分为固定费用,则这种分类方法将使分解后得到的成本线性方程存在较大误差。

克服上述弊端的最佳方法就是联系多种业务量水平进行成本性态分析,通过对不同业务量水平下成本波动情况规律的总结,判断各类成本账户的特性。

**(四)合同认定法**

合同认定法是根据企业与供应商所签订的各种合同、契约中的收费标准,以及企业内部既定的各种管理和核算制度中所明确规定的计费方法,来确定成本当中的固定成本和单位变动成本数额的成本分解方法。

这种方法特别适用于有明确计算方法的各种初始变量变动成本,如电费、水费、煤气费、电话费等各种公用事业费。其账单上的基数即为固定成本,而按照耗用量多少计价的部分属于变动成本。该方法也是在没有历史成本数据的条件下采用。

上述各种混合成本的分解方法,虽然各有其优缺点和适用性,但它们并非孤立存在,在实际应用中常常相互补充和印证。

## 三、成本性态分析的意义及存在的问题

**(一)成本性态分析的意义**

成本性态分析为管理会计中各种方法的实际应用奠定了基础,因而进行成本性态分析,在企业管理中具有十分广泛和重要的意义。

1. 成本性态分析是采用变动成本法的前提条件

进行变动成本计算的首要前提条件就是,将企业一定时期发生的所有成本划分为固定成本和变动成本两大类。在此基础上,再将与产量变动呈正比例变动的生产成本作为产品成本,并确定已销产品的单位成本,作为期末存货成本的计价基础;而将与产量变动无关的所有固定成本作为期间成本处理,全额从当期的销售收入中扣除,并由此计算出企业各期间的损益。可见,进行成本性态分析,正确区分变动成本和固定成本,是变动成本法运用的基础。

2. 成本性态分析为进行成本—业务量—利润之间相互依存关系的分析提供了方便

成本—业务量—利润之间依存关系的分析,简称为“本量利分析”,是管理会计基础方法的核心内容之一,被广泛地认可和使用。本量利分析的目的就是揭示利润、成本和业务量之间的内在依存关系。成本性态分析将成本总额分类为固定成本和变动成本,并揭示了成本与业务量之间的数量变动关系,这为本量利分析中利润公式的构建提供了基础。

3. 成本性态分析是正确制定经营决策的基础

短期经营决策为了分清相关成本和非相关成本,首先需要将成本按照成本性态划分为固定成本和变动成本。固定成本在相关范围内不随业务量的变动而变动,在短期经营决策中大多属于非相关成本;而变动成本在大多数情况下,都属于相关成本。使用这一方法,可以为短期经营决策提供基本的成本概念,形成了短期经营决策中成本决策的关键。此外,在经营决策中还存在许多特殊的成本概念,而这些成本概念大多是建立在成本性态分类的基础之上的。

**(二)成本性态分析存在的问题**

1.“相关范围”的限定有局限性

如前所述,固定成本和变动成本的成本性态只是在一定的时间范围和业务量范围内存在,这一限定本身就使成本性态分析不可避免地带有了一定的假定性。

2. 成本与产量之间完全线性关系的假定不可能完全切合实际

在进行成本性态分析时，假定在相关范围内成本的变动是线性的，可以用线性方程 $y=a+bx$ 来表示。但大多数情况下，成本与业务量之间的关系是非线性的。若要准确地描述实际的成本性态，就需要使用非线性函数来进行分析，这样得出的结果可能比较精确，但过程过于复杂。例如，若使用二次或高次方程把引起成本变动的各种因素都纳入方程中，也可以进行成本性态分析，但这种分析需要花费更多的时间和精力，信息成本可能会大于信息收益，反而得不偿失。所以，不能简单地认为，只要将分析的计算复杂化，便可以带来良好的分析效果，其实不然。

此外，本章介绍的成本分解方法均含有估计成分，带有一定的假定性，其分解结果也只能是近似值。

# 第二节　变动成本法

## 一、变动成本法概述

变动成本法是美国会计学家哈里斯于 1936 年提出的，但最初并没有引起社会的广泛关注，在实际工作中也很少被采用。第二次世界大战后，随着经济和科学技术的迅猛发展，企业环境发生了重大改变，市场竞争日益激烈；企业管理当局强烈要求会计部门能够提供预测、决策、预算等方面的信息，以帮助其改善日常管理、加强内部控制与决策。从此，变动成本法受到世界各国广泛重视，作为内部管理决策的重要工具，成为管理会计的一项重要内容。

所谓变动成本法，是指以成本性态分析为依据，在计算产品成本和存货成本时，只包括产品在生产过程中所消耗的直接材料、直接人工和变动制造费用，而不包括固定制造费用，将固定制造费用列入“期间成本”项目内，从本期收益中扣除。由于变动成本法的成本计算不包括“固定制造费用”在内，故也称为“直接成本法”或“边际成本法”。

变动成本法产生以后，为有所区别，人们将财务会计中传统的成本计算方法称为“完全成本法”。

所谓完全成本法，是指在计算产品成本和存货成本时，把一定时期发生的直接材料、直接人工和全部制造费用(包括变动制造费用和固定制造费用)都包括在内的方法。正因为完全成本法将所有“变动”或“固定”的制造费用全部“吸收”到了产品成本中，故也称为“归纳(或吸收)成本法”。

变动成本法改变了完全成本法中将固定制造费用在本期销货与存货之间进行分配的传统做法，而由当期负担。其理论依据是，固定制造费用主要是为企业提供一定的生产经营条件而发生的，这些生产经营条件一旦形成，不管其利用程度如何，有关费用照常发生，不会因产量的增减变化而改变。它们实质上与特定的会计期间相联系，和企业生产经营活动持续的长短成正比，并随时间的推移而消逝。所以，其效益不应递延到下一个会计期间，而应在发生的当期全部列入利润表，作为该期收益的一个扣减项目。

## 二、变动成本法与完全成本法的比较

由于变动成本法与完全成本法对固定制造费用的处理方法不同，导致了两种方法的一系列差异。将两者进行比较，能够进一步认识变动成本法的本质及特征，从而更好地加以应用。

**(一)应用的前提条件不同**

变动成本法的应用前提是成本性态分析,首先要求把全部成本划分为变动成本和固定成本两部分。尤其要把具有混合成本性质的制造费用按生产量分解为变动制造费用和固定制造费用两部分,对具有混合成本性质的销售及管理等费用,则按销售量分解为变动费用和固定费用两部分。

完全成本法首先要求把全部成本按其经济用途分为生产成本和非生产成本两类。将生产领域中为产品生产发生的成本归入生产成本,将发生在日常行政管理、销售和资金筹集中的成本归入非生产成本。

**(二)产品成本的构成内容不同**

变动成本法下,产品成本只包括变动生产成本中的"直接材料"、"直接人工"和"变动制造费用"三个项目,固定生产成本(即固定制造费用)和非生产成本全部作为期间成本处理。非生产成本也可按成本性态划分为变动和固定两部分,在利润表中分开列示。

完全成本法下,产品成本则包括全部生产成本,只有非生产成本才作为期间成本处理。

依据它们的含义,变动成本法与完全成本法产品成本的构成内容见图 2—10 和图 2—11。

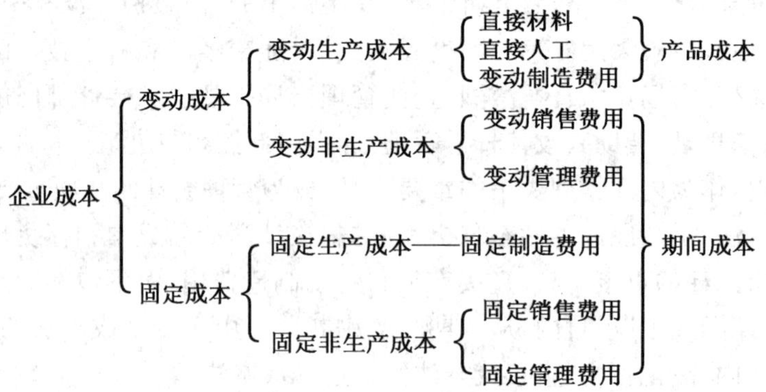


**图 2—10　变动成本法下的成本结构**

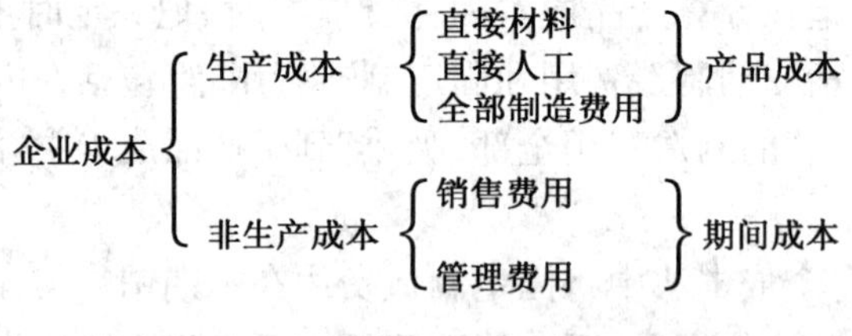


**图 2—11　完全成本法下的成本结构**

**【例 2—8】** 某企业只生产和销售一种产品,该产品 20×4 年期初存货数量为 0,假定本年投产全部完工,有关产品生产资料见表 2—7。

**表 2—7**　　**生产资料**

| 项　目 | 数量(件) | 项　目 | 金额(元) |
|---|---|---|---|
| 期初存货数量 | 0 | 直接材料 | 200 000 |
| 本年投产完工量 | 5 000 | 直接人工 | 100 000 |

续表

| 项　目 | 数量(件) | 项　目 | 金额(元) |
| --- | --- | --- | --- |
| 本年销售量 | 4 000 | 变动制造费用 | 50 000 |
| 单价 | 150 元/件 | 固定制造费用 | 100 000 |
| | | 变动销售费用 | 4 000 |
| | | 固定销售费用 | 16 000 |
| | | 变动管理费用 | 3 000 |
| | | 固定管理费用 | 27 000 |

要求:分别使用变动成本法和完全成本法计算企业的产品成本。

解:依据上述资料,两种方法计算的产品成本和期间成本见表 2—8。

**表 2—8　　产品成本计算表**

| 项目 | | 变动成本法(元) | | 完全成本法(元) | |
| --- | --- | --- | --- | --- | --- |
| | | 总成本 | 单位成本 | 总成本 | 单位成本 |
| 产品成本 | 直接材料 | 200 000 | 40 | 200 000 | 40 |
| | 直接人工 | 100 000 | 20 | 100 000 | 20 |
| | 制造费用 | | | 150 000 | 30 |
| | 变动制造费用 | 50 000 | 10 | | |
| | 合　计 | 350 000 | 70 | 450 000 | 90 |
| 期间成本 | 固定制造费用 | 100 000 | | | |
| | 销售费用 | 20 000 | | 20 000 | |
| | 管理费用 | 30 000 | | 30 000 | |
| | 合　计 | 150 000 | | 50 000 | |

上述计算结果说明,完全成本法下产品单位成本 90 元比变动成本法下产品单位成本 70 元多出 20 元,正是由单位产品负担的固定制造费用 20 元所致。

**(三)存货成本与销货成本的计算不同**

在变动成本法与完全成本法下,由于产品成本及期间成本构成内容的不同,又会导致本期销货成本和存货成本构成内容的不同。

在本期销货数量和存货数量均不为零的情况下,本期所发生的产品成本最终会表现为销货成本和存货成本。变动成本法下,产品成本的成本结构中只包括变动生产成本,不包括固定制造费用;则销货成本和存货成本中也只包括变动生产成本部分,而不包含固定制造费用。完全成本法下,产品成本的成本结构中包括了全部的生产成本,固定制造费用被计入产品成本;则本期销货成本、期末库存成本的成本结构也包括全部生产成本,其成本中均会包括一定份额的固定制造费用。因此,两种成本计算方法会导致所确定的期末存货成本与本期销售成本水平的不同。

**【例 2—9】**　仍以【例 2—8】的资料为依据,分别按照变动成本法和完全成本法计算本期销货成本和期末存货成本。

解:如前所述,本期投产产品全部完工,计算结果见表 2—9。

表 2—9　　营业成本及期末存货成本计算表

| 项　目 | 变动成本法 | 完全成本法 |
|---|---|---|
| 期初产成品存货成本(元) | 0 | 0 |
| 本期产品成本(元) | 350 000 | 450 000 |
| 可供销售产品成本(元) | 350 000 | 450 000 |
| 单位产品成本(元) | 70 | 90 |
| 期末产品存货数量(件) | 1 000 | 1 000 |
| 期末产成品存货成本(元) | 70 000 | 90 000 |
| 本期产品营业成本(元) | 280 000 | 360 000 |

上述计算结果说明,在产销量不相等的情况下,两种方法所计算得出的期末存货成本不相等,两者的差额正是期末存货所负担的固定制造费用 20 000 元(20×1 000)。

**(四)分期损益的计算不同**

1. 损益计算程序不同

如前所述,变动成本法下的产品成本结构和完全成本法下的产品成本结构并不相同,这种差异必然会对各期会计利润①的计算及利润表的编制产生影响。

变动成本法下,营业利润的计算步骤如下:

边际贡献＝营业收入－变动成本

营业利润＝边际贡献－固定成本

完全成本法下,营业利润的计算步骤如下:

毛利＝营业收入－销售成本

营业利润＝毛利－期间成本

由于分期利润的计算程序不同,又会导致利润表的编制格式不同。在变动成本法下的利润表中,成本按照成本习性分类并排列,即销售收入减去变动成本得出边际贡献,然后从边际贡献中减去固定成本得到本期利润。在完全成本法下的利润表中,成本按照经济用途和管理职能分类并排列,先由销售收入减去销售成本计算出销售毛利,然后从销售毛利中减去期间成本计算得出本期利润。

**【例 2—10】** 仍以【例 2—8】的资料为依据,分别按两种成本计算方法编制利润表。

利润表(利润计算过程)见表 2—10。

表 2—10　　利润表　　单位:元

| 按变动成本法计算 | | 按完全成本法计算 | |
|---|---|---|---|
| 一、营业收入(4 000×150) | 600 000 | 一、营业收入(4 000×150) | 600 000 |
| 减:变动成本: | | 减:营业成本: | |
| 变动生产成本(4 000×70) | 280 000 | 期初存货成本 | 0 |
| 变动销售费用 | 4 000 | 加:本期生产成本 | 450 000 |

① 管理会计中使用的利润概念有很多,但息税前利润在管理会计分析决策中有着特殊意义,本章在进行分期损益计算时使用未扣除利息和所得税之前的营业利润。

续表

| 按变动成本法计算 | | 按完全成本法计算 | |
|---|---|---|---|
| 变动管理费用 | 3 000 | 可供销售产品成本 | 450 000 |
| 变动成本合计 | 287 000 | 减:期末存货成本(1 000×90) | 90 000 |
| 二、边际贡献 | 313 000 | 营业成本合计 | 360 000 |
| 减:固定成本: | | 二、毛利 | 240 000 |
| 固定制造费用 | 100 000 | 减:期间成本: | |
| 固定销售费用 | 16 000 | 销售费用 | 20 000 |
| 固定管理费用 | 27 000 | 管理费用 | 30 000 |
| 固定成本合计 | 143 000 | 期间成本合计 | 50 000 |
| 三、利润 | 170 000 | 三、利润 | 190 000 |

上述计算结果说明,在期初存货为 0 且本期生产量大于销售量 1 000 件的情况下,完全成本法下计算的利润大于变动成本法下计算的利润,且差额正是期末存货所负担的固定制造费用 20 000 元。

2. 损益计算结果不同

由于两种成本计算方法对固定制造费用的处理不同,在产销量不相等的情况下,两种方法各自计算得出的利润必不相等。

**【例 2—11】** 假定某企业某年度 1、2、3 三个月收入、成本及生产数据资料如表 2—11 所示。(为便于说明问题,假定三个月中产品的销售价格和成本未变。)

**表 2—11　　　　生产资料**

| 项目 | | 1 月 | 2 月 | 3 月 |
|---|---|---|---|---|
| 期初存货(件) | | 0 | 2 000 | 2 000 |
| 本期生产(件) | | 10 000 | 10 000 | 10 000 |
| 本期销售(件) | | 8 000 | 10 000 | 12 000 |
| 期末存货(件) | | 2 000 | 2 000 | 0 |
| 销售单价(元/件) | | 10 | 10 | 10 |
| 生产成本 | 单位变动成本(元/件) | 5 | 5 | 5 |
| | 固定制造费用(元) | 10 000 | 10 000 | 10 000 |
| 固定销售及管理费用(元) | | 10 000 | 10 000 | 10 000 |

要求:依据以上资料,分别采用变动成本法和完全成本法计算各期损益,并编制利润表。

解:第一,从生产资料中得知,该企业连续三个月的生产量均为 10 000 件,而销售量呈逐期递增的趋势。

第二,变动成本法下,产品的单位生产成本等于单位变动成本 5 元/件,而完全成本法下的单位生产成本等于 6 元/件(5+10 000/10 000)。

第三,根据给定的资料,分别编制利润表,见表 2—12 和表 2—13。

表 2—12　　变动成本法下利润表

| 项　目 | 1月 | 2月 | 3月 |
|---|---|---|---|
| 一、营业收入 | 80 000 | 100 000 | 120 000 |
| 减：变动成本 | 40 000 | 50 000 | 60 000 |
| 二、边际贡献 | 40 000 | 50 000 | 60 000 |
| 减：固定制造费用 | 10 000 | 10 000 | 10 000 |
| 固定销售及管理费用 | 10 000 | 10 000 | 10 000 |
| 三、息税前利润 | 20 000 | 30 000 | 40 000 |

表 2—13　　完全成本法下利润表

| 项　目 | 1月 | 2月 | 3月 |
|---|---|---|---|
| 一、营业收入 | 80 000 | 100 000 | 120 000 |
| 减：营业成本 | | | |
| 期初存货成本 | 0 | 12 000 | 12 000 |
| ＋本期生产成本 | 60 000 | 60 000 | 60 000 |
| －期末存货成本 | 12 000 | 12 000 | 0 |
| 营业成本合计 | 48 000 | 60 000 | 72 000 |
| 二、毛利 | 32 000 | 40 000 | 48 000 |
| 减：销售及管理费用 | 10 000 | 10 000 | 10 000 |
| 三、息税前利润 | 22 000 | 30 000 | 38 000 |

由表 2—12 和表 2—13 两张利润表可以得出如下结论：

(1)当产量＝销量时，两种方法下计算得出的利润相等。因为产销量平衡时，当期的变动成本和固定成本都会以不同的形式全部计入当期的利润表中(如 2 月份损益计算)。

(2)当产量＞销量时，完全成本法下的利润大于变动成本法下的利润。原因在于，完全成本法下当期的期末存货会负担一部分固定制造费用，并在资产负债表中表现为流动资产的价值，不会体现在损益计算程序中。而变动成本法下，固定制造费用被作为期间成本全部在本期损益中扣除(如 1 月份损益计算)。

(3)当产量＜销量时，完全成本法下的利润小于变动成本法下的利润。原因在于，销量大于产量表明期初存货也会在本期被销售出去，在完全成本法下，以前的存货在本期销售，意味着这部分存货所负担的以前时期的固定制造费用在本期被释放出来，从而增加了本期的成本总额，相应就降低了本期利润(如 3 月份损益计算)。

(4)从较长的时期看，如果各期产销量时多时少，各期产销量的差额相抵后又能保持基本稳定，则两种方法计算出的各期损益可能平衡或基本平衡。

## 三、完全成本法与变动成本法的评价

### (一)完全成本法的评价

目前美国注册会计师协会(AICPA)、证券交易委员会(SEC)和国内税务局(IRS)都主张采用完全成本法来计算产品成本，并据以确定存货成本和利润。其理由是：变动成本和固定成本都是产品生产所必须支付的费用，而存货成本主要是反映一种物品达到规定存放条件和处于现有场所而发生的合适的成本与开支数额，其中包括一切直接和间接的支出，故变动成本和固定成本均应列入产品成本和存货成本中。正由于美国会计界的这些权威机构都主张采用完全成本法，因此，在财务会计中，企业编制对外报表，必须采用完全成本法。

1. 完全成本法的优点

当今世界正步入信息社会的高技术时代，国际、国内市场竞争激烈，企业为了应付竞争对手，追求高额利润，不得不经常更新设备，开发新产品；政府部门为了支持和鼓励企业采用高新技术，加快科学技术向生产力的转化，增强企业的竞争潜力，允许某些新兴行业采用加速折旧的方法，使固定资产的价值以超过实体周转率一倍以上的速度向产品成本转移。在这种情况下，如果采用完全成本法，就会使单位产品成本急剧变化。也就是说，产量越大，单位固定生产成本越低，于是整个单位产品成本也随之降低了。这就会大大刺激企业提高产品生产的积极性。

2. 完全成本法的缺点

按照经济学原理，商品只有销售出去，其价值才算得到社会的承认，企业才能获得收入和利润。在售价、单位变动成本和固定成本总额水平不变的情况下，多销售产品就应该多获得利润。但是，按照完全成本法所确定的息税前利润，往往不考虑企业所生产的产品是否能被销售出去以及何时被销售出去，将生产成本全部计入产品成本，最终不能反映出生产部门的真实业绩，会使管理人员对各期损益迷惑不解，甚至会促使企业片面追求高产量、高产值，盲目生产社会不需要的产品。可以表现为：

(1)有时尽管企业的某种产品各年的销售量相同，销售单价和成本水平(包括单位变动成本和固定成本总额)均无变动，但只要产量不同，各年的单位产品成本和息税前利润就有很大区别。

(2)有时尽管企业的某种产品本年的销售量超过去年，而销售单价和成本水平均无变动，但只要今年的期末存货量比去年显著减少，就会出现今年的息税前利润反而明显低于去年的情况。

(3)有时尽管企业的某种产品销售量各年不断下降，而销售单价和成本水平均无变动，但只要产量大幅度增产，反而会造成息税前利润增加的“奇怪”现象。

总之，完全成本法是一种“重生产、轻销售”的成本计算方法，其所确定的企业息税前利润，不仅受产量高低的影响，也与存货成本的增减密切相关。它既有悖于经济学原理，也会严重抹煞销售部门扩大产品销售的业绩。

**【例 2—12】** 假设有三个生产能力和产品品种完全相同的亏损企业，在采用完全成本法进行成本计算时，相关的成本、产销量和损益情况见表 2—14，试对其经营情况进行分析。

**表 2—14** **相关资料**

| 项 目 | A 企业 | B 企业 | C 企业 |
|---|---|---|---|
| 全部生产成本(元) | 120 000 | 130 000 | 140 000 |
| 产量(件) | 10 000 | 10 000 | 10 000 |
| 销售量(件) | 10 000 | 5 000 | 1 000 |

续表

| 项　目 | A企业 | B企业 | C企业 |
|---|---|---|---|
| 单位产品成本(元/件) | 12 | 13 | 14 |
| 销售价格(元/件) | 10 | 10 | 10 |
| 营业收入(元) | 100 000 | 50 000 | 10 000 |
| 营业成本(元) | 120 000 | 65 000 | 14 000 |
| 毛利(元) | －20 000 | －15 000 | －4 000 |

本例中,A企业的成本最低,并且所生产产品全部销售出去,故相对而言,其经营绩效应当是最好的;B企业的成本较高,产品只销售了一半,其原因可能是销售不利或产品质量较差,故相对而言,其经营绩效次于A企业;C企业的成本最高,产品仅销售了10%,企业经营绩效最差。但由于采用了完全成本法,计算得出的销售毛利反而是C企业最优、亏损较少,B企业次之,A企业最差、亏损最多。不难设想,如果各企业完全停止销售,或产品没有市场,则不会出现亏损。

由此可见,完全成本法会起到鼓励企业少销售甚至不销售产品的消极作用,与企业的经营原则相矛盾,并错误地评价了企业销售业绩。

**(二)变动成本法的评价**

1. 变动成本法的优点

变动成本法的诞生,突破了传统狭隘的成本观点,为强化企业的内部经营管理、提高经济效益开创了新思路。这种成本计算方法的优点可归纳为:

(1)从理论上讲,这种方法最符合"费用与收益相配比"这一原则。收入是管理者所取得的成就,成本、费用是为取得收入所发生的必要耗费。"费用与收益相配比"原则就是在确认收入的同时也对与之相对应的成本、费用进行确认,把两者进行比较得出本期利润,用以衡量管理者的工作绩效。变动成本法将生产成本中的变动制造费用计入产品成本,将已销售部分转化为销货成本与本期收入直接配比,将未销售部分转化为存货成本与未来收入配比。生产成本中的固定制造费用,视作为保持企业生产经营能力而发生的成本,并将它归入本期期间成本,一次全部与本期收入配比。变动成本法对变动生产成本和固定制造费用的处理,完全符合配比原则的要求。

(2)能够提供有用的管理信息,为预测前景、参与决策和规划未来服务。采用变动成本法求得的单位变动成本、边际贡献总额以及其他有关信息(如边际贡献率、变动成本率、经营杠杆等),对管理当局的决策、规划十分有用。它们能够揭示出业务量与成本变动的内在规律,找出生产、销售、成本和利润之间的依存关系,提供各种产品的盈利能力、经营风险等重要信息。所有这些信息,能够帮助管理当局深入地进行本量利分析和边际贡献分析,有利于正确进行短期经营决策。

(3)便于分清各部门的经营管理责任,有利于进行成本控制和业绩评价。一般来说,变动生产成本的高低最能反映出企业生产部门和供应部门的工作业绩。至于固定生产成本的高低,责任一般不在生产部门,通常应由管理部门负责,可通过事先制定费用预算的办法进行控制。另外,变动成本法所提供的信息还能把由于产量变动而引起的成本升降,同由于成本控制工作的好坏而造成的成本升降区分开来。这就不仅有利于我们进行科学的分析,以及采用正确的方法进行成本控制，还能对有关责任单位履行经营管理责任的工作实绩作出恰当的、实事求是的评价。

(4)促使企业管理当局重视销售环节，防止盲目生产。采用变动成本法，产量的高低与存货增减对利润都没有影响，在销售单价、单位变动成本和销售组合不变的情况下，企业息税前利润将随销售量同方向变动。这样可以促使管理当局重视销售环节，加强促销活动，并把主要精力集中在研究市场动态、了解消费者需求、搞好销售预测和以销定产等方面。否则，采用完全成本法，就可能出现"销量增加，利润反而减少"，甚至"销量下降，利润反而增加"的反常现象，其结果必然是盲目生产、仓库积压。

(5)简化成本计算，便于加强日常管理。采用变动成本法，把固定制造费用列作期间成本，从边际贡献总额中减除，可以省去许多间接费用的分摊手续。这不仅大大简化了产品成本的计算过程，避免间接费用分摊中的一些主观随意性，而且可以使会计人员从繁重的计算工作中解脱出来，集中精力向日常管理的广度和深度进军。

2. 变动成本法的局限性

(1)不符合传统的成本概念的要求。美国会计学会的成本概念和准则委员会认为："成本是为了达到一个特定的目的而已经发生或可能发生的以货币计量的牺牲。"按照这个传统观念，产品成本就应该既包括变动成本也包括固定成本，而按变动成本法算出来的产品成本，显然不能满足这个要求。何况变动成本与固定成本的划分，在很大程度上是假设的结果，而不是一种非常精确的计算。

(2)不能满足长期决策和定价决策的需要。尽管变动成本法所提供的信息在短期经营决策中能作为确定最优方案的重要依据，但不能解决诸如增加或减少生产能力，以及扩大或缩小经营规模等长期决策问题。因为从长期看，由于技术进步和通货膨胀等因素的影响，销售单价、单位变动成本和固定成本总额很难固定不变。另外，在定价决策中，一般需要掌握产品的全部成本资料(包括变动的和固定的成本信息)，因为它们都应该得到补偿，而变动成本法所提供的产品成本资料显然不能适应这方面的需要。

(3)从传统的完全成本法过渡到变动成本法时，会影响有关方面的利益。在实际工作中，如由原来的完全成本法过渡到变动成本法，一般要降低期末存货的计价(即在存货成本中要减去固定生产成本)。因为要等这些存货售出时才能实现利润，于是就会减少当期的息税前利润。这就会使企业迟延支付当期的所得税和股利，从而暂时影响当期税务机关的所得税收入和投资者的股利收益。

## 四、变动成本法与完全成本法的结合运用

企业会计应具有对内和对外两方面的职能：一方面，要定期发布财务报告，为企业外部信息使用者提供会计信息；另一方面，要通过灵活多样的方式和方法，为企业内部经营管理提供信息。从前面的内容中可以看出，完全成本法与变动成本法有其各自的优点和不足，而且从某种意义上讲，双方的不足之处可以通过对方来弥补。比如，完全成本法对企业内部的经营管理有很大的局限性，特别是不利于企业的短期决策；而变动成本法对企业内部的经营管理有很大帮助，有利于企业的短期决策。再如，变动成本法不适用于编制对外的财务报告，而完全成本法适用等。凡此种种都说明变动成本法与完全成本法之间并非排斥关系，而应该是相互结合、相互补充的关系，企业为了兼顾内部和外部两方面的管理需要，完全可以将两者结合应用。

**(一)以变动成本法为主、完全成本法为辅的核算体系**

变动成本法与完全成本法结合运用的这种思路,即在日常按变动成本法组织核算、随时提供能够满足企业内部管理需要的信息的基础上,定期将变动成本法所确定的成本、利润信息调整为按完全成本法模式反映的信息资料,以满足企业外部的需要。

具体做法包括:

(1)日常核算以变动成本法为基础,"生产成本"、"库存商品"账户只登记变动生产成本。

(2)设置"变动制造费用"账户,借方用以核算生产过程中发生的变动性制造费用,期末将其发生额转入"生产成本"账户。

(3)设置"存货中的固定制造费用"账户,借方用以归集当期发生的固定性制造费用,期末则将应由已销产品负担的部分从贷方转出,转入"主营业务成本"账户的借方并体现于利润表中;该账户的期末余额则反映了期末存货所负担的固定性制造费用,于期末列入资产负债表。

(4)设置"变动非生产成本"和"固定非生产成本"账户,借方用以分别归集销售费用和管理费用中的变动部分和固定部分,期末则全部由贷方转入"本年利润"账户。

(5)"主营业务成本"账户仍按完全成本法核算和使用,已销产品的变动成本自"库存商品"账户转入,应负担的固定制造费用自"存货中的固定制造费用"账户转入。

变动成本法与完全成本法结合运用的成本计算系统的账务处理程序,用以下案例说明。

**【例2—13】** 某企业为单品种产品生产企业,且该企业期末无在产品,有关资料如下:

| | |
|---|---|
| 期初存货 | 0 |
| 当期产量 | 5 000 件 |
| 当期销量 | 4 000 件 |
| 期末存货 | 1 000 件 |
| 单位变动成本: | |
| 直接材料 | 10 元 |
| 直接人工 | 6 元 |
| 变动制造费用 | 4 元 |
| 固定制造费用 | 30 000 元 |
| 变动性非生产成本(随销量变动) | 16 000 元 |
| 固定性非生产成本 | 50 000 元 |
| 单位产品销售价格 | 45 元 |

要求:以变动成本法为基础设置统一的成本核算系统。

解:具体的账务处理程序如下:

(1)核算本期发生的各项生产费用。

| | | |
|---|---|---|
| 借:生产成本 | 80 000 | |
| 变动制造费用 | 20 000 | |
| 存货中的固定制造费用 | 30 000 | |
| 变动非生产成本 | 16 000 | |
| 固定非生产成本 | 50 000 | |
| 贷:原材料、应付职工薪酬等 | | 196 000 |

(2)月末结转变动制造费用。

| | | |
|---|---|---|
| 借:生产成本 | 20 000 | |

贷:变动制造费用　　20 000

(3)计算并结转完工产品成本。

借:库存商品　　100 000

　贷:生产成本　　100 000

(4)结转已销产品生产成本。

借:主营业务成本　　80 000

　贷:库存商品　　80 000

(5)结转已销产品负担的固定制造费用。

借:主营业务成本　　24 000(4 000×30 000/5 000)

　贷:存货中的固定制造费用　　24 000

(6)结转当月损益,核算本期利润。

借:主营业务收入　　180 000(4 000×45)

　贷:本年利润　　180 000

借:本年利润　　170 000

　贷:主营业务成本　　104 000

　　变动非生产成本　　16 000

　　固定非生产成本　　50 000

经计算,本期营业利润为 10 000 元(180 000－170 000),本期期末产成品存货成本中包含变动生产成本 20 000 元,包含固定制造费用 6 000 元,于资产负债表中反映。

**(二)以完全成本法为主、变动成本法为辅的核算体系**

鉴于企业不仅要编制对外的会计报表,还要满足各种审计、检查等需要,特别是上市公司,有年报、半年报和季报,报表编制频繁,多数会计人员也比较熟悉完全成本法,因此,两种方法结合运用的核算体系也可以以完全成本法为主、变动成本法为辅。其好处有:第一,既能满足企业及时编制对外会计报告的需要,又能满足企业进行规划、决策、控制和评价等内部管理时对变动成本信息的需要;第二,不与现行的会计准则、制度相抵触;第三,容易为会计人员所接受,并可节省人力、物力和财力。

由于完全成本法和变动成本法核算的内容除固定制造费用外,其余项目都相同,两种方法具有明显的互补性且都是企业经营管理不可缺少的,因此,在进行成本核算时,一级账户的设置完全按现行会计准则和制度的规定,不需新增一级账户,只需将“生产成本”、“制造费用”、“库存商品”、“主营业务成本”以及各非生产成本账户分变动和固定两个部分列示即可。

**【例 2－14】**　依【例 2－13】的有关情况和资料,以完全成本法为基础进行成本核算,具体账务处理程序如下:

(1)核算本期发生的各项生产费用。

借:生产成本——变动　　80 000

　制造费用——变动　　20 000

　　　　——固定　　30 000

　非生产成本——变动　　16 000

　　　　——固定　　50 000

　贷:原材料、应付职工薪酬等　　196 000

(2)月末结转制造费用。

借:生产成本——变动　　　　20 000
　　　　　——固定　　　　30 000
　　贷:制造费用——变动　　　　20 000
　　　　　　　——固定　　　　30 000

(3)计算并结转完工产品成本。

借:库存商品——变动　　　　100 000
　　　　　——固定　　　　30 000
　　贷:生产成本——变动　　　　100 000
　　　　　　　——固定　　　　30 000

(4)结转已销产品生产成本。

借:主营业务成本——变动　　　　80 000
　　　　　　　——固定　　　　24 000
　　贷:库存商品——变动　　　　80 000
　　　　　　　——固定　　　　24 000

(5)结转当月损益,核算本期利润。

借:主营业务收入　　　　180 000(4 000×45)
　　贷:本年利润　　　　180 000
借:本年利润　　　　170 000
　　贷:主营业务成本——变动　　　　80 000
　　　　　　　　　——固定　　　　24 000
　　　　非生产成本——变动　　　　16 000
　　　　　　　　——固定　　　　50 000

## 本章关键概念

成本性态　固定成本　变动成本　混合成本　生产成本　非生产成本　变动成本法　完全成本法

## 复习思考题

1. 什么是固定成本？其特点是什么？
2. 什么是变动成本？其特点是什么？
3. 相关范围在成本性态分析中的作用是什么？
4. 混合成本分解的方法有哪些？
5. 试分析变动成本法的前提条件。
6. 试述完全成本法与变动成本法的区别。
7. 试评价完全成本法的优缺点。
8. 试分析变动成本法的意义。

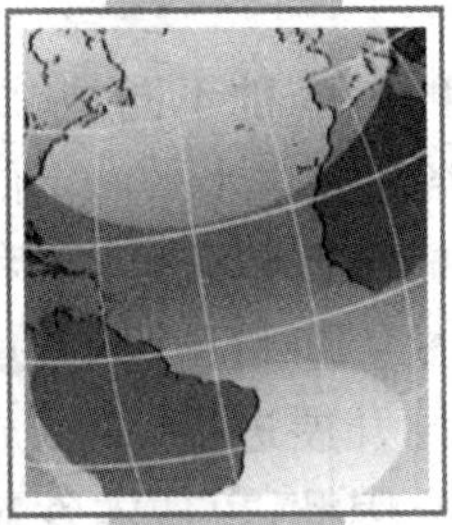

# 第三章 本量利分析

**引言**

本量利分析是管理会计的基本方法之一，它所提供的分析原理、分析方法在管理会计中有着广泛的应用。本量利分析是在成本性态分类和变动成本法的基础之上，对成本、业务量及利润之间的关系进行分析研究，以揭示各因素之间内在依存关系的一种定量分析方法。本量利分析法可以为企业管理者提供其进行预测、决策、规划和控制的财务信息，帮助企业管理人员解决生产经营过程中的许多问题，诸如产品销售收入达到怎样的水平才能保本、企业生产能力如何扩大、如何实现企业经营目标等。

## 第一节 本量利分析概述

本量利分析，是"成本—业务量—利润分析"的简称，是在成本性态分类和变动成本法的基础上，应用数学方法来揭示固定成本、变动成本、业务量、单价、销售量和利润之间的内在依存关系，为管理会计预测、决策和规划提供必要的财务信息的一种定量分析方法。

促使人们研究成本、业务量和利润之间相互关系的动因是，传统的成本分类不能满足企业决策、计划和控制的要求。企业的这些内部经营管理工作，通常以数量为起点，以利润为目标。企业管理人员在决定生产和销售数量时，非常想知道它对企业利润的影响，但这中间隔着收入和成本。对于收入，他们很容易根据数量和单价来估计，而成本则不然。无论是总成本还是单位成本，都感到难以把握。他们不能用单位成本乘以数量来估计总成本，因为数量变化之后单位成本也会变化。管理人员需要一个数学模型，这个模型应当除了业务量和利润之外都是常数，使业务量和利润之间建立起直接的函数关系。这样，可以利用这个模型，在业务量变动时估计其对利润的影响，或者在目标利润变动时计算出完成目标所需要的业务量水平。建立这样一个模型的主要障碍是成本和业务量之间的数量关系不清楚。为此，人们首先研究成本和业务量之间的关系，并确立了成本性态分类，然后在此基础上明确成本、业务量和利润之间的关系。

### 一、本量利分析的基本模型

企业生产经营的最终目的是最大限度实现利润。利润在正常情况下主要来源于生产经营的收入。影响利润高低的两大主要因素是销售总收入和总成本，但对企业的总成本按不同标准分类，利润额的计算程序和方式则有所不同。

企业成本在按成本性态分类标准下，利润额的计算公式为：

营业利润＝销售收入－变动成本－固定成本

＝销售量×(单价－单位变动成本)－固定成本总额

企业成本在按成本性质分类标准下，利润额的计算公式则为：

营业利润＝销售收入－生产成本(已销产品)－非生产成本(本期发生)

＝销售量×(单价－单位变动成本－单位固定成本)

上述两个公式，即变动成本法和完全成本法下利润的计算公式，反映的是两种不同的“成本—销售量—利润”之间相互变量关系。从上一章分析中可知，在销售价格和成本水平一定的条件下，由于在变动成本法下计算的利润额仅受销售量的影响，而在完全成本法下，企业的利润额既受销售量影响，也受生产量影响，因而以成本性态分类和变动成本法为基础反映的本量利关系及提供的信息更有助于企业决策分析、成本控制、业绩评价等工作的开展进行，而以成本性质分类和完全成本法为基础反映的本量利关系则存在一定的局限性。因此，以成本性态分类和变动成本法为基础是正确认识、分析、运用“成本—销售量—利润”之间相互变量关系的一个重要前提，其利润的计算公式也构成了本量利分析的基本模型公式。

本量利分析的基本模型公式清楚地揭示了销售量、单价、单位变动成本、固定成本和营业利润额之间的数量关系。在这个公式中涉及5个变量因素，如果其中4个变量被赋予确定的数值，另外的1个变量也就确定了。这种关系可通过下列推导变形公式予以反映：

$$销售量=\frac{固定成本+利润}{单价-单位变动成本}$$

$$单价=\frac{固定成本+利润}{销售量}+单位变动成本$$

$$单位变动成本=单价-\frac{固定成本+利润}{销售量}$$

$$固定成本=销售量\times(单价-单位变动成本)-利润$$

上述公式所揭示反映的本量利关系被广泛运用于企业生产决策、成本决策和定价决策等领域，以解决企业经营管理中的诸多问题。例如，达到盈亏临界点的产销量，固定成本变动对盈亏临界点的影响，企业生产经营活动有关因素变动对利润的影响，等等。此外，还可在了解不同价格和成本水平对利润的影响的基础上进行敏感性分析。

本量利分析基本模型在运用时，有两个关键性或基础性问题需确定：

一是业务量的度量。这里的业务量是指为取得有用的生产经营成果(如销售收入、完工产品、服务提供等)而发生的各种作业的数量水平。它们水平的高低反映了有关作业的强度，从而导致相应资源消耗的程度，而资源消耗程度用货币计量即为成本。因此，业务量是导致成本发生的主要因素，也可理解为“成本动因”。对于制造性企业而言，本量利分析中的业务量通常以销售量代表。而服务性企业则面临较为困难的选择，如航空公司将一乘客公里或一单程航班作为一个单位的业务量；银行等金融企业通常以“标准客户数”衡量柜台服务的业务量，按照该方法，复杂服务要比不复杂服务分配更多的“标准客户数”。这样，服务成本即可标准化。

二是要分离固定成本和变动成本。即要确定与销售量相关的固定成本、变动成本以及销售收入。由于我们将企业视为一个整体，因此，本量利分析中的成本包括企业的全部成本——制造成本、销售费用和管理费用。其中，变动成本是所有随销售量的变化而变化的成本，包括直接材料、直接人工、变动制造费用和变动销售与管理费用。同样，固定成本则包括固定制造费用和固定销售与管理费用。

## 二、本量利分析的基本假设

本量利分析是建立在一定的假设条件之上的，如果忽略了这些假设条件，就会削弱本量利分析的规律性和指导性，造成预测和决策的失误。管理会计中，盈亏临界点分析和本量利分析的基本假设是一致的，包括以下几个方面：

**(一)成本性态分类假设**

这一假设是指成本性态是完全可以预测的，全部成本可以按成本性态划分为固定成本和变动成本，即成本函数 $y=a+bx$ 的线性关系存在。由于固定成本和变动成本均存在各自的相关范围，导致总成本函数公式也必须在一定的条件下才能成立。

**(二)线性相关假设**

这一假设是指在一定期间和一定业务量范围之内，本量利关系中存在若干线性关系，包括：

1. 产品的销售收入和销售量之间存在完全的线性关系

在本量利分析中，通常都假设产品的单价固定不变，且产品销售收入同销售量之间呈正比例的变动关系，可以用公式 $y=px$ 表示，其中 $y$ 指销售收入，$p$ 指单位价格，$x$ 指相关范围内的业务量。但是，在市场经济条件下，产品的价格受多种因素制约，在产品生命周期的不同阶段，价格往往不相等；而只有当产品处于成熟期或通货膨胀率非常低时，价格才会相对稳定，线性关系才会存在。如果没有这一假设，预计销售收入和实际销售收入之间会产生很大的差异，本量利分析的预测行为将会失去意义。

2. 变动成本与业务量之间存在完全的线性关系

在本量利分析中，变动成本总额与业务量呈正比例的变动关系，即单位产品变动成本保持不变。但这一假设也只是在相关范围内才成立，超过了相关范围，单位变动成本就会发生变化，成本与业务量的线性关系必须重新构建。

3. 固定成本保持不变假设

在本量利分析中，固定成本在相关范围内保持不变。在一定生产能力、一定时期，这一假设成立；若超出相关范围，企业新增设备或增大规模，都会使固定成本增加。

**(三)产销平衡假设**

产销平衡是指每期生产出来的产品总是在当期全部销售出去，即生产数量和销售数量相等。因为产量的变动会影响到本期成本的变动，销量的变动又影响到当期收入的变动，只有假设产销平衡，才不需考虑期末存货成本对本期利润的制约，可以简化决策分析过程。

**(四)产品品种结构不变假设**

在生产和销售多种产品的企业中，当各种产品的边际贡献相同时，本量利分析将不受产品品种结构变化的影响。但是，在实际经济生活中，不同产品单位变动成本或者单位价格的差异造成了其边际贡献率的不相等，这就给本量利分析带来很大的难度。

若假定各种产品的品种结构保持不变，即各种产品在销售中所占的比重保持不变，可以使多品种的本量利分析在单一品种结构下进行，更有利于在相关范围内揭示出各变量之间的内在规律。

## 三、本量利分析中的边际贡献概念

**(一)边际贡献**

边际贡献，也称贡献毛益，是指产品销售收入扣除变动成本后的余额。在本量利分析中，边际贡献是一个非常重要的概念，它反映了产品盈利能力的大小，也可称之为边际收益或创利额。

企业在一定时期发生的成本，按成本性态划分为固定成本和变动成本，销售收入在补偿了这些成本之后方可形成利润，否则企业就会亏损。在相关范围内，变动成本是随着业务量的变化呈正比例变化的，而固定成本不论销售量是多是少都会发生。一般认为，销售收入对变动成本的补偿可以从根本上揭示产品销售为企业做出的"贡献"水平，所以将它作为一个重要概念加以分析。

边际贡献有两种表现形式：一是用总体数额表示，即边际贡献总额，反映增加的销售总额所提供的贡献毛益总额；二是用单位数额表示，即单位边际贡献，反映每增加一单位销售量所增加的贡献毛益。其计算公式为：

$$\begin{aligned}\text{边际贡献总额}&=\text{销售收入}-\text{变动成本}\\&=\text{单价}\times\text{销售量}-\text{单位变动成本}\times\text{销售量}\end{aligned}$$

$$\text{单位边际贡献}=\text{单价}-\text{单位变动成本}$$

如果企业产销多种产品，那么，该企业的边际贡献总额为各种产品边际贡献总额之和，公式为：

$$\text{企业边际贡献总额}=\sum(\text{某种产品单位边际贡献}\times\text{销售量})$$

根据上述公式的推导，可将边际贡献、固定成本和营业利润之间的关系表示如下：

$$\text{营业利润}=\text{边际贡献}-\text{固定成本}$$

由此可知，企业各种产品所提供的边际贡献首先用于补偿企业的固定成本，提供的边际贡献越大，超出固定成本的差额越大，为企业提供的利润也越多；反之，如果边际贡献小于固定成本，则企业会发生亏损。

**(二)边际贡献率与变动成本率**

1. 边际贡献率

边际贡献率，也称贡献毛益率，是边际贡献的相对数形式，即边际贡献与销售收入的比率。其计算公式为：

$$\begin{aligned}\text{边际贡献率}&=\frac{\text{边际贡献总额}}{\text{销售收入总额}}\times100\%\\&=\frac{\text{销售收入}-\text{变动成本}}{\text{销售收入}}\times100\%\\&=\frac{\text{单价}-\text{单位变动成本}}{\text{单价}}\times100\%\\&=\frac{\text{单位边际贡献}}{\text{单价}}\times100\%\end{aligned}$$

边际贡献率反映了每一元销售收入创造的边际贡献额，该指标是判断产品盈利能力大小的主要依据。通常情况下，边际贡献率越高，产品创利能力越强；边际贡献率越低，产品创利能力越弱。

2. 变动成本率

变动成本率，是指变动成本与销售收入的比率。它是与边际贡献率相关的另一指标。其计算公式为：

$$\begin{aligned}\text{变动成本率}&=\frac{\text{变动成本总额}}{\text{销售收入总额}}\times100\%\\&=\frac{\text{单位变动成本}}{\text{单价}}\times100\%\end{aligned}$$

边际贡献率和变动成本率之间的关系可表示为：

$$边际贡献率+变动成本率=1$$

可见，边际贡献率和变动成本率之间存在互补关系。变动成本率高的公司，其边际贡献率就低，企业创利能力也低；变动成本率低的公司，其边际贡献率就高，企业创利能力也高。对这一互补关系灵活应用，可以合理地处理成本、单价与业务量之间的关系，以达到提高企业获利能力的目的。

**（三）边际贡献分析**

边际贡献分析，是指通过分析销售收入减去变动成本之后的差额（即边际贡献），衡量产品为企业贡献利润的能力。

与传统的利润指标相比较，边际贡献是企业进行生产决策安排的重要依据，这是由于边际贡献作为销售收入减去变动成本的差额，也就意味着某种产品在其销售价格与成本水平一定的情况下，单位产品边际贡献的大小不受生产能力利用程度（实际生产数量）的影响，能够真实反映该产品为企业利润所作的贡献；而传统的单位利润指标，由于其计算结果取决于生产能力的利用程度（实际生产数量），因而在企业生产决策安排上，该指标的运用存在着很大的局限性。

**【例 3—1】** 某公司下属有 A、B 两个生产工厂，生产同一种产品，现两个工厂最大生产能力均为 15 000 件，该企业收到的下年生产订单为 20 000 件，合同销售价格为 200 元/件。A 工厂单位变动成本为 80 元/件，固定成本为 1 000 000 元；B 工厂单位变动成本为 100 元/件，固定成本为 500 000 元。

(1)企业安排下年生产任务时，如以各工厂单位边际贡献为依据，则各工厂单位边际贡献计算结果如下：

A 工厂单位边际贡献＝200－80＝120(元)

B 工厂单位边际贡献＝200－100＝100(元)

由于 A 工厂在该产品生产过程中单位产品边际贡献大于 B 工厂，因而若使企业获得最大的利润，应尽量充分利用 A 工厂的生产能力，不足部分由 B 工厂生产，即应安排 A 工厂生产数量为 15 000 件，B 工厂生产数量为 5 000 件，此时企业实现的利润为：

A 工厂实现利润＝15 000×(200－80)－1 000 000＝800 000(元)

B 工厂实现利润＝5 000×(200－100)－500 000＝0(元)

企业整体实现利润＝800 000＋0＝800 000(元)

(2)企业安排下年生产任务时，如以各工厂单位利润为依据，则各工厂单位利润计算结果如下：

$$A\text{ 工厂单位利润}=200-80-\frac{1\,000\,000}{15\,000}=53.33(\text{元})$$

$$B\text{ 工厂单位利润}=200-100-\frac{500\,000}{15\,000}=66.67(\text{元})$$

由于 B 工厂在该产品生产过程中单位产品利润大于 A 工厂，因而若使企业获得最大的利润，应尽量充分利用 B 工厂的生产能力，不足部分由 A 工厂生产，即应安排 A 工厂生产数量为 5 000 件，B 工厂生产数量为 15 000 件，此时企业实现的利润为：

A 工厂实现利润＝5 000×(200－80)－1 000 000＝－400 000(元)

B 工厂实现利润＝15 000×(200－100)－500 000＝1 000 000(元)

企业整体实现利润＝－400 000＋1 000 000＝600 000(元)

从上述计算结果可得，根据单位边际贡献确定生产安排，企业实现的利润要大于根据单位利润确定的生产安排，这是因为安排生产所依据的单位利润指标是根据两个工厂正常生产能力（即 15 000 件）计算的，而实际安排的生产量一旦有所变化，单位利润也就随之改变。如 B 工厂安排的生产数量为5 000件时，其单位利润则为 0 元$\left(200-100-\frac{500\ 000}{5\ 000}\right)$。正是由于单位利润指标受生产能力利用程度的影响，因而其在评价各产品（部门）为企业贡献利润的能力上存在很大的局限性。

在很多情况下，企业的生产经营活动面临着资源的约束，需要对多个产品线或多种产品进行优化决策，或对多种待选新产品进行投产决策，可通过计算边际贡献或边际贡献率，评价待选产品的盈利性，优化产品组合。

**【例 3—2】** SH 乐器厂设有甲、乙两个车间，分别生产小提琴和中提琴两种乐器。生产费用都能按车间划分，管理费用按固定比例分配给两个车间。乐器生产工人可按任务在车间之间调动。每加工一把小提琴需要 30 工时，中提琴需要 60 工时。一般小提琴年生产 1 000 把以下、中提琴年生产 600 把以下销售都没问题。20×5 年该厂有关生产、销售与损益情况如表 3—1所示。

**表 3—1　　20×5 年损益情况表**

| 项　目 | 小提琴 | 中提琴 | 合　计 |
|---|---|---|---|
| 生产和销售量（把） | 800 | 500 | |
| 营业收入（元） | 600 000 | 600 000 | 1 200 000 |
| 营业成本（元） | 424 000 | 440 000 | 864 000 |
| 直接材料 | 280 000 | 200 000 | 480 000 |
| 直接人工 | 72 000 | 90 000 | 162 000 |
| 其他费用 | 72 000 | 150 000 | 222 000 |
| 利润（元） | 176 000 | 160 000 | 336 000 |
| 营业利润率 | 29.33% | 26.67% | 28% |

根据过去一年生产经营情况，厂长认为生产小提琴利润比较高，决定 20×6 年安排小提琴多生产 100 把，中提琴减少 100 把，乙车间调一部分工人支援甲车间。20×6 年年终有关生产、销售及损益情况如表 3—2 所示。

**表 3—2　　20×6 年损益情况表**

| 项　目 | 小提琴 | 中提琴 | 合　计 |
|---|---|---|---|
| 生产和销售量（把） | 900 | 400 | |
| 营业收入（元） | 675 000 | 480 000 | 1 155 000 |
| 营业成本（元） | 474 000 | 385 000 | 859 000 |
| 直接材料 | 315 000 | 160 000 | 475 000 |
| 直接人工 | 81 000 | 81 000 | 162 000 |
| 其他费用 | 78 000 | 144 000 | 222 000 |
| 利润（元） | 201 000 | 95 000 | 296 000 |
| 营业利润率 | 29.77% | 19.79% | 25.63% |

对于这一结果，厂长大为吃惊，这两年产品价格和成本的耗用水平并没有变化，为什么多生产了利润高的小提琴，总利润反而降低了呢？

对于20×7年计划如何安排，厂长感到困惑，要求财务部分析20×6年利润下降的原因，帮助制订20×7年生产计划，并预测其利润。

从本量利相互关系角度看，20×6年的利润下降是由生产安排中的两个错误导致的：

(1)未充分利用生产能力。

从提供的资料来看，该厂小提琴生产1 000把、中提琴生产600把销售没问题，但20×6年生产没有按照这可能销售量安排足，说明受到乐器生产工人数量的限制(20×6年小提琴增产、中提琴必须减产也说明这一点)。原加工一把中提琴为60小时、小提琴为30小时，那么20×6年减少中提琴100把，应该可以增产小提琴200把，达到1 000把，利润才有可能增加。

(2)未分清小提琴和中提琴生产的变动成本和固定成本。

根据本量利之间的相互关系，小提琴的利润率大于中提琴并不等于它在利润实现中的贡献也大于中提琴，即在企业固定成本总额一定的情况下，增产的选择应该是边际贡献大的产品。

为此，安排企业生产任务，要先计算单位产品边际贡献。从资料来看，直接材料是变动成本，直接人工虽然是固定的，但在生产任务饱和的情况下，两种产品之间的分配随工时消长，也变成变动成本。其他费用是混合成本，可按高低点法进行分解，分解如下：

$$小提琴单位产品变动成本=\frac{78\ 000-72\ 000}{900-800}=60(元)$$

小提琴固定成本总额=72 000－800×60=24 000(元)

$$中提琴单位产品变动成本=\frac{150\ 000-144\ 000}{500-400}=60(元)$$

中提琴固定成本总额=150 000－500×60=120 000(元)

根据其他费用的分解结果，两种产品单位边际贡献计算如表3—3所示。

**表3—3　　两种产品单位边际贡献计算表**　　单位：元

| 项　目 | 小提琴 | 中提琴 |
|---|---|---|
| 单价 | 750 | 1 200 |
| 单位变动成本 | 500 | 640 |
| 　直接材料 | 350 | 400 |
| 　直接人工 | 90 | 180 |
| 　其他费用 | 60 | 60 |
| 单位产品边际贡献 | 250 | .560 |

生产一把中提琴可以生产两把小提琴，两把小提琴的边际贡献为500元(250×2)，小于一把中提琴的边际贡献。因此，扩大生产应考虑的是中提琴。20×7年生产安排以生产600把小提琴、600把中提琴的经济效益最佳，预计经济效益如表3—4所示。

表 3—4 **20×7 年预计损益情况表**

| 项　目 | 小提琴 | 中提琴 | 合　计 |
|---|---|---|---|
| 生产和销售量(把) | 600 | 600 | |
| 营业收入(元) | 450 000 | 720 000 | 1 170 000 |
| 变动营业成本(元) | 300 000 | 384 000 | 684 000 |
| 直接材料 | 210 000 | 240 000 | 450 000 |
| 直接人工 | 54 000 | 108 000 | 162 000 |
| 其他费用 | 36 000 | 36 000 | 72 000 |
| 边际贡献(元) | 150 000 | 336 000 | 486 000 |
| 固定成本(元) | 24 000 | 120 000 | 144 000 |
| 利润(元) | 126 000 | 216 000 | 342 000 |
| 营业利润率 | 28% | 30% | 29.30% |

# 第二节　本量利关系中的盈亏分析

## 一、盈亏平衡分析

盈亏平衡分析,也称盈亏临界点分析或保本点分析,是指分析测定盈亏临界点以及有关因素变动对盈亏临界点的影响等,是本量利分析的核心内容。盈亏平衡分析的原理是,通过计算企业在利润为零时处于盈亏平衡的业务量,分析项目对市场需求变化的适应能力等。

**(一)盈亏临界点的含义**

盈亏临界点是指企业销售总收入等于总成本、营业利润等于零时所实现的销售量或销售额。由于此时企业处于不盈不亏、盈亏平衡的状态,所以又可称之为保本点、两平点或损益平衡点。

当企业的业务量正好处于盈亏临界点时,利润为零;当企业的业务量超过该点时,利润大于零;当企业的业务量小于该点时,利润小于零。盈亏临界点分析主要揭示企业处于保本状态时,本量利之间内在的依存关系。它能为企业分析判断未来生产经营是否有利可图提供重要的信息和依据。有鉴于此,依据历史资料预计未来的盈亏临界点,就成为管理会计重要内容之一。

盈亏临界点的表现形式有两种:一是实物量指标,即盈亏临界点销售量;二是货币量指标,即盈亏临界点销售额。盈亏临界点分析,就是计算这两项指标。

**(二)盈亏临界点的计算**

1. 单品种产品盈亏临界点的计算

单品种产品盈亏临界点的计算,以本量利基本公式为依据:

$$\begin{aligned}营业利润&=销售收入-变动成本-固定成本\\&=销售量\times(单价-单位变动成本)-固定成本\end{aligned}$$

令利润为零,则:

$$盈亏临界点销售量=\frac{固定成本}{单价-单位变动成本}=\frac{固定成本}{单位边际贡献}$$

$$盈亏临界点销售额=盈亏临界点销售量\times单价=\frac{固定成本}{边际贡献率}=\frac{固定成本}{1-变动成本率}$$

**【例3—3】** A公司生产销售某一种产品，该产品销售价格为10 000元/吨，单位产品直接材料成本为6 000元/吨，单位直接人工工时成本为50元/工时，单位产品直接人工工时消耗量为20工时/吨，变动制造费用以直接人工工时为基础计入单位产品成本，单位直接人工工时应分配的变动制造费用为100元/工时，固定总成本为200 000元。

根据上述资料计算以实物量表示和以货币量表示的盈亏临界点如下：

单位边际贡献＝10 000－(6 000＋50×20＋100×20)＝1 000(元)

$$边际贡献率=\frac{1\ 000}{10\ 000}=10\%$$

$$盈亏临界点销售量=\frac{200\ 000}{1\ 000}=200(吨)$$

$$盈亏临界点销售额=\frac{200\ 000}{10\%}=2\ 000\ 000(元)$$

根据计算结果分析，该公司在未来时期，产量至少要达到200吨、实现2 000 000元销售收入，才能保证生产经营的结果不出现亏损。当然，生产经营仅仅实现不亏损是不够的，还必须盈利。这就要求该公司未来的产量和销售收入超过盈亏临界点水平，超过得越多，所实现的盈利水平也就越高；反之亦然。

2. 多品种产品盈亏临界点的计算

现实生活中，大多数企业都以多品种形式生产，由于多品种产品的销售单价、单位变动成本、产品的实物计量等方面各不相同，实物量指标之间不具有可比性，因此，多品种产品盈亏临界点将不再以实物量指标表示，只采用货币量指标表示。

多品种产品盈亏临界点确定的方法有综合边际贡献率法、联合单位法、顺序法、分算法、主要品种法等，以下作逐一介绍：

(1)综合边际贡献率法

在产品品种结构稳定不变的情况下，企业可以在计算综合边际贡献率的基础上确定综合盈亏临界点及各种产品的盈亏临界点。由于多种产品的实物量计量方式不同，所以综合盈亏临界点不能用实物量指标表示，只能用货币量指标表示。

综合边际贡献率法的具体计算步骤为：

第一，计算全部产品的销售额。

$$全部产品的销售额=\sum(某种产品的单价\times该种产品的销售量)$$

第二，计算各种产品的品种结构比重(各种产品销售额占总销售额的比重)。

$$某种产品的品种结构比重=\frac{该种产品的销售额}{全部产品的总销售额}\times100\%$$

第三，计算综合边际贡献率。

$$综合边际贡献率=\frac{各种产品边际贡献之和}{全部产品的总销售额}\times 100\%$$

或：

$$综合边际贡献率=\sum\left(\begin{matrix}某种产品的个别\\边际贡献率\end{matrix}\times\begin{matrix}该种产品的\\品种结构比重\end{matrix}\right)$$

第四，计算综合盈亏临界点销售额。

$$综合盈亏临界点销售额=\frac{固定成本总额}{综合边际贡献率}$$

第五，计算各种产品的盈亏临界点销售额及销售量。

$$\begin{matrix}某种产品的盈亏\\临界点销售额\end{matrix}=\begin{matrix}综合盈亏临界点\\销售额\end{matrix}\times\begin{matrix}该种产品的\\品种结构比重\end{matrix}$$

$$\begin{matrix}某种产品的盈亏\\临界点销售量\end{matrix}=\frac{该种产品的盈亏临界点销售额}{该种产品的单价}$$

**【例 3—4】** 某企业生产销售甲、乙、丙三种产品，固定成本总额为 172 000 元，假定产品品种结构在相关范围内不变，20×4 年有关资料见表 3—5。

**表 3—5　　三种产品相关资料**

| 产品名称 | 单价(元/件) | 单位变动成本(元/件) | 销售量(件) |
|---|---|---|---|
| 甲 | 40 | 25 | 5 000 |
| 乙 | 10 | 6 | 10 000 |
| 丙 | 16 | 8 | 12 500 |

该企业盈亏平衡时的销售额及各种产品的盈亏平衡点销售额、销售量计算如下：

(1)计算全部产品的总销售额。

$$\begin{aligned}预计 20\times 4 年的全部销售额&=5\ 000\times 40+10\ 000\times 10+12\ 500\times 16\\&=500\ 000(元)\end{aligned}$$

(2)计算各种产品的品种结构比重。

$$甲产品品种结构比重=\frac{5\ 000\times 40}{500\ 000}\times 100\%=40\%$$

$$乙产品品种结构比重=\frac{10\ 000\times 10}{500\ 000}\times 100\%=20\%$$

$$丙产品品种结构比重=\frac{12\ 500\times 16}{500\ 000}\times 100\%=40\%$$

(3)计算综合边际贡献率。

$$甲产品边际贡献率=\frac{40-25}{40}=37.5\%$$

$$乙产品边际贡献率=\frac{10-6}{10}=40\%$$

$$丙产品边际贡献率=\frac{16-8}{16}=50\%$$

$$综合边际贡献率=37.5\%\times 40\%+40\%\times 20\%+50\%\times 40\%=43\%$$

(4)计算综合盈亏临界点销售额。

$$\text{综合盈亏临界点销售额}=\frac{172\ 000}{43\%}=400\ 000(\text{元})$$

(5)计算各种产品的盈亏临界点销售额及销售量。

$$\text{甲产品的盈亏临界点销售额}=400\ 000\times40\%=160\ 000(\text{元})$$

$$\text{乙产品的盈亏临界点销售额}=400\ 000\times20\%=80\ 000(\text{元})$$

$$\text{丙产品的盈亏临界点销售额}=400\ 000\times40\%=160\ 000(\text{元})$$

$$\text{甲产品的盈亏临界点销售量}=\frac{160\ 000}{40}=4\ 000(\text{件})$$

$$\text{乙产品的盈亏临界点销售量}=\frac{80\ 000}{10}=8\ 000(\text{件})$$

$$\text{丙产品的盈亏临界点销售量}=\frac{160\ 000}{16}=10\ 000(\text{件})$$

综合边际贡献率法在企业产品品种结构稳定不变时可以使用，当企业的产品品种结构发生变化时，相对应的综合边际贡献率肯定要发生改变，也必须对综合盈亏临界点进行调整。

(2)联合单位法

在企业产品品种结构保持不变的情况下，可以采用联合单位法确定企业多品种产品盈亏临界点。所谓联合单位，是指按固定实物量比例构成所计算的、统一反映一组产品业务量的计量单位。例如，服装企业经过多年销售经验发现，西装、领带之间的销售量长期保持着稳定的比例关系，一套西装对应两条领带，则这种 1∶2 的比例关系可以作为这一组产品的计量单位。

联合单位法的具体计算步骤为：

第一，计算各种产品的实物量比例。

第二，计算“联合单价”、“联合销售量”、“联合单位变动成本”、“联合单位边际贡献”。

$$\text{联合单价}=\sum(\text{各种产品的单价}\times\text{该种产品的实物量比例})$$

$$\text{联合销售量}=\text{各种产品销售量的最小公倍数}$$

$$\text{联合单位变动成本}=\sum\left(\text{各种产品的单位变动成本}\times\text{该种产品的实物量比例}\right)$$

$$\text{联合单位边际贡献}=\text{联合单价}-\text{联合单位变动成本}$$

第三，确定多品种产品的盈亏临界点。

$$\text{以联合单位表示的盈亏临界点销售量}=\frac{\text{固定成本}}{\text{联合单位边际贡献}}$$

$$\text{以联合单位表示的盈亏临界点销售额}=\text{以联合单位表示的盈亏临界点销售量}\times\text{联合单价}$$

**【例 3—5】** 某企业生产甲、乙、丙三种产品，其销售量规律体现了三者之间存在稳定的比例关系。相关资料见表 3—6。

表 3—6　　三种产品相关资料

| 产品名称 | 单价(元/件) | 单位变动成本(元/件) | 销售量(件) |
|---|---|---|---|
| 甲 | 50 | 40 | 200 |
| 乙 | 40 | 20 | 600 |
| 丙 | 30 | 20 | 400 |

预计该企业下年度发生的固定成本为 45 000 元。

采用联合单位法计算确定该企业下年度的盈亏临界点销售量和销售额如下：

(1)甲、乙、丙三种产品的实物量比例为 1∶3∶2。

(2)联合单价＝50×1＋40×3＋30×2＝230(元/件)

联合单位变动成本＝40×1＋20×3＋20×2＝140(元/件)

(3)盈亏临界点销售量＝$\frac{45\ 000}{230-140}$＝500(件)

盈亏临界点销售额＝500×230＝115 000(元)

其中：

甲产品的盈亏临界点销售量＝500×1＝500(件)

乙产品的盈亏临界点销售量＝500×3＝1 500(件)

丙产品的盈亏临界点销售量＝500×2＝1 000(件)

甲产品的盈亏临界点销售额＝500×50＝25 000(元)

乙产品的盈亏临界点销售额＝1 500×40＝60 000(元)

丙产品的盈亏临界点销售额＝1 000×30＝30 000(元)

联合单位法实际上是将“多品种”产品的盈亏临界点计算问题转换成了“单品种”产品的盈亏临界点计算问题，因此，较适用于具有严格产出规律的联产品生产企业。

(3)顺序法

顺序法是指按照事先规定的产品品种顺序，分别用各种产品的边际贡献补偿整个企业的固定成本，并以该原理来确定企业的盈亏临界点的一种方法。

使用顺序法计算盈亏临界点时，一般按照产品的边际贡献率的水平来确定品种顺序，并假定各种产品以该顺序出售。确定品种顺序时有两种方法：一是悲观的排序观点，即以边际贡献率由低向高的顺序排列各种产品；二是乐观的排序观点，即以边际贡献率由高向低的顺序排列各种产品。

**【例 3—6】** 某企业生产 A、B、C 三种产品，假设企业计划年度内固定成本总额为 20 000 元，有关资料见表 3—7。

表 3—7　　三种产品相关资料

| 产品名称 | 单价(元) | 单位变动成本(元) | 销售量(件) | 销售收入(元) | 边际贡献率 | 边际贡献(元) |
|---|---|---|---|---|---|---|
| A | 40 | 30 | 1 000 | 40 000 | 25% | 10 000 |
| B | 10 | 6 | 2 000 | 20 000 | 40% | 8 000 |
| C | 20 | 10 | 500 | 10 000 | 50% | 5 000 |

采用顺序法计算企业的盈亏临界点销售额如下：

(1)如以悲观的排序方法排序，品种顺序见表3—8。

表3—8 **悲观排序计算表** 单位：元

| 序号 | 产品名称 | 累计边际贡献 | 固定成本 | 累计损益 | 累计销售收入 |
|---|---|---|---|---|---|
| 1 | A | 10 000 | | −10 000 | 40 000 |
| 2 | B | 18 000 | 20 000 | −2 000 | 60 000 |
| 3 | C | 23 000 | | +3 000 | 70 000 |

在表3—8中，当累计损益为零时，达到企业的盈亏临界点，其对应的销售收入即为盈亏临界点销售额。如果累计损益栏中找不到正好为零的点，则其由负转正的点正是盈亏临界点。

$$盈亏临界点销售额=60\,000+\frac{|-2\,000|}{50\%}=64\,000(元)$$

说明在这一顺序下，企业的销售额达到64 000元时，企业处于盈亏临界状态。

(2)如以乐观的排序方法排序，品种顺序见表3—9。

表3—9 **乐观排序计算表** 单位：元

| 序号 | 产品名称 | 累计边际贡献 | 固定成本 | 累计损益 | 累计销售收入 |
|---|---|---|---|---|---|
| 1 | C | 5 000 | | −15 000 | 10 000 |
| 2 | B | 13 000 | 20 000 | −7 000 | 30 000 |
| 3 | A | 23 000 | | +3 000 | 70 000 |

$$盈亏临界点销售额=30\,000+\frac{|-7\,000|}{25\%}=58\,000(元)$$

说明在这一顺序下，企业的销售额达到58 000元时，企业处于盈亏临界状态。

**(4)分算法**

**分算法是指将企业固定成本总额在各种产品之间以一定的标准进行分配后，再计算每一种产品的盈亏临界点的方法。**

**【例3—7】** B公司同时生产甲、乙、丙三种产品，其有关成本资料如表3—10所示。

表3—10 **B公司成本资料**

| 项　目 | 甲产品 | 乙产品 | 丙产品 |
|---|---|---|---|
| 销售单价(元/件) | 500 | 800 | 400 |
| 单位变动成本(元/件) | 300 | 400 | 300 |
| 单位边际贡献(元/件) | 200 | 400 | 100 |
| 专属固定成本(元) | 3 000 | 4 000 | 2 000 |
| 共同固定成本(元) | 200 000 | | |

根据研究分析所得到的结论，共同固定成本分配给三种产品的比例为50%、20%和30%。因此，甲产品应分配100 000元，乙产品应分配40 000元，丙产品应分配60 000元。各种产品应负担的全部固定成本(专属固定成本与分配给其的共同固定成本之和)应为：甲产品103 000

元，乙产品 44 000 元，丙产品 62 000 元。

根据上述资料，三种产品盈亏临界点计算如下：

$$甲产品盈亏临界点销售量=\frac{103\ 000}{200}=515(件)$$

甲产品盈亏临界点销售额=500×515=257 500(元)

$$乙产品盈亏临界点销售量=\frac{44\ 000}{400}=110(件)$$

乙产品盈亏临界点销售额=800×110=88 000(元)

$$丙产品盈亏临界点销售量=\frac{62\ 000}{100}=620(件)$$

丙产品盈亏临界点销售额=400×620=248 000(元)

由于分算法可以提供每种产品计划与控制所需的详细成本资料，因此，在实际工作中颇受欢迎。如果企业经营品种较多，采用分算法计算时，固定成本的分配很难达到准确，分析结果的误差较大。因此，这种方法更适用于品种较少、品种结构较稳定的企业。

(5)主要品种法

主要品种法是指在产品品种主次分明的企业中，以产品中边际贡献最大的产品作为主要产品来补偿固定成本，并以该主要产品的有关资料计算盈亏临界点进行本量利分析的一种方法。

取定的主要产品需满足以下条件：

第一，企业生产经营中产品的品种主次分明；

第二，作为企业产品中的主要产品，其所提供的边际贡献额占全部产品边际贡献总额的比重很大，是企业生产经营的重点；

第三，次要产品的边际贡献额占全部产品边际贡献总额的比重较小，且其发展余地不大，潜力也较小。

综上所述，联合单位法、主要品种法和分算法都属于将多品种条件下的盈亏临界点计算转化为单品种盈亏临界点计算的问题，但又有各自的运用条件。例如，联合单位法必须在有严格的产出规律的联产品企业应用；主要品种法要求品种主次分明；而分算法则要求能够客观地将固定成本在各产品之间进行分配。综合边际贡献率法一般要求资料齐备，产品结构相对稳定。顺序法比较特殊，要求事先确定品种顺序，而且分析结果可能因人而异。在实际应用时，应根据具体情况，选择适合本企业特点的方法进行多品种盈亏临界点的计算。

**(三)盈亏临界图**

在直角坐标体系下，使用解析几何模型反映本量利关系的图像，称为本量利分析图，也称为盈亏临界图、保本图或损益平衡图。其主要作用是可以清楚、直观、简明、形象地反映影响利润的有关因素变动对利润的影响程度，为管理人员进行利润规划提供依据。

盈亏临界图通常有基本式、边际贡献式和量利式三种。

1. 基本式

基本式的盈亏临界图是最常见并能反映最基本的本量利关系的图形，也可以叫做传统式的盈亏临界图。其制作方法是：

(1)在直角坐标体系中，以横轴表示销售量，以纵轴表示成本和销售收入。

(2)绘制固定成本线。在纵轴上确定固定成本的值，以此为起点，绘制一条平行于横轴的直线,即为固定成本线。

(3)绘制总成本线。以纵轴的固定成本为起点、以单位变动成本为斜率绘制一条直线,即为总成本线,它表示固定成本与变动成本之和。

(4)绘制销售收入线。以坐标原点为起点、以销售单价为斜率绘制一条直线,即为销售收入线。

(5)寻找盈亏临界点。销售收入线和总成本线的交点即为盈亏临界点。

该盈亏临界图所反映的总成本是以固定成本为基础的,能揭示出固定成本总额的不变性,同时也可反映出亏损区、盈利区、盈亏临界点及安全边际之间的关系。

基本式的盈亏临界图又可以分为以实物量表示业务量的盈亏临界图和以货币量表示业务量的盈亏临界图,具体见图 3—1 和图 3—2。

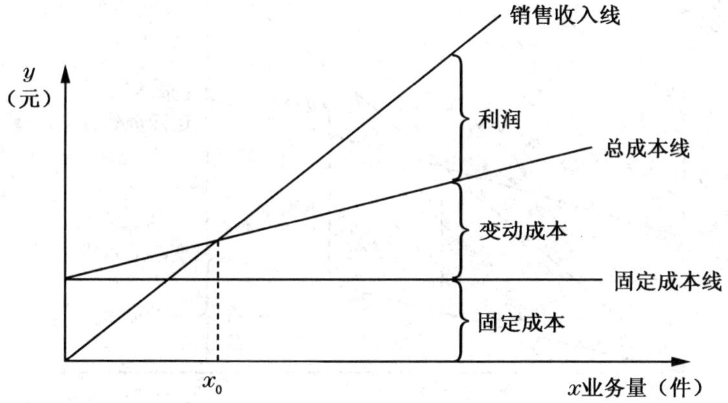


**图 3—1　基本式(横轴由销售量表示)盈亏临界图**

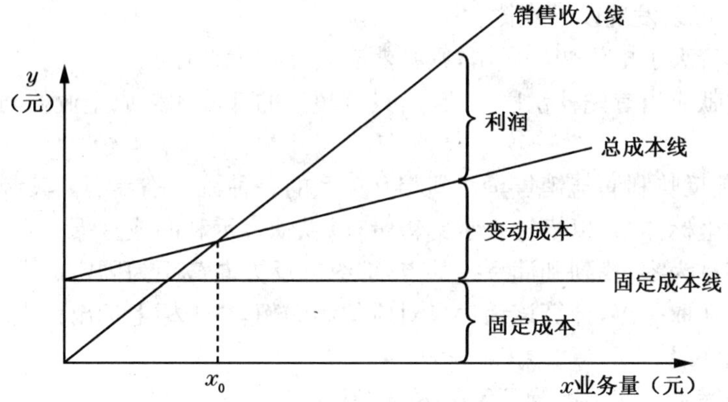


**图 3—2　基本式(横轴由货币量表示)盈亏临界图**

通过观察图 3—1 和图 3—2,可以发现以下规律:

第一,盈亏临界点不变,销售量越大,能实现的利润越多或亏损越少;销售量越小,能实现的利润越少或亏损越多。

第二,销售量不变,盈亏临界点越低,能实现的利润越多或亏损越少;盈亏临界点越高,能实现的利润越少或亏损越多。

第三，销售总成本不变，盈亏临界点受单价变动的影响而变动。单价越高，盈亏临界点就越低；反之，盈亏临界点就越高。

第四，销售收入不变，盈亏临界点受固定成本和变动成本的影响而变动。固定成本或单位变动成本越大，盈亏临界点就越高；反之，盈亏临界点就越低。

2. 边际贡献式

边际贡献式是盈亏临界图的又一种表现形式，其特点有两个方面：一是绘制总成本线时，以变动成本线 $y=bx$ 为依据，将之平行上移 $a$ 得到总成本直线；二是销售收入线和变动成本线之间的距离表示边际贡献总额，边际贡献总额正好等于固定成本总额时，对应的点即为盈亏临界点。具体见图 3－3。

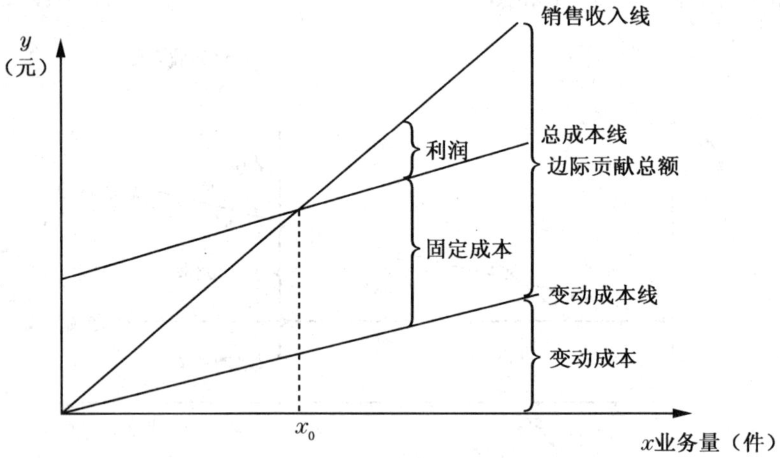


**图 3－3　边际贡献式盈亏临界图**

观察图 3－3，可以发现以下规律：

第一，只要单价大于单位变动成本，则必然有边际贡献存在。

第二，边际贡献应当首先补偿固定成本，只有超额的部分才构成企业的利润。

3. 量利式

量利式是单纯反映利润与销售量之间相互关系的一种盈亏临界图。其制作方法是：

(1)建立直角坐标体系，以横轴表示销售量，以纵轴表示利润或亏损。

(2)假定销售量为零，找到利润亏损的点，即纵轴反方向截距为固定成本 $a$ 的点。

(3)在横轴上任取一点，计算该销售量对应的利润额，在坐标上标出该点，连接该点和固定成本点，便得到利润线。

(4)利润线与横轴的交点即为盈亏临界点。具体见图 3－4。

观察图 3－4，可以发现以下规律：

第一，当销售量为零时，企业的亏损额等于固定成本。

第二，当产品的销售价格及成本水平不变时，销售数量越大，利润就越多或亏损就越少；反之，销售数量越小，利润就越少或亏损就越多。

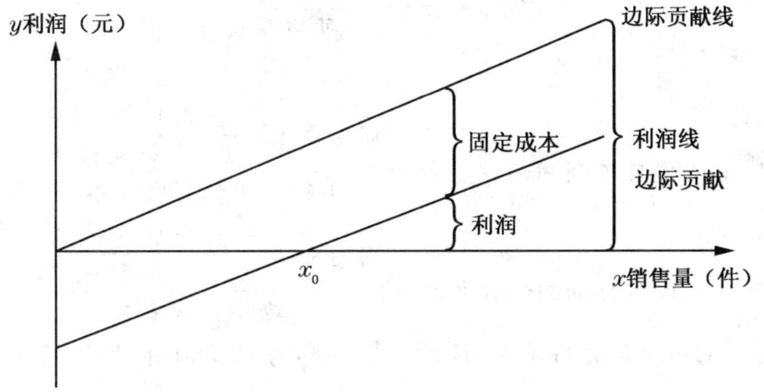


图 3—4 量利式盈亏临界图

## 二、实现目标利润分析

如前所述，当企业的销售量超出盈亏临界点时，可以实现利润。盈亏临界点分析是在假定企业利润为零的经营状态下来研究问题的。企业的目标当然不是利润为零，而是尽可能多地超越盈亏临界点而实现利润。所以，实现目标利润分析是盈亏临界点分析的延伸和拓展，它主要研究两个问题：一是销售量、成本和销售价格发生变动时，测定其对利润的影响；二是目标利润发生变动时，分析实现目标利润所需的销售量、收入和成本。为了便于分析和预测目标利润，需建立实现目标利润的有关模型。

### (一)实现目标利润的模型

实现目标利润的模型，仍以本量利基本公式为依据：

$$营业利润=销售量\times(单价-单位变动成本)-固定成本$$

令营业利润为目标利润，则：

$$实现目标利润的销售量=\frac{固定成本+目标利润}{单价-单位变动成本}$$

上述模型公式表明，企业产品销售在补偿了固定成本（达到盈亏临界点）后，需要怎样的销售量才能实现目标利润。同样，实现目标利润的销售也可用金额表示，即实现目标利润的销售额。

$$实现目标利润的销售额=\frac{固定成本+目标利润}{边际贡献率}$$

**【例 3—8】** 假设某企业生产和销售单一产品，产品单价为 50 元，单位变动成本为 25 元，固定成本为 50 000 元。如目标利润定为 40 000 元，则有：

$$实现目标利润的销售量=\frac{50\ 000+40\ 000}{50-25}=36\ 00(件)$$

$$实现目标利润的销售额=\frac{50\ 000+40\ 000}{50\%}=180\ 000(元)$$

前面所讲的目标利润均为所得税前的利润，所得税费用对于实现了利润的企业来说是一项必然的支出，对于目标利润的分析和预测来说也应该是一项必然的扣除。所以，从税后利润的角度进行目标利润的分析与预测，对企业而言或许更为适用。

$$税后利润=税前利润\times(1-所得税税率)$$

$$税前利润=\frac{税后利润}{1-所得税税率}$$

则：

$$实现目标利润的销售量=\frac{固定成本+\frac{税后目标利润}{1-所得税税率}}{单价-单位变动成本}$$

$$实现目标利润的销售额=\frac{固定成本+\frac{税后目标利润}{1-所得税税率}}{边际贡献率}$$

假定在【例 3－8】中其他条件不变，税后目标利润为 37 500 元，所得税税率为 25%，则有：

$$实现目标利润的销售量=\frac{50\ 000+\frac{37\ 500}{1-25\%}}{50-25}=4\ 000(件)$$

$$实现目标利润的销售额=\frac{50\ 000+\frac{37\ 500}{1-25\%}}{50\%}=200\ 000(元)$$

按照相同的道理，我们也可以推导确定实现目标利润的销售价格、单位变动成本、固定成本的模型公式。

**(二)有关因素变动对利润的影响**

在决定任何生产经营问题时，都应事先分析拟采取的行动对利润有何影响。如果该行动产生的收益大于它所引起的支出，可以增加企业的盈利，则这项行动在经济上是可取的。虽然企业在决策时需考虑各种非经济因素，但经济分析总是最基本的，甚至是首要的分析。

影响利润的各因素的变动分析，主要方法是将变化的参数代入本量利方程式，测定其造成的利润变动。

**【例 3－9】** 某企业生产销售 A 产品，计划年度预计销售量为 100 000 件，销售价格为 10 元/件，单位变动成本为 6 元/件，固定制造费用为 200 000 元，销售和管理费用(全部固定)为 100 000 元，则 A 产品计划年度预计实现的利润为：

A 产品预计利润额＝100 000×(10－6)－200 000－100 000＝100 000(元)

显然，如果销售量、销售价格、单位变动成本、固定成本诸因素中的一项或多项同时变动，都会对利润产生影响。通常，企业遇到下列三种情况时，需要测定利润的变化：

1. 外界某一因素发生变化

外界某一因素发生变化时，企业需要测定其对利润的影响，预计未来期间的利润额。假设由于原材料价格上涨，使单位变动成本上升到 7 元，则利润变为：

利润＝100 000×(10－7)－200 000－100 000＝0(元)

由于单位变动成本上升 1 元，使企业最终利润减少 100 000 元。企业应根据这种预见到的变化，采取措施，设法抵消这种影响。

如果销售价格、固定成本和销售量发生变动，也可以用上述方法测定其对利润的影响。

2. 企业采取某项行动

当企业拟采取某项行动，将使有关因素发生变动时，企业需测定其对利润的影响，作为评价该行动经济合理性的尺度。

(1)假设【例 3－9】的企业拟采取更有效的广告方式，从而使 A 产品的销售量增加 10%，则利润将因此变为：

利润＝100 000×(1＋10%)×(10－6)－200 000－100 000＝140 000(元)

这项措施将使企业利润增加 40 000 元，它是增加广告开支的上限。如果这次广告宣传的支出超过 40 000 元，就可能得不偿失。

(2)假设该企业拟实施一项技术培训计划以提高工效，使单位变动成本由目前的 6 元降至 5.75 元，则利润将因此变为：

利润＝100 000×(10－5.75)－200 000－100 000＝125 000(元)

这项计划将使企业利润增加 25 000 元，它是培训计划开支的上限。如果培训计划的开支不超过 25 000 元，则可从当年新增利润中得到补偿，并获得长期收益。如果开支超过 25 000 元，则要慎重考虑这项计划是否真的具有意义。

(3)假设该企业拟自建门市部，销售价格由目前的 10 元提高到 11.25 元，而能维持销售量不变，则利润将因此变为：

利润＝100 000×(11.25－6)－200 000－100 000＝225 000(元)

这项计划将使企业利润增加 125 000 元，它是门市部每年开支的上限。

由于企业的任何经济活动都要消耗财物，因此，评价其对利润的影响并权衡得失是必要的。利用本量利模型公式，可以具体计算出对最终利润的影响，有利于经营者决策。

3. 有关因素发生互相关联的变化

由于外界因素变化或企业采取某项行动，有关因素发生相互关联的影响，企业则需要测定其引起的利润变动，以便选择决策方案。

假设【例 3－9】的企业按国家规定普调工资，使单位变动成本增加 4%，固定成本增加 1%，结果将会导致利润下降。为了抵消这种影响，企业有两个应对措施：一是提高产品销售价格 5%，而提价会使产品销售量减少 10%；二是增加产量 20%，而为使这些产品能够销售出去，需要追加 50 000 元广告费。

调整工资后不采取措施的利润为：

利润＝100 000×[10－6×(1＋4%)]－(200 000＋100 000)×(1＋1%)

　　＝73 000(元)

采取第一方案的预计利润为：

利润＝100 000×(1－10%)×[10×(1＋5%)－6×(1＋4%)]

　　　－(200 000＋100 000)×(1＋1%)

　　＝80 400(元)

采取第二方案的预计利润为：

利润＝100 000×(1＋20%)×[10－6×(1＋4%)]

　　　－[(200 000＋100 000)×(1＋1%)＋50 000]

　　＝98 200(元)

通过比较可知，采取第二方案较好。

**(三)实现目标利润的有关条件**

上面的分析，以影响利润的各因素为已知数，利润是待求的未知数。而在企业中也存在另一种相反的情况，即利润是已知数，其他因素是待求的未知数。例如，国资委或董事会下达利润指标，或者根据企业长期发展的需要，企业必须达到特定利润水平等。在这种情况下，应当研究如何利用企业现有资源，合理安排产销量、收入和成本费用支出，以实现特定利润，也就是分析实现目标利润所需要的有关条件。

如果企业采取单项措施以实现目标利润，如增加销售量、提高销售价格、减少单位变动成本或固定成本等，则可根据实现目标利润模型公式加以测算。但在现实经济生活中，影响利润的各因素往往是互相关联的。如要增加销售量，企业可以根据市场情况的变化对销售价格进行调整，降价通常可能促进销售量的增加，而提价则可能导致销售量下降；在市场需求极为旺盛的情况下，企业可以通过增加固定成本支出（如广告费、租赁设备等）、扩大生产能力来扩大销售量。因此，企业很少采取单项措施来提高利润，而大多采取综合措施以实现利润目标，这就需要进行综合计算和反复平衡。

假设【例 3－9】的企业欲使利润增加 50%，即目标利润为 150 000 元，经研究分析发现，该企业现有剩余生产能力，可以进一步增加产量，但由于售价偏高，使销路受到限制。为了打开销路，企业管理层拟降价 10%，采取薄利多销的方针，争取实现利润 150 000 元。

(1)计算降价后实现目标利润所需的销售量。

$$销售量=\frac{固定成本+目标利润}{单价-单位变动成本}$$

$$=\frac{200\ 000+100\ 000+150\ 000}{10\times(1-10\%)-6}=150\ 000(件)$$

如果销售部门认为，降价 10%后可使销售量达到 150 000 件，生产部门也可以将其生产出来，则目标利润就可以落实了；否则，还需要继续分析并进一步落实。

(2)计算在既定销售量下实现目标利润所需的单位变动成本。

假设销售部门认为，上述 150 000 件的销售量是达不到的，降价 10%后只能使销售量增至 130 000 件。为此，需要在降低成本上挖潜。

$$单位变动成本=单价-\frac{固定成本+目标利润}{销售量}$$

$$=10\times(1-10\%)-\frac{200\ 000+100\ 000+150\ 000}{130\ 000}=5.54(元)$$

为了实现目标利润，在降价 10%的同时，还需使单位变动成本从 6 元降至 5.54 元。如果生产部门认为，通过降低原材料和人工成本，这个目标是可以实现的，则预定的利润目标可以落实；否则，还要在固定成本的节约方面想办法。

(3)计算在既定产销量和单位变动成本下实现目标利润所需的固定成本。

假设生产部门认为，通过努力，单位变动成本可望降低到 5.60 元。为此，企业还需要压缩固定成本支出。

$$固定成本=销售量\times(单价-单位变动成本)-目标利润$$

$$=130\ 000\times[10\times(1-10\%)-5.60]-150\ 000=292\ 000(元)$$

为了实现目标利润，在降价 10%、销售量增至 130 000 件、单位变动成本降至 5.60 元的同时，还需压缩固定成本 8 000 元，则目标利润可以落实；否则，应返回去再次协商，寻找进一步增收节支的办法，重新分析计算并分别落实，或提请修改目标利润。

## 三、安全边际分析

安全边际分析是指通过计算企业正常销售超过盈亏临界点销售的差额，衡量企业在保本的前提下，能够承受因销售下降带来的不利影响的程度和企业抵御营运风险的能力。企业安全边际分析主要包括安全边际和盈亏临界点作业率两个指标。

### (一)安全边际

1. 安全边际概念

多数企业在盈亏临界点分析的基础之上，还要考虑企业经营的安全程度问题，进行安全边际的评价分析。

安全边际是指企业实际或预计的销售业务量(包括销售量和销售额两种形式)与盈亏临界点销售业务量之间的差量所确定的定量指标。表现为绝对量和相对量两种形式。

安全边际的绝对量，可以分为安全边际销售量(简称安全边际量)和安全边际销售额(简称安全边际额)，计算公式分别为：

安全边际量＝实际或预计销售量－盈亏临界点销售量

安全边际额＝实际或预计销售额－盈亏临界点销售额

安全边际额＝安全边际量×单价

安全边际的相对量指标是指安全边际率，它是安全边际量(额)与实际或预计销售量(额)的百分比值，计算公式为：

$$安全边际率=\frac{安全边际量}{实际或预计销售量}\times 100\%$$
$$=\frac{安全边际额}{实际或预计销售额}\times 100\%$$

安全边际量和安全边际率都是正指标，即越大越好。

安全边际是与损益平衡相关的一项指标，反映了企业的安全程度。企业达到盈亏临界点即损益平衡时，意味着企业总收入正好等于总成本，超过盈亏临界点部分的业务量才能给企业带来利润，而超额部分的衡量指标正是安全边际，超过盈亏临界点以上的安全边际所提供的边际贡献就是利润。安全边际越大，利润越多，企业发生亏损的可能性就越小，经营安全程度就越高；反之，安全边际越小，利润越少，企业发生亏损的可能性就越大，经营安全程度就越低。

西方一般采用安全边际率来评价企业经营的安全程度，表 3－11 列示了安全边际率与评价企业经营安全程度的一般标准。

**表 3－11**

| 安全边际率 | 10%以下 | 10%～20% | 20%～30% | 30%～40% | 40%～50% |
|---|---|---|---|---|---|
| 安全程度 | 危险 | 值得注意 | 较安全 | 安全 | 很安全 |

**【例 3－10】** 已知 A 企业只生产一种钢铁产品，本期的单价为 10 元/件，单位变动成本为 6 元/件，固定成本总额为 22 000 元，销售量为 10 000 件。预计下期的单价、单位变动成本、固定成本均不变，预计下期销售量将达到 15 000 件。

企业本期和下期该种产品的安全边际、安全边际率计算如下：

(1)企业盈亏临界点为：

$$盈亏临界点销售量=\frac{22\ 000}{10-6}=5\ 500(件)$$

盈亏临界点销售额＝5 500×10＝55 000(元)

(2)本期安全边际为：

本期安全边际量＝10 000－5 500＝4 500(件)

本期安全边际额＝100 000－55 000＝45 000(元)

本期安全边际率 $=\frac{4\ 500}{10\ 000}\times 100\%=45\%$

(3)下期安全边际为：

下期安全边际量=15 000−5 500=9 500(件)

下期安全边际额=9 500×10=95 000(元)

下期安全边际率 $=\frac{9\ 500}{15\ 000}\times 100\%=63.3\%$

可见，将本期与下期的经营安全程度作比较的话，由于下期的安全边际大于本期，所以下期的经营安全程度也大于本期，下期经营亏损的可能性要小于本期。

2. 安全边际与利润

利润是指企业全部销售收入扣除全部成本后的余额，由于盈亏临界点销售量所创造的销售收入正好补偿了成本，边际贡献正好补偿了固定成本，所以，超过盈亏临界点的销售业务量(即安全边际)所创造的边际贡献就是企业的利润。

由此，可以得到安全边际和利润之间的相关性模型：

利润=安全边际量×单位边际贡献
=安全边际量×(单价−单位变动成本)
=安全边际额×边际贡献率

从而有：

营业利润率=安全边际率×边际贡献率

以上公式表明，超过盈亏临界点的安全边际所提供的边际贡献就是利润。安全边际越大，可以实现的利润就越多；当安全边际指标为零时，企业处于盈亏临界状态；当安全边际指标为负值时，企业处于亏损状态。企业销售利润率的水平受到边际贡献率和安全边际率两个指标的影响。

**(二)盈亏临界点作业率**

企业经营的安全程度，不仅可以用安全边际量、安全边际率等正指标来评价，也可以用反指标即盈亏临界点作业率来反映。

所谓盈亏临界点作业率，又称为“危险率”，是指盈亏临界点业务量占实际或预计销售业务量的百分比。计算公式为：

$$\text{盈亏临界点作业率}=\frac{\text{盈亏临界点销售量}}{\text{实际或预计销售量}}\times 100\%=\frac{\text{盈亏临界点销售额}}{\text{实际或预计销售额}}\times 100\%$$

该指标是反指标，越小说明越安全，且与安全边际率的关系是：

安全边际率+盈亏临界点作业率=1

盈亏临界点作业率表明企业保本的业务量在正常业务量中所占的比重。多数企业的正常销售量都是根据其应当具有的生产经营能力来规划的，所以正常销售量可以代表企业的生产经营能力。于是，盈亏临界点作业率就表示企业保本时生产能力的利用程度，该指标越低，说明企业的盈利能力越强。

# 第三节　本量利关系中的敏感性分析

敏感性分析是一种应用广泛的分析方法，这一方法研究的是，当一个系统的周围条件发生变化时，导致这个系统的状态发生了怎样的变化，是敏感(变化大)还是不敏感(变化小)。在一个确定的模型有了最优解后，敏感性分析研究的是，该模型中的某个或某几个参数允许变化到怎样的数值(最大或最小)，原最优解仍能保持不变；或者当某个参数的变化已经超出允许范围、原有的最优解不再“最优”时，怎样用简捷的方法重新求得最优解。

从前面盈亏临界点分析和实现目标利润分析中可以看出，销售量、单价、单位变动成本、固定成本诸因素中的某个或者某几个因素变动，都会对盈亏临界点和目标利润产生影响。但由于各因素在计算盈亏临界点和目标利润的过程中作用不同，影响程度当然也就不一样，或者说，盈亏临界点和目标利润对不同因素变动所作出的反应在敏感性上存在着差异。本量利关系中的敏感性分析主要是研究两方面的问题：一是有关因素发生多大变化时会使企业由盈利变为亏损；二是有关因素变化对利润变化的影响程度。

## 一、有关因素临界值的确定

销售量、单价、单位变动成本和固定成本的变化，都会对利润产生影响。当这种影响是消极的且达到一定程度时，就会使企业的利润为零而进入盈亏临界状态；如这种变化超出上述程度，企业就转入了亏损，发生了质的变化。敏感性分析的目的就是确定能引起这种质变的各因素变化的临界值。简单来说，就是求取达到盈亏临界点的销售量和单价的最小允许值以及单位变动成本和固定成本的最大允许值，所以这种方法也称为最大最小值法。

由实现目标利润的模型公式可以推导出当利润为零时求取最大、最小值的有关公式：

$$\text{销售量}=\frac{\text{固定成本}}{\text{单价}-\text{单位变动成本}}$$

$$\text{单价}=\frac{\text{固定成本}}{\text{销售量}}+\text{单位变动成本}$$

$$\text{单位变动成本}=\text{单价}-\frac{\text{固定成本}}{\text{销售量}}$$

$$\text{固定成本}=\text{销售量}\times(\text{单价}-\text{单位变动成本})$$

**【例3—11】** 假设某企业为生产和销售单一产品的企业。计划年度内有关数据如下：销售量为5 000件，单价为50元，单位变动成本为20元，固定成本为60 000元。则目标利润为：

$5\ 000\times(50-20)-60\ 000=90\ 000$(元)

(1)销售量的临界值(最小值)$=\frac{60\ 000}{50-20}=2\ 000$(件)

也就是说，产品销量的最小允许值(即盈亏临界点销量)为2 000件，再低则会发生亏损。或者说，实际销量只要达到计划年度预计销量的40%，企业就可以保本。

(2)单价的临界值(最小值)$=\frac{60\ 000}{5\ 000}+20=32$(元)

也就是说，产品的单价不能低于32元这个最小值。或者说，单价降低的幅度不能超过36%，否则便会发生亏损。

(3)单位变动成本的临界值(最大值)$=50-\frac{60\ 000}{5\ 000}=38$(元)

这意味着,当单位变动成本由20元上升到38元时,企业的利润将由90 000元变为0。38元为企业所能承受的单位变动成本的最大值,此时其变动率为90%。

(4)固定成本的临界值(最大值)$=5\ 000\times(50-20)=150\ 000$(元)

固定成本的临界值也可以直接将原固定成本与目标利润相加而得到,即由固定成本将目标利润简单“吃掉”,此时的固定成本总额增加了150%。

## 二、有关因素变动对利润敏感程度的分析

销售量、单价、单位变动成本和固定成本诸因素的变化,都会对利润产生影响,但是,即使它们的变动方向和变动幅度完全一样,对利润所产生的影响也可能不同。如有些因素增长会导致利润增长,而另一些因素只有下降才会导致利润增长;有些因素只要略有变动就会使利润发生很大的变化,而另一些因素虽然变动幅度较大,却只能带来利润的微小变化。我们称那些对利润影响大的因素为利润灵敏度高,反之,则称利润灵敏度低;即利润对前者的敏感性高,对后者的敏感性低。

显然,因素的利润灵敏度不同,人们对它们的重视程度也就应有所区别。对敏感性高的因素,应给予更多的关注;对敏感性低的因素,则可以不作为分析的重点。通过计算有关因素的利润敏感程度指标,进行敏感分析,可以了解哪些因素增长会导致利润增长、哪些因素下降会导致利润下降,以及各因素变动对利润的影响程度大小,为企业实现目标利润提供依据。

反映各因素对利润敏感程度的指标称为敏感系数,其计算公式为:

$$敏感系数=\frac{目标值变动百分比}{因素值变动百分比}$$

式中:敏感系数为正数,表明它与利润同向增减;敏感系数为负数,表明它与利润反向增减。

**【例3－12】** 假设【例3－11】中的销售量、单价、单位变动成本和固定成本均分别增长20%,则各因素敏感系数计算如下:

(1)销售量的敏感系数

销售量增长20%:$5\ 000\times(1+20\%)=6\ 000$(件)

利润:$6\ 000\times(50-20)-60\ 000=120\ 000$(元)

$$利润变化百分比=\frac{120\ 000-90\ 000}{90\ 000}\times100\%=33.33\%$$

$$销售量的敏感系数=\frac{33.33\%}{20\%}=1.67$$

(2)单价的敏感系数

单价增长20%:$50\times(1+20\%)=60$(元)

利润:$5\ 000\times(60-20)-60\ 000=140\ 000$(元)

$$利润变化百分比=\frac{140\ 000-90\ 000}{90\ 000}\times100\%=55.56\%$$

$$单价的敏感系数=\frac{55.56\%}{20\%}=2.78$$

(3)单位变动成本的敏感系数

单位变动成本增长20%：20×(1+20%)=24(元)

利润：5 000×(50−24)−60 000=70 000(元)

$$利润变化百分比=\frac{70\ 000-90\ 000}{90\ 000}\times 100\%=-22.22\%$$

$$单位变动成本的敏感系数=\frac{-22.22\%}{20\%}=-1.11$$

(4)固定成本的敏感系数

固定成本增长20%：60 000×(1+20%)=72 000(元)

利润：5 000×(50−20)−72 000=78 000(元)

$$利润变化百分比=\frac{78\ 000-90\ 000}{90\ 000}\times 100\%=-13.33\%$$

$$固定成本的敏感系数=\frac{-13.33\%}{20\%}=-0.67$$

从上面的计算可以看出，在影响利润的诸因素中，最敏感的是单价(敏感系数2.78，意味着利润将以2.78的速率随单价的变化而变化)，其次是销售量(敏感系数1.67)，再次是单位变动成本(敏感系数−1.11)，最后是固定成本(敏感系数−0.67)。其中，敏感系数为正值，表示该因素与利润为同向增减关系；敏感系数为负值，表示该因素与利润为反向增减关系。在进行敏感程度分析时，敏感系数是正值或负值无关紧要，关键是数的大小，越大则敏感程度越高。

必须说明的是，上述各因素敏感系数的排序是在【例3−12】所设定的条件下得到的，如果条件发生了变化，则各因素敏感系数之间的排列顺序也可能发生变化。如【例3−11】中的单位变动成本改为30元，固定成本改为50 000元，其他条件不变，则目标利润为50 000元[5 000×(50−30)−50 000]。当设各因素分别增长20%时，各因素的敏感系数分别为：

$$销售量的敏感系数=\frac{5\ 000\times(1+20\%)\times(50-30)-50\ 000-50\ 000}{50\ 000\times 20\%}=2$$

$$单价的敏感系数=\frac{5\ 000\times[50\times(1+20\%)-30]-50\ 000-50\ 000}{50\ 000\times 20\%}=5$$

$$单位变动成本的敏感系数=\frac{5\ 000\times[50-30\times(1+20\%)]-50\ 000-50\ 000}{50\ 000\times 20\%}=-3$$

$$固定成本的敏感系数=\frac{5\ 000\times(50-30)-50\ 000\times(1+20\%)-50\ 000}{50\ 000\times 20\%}=-1$$

上述四个因素按敏感系数排列的顺序是单价(敏感系数5)、单位变动成本(敏感系数−3)、销售量(敏感系数2)、固定成本(敏感系数−1)。与【例3−12】条件下各因素按敏感系数的排序相比，单位变动成本与销售量两个因素相互调换了位置。

各因素敏感系数的高低，除了与既定条件所决定的实现目标利润的模型有关，还与各因素在模型运算过程中的作用有关。

根据敏感系数的定义，我们发现，某个因素的敏感系数即为如下公式：

$$敏感系数=\frac{利润变动百分比}{某因素变动百分比}=\frac{\Delta P/P}{\Delta x/x}=\frac{\Delta P/\Delta x}{P/x}=\frac{\partial P/\partial x}{P/x}$$

其中，$x$表示某一个相关因素。

分别计算各因素的敏感系数，可以得到如下规律：

$$销售量的敏感系数=\frac{\partial P/\partial V}{P/V}=\frac{(SP-VC)V}{P}$$

$$单价的敏感系数=\frac{\partial P/\partial SP}{P/SP}=\frac{V\cdot SP}{P}$$

$$单位变动成本的敏感系数=\frac{\partial P/\partial VC}{P/VC}=\frac{-V\cdot VC}{P}$$

$$固定成本的敏感系数=\frac{\partial P/\partial FC}{P/FC}=\frac{-FC}{P}$$

式中，$V$ 代表销售量，$SP$ 代表单价，$VC$ 代表单位变动成本，$FC$ 代表固定成本，$P$ 代表利润。

由上述公式可得，在企业正常盈利的条件下，各因素敏感系数的排列是有规律的，一般为：

(1)单价敏感程度指标最高；

(2)销售量敏感程度指标不可能最低；

(3)单价敏感程度指标与单位变动成本敏感程度指标之差等于销售量敏感程度指标；

(4)销售量敏感程度指标与固定成本敏感程度指标之差等于1。

敏感系数提供了利润对有关因素变动的敏感程度，但不能直接反映变动后的利润值。为弥补这种不足，也为了有关决策人员能更直观地了解有关因素的敏感程度，可以编制有关因素变动的敏感分析表，以列示各因素在一定变动率下的利润值。

**【例3—13】** 假设某企业某产品计划年度的销售量为5 000件，单价为50元，单位变动成本为25元，固定成本为50 000元。则目标利润的模型为：

目标利润＝销售量×(单价－单位变动成本)－固定成本

＝5 000×(50－25)－50 000＝75 000(元)

如以各因素10%的变动幅度为间隔、以30%为限，则有关因素变动的敏感分析表的编制如表3—12所示。

**表3—12　有关因素变动的敏感分析表**

| | －30% | －20% | －10% | 0 | 10% | 20% | 30% |
|---|---|---|---|---|---|---|---|
| 销售量 | 37 500 | 50 000 | 62 500 | 75 000 | 87 500 | 100 000 | 112 500 |
| 单价 | 0 | 25 000 | 50 000 | 75 000 | 100 000 | 125 000 | 150 000 |
| 单位变动成本 | 112 500 | 100 000 | 87 500 | 75 000 | 62 500 | 50 000 | 37 500 |
| 固定成本 | 90 000 | 85 000 | 80 000 | 75 000 | 70 000 | 65 000 | 60 000 |

## 第四节　本量利分析的扩展运用

前面我们所进行的本量利分析是建立在一定的基本假设基础之上的，即本章第一节所提到的成本性态分类假设、线性相关假设、产销平衡假设和产品品种结构不变假设。而在实际生产经营活动中，不可能长久地满足这些假设条件，不变是相对的，变化才是绝对的，即当相关范围发生变化时，线性关系必须重新构建，单位变动成本、固定成本、品种结构等都会变化，产销也会出现不平衡等。本量利分析的扩展就是要讨论当基本假设发生变化时，会对本量利分析产生什么影响，是否可以根据具体情况总结出新的规律以指导企业的管理活动。

## 一、不完全线性条件下的盈亏临界点分析

前述本量利分析基本假设中的线性相关假设，假定了本量利分析中存在若干完全的线性关系，即在相关范围内，收入、成本与业务量的关系都可以在直角坐标体系中以直线的形式表示出来，并且单价、单位变动成本、固定成本都保持不变，所确定的盈亏临界点也是唯一的。

但实际经济活动中，这种完全的线性关系是很少见的，沿用以前的分析方法，我们可以将成本、收入与业务量的线性关系表示为分段函数，以折线形式在直角坐标体系中列示，即在每个相关范围内，成本、收入都是业务量的线性函数，可以称之为“不完全线性关系”。此时，总收入函数线和总成本函数线可能有多个交点，即多个盈亏临界点。

假设某企业生产单一产品，产销平衡，单价不变，其总成本随着生产能力利用程度的变动呈非正比例的变动，此时的盈亏临界点如图 3－5 所示。图中，$L_1$表示总成本线，$L_2$表示总收入线，$L_3$表示变动成本线，$L_4$表示固定成本线。①

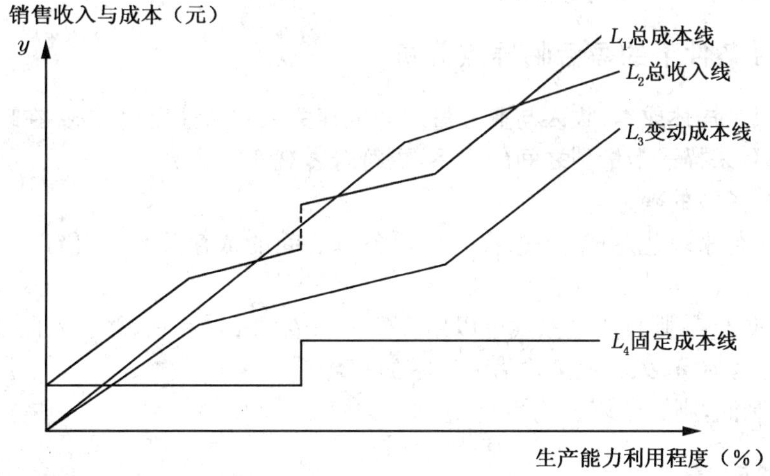


**图 3－5　不完全线性条件下的盈亏临界点分析图**

从图 3－5 中可以看出：

$L_4$固定成本线，可以分为两个区域，即生产能力利用程度在 50%以下时，固定成本为 10 000元；当生产能力利用程度在 50%以上时，由于追加了固定支出，固定成本跳跃上升为 20 000元。固定成本线在直角坐标体系上表现为有一定跳跃的平行于横轴的直线。

$L_3$变动成本线，是一条有两个转折点的折线。第一转折点发生在生产能力利用程度为 30%时，因为在此之前，由于产量较低，材料、人工等的消耗不能达到最有效的状态，故单位变动成本较高，变动成本的斜率较大。在第一转折点 30%之后，即产量逐渐增加以后，使材料、人工等的消耗达到一种有效的状态，规模效应产生，单位变动成本有所下降，变动成本的斜率也会降低。当生产能力利用程度达到 100%时，又发生了一次转折，这是因为产量超出现有生产能力之后，现有设施的超负荷运转会出现很多不经济因素，致使单位变动成本又有所增加，变动成本斜率也增大。

$L_1$总成本线，是由 $L_4$固定成本线和 $L_3$变动成本线共同组成的，所以也是一条折线。与

① 图 3－5 是简略图，与精确值稍有误差，仅供参考。

$L_4$固定成本线相对应，总成本线也在生产能力利用程度达到50%时，发生一次跳跃性的中断。

$L_2$总收入线，是一条经过原点到生产能力利用程度达到90%时所连接而成的折线。因为产销量达到这一界限以后，为了扩大销路，需要给予客户较多的数量折扣，使单位平均价格有所下降，销售收入直线的斜率也会降低。

总成本线$L_1$和总收入线$L_2$的三个交点就是盈亏临界点。第一个盈亏临界点发生在30%～50%之间，第二个盈亏临界点发生在50%～90%之间，第三个盈亏临界点发生在100%～120%之间。

第一个盈亏临界点的出现，说明总收入已可抵偿总成本，开始有利可图，进入了盈利区；这种状态一直持续到50%，此时固定成本突然上升，使生产经营由盈转亏，进入亏损区；到达第二个盈亏临界点时，企业经营再一次由亏转盈，这种状态一直持续到第三个盈亏临界点为止；在第三个盈亏临界点之后，由于单价降低和单位变动成本提高，生产经营又出现了亏损。很显然，具体地了解在不同生产水平下企业的盈亏状态如何交替，对于正确地进行经营决策和有效地改善生产管理都有重要的指导意义。

## 二、非线性条件下的盈亏临界点分析

线性方程只是描述成本、收入与业务量之间依存关系的一种简化方式，在现实的经济生活中，用非线性方程来描述本量利之间的关系，更符合客观实际情况。

### （一）非线性函数的确定

以非线性函数来表达总成本、总收入与业务量之间的依存关系，需借助于曲线方程$y=a+bx+cx^2$。

以$x$表示业务量，则总成本曲线可以用$TC=a+bx+cx^2$表示，总收入曲线可以用$TR=ex-gx^2$表示。其中，$a$、$b$、$c$、$e$、$g$均为大于零的常数。

设$P$表示利润，则其计算公式为：

$$\begin{aligned}P&=TR-TC\\&=ex-gx^2-(a+bx+cx^2)\\&=-a+(e-b)x-(g+c)x^2\end{aligned}$$

各函数关系可以见图3－6。

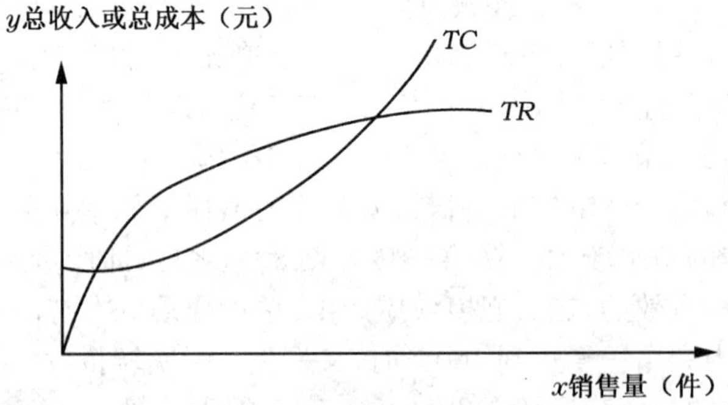


**图3－6　非线性盈亏临界图**

### （二）非线性的本量利分析

利用上述函数进行本量利分析时，根据盈亏临界点的含义，必须找到利润为0的点，即保本点。

【例 3－14】　某企业总收入函数为 $TR=5x-0.02x^2$，总成本函数为 $TC=8+0.2x+0.01x^2$。计算单位为万件和万元。

(1)计算盈亏临界点。

利润$(P)$＝总收入$(TR)$－总成本$(TC)$

$$=(5x-0.02x^2)-(8+0.2x+0.01x^2)$$

$$=-8+4.8x-0.03x^2$$

令利润 $P=0$，则：

$-8+4.8x-0.03x^2=0$

解方程得：

$$x=\frac{-4.8\pm\sqrt{4.8^2-4\times(-8)\times(-0.03)}}{2\times(-0.03)}$$

$x_1=1.68$

$x_2=158.32$

由此可以得到两个盈亏临界点销售量，分别约为 2 万件和 158 万件。

(2)计算利润最大时的销售量。

为使利润 $P$ 达到最大，必须使其导数为 0，对利润函数求导得到：

$$\frac{dP}{dx}=4.8-0.06x$$

又有$\frac{d^2P}{dx^2}=-0.06<0$，则：

令导数为 0，得 $x=80$

所以当产销量达到 80 万件时，可使企业的利润达到最大值。

(3)计算利润的最大值。

将可以使利润达到最大的 80 万件销售量代入方程：

$P=-8+4.8x-0.03x^2$，得：

$P=184$

所以企业在现有条件下可以实现的最大利润是 184 万元。

## 三、不确定条件下的盈亏临界点分析

以前所讨论的本量利分析中，影响利润的有关因素（如销售收入、变动成本、固定成本等）都是可以肯定的数值或函数关系，具有一定的确定性。但在实际经济活动中，由于这些因素会同时受到多种对利润有影响的因素的制约，所以对于它们的变动趋势，具有很大的不确定性，事先难以准确地掌握，所以只能作概略的估计，估计成本、价格等有几种可能出现的状态及其可能出现的概率。在这种情况下，利润将相应地增加或降低多少，就有多种可能，而不能通过一次简单的计算得到一个唯一定值。因此，应采用“概率分析法”来进行不确定情况下的本量利分析。

【例 3－15】　设企业对影响利润的各个有关因素（如单价、单位变动成本和固定成本）都进行了具体的分析，并确定了各个因素的预期值及其相应的概率，见表 3－13。

表 3—13　　不确定条件下的盈亏临界点分析

| 单价 | 单位变动成本 | 固定成本 | 组合 | 盈亏临界点销售量 | 联合概率 | 各种情况下的盈亏临界点销售量 |
|---|---|---|---|---|---|---|
| (1) | (2) | (3) | (4) | (5) | (6) | (7)=(5)×(6) |
| $\frac{9}{0.8}$ | $\frac{7}{0.6}$ | $\frac{30\ 000}{0.8}$ | 1 | 15 000 | 0.384 | 5 760 |
| | | $\frac{40\ 000}{0.2}$ | 2 | 20 000 | 0.096 | 1 920 |
| | $\frac{6}{0.3}$ | $\frac{30\ 000}{0.8}$ | 3 | 10 000 | 0.192 | 1 920 |
| | | $\frac{40\ 000}{0.2}$ | 4 | 13 333 | 0.048 | 640 |
| | $\frac{5}{0.1}$ | $\frac{30\ 000}{0.8}$ | 5 | 7 500 | 0.064 | 480 |
| | | $\frac{40\ 000}{0.2}$ | 6 | 10 000 | 0.016 | 160 |
| $\frac{8}{0.2}$ | $\frac{7}{0.6}$ | $\frac{30\ 000}{0.8}$ | 7 | 30 000 | 0.096 | 2 880 |
| | | $\frac{40\ 000}{0.2}$ | 8 | 40 000 | 0.024 | 960 |
| | $\frac{6}{0.3}$ | $\frac{30\ 000}{0.8}$ | 9 | 15 000 | 0.048 | 720 |
| | | $\frac{40\ 000}{0.2}$ | 10 | 20 000 | 0.012 | 240 |
| | $\frac{5}{0.1}$ | $\frac{30\ 000}{0.8}$ | 11 | 10 000 | 0.016 | 160 |
| | | $\frac{40\ 000}{0.2}$ | 12 | 13 333 | 0.004 | 53 |
| 预期盈亏临界点销售量 | | | | | | 15 893 |

从表 3—13 可知，第一种组合下，当单价为 9 元/件、单位变动成本为 7 元/件、固定成本为 30 000 元时：

$$盈亏临界点销售量=\frac{30\ 000}{9-7}=15\ 000(件)$$

联合概率=0.8×0.6×0.8=0.384

预期盈亏临界点销售量=15 000×0.384=5 760(件)

以此类推，可以得出其下各个组合对应的盈亏临界点销售量、联合概率及各种情况下的预期盈亏临界点销售量，将上述结果综合汇总，即可得到预期盈亏临界点销售量为15 893件。

由于整个计算过程综合考虑了各种不同的预计情况，虽然工作量较大，但在不确定条件下，仍可以得到相对准确的结果。

## 本章关键概念

本量利分析　　边际贡献　　盈亏临界点　　安全边际　　盈亏临界点作业率

## 复习思考题

1. 什么是本量利分析？其基本公式是什么？
2. 边际贡献的含义及意义是什么？
3. 安全边际的含义是什么？
4. 如何计算盈亏临界点？
5. 影响盈亏临界点的因素有哪些？
6. 本量利分析的基本假设有哪些？

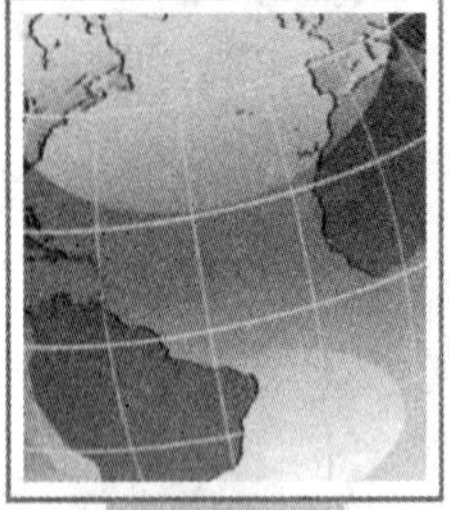

# 第四章 决策概述

**引言**

管理会计中的决策分析是指针对企业未来经营活动所面临的问题，由各级管理人员做出的有关未来经营战略、方针、目标、措施与方法的决策过程。它是经营管理的核心内容，是关系到企业未来发展兴衰成败的关键所在。本章主要介绍决策分析的基本概念、决策分析的意义、决策分析的前提、决策分析的种类、决策分析的程序以及决策分析需考虑的相关成本。

## 第一节　决策分析的意义和程序

### 一、决策分析的意义

在市场经济条件下，企业所面临的经济环境是复杂多变的，企业管理当局作出的经营决策和投资决策的正确与否，往往关系到一个企业的盛衰兴亡。从这个意义上讲，管理的重心在于经营，经营的重心在于决策。规划和控制企业的经济活动有赖于科学的决策分析，决策的正确与否关系到企业经营的成败。

所谓决策，是指企业为了实现预定的目标，对复杂多变的经济现象，通过预测、分析、比较和判断，在若干可供选择的方案中作出抉择，选取其中最优方案。在现实的经济生活中，企业通常面临各种各样的行动方案，而企业所拥有的经济资源则往往是有限的，这就要求必须根据其经营目标，在各种方案中选取一个正确的方案。这个方案选择的过程就是企业决策的过程。

正确的经营决策需要以经过科学预测分析所提供的高质量的信息为基础。管理会计人员在这方面是可以大有作为的。他们可以利用财务会计信息以及各种预测分析的资料，根据本单位的主客观条件，借助于成本效益分析原理以及各种专门方法和技术，对每个备选方案可能导致的不同结果进行计算、对比、分析和判断，并最终提出最优方案的建议，供管理当局参考。从这个角度来看，恰好体现了管理会计的一个职能，即参与经营决策职能。

### 二、决策分析的种类

决策分析贯穿于企业生产经营活动的始终，涉及的内容较多，按照不同的标准可将其分为若干不同的种类，主要有：

**(一)按决策的重要程度划分**

1. 战略决策

它是指关系到企业未来发展方向、大政方针的全局性重大决策，如经营目标的制定、新产品的开发、生产能力的扩大等问题。这类决策取决于企业的长远规划和外部环境对企业的影响，它的正确与否，对企业的成败具有决定性意义。

2. 战术决策

它是指为达到预期的战略决策目标，对日常经营活动所采用的方法与手段的局部性决策，如零部件的自制与外购、生产结构的安排以及短期资金的筹措等问题。这类决策主要考虑怎样使现有的人力、物力、财力资源得到最合理、最充分的利用，它的正确与否一般不会对企业的大局产生决定性影响。

**(二)按决策时期长短划分**

1. 短期决策

它一般是指在一个经营年度或经营周期内能够实现其目标的决策。主要包括生产决策、定价决策等内容。它的主要特点是充分利用现有资源，进行战术决策。一般不涉及大量资金的投入且见效快，如半成品是否进一步加工的决策、零部件是自制还是外购的决策等。因此，短期决策又称短期经营决策。

2. 长期决策

它是指在较长时期内(超过一年)才能实现的决策。它的主要特点是对若干期的收支产生影响，一般需投入大量资金且见效慢，如固定资产是否更新的决策等。因此，长期决策又称长期投资决策或资本性支出决策。

**(三)按决策所依据的条件、环境和状况划分**

1. 确定型决策

这类决策所涉及的各种备选方案的各项条件都是已知的，且一个方案只有一个确定的结果。这类决策问题比较容易，只要进行比较分析即可。

2. 风险型决策

这类决策所涉及的各种备选方案的各项条件虽然也是已知的，但表现出若干种变动趋势，每一方案的执行都会出现两种或两种以上的不同结果，可以依据有关数据通过预测确定其客观概率。这类决策由于结果的不唯一性，使决策存在一定的风险。

3. 不确定型决策

与风险型决策不同，这类决策所涉及的各种备选方案的各项条件只能以决策者的经验判断确定的主观概率作为决策依据。作出这类决策难度较大，需要决策人具有较高的理论知识水平和丰富的实践经验。

**(四)按决策自身性质划分**

1. 采纳与否决策

采纳与否决策通常是指备选待定的方案只有一个而作出的决策，也称“接受与否决策”。例如，亏损产品是否停产或转产的决策、半成品(联产品)是否进一步加工的决策、是否接受追加订货的决策等。

2. 互斥选择决策

互斥选择决策通常是指在一定的决策条件下，存在几个相互排斥的备选方案，通过调查研究和计算对比，最终选出最优方案而排斥其他方案的决策。例如，生产何种产品的决策、零部件是自制还是外购的决策、选择不同生产工艺进行加工的决策等。

3. 最优组合决策

最优组合决策通常是指有若干不同方案可以同时并举，但在企业资源总量受到一定限制的情况下，如何将这些方案进行优化组合，使其综合经济效益达到最优的决策。例如，在几种约束条件下生产不同产品的最优组合决策、在资本总额定量的情况下不同投资项目的最优组合决策等。

企业的决策分析除了按上述方法进行分类外，还可以按其他的标准分类。例如，按决策的层次可分为高层决策、中层决策和基层决策；按决策目标可分为单目标决策和多目标决策；按相同决策出现的重复程度可分为程序性决策和非程序性决策等。

## 三、决策分析的程序

### （一）确定决策目标

决策目标是决策分析的出发点和归结点。确定决策目标就是弄清一项决策究竟要解决什么问题，以便为决策分析的开展提供一个方向和依据。确定决策目标一般要注意处理好以下几点：

一是目标具体化。确定的目标不能过于笼统抽象，以免被误解。

二是目标定量化。尽可能地用定量指标表达决策目标。

三是明确约束条件。凡属有条件目标者，应充分揭示其约束条件。

四是目标系统化。对于多目标决策，应首先分清主次，区别对待。如要注意分清战略目标与战术目标、远景目标与近期目标、主要目标与从属目标、必达目标与期望目标等。进而厘清目标排列顺序，简化归并目标，使综合目标系统化。

### （二）提出备选方案

在明确提出决策目标的前提下，应充分考虑现实与可能，设计各种可能实现决策目标的、具有可行性的备选方案。所谓“可行性”，是指技术上可行、经济上合理。备选方案的提出，一般要经过“先形成基本设想，然后作出初步方案，最后形成备选方案”的反复补充和修改的过程。在这个过程中，应充分体现解放思想、鼓励创新和集思广益的精神。

### （三）收集、整理与备选方案相关的资料

备选方案一经提出，就要收集与备选方案有关的资料，特别是有关预期收入和预期成本的数据，作为今后决策的依据。对于收集的资料应进行认真的分析鉴别，采取去粗取精、去伪存真的做法，对于偶然事件的影响应予以剔除，必要时，还要进行加工延伸。

### （四）通过定量分析对备选方案作出初步评价

这个步骤就是把各个备选方案的可计量资料先分别归类系统排列，选择适当的专门方法，建立数学模型，对各方案预期收入和预期成本进行计算、比较和分析，再根据经济效益对备选方案作出初步的判断和评价，确定哪个方案较优。这是整个决策分析过程的关键阶段。

### （五）考虑其他因素影响，确定最优方案

在综合比较各方案的优缺点的基础上，全面权衡利弊得失，按照一定原则要求确定最终择优的标准及有关方法，筛选较为理想的、相对最优的方案。

除了以上五个步骤，还应组织决策方案的实施，并跟踪反馈。严格地讲，执行决策结果已超出了决策分析本身的范围，但它是决策分析过程的延伸，因为在组织落实决策方案的过程中，它有助于发现问题、及时反馈，随时调整目标或修改方案乃至作出下一轮新的决策，使决策过程处于决策—实施—反馈—再决策—再实施……的动态良性循环。当然，在决策分析过程的前几个阶段也必须不断地反馈信息，为决策分析提供参考。

# 第二节　决策分析的基础:经营预测

## 一、经营预测的基本原理

企业经营成败的关键是决策,而决策的基础是科学预测。经营预测是企业决策分析的基础,它为决策提供有关的未来信息,从而为决策提供科学依据。没有准确的预测,要做出符合客观发展规律的科学决策是难以想象的。预测分析要解决的是如何科学准确地预见或描述未来的问题,而决策的结论则直接支配未来的行动方案。

在现代市场经济环境中,企业不仅要了解市场的过去和现状,更重要的是,企业必须面向未来,对未来发展趋势作出科学的预计和推测。所谓经营预测,是指企业根据现有的经济条件和掌握的历史资料,运用专门的方法,对生产经营活动的未来发展趋势和状况作出科学的预计和测算的过程。经营预测主要包括销售预测、资金预测、成本预测和利润预测等内容。

经营预测一般可按以下程序进行:

### (一)确定预测目标

预测目标是企业制订预测工作计划、确定资料来源、选择预测方法及配备预测人力的重要依据,所以进行经营预测,应首先明确预测目标。预测目标一般应根据企业生产经营的总体目标来设计和选择,避免盲目确定或面面俱到,还应根据预测的具体对象和内容确定预测的期限和范围。

### (二)收集整理资料

根据已确定的预测目标,围绕预测目标有针对性地收集必要的信息资料,并采用一定方法对所收集的历史资料进行加工、整理、归纳和分析,找出与预测对象有关的各因素之间的相互依存关系。要做到去粗取精、去伪存真,使经营预测建立在占用完整、准确信息的基础上。

### (三)选择预测方法

经营预测方法的选择,必须从预测对象的实际出发,应根据预测对象的不同而有所不同。对于那些信息资料收集齐全、可以建立数学模型的预测对象,应根据预测目标与有关影响因素之间的关系,以及经过分析整理的有关预测信息资料,确定恰当的定量预测法;而对于那些缺乏大量信息资料、无法进行定量分析的预测对象,应当结合以往经验选择最佳的定性预测方法。为了保证企业预测分析的质量,应将定量预测法与定性预测法结合起来使用。

### (四)进行预测分析

运用选定的预测方法,根据建立的预测分析模型及相关信息资料,对影响预测目标的各方面进行具体的计算分析和比较,以揭示预测分析对象的变化趋势,得出预测分析结果。

### (五)评价预测结果并修正误差

通过检查预测结论是否符合当前实际,分析产生差异的原因,验证预测方法是否科学有效,以便在以后的预测过程中及时地加以改进。同时,由于企业面对的市场复杂多变,存在许多不确定因素,根据数学模型计算出来的预测值可能没有将非计量因素考虑进去,这就需要结合定性分析的结论对其进行修正和补充,说明预测结果可能的变化幅度和预测误差,使其更接近于实际,为决策者在使用预测信息时留有充分的余地。

### (六)提出预测报告

对于预测所揭示的客观事物发展变化的内在必然性,最终应以一定形式,按照一定程序向企业的有关管理者提出预测分析报告，以便制订正确的计划，进行科学的决策。

## 二、经营预测的基本方法

经营预测方法的科学、合理与否，直接影响到决策的正确性。经营预测的具体方法有很多，据国外统计，已达数百种，分别适用于不同的目的和要求。但一般来讲，可以概括为两大类，即定量分析法和定性分析法。

**(一)经营预测的定量分析方法**

经营预测的定量分析方法主要是根据过去和现在比较完备的信息，运用一定的数学方法对之进行科学的加工和处理，充分揭示有关经济变量之间的规律性关系，据以推断未来发展趋势。

1. 趋势预测分析法

趋势预测分析法是指将时间作为制约预测对象变化的自变量，把未来作为历史的自然延续，属于按事物自身发展趋势进行预测的一类动态预测方法。

这类方法的基本原理是：企业过去和现在存在的某种发展趋势将会延续下去，而且过去和现在发展的条件同样适用于未来，可以将未来视为历史的自然延续。因此，该法又称“时间序列分析法”。属于这类方法的有趋势平均法、指数平滑法等。

(1)趋势平均法

趋势平均法在销售预测中的应用，假设未来时期的销售量是与其相接近时期的销售量的直接延伸，而与较远时期的销售量关系较小，同时为了尽可能缩小偶然因素的影响，可用最近若干时期的平均值作为预测期销售值的基础。

**【例4—1】** 假设某企业某年1～12月销售额及有关平均数计算如表4—1所示。

**表4—1** 单位：元

| 月份 | 销售额 | 五期平均 | 变动趋势 | 三期趋势平均 |
|---|---|---|---|---|
| 1 | 33 000 | | | |
| 2 | 34 000 | | | |
| 3 | 37 000 | 35 800 | | |
| 4 | 34 000 | 38 000 | +2 200 | |
| 5 | 41 000 | 41 200 | +3 200 | 2 400 |
| 6 | 44 000 | 43 000 | +1 800 | 2 500 |
| 7 | 50 000 | 45 600 | +2 600 | 2 200 |
| 8 | 46 000 | 47 800 | +2 200 | 1 670 |
| 9 | 47 000 | 48 000 | 200 | 1 130 |
| 10 | 52 000 | 49 000 | +1 000 | |
| 11 | 45 000 | | | |
| 12 | 55 000 | | | |

现假设该企业根据趋势预测法预测下年1月份的销售额。根据表4—1资料，按五期平均计算，最接近时期的平均销售额是9月份的48 000元，从9月份到下年1月份相距4个月，而8～10月份每月平均增长1 130元，因此，下年1月份销售额预计为：

48 000＋4×1 130＝52 520(元)

(2)指数平滑法

指数平滑法是利用平滑系数(即加权因子)对预测指标上期实际值和上期预测值进行加权平均计算后作为预测期值的一种方法。这种方法实质上是一种加权平均法,是以平滑系数 $\alpha$ 和 $(1-\alpha)$ 为权数进行加权。其计算公式如下:

$$F_t=\alpha A_{t-1}+(1-\alpha)F_{t-1}$$

式中:$F_t$ 为预测指标预测值;

$\alpha$ 为平滑系数;

$A_{t-1}$ 为预测指标上期实际值;

$F_{t-1}$ 为预测指标上期预测值。

**【例 4—2】** 仍沿用表 4—1 所示销售资料,设 $\alpha$ 为 0.3,上年 12 月的预测值为 46 670 元。

下年 1 月预计销售额＝0.3×55 000＋0.7×46 670＝49 169(元)

即该企业下年 1 月的销售额预计为 49 169 元。

在用指数平滑法预测销售量时,关键是 $\alpha$ 值的选择,这是一个经验数据,取值范围通常在 0.3～0.7 之间。$\alpha$ 的取值大小,决定了上期实际数和预测数对本期预测值的影响。$\alpha$ 的取值越大,上期实际数对本期预测值的影响越大;反之,上期预测数对本期预测值的影响越大。因此,进行近期预测或销量波动较大的预测时,应采用较大的平滑系数;进行长期预测或销量波动较小的预测时,可采用较小的平滑系数。

2. 因果预测分析法

因果预测分析法是根据变量之间存在的因果函数关系,建立相应因果预测模型,按预测因素(即非时间自变量)的未来变动趋势来推测预测对象(即因变量)未来水平的一类预测方法。这类方法的基本原理是:预测对象受到许多因素的影响,它们之间存在着复杂的关系,通过对这些变量的内在规律性的研究,可以建立一定的数量模型,在已知自变量的条件下,可利用模型直接推测预测对象的水平。属于这类方法的有回归分析法。

回归关系一般是指变量之间存在的主从关系或因果关系,因此,回归分析就是对具有相关关系的多个变量之间的数量变化进行数量测定,配合一定的数学方程,以便对因变量进行估计或预测的一种统计分析方法。根据回归分析的方法,得出的数学表达式称为回归方程。它有多种形式,可以是直线,也可以是曲线。因此,因果预测法具体又包括:

(1)简单线性回归模式

根据统计学原理,用回归方程表明两个变量之间线性相关关系的方程式,称为简单线性回归方程。

简单线性回归模式在经营预测中的运用,参见第二章成本性态分析的"回归直线法"。

**【例 4—3】** MC 公司专门生产汽车轮胎,而决定轮胎销售量的主要因素是汽车销售量。假定汽车工业联合会最近 5 年下游汽车实际销售量的统计资料及 MC 公司近 5 年的实际销售资料如表 4—2 所示。

**表 4—2**

| 年度 | 20×0 | 20×1 | 20×2 | 20×3 | 20×4 |
|---|---|---|---|---|---|
| 汽车销售量(万辆) | 10 | 12 | 15 | 18 | 20 |

续表

| 年度 | 20×0 | 20×1 | 20×2 | 20×3 | 20×4 |
|---|---|---|---|---|---|
| 轮胎销售量（万只） | 64 | 78 | 80 | 106 | 120 |

假定预测期20×5年下游汽车企业的汽车销售量根据汽车工业联合会的预测为25万辆，则采用回归直线法预测MC公司20×5年的轮胎销售量时，根据给定资料进行加工计算如表4—3所示。

**表4—3**

| 年度 | 汽车销售量 $x$ | 轮胎销售量 $y$ | $xy$ | $x^2$ |
|---|---|---|---|---|
| 20×0 | 10 | 64 | 640 | 100 |
| 20×1 | 12 | 78 | 936 | 144 |
| 20×2 | 15 | 80 | 1200 | 225 |
| 20×3 | 18 | 106 | 1908 | 324 |
| 20×4 | 20 | 120 | 2400 | 400 |
| $n=5$ | $\sum x=75$ | $\sum y=448$ | $\sum xy=7\,084$ | $\sum x^2=1\,193$ |

根据表4—3的数据，可计算得出：

$$b=\frac{5\times 7\,084-75\times 448}{5\times 1\,193-75^2}=5.35$$

$$a=\frac{448-5.35\times 75}{5}=9.35$$

MC公司20×5年预计轮胎销售量＝9.35＋5.35×25＝143.1（万只）

(2)多元线性回归模式

当影响因变量 $y$ 变动的因素不止一个时，就必须采用多元线性回归模式对未来的状态进行预测。在此，我们仅讨论二元线性回归模式。

二元线性回归方程的标准式为：

$$y=a+bx_1+cx_2 \tag{4—1}$$

式中，$y$ 为因变量，$x_1$ 与 $x_2$ 为自变量，$a$、$b$、$c$ 为回归系数，先以总和的形式表达(4—1)式中的每一项，得：

$$\sum y=na+b\sum x_1+c\sum x_2 \tag{4—2}$$

以 $x_1$ 乘以(4—2)式得：

$$\sum x_1y=a\sum x_1+b\sum {x_1}^2+c\sum x_1x_2 \tag{4—3}$$

以 $x_2$ 乘以(4—2)式得：

$$\sum x_2y=a\sum x_2+b\sum x_1x_2+c\sum {x_2}^2 \tag{4—4}$$

根据公式(4—2)、(4—3)、(4—4)联立得到关于 $a$、$b$、$c$ 的方程组，解方程组便可求得 $a$、$b$、$c$ 三个系数的数值。

**【例4—4】** 某化肥厂在对历史成本资料进行综合分析后发现，该厂制造费用的多少同时与直接人工小时和机器工时两个因素的变化存在着密切的关系。该厂20×4年1～6月份的制造费用和直接人工小时、机器工时如表4—4所示，用回归分析法预测该厂当年7月份的制造费用。

**表 4—4**

| 月　份 | 制造费用(万元) | 直接人工小时(千小时) | 机器工时(千小时) |
|---|---|---|---|
| 1 | 6.50 | 4.3 | 10.5 |
| 2 | 4.00 | 3.0 | 7.0 |
| 3 | 5.42 | 3.7 | 8.2 |
| 4 | 6.20 | 4.3 | 9.2 |
| 5 | 5.80 | 4.0 | 8.0 |
| 6 | 5.90 | 4.2 | 8.4 |
| 合　计 | 33.82 | 23.5 | 51.3 |

先将上述资料计算列表如表 4—5 所示。

**表 4—5**

| 月　份 | $y$ | $x_1$ | $x_2$ | $x_1^2$ | $x_2^2$ | $x_1x_2$ | $x_1y$ | $x_2y$ |
|---|---|---|---|---|---|---|---|---|
| 1 | 6.50 | 4.30 | 10.50 | 18.49 | 110.25 | 45.15 | 27.95 | 68.25 |
| 2 | 4.00 | 3.00 | 7.00 | 9.00 | 49.00 | 21.00 | 12.00 | 28.00 |
| 3 | 5.42 | 3.70 | 8.20 | 13.69 | 67.24 | 30.34 | 20.05 | 44.44 |
| 4 | 6.20 | 4.30 | 9.20 | 18.49 | 84.64 | 39.56 | 26.65 | 57.04 |
| 5 | 5.80 | 4.00 | 8.00 | 16.00 | 64.00 | 32.00 | 23.20 | 46.40 |
| 6 | 5.90 | 4.20 | 8.40 | 17.64 | 70.56 | 35.28 | 24.78 | 49.56 |
| 合　计 | 33.82 | 23.50 | 51.30 | 93.31 | 445.69 | 203.33 | 134.64 | 293.69 |

表 4—5 中，$x_1$代表直接人工小时，$x_2$代表机器工时，将表中数字代入公式，得：

$33.82=6a+23.5b+51.3c$

$134.64=23.5a+93.31b+203.33c$

$293.69=51.3a+203.33b+445.69c$

解上述联立方程组，得：

$a=-1.268$

$b=1.417$

$c=0.158$

由此可得：$y=-1.268+1.417x_1+0.158x_2$

据调查，该厂 7 月份将耗用的直接人工小时为 4.8 千小时，将耗用的机器工时为 11.2 千小时。据此，可预测出该厂 7 月份的制造费用发生额为：

$y=-1.268+1.417\times4.8+0.158\times11.2=7.3$(万元)

(3)非线性回归模式

上面我们研究的前提是变量与变量之间存在线性关系，但是，有时以过去较长时期的历史资料为基础进行分析和研究的结果是变量之间存在密切关系，但非线性关系。也就是说，适合有关数据的趋势线是一条二次曲线，而非直线。其方程为：

$$y=a+bx+cx^2 \quad (4-5)$$

为确定公式(4－5)中的 $a$、$b$、$c$ 三项，可用以下的"简捷法"来说明。

先以总和∑的形式来表达公式(4－5)中的每一项：

$$\sum y = na + b\sum x + c\sum x^2 \quad (4-6)$$

以 $x$ 乘以(4－6)式：

$$\sum xy = a\sum x + b\sum x^2 + c\sum x^3 \quad (4-7)$$

再以 $x^2$ 乘以(4－6)式：

$$\sum x^2 y = a\sum x^2 + b\sum x^3 + c\sum x^4 \quad (4-8)$$

依据公式(4－6)、(4－7)、(4－8)，可以解出公式(4－5)中 $a$、$b$、$c$ 的值。

**【例 4－5】** 假设某公司对过去的历史资料进行分析，发现其销售额与所在地区的"个人消费支出"存在密切关系，但这种关系属于非线性关系。该公司过去 7 年的销售额($y$)与同时期该地区个人平均的消费支出($x$)，以及有关数据处理结果如表 4－6 所示。

**表 4－6**

| 时期 | $y$ | $x$ | $xy$ | $x^2$ | $x^2y$ | $x^3$ | $x^4$ |
|---|---|---|---|---|---|---|---|
| 1 | 10.0 | 0.4 | 4 | 0.16 | 1.6 | 0.064 | 0.025 6 |
| 2 | 14.0 | 0.7 | 9.8 | 0.49 | 6.86 | 0.343 | 0.240 1 |
| 3 | 20.8 | 0.9 | 18.72 | 0.81 | 16.848 | 0.729 | 0.656 1 |
| 4 | 26.0 | 1.4 | 36.4 | 1.96 | 50.96 | 2.744 | 3.841 6 |
| 5 | 25.5 | 1.4 | 35.7 | 1.96 | 49.98 | 2.744 | 3.841 6 |
| 6 | 25.0 | 1.3 | 32.5 | 1.69 | 42.25 | 2.197 | 2.856 1 |
| 7 | 23.0 | 1.2 | 27.6 | 1.44 | 33.12 | 1.728 | 2.073 6 |
| 合计 | 144.3 | 7.3 | 164.72 | 8.51 | 201.618 | 10.549 | 13.534 7 |

将表 4－6 中有关数据代入公式(4－6)、(4－7)、(4－8)得：

$144.3=7a+7.3b+8.51c$

$164.72=7.3a+8.51b+10.549c$

$201.618=8.51a+10.549b+13.534c$

求解上述联立方程，可得：

$a=-0.21$，$b=26.80$，$c=-5.86$

因此，$y=-0.21+26.80x-5.86x^2$ 可以作为预测销售额的依据。如果第 8 年该地区个人平均消费支出为 1 万元，则相应的销售额预测值为：

$y=-0.21+26.80\times1-5.86\times1^2=20.73$(万元)

3. 因素预测分析法

因素预测分析法是企业进行成本预测时比较常用的一种方法，它是通过分析与定型产品的成本有关的技术进步、劳动生产率变动以及物价变动方向和经济发展前景，考虑各种影响成本的有关因素(如产品产量、原材料消耗、劳动生产率和费用变动等)，以及预计采取的相应措施对成本指标的影响程度来预测现有产品未来成本水平。

在测算各项措施对产品成本的影响程度时，应抓住主要影响因素，并对这些主要因素进行分析。一般可以从节约原材料消耗、提高劳动生产率、合理利用设备、节约制造费用、减少废品损失等方面进行测算。具体测算方法如下：

(1)测算材料费用变动对成本的影响

材料费用是构成产品成本的主要项目之一，在产品成本中占有较大的比重，材料费用的高低直接影响产品成本的大小。在保证产品质量的前提下，合理、节约地使用原材料，是不断降低产品成本的主要途径。而材料费用主要受材料消耗定额和材料单价变动的影响，因此，当产品成本中材料消耗定额和单价发生变化时，就会影响预测期产品成本水平。材料消耗定额(单位产品材料定额消耗量)和材料单价变动对产品成本影响的计算公式分别为：

$$\text{材料消耗定额变动对单位成本的影响} = \sum[(\text{预测期材料消耗定额}-\text{基期材料消耗定额})\times\text{基期材料单价}]$$

$$\text{材料单价变动对单位成本的影响} = \sum[(\text{预测期材料单价}-\text{基期材料单价})\times\text{预测期材料消耗定额}]$$

如果预测期材料消耗定额和单价同时变动，则材料费用变动对产品成本的影响可按下式测算：

$$\text{材料消耗定额和单价同时变动对单位成本的影响} = [1-(1\pm\text{材料消耗定额变动百分比})\times(1\pm\text{材料单价变动百分比})]\times\text{材料费用占成本的百分比}$$

(2)测算工资费用变动对成本的影响

产品成本中工资费用的高低是由单位产品中的工资费用和劳动生产率两个因素决定的。劳动生产率的变动与单位产品成本中工资费用的变动呈反比例关系，而平均工资的增长与单位产品成本中工资费用的变动呈正比例关系。

当生产工人的工资水平不变时，劳动生产率提高，意味着单位时间内产量增加，单位产品分担的工资费用就减少，产品成本随之降低。该变动结果可测算如下：

$$\text{劳动生产率变动对成本的影响} = \left(1-\frac{1}{1+\text{劳动生产率增长百分比}}\right)\times\text{生产工人工资占成本的百分比}$$

式中，劳动生产率可以用产量表示，也可以用工时表示。由于以产量表示的劳动生产率与以工时表示的劳动生产率互为倒数，因此，可以根据预测期工时定额降低幅度来计算工时定额变动对成本的影响，即把上式中“劳动生产率增长百分比”替换为“工时定额降低百分比”。

虽然工人平均工资的增长与单位产品中工资费用的增长是同步的，但如果工人工资增长幅度大于劳动生产率增长幅度，产品成本就会上升；反之，如果工人工资增长幅度小于劳动生产率增长幅度，产品成本则会下降。若考察生产工人工资和劳动生产率同时变动对产品成本的影响，可按下式测算：

$$\text{平均工资和劳动生产率同时变动对成本的影响} = \left(1-\frac{1+\text{平均工资增长百分比}}{1+\text{劳动生产率增长百分比}}\right)\times\text{生产工人工资占成本的百分比}$$

(3)测算生产增长超过变动费用增加对成本的影响

在企业生产经营过程中所发生的间接费用中，变动费用部分(如消耗性材料费、运输费等)随着产量的增长而有所增加，但其增加幅度一般小于生产增长速度，因此会减少单位产品中应分摊的间接费用，从而降低产品单位成本。生产增长超过变动费用增加引起成本的降低率，可用下式测算：

$$\text{生产增长超过变动费用增加影响的成本降低率} = \left(1 - \frac{1+\text{变动费用增加率}}{1+\text{生产增长率}}\right) \times \text{变动费用占产品成本的百分比}$$

(4)测算生产增长而固定费用不变对成本的影响

在企业生产经营过程中所发生的固定性制造费用(如办公费、差旅费、折旧费用等)一般不随产量增长而增加，因此随着生产的增长，会使单位产品成本应分摊的固定性费用减少，降低单位产品成本。由于生产增长而固定费用不变引起成本的降低率，可用下式测算：

$$\text{生产增长而固定费用不变影响的成本降低率} = \left(1 - \frac{1}{1+\text{生产增长率}}\right) \times \text{固定费用占产品成本的百分比}$$

(5)测算废品率降低对成本的影响

生产中发生废品，意味着人力、物力、财力的浪费，合格产品的成本也会随之提高。因此，生产中发生的废品损失也是产品成本的构成项目之一，降低废品率可以降低产品成本。计算废品率降低影响成本的降低率如下式所示：

$$\text{废品损失减少影响的成本降低率} = \text{废品损失占成本的百分比} \times \text{废品损失减少的百分比}$$

上述计算了各因素变动对产品成本影响的百分比，各百分比乘以按上期预计(或实际)平均单位成本计算的预测期可比产品总成本，即可求出各因素变动影响产品成本的降低额，汇总之后即为预测期可比产品成本总降低额；也可以综合上述计算结果，先求得预测期可比产品成本总降低率，再乘以按上期预计(或实际)平均单位成本计算的预测期可比产品总成本，计算出预测期可比产品成本总降低额。

**【例 4—6】** 假定 MC 公司生产的甲产品，上年平均单位成本 400 元，其中材料 280 元、燃料动力 40 元、工资 40 元、变动制造费用 20 元、固定制造费用 20 元，无废品损失。

该产品目标成本初步测算为降低 7%，预计计划年度各因素变动为：生产增长 20%，劳动生产率提高 25%，工资在上年基础上增长 15%，材料消耗量比上年降低 10%，材料价格上升 5%，变动制造费用增长 10%。

根据以上资料，测算各因素影响程度可通过表 4—7 进行。

**表 4—7　　各因素影响成本程度表**

| 成本项目 | 各项目降低% | 各项目变动影响成本降低% |
|---|---|---|
| 材料 | 1－(1－10%)(1＋5%)＝5.5% | 5.5%×70%＝3.85% |
| 工资 | 1－(1＋15%)/(1＋25%)＝8% | 8%×10%＝0.8% |
| 变动制造费用 | 1－(1＋10%)/(1＋20%)＝8.3% | 8.3%×5%＝0.42% |
| 固定制造费用 | 1－1/(1＋20%)＝16.7% | 16.7%×5%＝0.83% |
| 总成本降低率 | | 5.9% |

综合以上计算结果，预测期产品成本总降低率为 5.9%，未达到初定目标成本的要求，企业应进一步挖掘潜力，采取补充措施，并计算这些措施形成的降低率，使目标成本确定在比较

先进和合理的水平上。

**(二)经营预测的非数量方法**

经营预测的非数量方法,也称定性分析方法。它是一种综合性的预测方法,主要依靠预测人员丰富的实践经验及其主观判断和分析推理能力。这一方法在企业缺乏完备的历史资料或主要因素难以作定量描述的情况下作用尤为重大。

经营预测的非数量方法主要包括以下几种:

1. 个人判断法

个人判断法是指直接征询专家的个人意见,然后进行综合整理,得出预测结论的预测方法。这种方法可以充分地利用个人创造力。但是,专家意见可能受专家本身知识水平高低、占有资料多少、个人感悟能力大小以及责任感强弱等因素的影响。因此,其结果难免存在一定的不足。

2. 专家会议法

专家会议法是指邀请若干位专家,采用召开座谈会方式,对预测对象的未来发展变化趋势进行估计和推测的预测方法。这种方法信息量较大,考虑的因素较全面,而且专家之间也可以互相启发,从而使预测结果更加全面、具体。但是,整个会议也有可能受权威人士或多数专家影响较大,使持不同意见的少数专家不愿发表自己的意见,甚至有的专家不愿在公开场合修正自己已经发表的意见,从而在一定程度上影响所得结论的客观性。

3. 德尔菲法

德尔菲法起源于20世纪40年代末期美国著名的"兰德公司",后来为西方国家所广泛采用而久负盛名。它是指采用函询调查方法向有关专家分别提出问题、征询意见,然后将专家回答的意见进行综合、整理后,再通过匿名的方式反馈给各位专家,再次征询意见,如此反复综合、反馈,直至得出基本一致意见为止的预测方法。它一般包括选择专家、设计调查表、发送调查表、处理调查意见和编写预测报告等若干工作程序。

德尔菲法具有匿名性、费用不高的特点,其预测结果的可靠性也较高;但此法比较费时,有时信函回收率不高,影响预测的顺利完成。

值得注意的是,定性分析法与定量分析法在实际应用中并非相互排斥,而是相互补充、相辅相成的。定量分析法虽然较精确,但许多非计量因素无法考虑,如国家方针政策及政治经济形势的变动、消费者心理及习惯的改变、投资者意向及职工情绪的变动等。而定性分析法虽然可以将这些非计量因素考虑进去,但估计的准确性在很大程度上受预测人员经验和素质的影响,带有一定的主观随意性。因此,定量预测往往需要采用一定的定性预测方法加以补充,定性预测的结果也需要利用一定的定量数据进行验证。企业在经营预测时,应当考虑如何实现两者的优势互补,将它们有机地结合起来,这样才能提高预测的准确性和可信度,更好地为决策服务。

## 第三节 决策分析需考虑的因素

决策涉及对以下因素的考虑:生产经营能力、相关收入、相关成本、相关业务量。

### 一、生产经营能力

生产经营能力是指在一定时期(通常为一年)内和一定生产技术、组织条件下,企业内部各个环节直接参与生产过程的生产设备、劳动手段、人力资源和其他服务条件，能够生产各类产品的产量或处理一定原材料的能力。它是企业生产经营活动的基本依据，是企业自身各种条件综合配置和平衡的结果，也是企业技术能力和管理能力的综合。

企业根据管理部门当前的经营计划，结合工程、经济和环境要求等因素来确定生产经营能力的利用程度。生产经营能力具体包括以下几种表现形式：

**(一)最大生产经营能力**

最大生产经营能力，又叫理论生产经营能力，即企业在不追加资金投入的前提下，百分之百有效利用工程技术、人力及物力资源而可能实现的生产经营能力，它是生产经营能力的上限。

**(二)正常生产经营能力**

正常生产经营能力，又叫计划生产经营能力，即已经纳入企业年度计划，充分考虑到现有市场容量、生产技术条件、人力资源状况、管理水平，以及可能实现的各种措施等情况所必须达到的生产经营能力。

**(三)剩余生产经营能力**

剩余生产经营能力，包括绝对剩余生产经营能力和相对剩余生产经营能力两种形式。前者又叫暂时未被利用的生产经营能力，它是指企业最大生产经营能力与正常生产经营能力之差，属于生产经营的潜力；后者是指由于受市场容量或经济效益原因的影响，决策规划的未来生产经营规模小于正常生产经营能力而形成的差量，也可以理解为因临时转变经营方向而闲置的那部分生产经营能力。

**(四)追加生产经营能力**

追加生产经营能力，是指根据需要和可能，通过追加资金投入等措施而增加的、超过最大生产经营能力的那部分生产经营能力，具体包括临时性追加的生产经营能力和永久性追加的生产经营能力。前者是指通过临时性租赁而形成的生产经营能力；后者则是指通过追加固定资产投资而形成的生产经营能力。显然，永久性追加的生产经营能力会改变企业未来期间的最大生产经营能力。

## 二、相关收入

相关收入是指与特定决策方案相联系的、能对决策产生重大影响的、在短期经营决策中必须予以充分考虑的收入，又称有关收入。如果某项收入只属于某个经营决策方案，即若有这个方案存在，就会发生这项收入，若该方案不存在，就不会发生这项收入，那么这项收入就是相关收入。相关收入的计算，要以特定决策方案的单价和相关销售量为依据。

与相关收入相对立的概念是无关收入。如果无论是否存在某决策方案，均会发生某项收入，那么就可以断定该项收入是上述方案的无关收入。

## 三、相关成本

所谓相关成本，是指与特定决策方案相联系的、能对决策产生重大影响的、在短期经营决策中必须予以充分考虑的成本。如果某项成本只属于某个经营决策方案，即如果这个方案存在，就会发生该项成本，若该方案不存在，就不会发生这项成本，那么这项成本就是相关成本。相关成本主要包括以下几类：

**（一）差别成本**

差别成本又称为差量成本，其含义有广义和狭义之分。

广义的差量成本是指两个备选方案的预期成本的差异数，又称差别成本。在两个备选方案预期收入相等的情况下，就需要通过差量成本的计算来确定最优方案。

狭义的差量成本是指由于生产能力利用程度不同而形成的成本差异，又称增量成本。在相关范围之内，某一备选方案的增量成本就是该方案的相关变动成本总额，即等于该方案的单位变动成本与相关业务量的乘积。在短期经营决策的生产决策中，增量成本是较为常见的相关成本。

**（二）机会成本**

机会成本原是经济学术语，它以经济资源的稀缺性和多种选择机会的存在为前提，是指在经济决策中应由中选方案负担的、按所放弃的次优方案潜在收益计算的那部分资源损失，又称择机代价。每项资源往往有多种用途，但用于某一方面就不能同时用于另一方面。这就是说，在某方面的所得，正是由于放弃另一方面的使用机会而产生的。因此，以次优方案的可能收益作为中选方案的所失，可以全面评价备选方案所得与所失的关系。所以机会成本应当作为管理会计决策的相关成本来考虑，否则，就可能作出错误的选择，不能取得应有的效果。

尽管机会成本不是一般意义上的"成本"，不是企业的实际支出，也不需记账，但它表明把资源用于某一方面可能取得的利益，是以放弃它用于其他方面可能取得的利益为代价的。因此，在进行决策时，只有将落选方案有可能获得的"潜在收益"作为机会成本计入中选方案的相关总成本中，才能全面、合理地评价中选方案的经济效益，正确判断被选用的方案是否真正最优，从而使资源得到最有效的利用。例如，某公司有一暂时闲置的设备，可以自行加工生产所需的甲零件，也可以出租给另一企业。如果用于加工甲零件，总成本费用为 28 000 元；若用于出租，可获租金 4 000 元，但此时企业生产用的甲零件只能外购，购买成本为 30 000 元。表面上看甲零件应该自制，因为可以比外购节约成本 2 000 元，但这里还必须把该闲置设备可供出租的租金收入 4 000 元作为自制方案的机会成本考虑进去，因为设备一旦用于生产零件就会失去对外出租的机会，那么 4 000 元的租金就成为自制零件方案丧失的"潜在收益"，即机会成本。此时利用闲置设备生产甲零件的总成本应为 32 000 元（28 000＋4 000），大于外购成本，所以应选择外购甲零件同时将闲置设备出租的方案。

机会成本在决策中的意义在于，它有助于决策者全面考虑可能采取的各种行动方案，以便为有限的资源寻求最为有利的使用途径。

**（三）边际成本**

从经济学的观点来看，边际成本是指产品成本对产品产量无限小变化的变动部分。但在生产实践中，产品产量无限小的变化只能小到一个单位（如一批、一个、一件等），因为如果产量低于一个单位就没有什么实际意义了。因此，边际成本的实质就是指在企业生产能力的相关范围之内，每增加或减少一个单位产量而引起的成本变动。从这个意义上来看，管理会计中的单位变动成本以及增产或减产一个单位产品的差量成本，都是边际成本这个理论概念的具体表现形式。

根据西方微观经济学的理论，边际成本的内涵是随着产量变动的变动率，是成本函数的一阶导数。从这里可以引申出与边际成本有关的两个重要性质：

第一，当某产品的平均成本与边际成本相等时，其平均成本最低。

第二，当某产品的边际收入与边际成本相等时，可使企业获得最大的利润。

边际成本的上述性质在企业短期经营决策中是非常有用的。因为边际成本与单位变动成本一样,可用来判断增产或减产在经济上是否划算。如当企业的生产能力有剩余时,任何增加产量的方案,只要其销售单价略高于其单位边际成本(或单位变动成本),即使它比总的平均单位成本低些,也会使企业增加利润或减少亏损。另外,企业在定价决策中,选择边际收入等于边际成本时的销售单价,因为此时企业能获得最大的利润。

**(四)重置成本**

重置成本是指目前从市场上重新购买一项持有资产所需要支付的成本,又称现时成本或现行成本。在商品定价决策中,一般需将重置成本作为重点考虑的对象。如某商场原购入的A商品1 000件,当时购入的单价为10元,现A商品价格大幅度上涨,购入单价已涨至20元。如果该商场以15元的单价销售这批A商品,与其进价相比可获单位销售毛利5元,看起来似乎划算,但从管理会计的角度来看,作这样的结论是不妥当的。因为A商品的价格已发生了明显的变化,其单位重置成本已为20元,如果将A商品的销售单价15元和A商品的重置成本20元相比较的话,不仅不能获利,反而每单位A商品要亏5元。由此可见,重置成本在定价决策中是不可忽视的重要因素。

**(五)付现成本**

付现成本是指那些由于未来某项决策所引起的需要动用现金支付的成本。这里所指的现金是广义的现金,包括现款、银行存款和有价证券等。在短期经营决策中,如果企业现金短缺,支付能力不足,筹资又十分困难,在这种情况下,对于那些急需上马的方案进行决策时,必须以付现成本而不是以总成本作为方案取舍的标准。因为在资金紧张的情况下,尽管付现成本较低的方案的总成本比较高,但可以用较少的资金及时取得急需的资产,一旦把握住时机,就可以提前取得效益,抵偿多支出的成本,甚至及时开发并占领市场,获得长远的经济利益。而总成本低的方案往往付现成本较高,若企业不能及时筹集到足够的现金,就无法使项目上马,导致坐失良机。

如某企业生产需用A材料50吨,现有两个方案可供选择:

方案一:全部的A材料由甲公司提供,开价为2 000元/吨,立即付款8 000元,其余货款在一年的时间内分5次等额偿还。

方案二:全部的A材料由乙公司提供,开价为1 800元/吨,全部货款立即支付。

假设该企业的货币资金十分紧张,并预计在短期内无应收账款可以收回,借入资金的可能性也基本没有。在如此情况下,该企业应该选择哪个方案更为有利呢?

根据上述情况,企业应该选择第一方案较为有利。因为虽然第二方案的总成本最低(1 800×50=90 000元),但第二方案的付现成本为90 000元,高于第一方案。而第一方案的付现成本仅仅为8 000元,远远低于第二方案。在企业资金如此紧张的情况下,选择第二方案根本是不可能的事情,也就更谈不上生产获利。而选择第一方案虽然要多付出总成本,但其会从尽早投入生产所取得的销售收入中得到补偿。

**(六)专属成本**

专属成本是指明确归属于特定决策方案的固定成本,又称特定成本。它往往是为了弥补生产能力不足的缺陷,增加有关装置、设备、工具等长期资产而发生的。专属成本的确认与取得上述装置、设备和工具的方式有关。若采用租入的方式,则专属成本就是与此相关联的租金成本。若采用购买方式,则专属成本的确认还必须考虑有关装置、设备和工具本身的性质:如果取得的装置、设备和工具是专用的,即只能用于该特定方案,则专属成本就是这些装备的全部取得成本；如果取得的装备是通用的，则专属成本就是与使用这些装备有关的主要使用成本。

**（七）可避免成本**

可避免成本是指通过管理当局的决策行动可改变其发生数额的成本，如酌量性的固定成本。这些成本的开支数额一般是由企业管理当局根据计划期的具体情况和财务负担能力作出决定。如将某一零件的取得方式由自制改为外购，那么自制所需支出的各项变动成本就是可避免成本。

**（八）可延缓成本**

可延缓成本是指在短期经营决策中对某项已决定选用的方案如推迟执行，还不至于对企业的生产经营产生重大影响，那么与该方案相关的成本就叫做可延缓成本，又称可递延成本。如某公司原定重盖一幢办公楼，用来代替现在使用的简易房，但由于企业的生产经营规模扩大，占用了大量的资金，决定延期再盖，此时与其有关的各项未来支出就属于可延缓成本。

此外，值得一提的是，与相关成本相对立的是无关成本。所谓无关成本，是指不受决策结果的影响、与决策的关系不大、已经发生或注定要发生的成本。如果无论是否存在某决策方案，均会发生某项成本，那么该项成本就是无关成本。在短期经营决策分析过程中，不能考虑无关成本，否则可能会导致决策失误。因此，了解和区分哪些成本是无关成本也是十分必要的。无关成本一般包括沉没成本、共同成本、不可避免成本、不可延缓成本等。

一是沉没成本，又称沉入成本或旁置成本，是指由于过去决策结果而引起并已经实际支付过款项的成本，它实质上与历史成本是同义语。正由于这类成本是过去已经发生的，因而现在和将来的任何决策都无法改变这项历史现实。如当一台机床使用一定时间后，由于科学技术的进步，致使该台机床已经过时，若需要作出是继续使用旧机床还是购买新机床的决策时，应该考虑的因素只是旧机床变现价值、新机床的购价以及使用新机床能够增加的收入或节约的成本，而旧机床的账面折余价值则属于沉没成本，无需加以考虑。企业大多数固定成本（尤其是固定资产的折旧费、无形资产的摊销费）均属于沉没成本，但并不是说所有的固定成本或折旧费都属于沉没成本，如与决策方案有关的新增固定资产的折旧费就属于相关成本。另外，某些变动成本也属于沉没成本，如在半成品是否深加工的决策中，半成品本身的成本，不仅其固定成本而且变动成本均为沉没成本。

二是共同成本，是指应当由多个方案共同负担的、注定要发生的固定成本，如企业管理人员的工资、车间的照明费等。由于它的发生与特定方案的选择无关，因此，在决策分析中不必予以考虑。通常情况下，共同成本与专属成本相对立。

三是不可避免成本，是指通过管理当局的决策行动不能改变其发生数额的成本。如约束性的固定成本（原有固定资产的折旧费、管理人员的工资、固定资产租金）以及原来制造产品的各项变动成本，都属于不可避免成本。这类成本与备选方案的取舍一般没有直接的联系。通常情况下，不可避免成本与可避免成本相对立。

四是不可延缓成本，又称不可递延成本，是指在短期经营决策中若对其暂缓开支就会对企业未来的生产经营产生重大影响的那部分成本。如某公司过去一直采用烧柴油的锅炉，能源浪费很大，而且污染环境。现市政府和环保部门要求一律立即改用烧煤的锅炉，否则停业整顿。即使企业的资金再紧张也必须立即更换锅炉，所以，此项成本就是不可延缓成本。通常情况下，不可延缓成本与可延缓成本相对立。

## 四、相关业务量

相关业务量是指在短期经营决策中必须认真考虑的、与特定决策方案相联系的产量或销量。相关业务量对决策方案的影响往往是通过对相关收入和相关成本的影响实现的。在后续章节我们将要介绍的半成品是否深加工的决策、是否接受特殊价格追加订货的决策中，都需要认真考虑相关业务量问题，而不是笼统地考虑全部产量，并且有时计算某一产品的相关收入和相关成本所使用的相关业务量也不一定相同。

## 本章关键概念

决策分析　　相关成本　　差别成本　　机会成本　　边际成本　　重置成本　　沉没成本

## 复习思考题

1. 试描述决策分析的程序。
2. 什么是相关成本？什么是无关成本？两者如何区分？
3. 什么是机会成本？举例说明。
4. 举例说明边际成本和差别成本之间的关系。
5. “相关成本总能决定方案的取舍”，你同意这种说法吗？为什么？

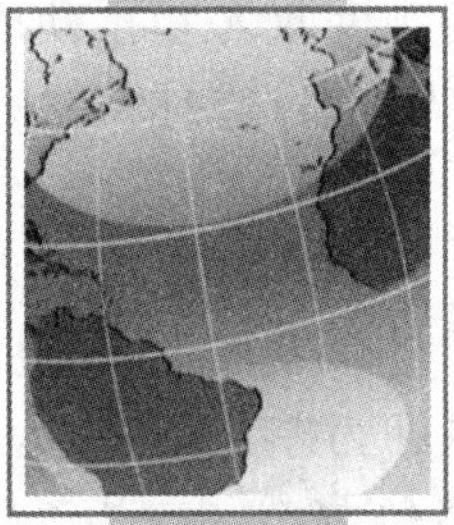

# 第五章 短期经营决策

**引言**

短期经营决策是管理会计学的核心内容之一，它通常是对企业的生产经营决策方案进行经济分析，其主要内容包括产品生产决策分析、产品定价决策分析等。本章在介绍企业生产经营决策分析的基本方法的基础上，以案例为依托阐述企业生产经营决策分析各项内容的具体程序、方法及相关注意问题，并特别分析了企业在不确定性情况下的经营决策分析的思路与方法。

## 第一节　生产决策

### 一、生产决策涉及的范围

企业作为一个独立经营的法人单位，拥有较大的自主权和经营决策权，在生产经营过程中，经常会涉及许多需要进行决策的问题，一般可分为以下三种类型：

**(一)生产何种产品或提供何种劳务**

例如，企业为增强竞争能力，准备开发新产品或推出新的劳务项目，究竟生产哪种新产品，或提供哪种新劳务项目最为有利？这需要决策。又如，企业使用同一设备可以生产几种产品或提供多项劳务，也需要决策分析生产哪种产品或提供哪项劳务可获得最佳经济效益。

**(二)生产多少数量产品或提供多少数量劳务**

例如，在成批生产企业中，每批生产多少数量的产品，全年分几批生产最优？在多品种经营的企业中，如何选择最优的产品组合进行生产？在有风险和不确定的情况下，产品产量或劳务量如何确定？

**(三)如何组织和安排生产或提供劳务**

例如，企业选择何种生产工艺进行加工生产？根据何种标准分配生产任务？怎样在赶工安排上既控制时间又控制成本，追求最佳经济效益？

必须指出，尽管企业生产决策所涉及的问题很多，而且不同类型的问题需要采用不同的决策分析方法，但它们最终的目标都是在现有的生产条件下，最合理、有效、充分地利用企业现有资源，取得最佳的经济效益和社会效益。

### 二、生产决策的基本方法及其应用

由于企业所面临的生产决策问题具有多样性，因此，需要采用不同的决策分析方法对各备选方案进行比较和判断。实际工作中经常采用的决策分析方法主要有差量分析法、边际贡献分析法、成本无差别点分析法和概率分析法等。

### (一)差量分析法及其在生产决策中的应用

企业进行不同方案的比较、选择的过程,实质是选择最大收益方案的过程,最大收益是在各个备选方案的收入、成本的比较中产生的。当两个备选方案具有不同的预期收入和预期成本时,根据这两个备选方案间差量收入、差量成本计算的差量损益进行最优方案选择的方法,即为差量分析法。

运用差量分析法进行决策分析时,首先,将各决策备选方案两两比较,分别计算差量收入和差量成本。其次,将计算出的差量收入和差量成本进行对比择优。若差量收入大于差量成本(即为差量收益),则作为被减项的方案为优;若差量收入小于差量成本(即为差量损失),则作为减项的方案为优;若差量收入等于差量成本,则两方案具有同样的经济效益。

1. 应用之一:生产何种产品的决策分析

如果企业有剩余生产能力可供利用,或是利用过时老产品腾出来的生产能力,可生产某一产品,也可生产另一种产品,但不能同时满足多种产品生产的需求,这就要求企业必须根据现有的资源条件,在各种产品之间作出选择。其选择标准是生产哪种产品在经济上最为合算,能为企业提供较多的利润。

**【例 5—1】** 某企业使用同一设备既可以生产甲产品,也可以生产乙产品,若该设备最大生产能力为 100 000 机器小时,则在相关范围内生产两种产品的有关资料预测如表 5—1 所示。

**表 5—1　　拟生产产品资料**

| 项　目 | 甲产品 | 乙产品 |
|---|---|---|
| 单位产品机器小时 | 40 | 50 |
| 单位售价 | 32 | 56 |
| 单位成本 | | |
| 直接材料 | 12 | 18 |
| 直接人工 | 8 | 14 |
| 变动制造费用 | 6 | 16 |
| 固定制造费用 | 5.6 | 7 |

根据上述资料可知,由于该企业是用同一台设备进行生产,总生产能力为 100 000 机器小时,那么形成 100 000 机器小时生产能力而产生的代价无论是对生产甲产品还是对生产乙产品都是一样的,因而不是决策分析的相关成本,所以此决策的相关成本仅为变动成本。这里可通过两种产品的差量收入和差量成本的对比,考察其盈利性的大小,从中选择最优方案。具体计算如表 5—2 所示。

**表 5—2　　差量分析表**

| 项　目 | 甲产品 | 乙产品 | 差　量 |
|---|---|---|---|
| 相关产量 | 100 000/40=2 500(件) | 100 000/50=2 000(件) | |
| 相关收入 | 2 500×32=80 000(元) | 2 000×56=112 000(元) | −32 000(元) |
| 相关成本 | 2 500×26=65 000(元) | 2 000×48=96 000(元) | −31 000(元) |
| 相关损益 | 80 000−65 000=15 000(元) | 112 000−96 000=16 000(元) | −1 000(元) |

计算结果表明，由于差量收入小于差量成本，所以应选择生产乙产品利润较大。但应指出，本例中是以无论甲、乙产品生产多少，市场上均可以容纳为假设的。如果市场上销售量受到限制，则应以最大生产能力和市场最大容量为共同条件来分析。

**【例 5—2】** 仍沿用前例的资料，假设企业通过市场调查确定：如企业生产甲产品，其最大市场销量为 2 000 件；如生产乙产品，其最大市场销量为 1 200 件。则采用差量分析法分析计算如表 5—3 所示。

**表 5—3** **差量分析表**

| 项 目 | 甲产品 | 乙产品 | 差 量 |
|---|---|---|---|
| 相关产量 | 1 200×50/40=1 500(件) | 1 200(件) | |
| 相关收入 | 1 500×32=48 000(元) | 1 200×56=67 200(元) | −19 200(元) |
| 相关成本 | 1 500×26=39 000(元) | 1 200×48=57 600(元) | −18 600(元) |
| 相关损益 | 48 000−39 000=9 000(元) | 67 200−57 600=9 600(元) | −600(元) |

由上述计算分析可得，在产品市场销量受限制的情况下，则应以产品最大生产能力和市场最大容量之中小者为决策相关业务量，并同时考虑不同产品决策相关业务量的可比性。本例中，乙产品的最大产量为 2 000 件，市场最大销量为 1 200 件，则其决策相关业务量应为 1 200 件。当乙产品决策相关业务量为 1 200 件时，耗用企业生产能力为 60 000 机器小时(1 200 件×50 小时/件)，按可比性计算，甲产品的决策相关业务量则应为 1 500 件(60 000 小时/40 小时/件)。当然，也可以根据甲产品的决策相关业务量来推算乙产品的相关业务量。

计算结果表明，在具有可比性的相关业务量水平下，差量收入小于差量成本，所以应选择乙产品的生产，但此时其耗用企业生产能力仅为 60 000 机器小时，其余生产能力还可安排生产甲产品 1 000 件(40 000 小时/40 小时/件)。因此，企业最优生产方案为利用该设备生产甲产品 1 000 件、乙产品 1 200 件，此时企业经济效益为最大。

2. 应用之二：零部件是自制还是外购的决策分析

对于具有机械加工能力的企业而言，常常面临所需零部件是自制还是外购的决策问题。由于所需零部件数量对自制方案和外购方案都是一样的，因而这类决策通常只考虑自制方案和外购方案的成本高低，在相同质量并保证及时供货的情况下，就低不就高。

由于在实际工作中影响自制和外购的因素很多，因而所采用的决策分析方法也不尽相同，但一般都采用差量成本分析法。在运用差量分析法进行决策分析时应注意，企业零部件不论是自制还是外购，共同性固定成本必然要发生，并不因方案而异。因此，在一般情况下，特别是在生产能力有剩余的情况下，自制方案不需要考虑固定成本，除非自制时需要增加专用设备，则其新增的“专属固定成本”属于决策相关成本。另外，在分析时还应注意是否有“机会成本”的存在。至于外购方案的决策相关成本一般包括买价、订货费、运杂费等。

**【例 5—3】** 某企业每年需用甲零件 3 600 件，如向市场购买，每个包括运杂费的进货价为 28 元。该企业加工车间目前有剩余生产能力可制造这种零件，经会计部门会同生产技术部门进行估算，预计每个零件的生产成本资料如表 5—4 所示。

表 5—4　　单位:元

| 项　目 | 单位成本 |
| --- | --- |
| 直接材料 | 14 |
| 直接人工 | 6 |
| 变动制造费用 | 4 |
| 固定制造费用 | 6 |
| 单位零件成本 | 30 |

根据上述资料可知,由于该企业加工车间有剩余生产能力可以利用,原有的固定成本不会因自制增加,也不会因外购减少,故甲零件自制成本内的固定制造费用属于决策无关成本。据此进行差量分析如表 5—5 所示。

表 5—5　　自制与外购分析表

| 项　目 | 自制方案 | 外购方案 |
| --- | --- | --- |
| 直接材料 | 3 600×14=50 400(元) | |
| 直接人工 | 3 600×6=21 600(元) | |
| 变动制造费用 | 3 600×4=14 400(元) | |
| 小计 | 86 400(元) | |
| 购买成本 | | 3 600×28=100 800(元) |
| 差量成本 | 86 400−100 800=−14 400(元) | |

根据以上的计算结果,可见甲零件应采用自制方案,可比外购方案节约成本 14 400 元。

本例忽略了机会成本因素。如果企业用于生产甲零件的生产能力可以生产其他产品或出租或采取其他用途,则需要考虑机会成本问题。

**【例 5—4】** 仍沿用上例资料,假设该企业用于生产甲零件的设备可以生产 B 产品,预计可按 25 元的价格每年产销 5 000 件,单位变动成本为 20 元,原由自制零件负担的全部固定成本总额不变。

由于企业以目前生产能力生产甲零件与生产 B 产品是两个互斥方案,如果企业所需的甲零件采用自制方案,其生产设备就不能用来生产 B 产品,由此则会导致企业所实现的边际贡献减少 25 000 元(5 000×5),在固定成本不变的情况下,则进一步导致企业所实现的利润减少 25 000 元。因此,生产 B 产品所能实现的边际贡献 25 000 元就成为甲零件自制的机会成本。为了有效地利用企业的生产能力,在决策中必须充分考虑机会成本因素。据此进行差量分析,如表 5—6 所示。

表 5—6　　自制与外购分析表

| 项　目 | 自制方案 | 外购方案 |
| --- | --- | --- |
| 直接材料 | 3 600×14=50 400(元) | |
| 直接人工 | 3 600×6=21 600(元) | |

续表

| 项 目 | 自制方案 | 外购方案 |
|---|---|---|
| 变动制造费用 | 3 600×4=14 400(元) | |
| 机会成本 | 5 000×5=25 000(元) | |
| 小计 | 111 400(元) | |
| 购买成本 | | 3 600×28=100 800(元) |
| 差量成本 | 111 400－100 800= 10 600(元) | |

从上述计算分析中可得，在考虑机会成本因素的情况下，外购成本低于自制成本，企业应选择外购方案为宜。

**实际工作中，企业生产所需零部件的品种往往具有多样性，在这种情况下进行零部件是自制还是外购决策时，还经常会涉及现有生产能力如何在各零部件之间进行分配问题。**

**【例 5—5】** 某企业在生产中所需的两种零件的标准成本经确定如表 5—7 所示。

**表 5—7**

| 项 目 | 甲零件 | 乙零件 |
|---|---|---|
| 变动性材料、人工及制造费用 | 6 | 7 |
| 固定性制造费用 | 3 | 4 |
| 合计 | 9 | 11 |
| 单位零件所耗用机器小时 | 7 | 5 |

该企业每年生产所需的甲零件为 10 000 件、乙零件为 9 000 件，企业现有剩余生产能力 87 000 机器小时可用于这两种零件的生产。同时，有一供应商能提供符合本企业质量要求的零件，单价为甲零件 9.5 元、乙零件 12.5 元。企业管理者希望充分利用闲置的 87 000 机器小时，以期最大限度地实现成本节约。

表 5—8 列示了以机器小时为基础而得出的每小时可能的成本节约额。

**表 5—8　　自制与外购分析表**

| 项 目 | 甲零件 | 乙零件 |
|---|---|---|
| 外购价格 | 9.50 | 12.50 |
| 自制单位成本 | 6.00 | 7.00 |
| 单位零件形成的成本节约额 | 3.50 | 5.50 |
| 单位零件耗用的机器小时 | 7 | 5 |
| 单位机器小时形成的成本节约额 | 0.50 | 1.10 |

表 5—8 的分析说明：乙零件单位机器小时所形成的成本节约额较大，因此，企业现有生产能力应尽可能优先安排乙零件的生产，剩余生产能力再用来生产甲零件，不足部分通过外购补足。具体计算如表 5—9 所示。

表 5—9

| | |
|---|---|
| 闲置的、可利用的机器小时 | 87 000(小时) |
| 乙零件自制耗用的机器小时 | 9 000×5=45 000(小时) |
| 剩余机器小时 | 42 000(小时) |
| 甲零件的年需要量 | 10 000(件) |
| 甲零件可自制的产量 | 42 000/7=6 000(件) |
| 甲零件的外购量 | 4 000(件) |

3. 应用之三:半成品或联产品是否进一步加工的决策分析

在某些行业的企业,经常会面临着出售已部分完工的半成品或进一步加工为完工产品后再行出售的抉择问题。例如,棉纺织企业既可以出售半成品棉纱,也可以通过对棉纱继续加工织成坯布(完工产品)后再出售。当然,完工产品的销售价格要比半成品高,但继续加工一般都要追加变动成本和专属固定成本。

另外,在某些石油化工企业内,经常会出现在同一生产过程中同时生产出若干种经济价值较大的联产品。这些联产品有的可以在分离后立即出售,也可以在分离后经过继续加工再行出售。究竟哪种方案经济效益较大,是生产联产品的企业经常涉及的问题。

对于这类决策问题,均可采用差量分析法分析。但应注意的是,半成品或联产品进一步加工前所发生的成本,不论是变动成本还是固定成本,在决策分析中均属无关成本,不必加以考虑。问题的关键在于,分析研究半成品或联产品在加工后所增加的收入是否超过在进一步加工中所追加的成本(即可分成本)。如果前者大于后者,则以进一步加工的方案较优;反之,若前者小于后者,则以出售半成品或不加工的联产品的方案较优。

**【例 5—6】** 某石化企业在同一生产过程中可以同时生产出甲、乙两种联产品,既可在分离后立即出售,也可继续加工后再行出售,其有关产量、销售价格及成本资料如表 5—10 所示。

表 5—10

| 联产品名称 | | 甲产品 | 乙产品 |
|---|---|---|---|
| 产量 | | 10 000 千克 | 4 000 千克 |
| 销售价格 | 分离后 | 2 元/千克 | 6 元/千克 |
| | 加工后 | 5 元/千克 | 10 元/千克 |
| 加工前的联合成本 | | 14 000 元 | 20 000 元 |
| 加工过程中追加的成本 | 单位变动成本 | 2 元 | 5 元 |
| | 专属固定成本 | 5 000 元 | 1 000 元 |

根据上述资料分别对甲、乙两种联产品编制差量分析表,如表 5—11、表 5—12 所示。

表 5－11　　　　甲联产品差量分析表

| 方　案 | 加工 | 不加工 | 差量 |
| --- | --- | --- | --- |
| 差量收入 | | | |
| 加工后收入:10 000×5 | 50 000 元 | | |
| 不加工收入:10 000×2 | | 20 000 元 | 30 000 元 |
| 差量成本 | | | |
| 加工需追加成本:5 000＋10 000×2 | 25 000 元 | | |
| 不加工的成本:0 | | 0 元 | 25 000 元 |
| 加工方案的差量收益 | | | 5 000 元 |

表 5－12　　　　乙联产品差量分析表

| 方　案 | 加工 | 不加工 | 差量 |
| --- | --- | --- | --- |
| 差量收入 | | | |
| 加工后收入:4 000×10 | 40 000 元 | | |
| 不加工收入:4 000×6 | | 24 000 元 | 16 000 元 |
| 差量成本 | | | |
| 加工需追加成本:4 000＋4 000×5 | 21 000 元 | | |
| 不加工的成本:0 | | 0 元 | 21 000 元 |
| 加工方案的差量损失 | | | 5 000 元 |

从以上差量分析的结果可知,甲联产品在分离后经过继续加工再行出售可获得较多盈利;而乙产品则以分离后立即出售的方案较佳,因为若继续加工再行出售反而要损失 5 000 元。

**(二)边际贡献分析法及其在生产决策中的应用**

边际贡献分析法是在成本性态分类的基础上,通过比较各备选方案边际贡献的大小来确定最优方案的一种方法。

在这里,“贡献”是指企业的产品或劳务对企业利润目标的实现所做的贡献。传统会计认为,只有当收入大于完全成本时才形成贡献;而管理会计则认为,只要收入大于变动成本就会形成贡献。因为企业的固定成本总额在相关范围内并不随业务量的增减变动而变动,所以收入减变动成本后的差额(即边际贡献)越大,则减去不变的固定成本后的余额(即利润)也就越大。也就是说,边际贡献的大小,反映了备选方案对企业利润目标所做贡献的大小。

在运用边际贡献分析法进行备选方案的择优决策时,应注意以下问题:第一,在不存在专属固定成本的情况下,通过比较不同备选方案的边际贡献总额,能够正确地进行择优选择。第二,在存在专属固定成本的情况下,首先应计算备选方案的剩余边际贡献(即边际贡献总额减去专属固定成本后的余额),然后通过比较不同备选方案的剩余边际贡献总额,方能正确地进行择优决策。第三,在企业的某项资源(如原材料、人工工时、机器工时、销售渠道等)受到限制的情况下,应通过计算、比较各备选方案的单位资源边际贡献,来正确进行择优决策。第四,边际贡献总额的大小,既取决于单位产品边际贡献的大小,也取决于产销量,这时应以边际贡献总额最大作为方案选择的标准。因为单位产品边际贡献大的产品,提供的边际贡献总额不一定最大。也就是说,在决策中不能只根据单位产品边际贡献的大小来择优决策。

1. 应用之一：生产何种产品的决策分析

企业未来时期生产何种产品是企业生产经营决策中需解决的一项重要问题，该项决策分析既可采用差量分析法进行方案的择优，也可运用边际贡献分析法来进行决策，尤其是在对两个以上方案进行比较或企业某些生产资源受到限制的情况下，运用边际贡献分析法更便于解决问题。

**【例 5—7】** 某企业现有设备的生产能力为 40 000 机器小时，现有生产能力利用程度为 80%。现准备用剩余生产能力开发新产品甲、乙或丙。新产品甲、乙、丙的有关资料如表 5—13所示。

**表 5—13**

| 项　目 | 甲产品 | 乙产品 | 丙产品 |
|---|---|---|---|
| 单位产品机器小时(小时) | 2 | 3 | 4 |
| 单位产品销售价格(元) | 30 | 40 | 50 |
| 单位产品变动成本(元) | 21 | 26 | 30 |
| 市场最大销量(件) | 3 500 | 2 000 | 无限制 |

由于现有设备加工精度不足，在生产丙产品时，需要增加专属设备 5 000 元。在甲、乙产品市场销售受限制的情况下，进行方案选择可以采用边际贡献分析法。

根据上述数据编制分析表，如表 5—14 所示。

**表 5—14**

| 项　目 | 甲产品 | 乙产品 | 丙产品 |
|---|---|---|---|
| 相关业务量(件) | 3 500 | 2 000 | 2 000 |
| 单位产品销售价格(元) | 30 | 40 | 50 |
| 单位产品变动成本(元) | 21 | 26 | 30 |
| 单位产品边际贡献(元) | 9 | 14 | 20 |
| 边际贡献总额(元) | 31 500 | 28 000 | 40 000 |
| 专属固定成本(元) | — | — | 5 000 |
| 剩余边际贡献总额(元) | — | — | 35 000 |
| 单位产品机器工时(小时) | 2 | 3 | 4 |
| 单位工时边际贡献(元) | 4.5 | 4.67 | 4.375 |

注：甲、乙产品以市场最大销量作为相关业务量，丙产品以最大产量作为相关业务量。

从上述计算结果可知，在三种新产品中，开发丙产品所实现的边际贡献总额(或剩余边际贡献)最大，但由于开发不同产品所耗用企业的生产能力不同，因而不能以此作为方案择优的依据，而应当计算并比较各方案的单位工时边际贡献来确定最优方案。根据单位工时边际贡献的计算结果，企业首先应选择单位工时边际贡献最大的乙产品进行开发生产。由于开发生产乙产品耗用企业生产能力为 6 000 机器小时(2 000 件×3 小时/件)，其余的生产能力可考虑开发生产甲产品 1 000 件(2 000 小时/2 小时/件)，这样可使企业的经济效益达到最大。

2. 应用之二:亏损产品是否停产或转产的决策分析

企业在生产经营中,由于某些产品不能适销对路或其他原因,造成市场滞销,发生亏损,这就会出现是否停产或转产的问题。由于这方面的决策一般不涉及原有生产能力的变动,故可采用边际贡献分析法加以解决。

**【例 5—8】** 某公司本年产销甲、乙、丙三种产品,年末以完全成本法计算的三种产品损益情况如表 5—15 所示。

**表 5—15　　产品损益情况表**

| 项　目 | 甲产品 | 乙产品 | 丙产品 | 合　计 |
|---|---|---|---|---|
| 销售量(件) | 1 000 | 500 | 400 | |
| 销售单价(元/件) | 20 | 60 | 25 | |
| 单位变动成本(元) | 9 | 46 | 15 | |
| 固定成本总额(元) | 18 000 元(按各产品的销售收入比例分摊) | | | |
| 销售收入(元) | 20 000 | 30 000 | 10 000 | 60 000 |
| 变动总成本(元) | 9 000 | 23 000 | 6 000 | 38 000 |
| 边际贡献总额(元) | 11 000 | 7 000 | 4 000 | 22 000 |
| 分摊的固定成本(元) | 6 000 | 9 000 | 3 000 | 18 000 |
| 收益(亏损)(元) | 5 000 | (2 000) | 1 000 | 4 000 |

根据给定的条件,可知乙产品全年净亏损 2 000 元。表面来看,公司为减少亏损、增加盈利,应停产乙产品,但应用了边际贡献分析法就会得出截然不同的结论。

从表 5—15 中可以看出,乙产品虽然发生亏损,但能够为公司提供边际贡献 7 000 元,而全公司所发生的固定成本 18 000 元,不论乙产品停产与否都是要发生的。若将乙产品停产,则全公司的边际贡献总额就会减少 7 000 元,乙产品原分摊的固定成本则需转嫁给甲、丙两种产品负担,其结果反而造成整个公司的全面亏损,如表 5—16 所示。

**表 5—16　　乙产品停产后的边际贡献与收益计算表**

| 项　目 | 甲产品 | 丙产品 | 合　计 |
|---|---|---|---|
| 销售收入(元) | 20 000 | 10 000 | 30 000 |
| 变动总成本(元) | 9 000 | 6 000 | 15 000 |
| 边际贡献总额(元) | 11 000 | 4 000 | 15 000 |
| 分摊的固定成本(元) | 12 000 | 6 000 | 18 000 |
| 收益(亏损)(元) | (1 000) | (2 000) | (3 000) |

从上述分析中可以看出,企业生产的亏损产品只要能够提供边际贡献就不应停产。但如果亏损产品不能提供边际贡献,通常应考虑停产。

至于亏损产品是否要转产的决策分析,主要看转产的产品是否确实是利用亏损产品停产后腾出来的生产能力,而不占用其他产品生产能力;同时转产产品所提供的边际贡献总额要大于原亏损产品所提供的边际贡献总额,那么这项转产方案就是可行的。若是相反情况,则不可行。

### (三)成本无差别点分析法及其在生产决策中的应用

所谓成本无差别点，是指两个方案总成本相等时的业务量，当决策相关业务量大于或小于该点时，不同方案就具有了不同的业务量优势区域，利用不同方案的不同业务量优势区域进行最优化方案的选择的方法，称为成本无差别点分析法。

由于在成本性态分析的基础上，任何方案的总成本都可以用 $y=a+bx$ 表述，用 $x$ 代表两个方案的成本无差别点，$a_1$、$a_2$代表两个方案的固定成本总额，$b_1$、$b_2$代表两个方案的单位变动成本，$y_1$、$y_2$代表两个方案的总成本，由此可得：

$$y_1=a_1+b_1x$$
$$y_2=a_2+b_2x$$

根据成本无差别点的原理，令两个方案总成本相等(即 $y_1=y_2$)，可得出成本无差别点的计算公式：

$$\text{成本无差别点}=\frac{\text{两方案固定成本之差}}{\text{两方案单位变动成本之差}}$$

两个方案的成本无差别点计算出来后，就可以在业务量的相关范围内讨论不同业务量水平下的决策结论。

1. 应用之一：零部件是自制还是外购的决策分析

在企业的零部件是自制还是外购的决策中，如果所需零部件的数量暂时不能准确确定，且自制零部件需增加专属固定成本时，应采用成本无差别点分析法，计算两个方案的成本无差别点，讨论其业务量的使用范围。

**【例 5—9】** 某公司生产中每年需用甲零件，以前一直外购，购买价为 15 元/件。现该公司有无法移作他用的剩余生产能力可以用来生产甲零件，但每年发生专属固定成本 2 400 元，自制时单位变动成本为 10 元/件。

设 $x$ 代表甲零件的成本无差别点，$y_1$代表自制成本，$y_2$代表外购成本，则得：

$y_1=10x+2\,400$

$y_2=15x$

自制成本与外购成本相等时的年需用量，即为成本无差别点。

令：$15x=10x+2\,400$

得：$x=\frac{2\,400}{15-10}=480$(件)

由此可以得出结论：当该零件的需用量大于 480 件时，自制方案的成本少于外购方案，因而以自制方案为宜；当该零件的需用量小于 480 件时，自制方案的成本大于外购方案，此时以外购方案为佳；当零件的需用量正好为 480 件时，两种方案均可。

2. 应用之二：选择不同生产工艺进行加工的决策分析

生产工艺是指加工制造产品或零部件所使用的机器、设备及加工方法的总称。同一种产品或零部件，往往可以采用不同的生产工艺进行加工。一般而言，生产工艺越先进，其固定成本越高，单位变动成本越低；而生产工艺落后时，其固定成本较低，但单位变动成本却较高。在固定成本和单位变动成本的消长变动组合中，产量成为最佳的判断标准。此时，只要确定不同生产工艺的成本无差别点，就可以根据产量确定选择何种生产工艺最为有利。

**【例 5—10】** 某公司计划生产某种型号的齿轮，有 A、B、C 三种不同的工艺方案，其成本资料如表 5—17 所示。

表 5—17　　单位:元

| 工艺类型 | 每个齿轮加工费（变动成本） | 一次调整准备成本（固定成本） |
|---|---|---|
| A | 4 | 650 |
| B | 5 | 400 |
| C | 8 | 250 |

根据表 5—17 的资料，可以绘图如图 5—1 所示。

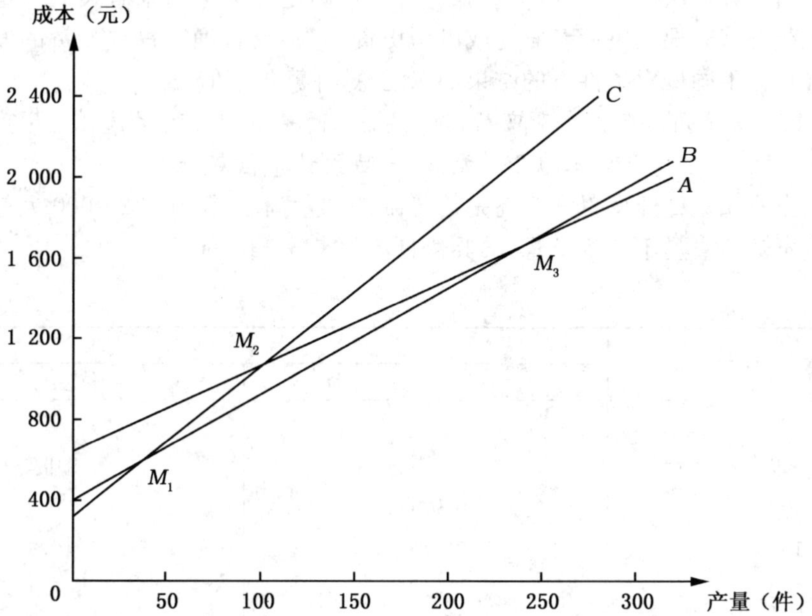


**图 5—1　成本分界点示意图**

由图 5—1 可知，$M_1$ 为 B、C 两方案的成本分界点，$M_2$ 为 A、C 两方案的成本分界点，$M_3$ 为 A、B 两方案的分界点。设 $M_1$、$M_2$、$M_3$ 三个成本分界点的产量分别为 $x_1$、$x_2$、$x_3$，则三个成本分界点的产量可计算如下：

$$\begin{cases}400+5x_1=250+8x_1\\650+4x_2=250+8x_2\\650+4x_3=400+5x_3\end{cases}$$

解得：

$$x_1=\frac{150}{3}=50(件)$$

$$x_2=\frac{400}{4}=100(件)$$

$$x_3=\frac{250}{1}=250(件)$$

根据上述计算结果和图示可得，当该齿轮的加工批量不足 50 件时，应采用 C 方案；当加工批量在 50 件至 250 件之间时，则应采用 B 方案；当加工批量超过 250 件时，则应采用 A 方案。如果B方案所用的设备已安排其他任务，不能加工该齿轮时，该齿轮的加工批量如果在100件以下，应采用C方案；如果加工批量在100件以上，则应采用A方案。

**(四)概率分析法及其在生产决策中的应用**

前述各种决策分析方法，都是在有关条件已知或确定的情况下，企业进行确定型决策分析时所采用的。但在现实经济生活中，未来的事态往往充满不确定因素，从而产生风险型决策，这时则应采用概率分析法进行决策分析。

概率分析法就是对企业经营中的诸多因素(如产品销售量、变动成本、固定成本等)在一定范围内的变动程度作出估计，从而把影响决策的各种现象都考虑进去，使决策更加接近于实际情况。在采用概率分析法时，应按以下步骤进行：(1)确定与决策结果有关的变量；(2)确定每一变量的变化范围；(3)根据决策者假定或以历史资料为依据，确定每一变量的概率及各变量的联合概率；(4)将不同概率条件下的结果加以汇总，计算预期值。

**【例5—11】** 某公司准备开发新产品，现有甲、乙两种新产品可供选择。甲产品预计单位售价为310元，预计单位变动成本为280元；乙产品预计单位售价为283元，预计单位变动成本为250元。企业无论是开发甲产品还是乙产品，固定成本总额均为25 000元，但甲、乙产品的销售量经过市场调查属于随机变量，其具体情况如表5—18所示。

**表5—18**

| 销售量(件) | 概率 | |
|---|---|---|
| | 甲产品 | 乙产品 |
| 700 | | 0.1 |
| 900 | 0.1 | 0.2 |
| 1 000 | 0.1 | 0.2 |
| 1 100 | 0.3 | 0.4 |
| 1 300 | 0.3 | 0.1 |
| 1 500 | 0.2 | |

根据上述资料可知，由于影响决策目标的销售量因素具有不确定性，因此，应采用概率分析法进行决策分析。分析时，首先根据销售量因素未来时期的变动情况及其概率计算各产品边际贡献的预期值，如表5—19所示。

**表5—19**

| 方案 | 销售量(件) | 边际贡献总额(元) | 概率 | 预期值(元) |
|---|---|---|---|---|
| 甲产品 | 900 | 27 000 | 0.1 | 2 700 |
| | 1 000 | 30 000 | 0.1 | 3 000 |
| | 1 100 | 33 000 | 0.3 | 9 900 |
| | 1 300 | 39 000 | 0.3 | 11 700 |
| | 1 500 | 45 000 | 0.2 | 9 000 |
| | | | | 36 300 |

续表

| 方案 | 销售量(件) | 边际贡献总额(元) | 概率 | 预期值(元) |
|---|---|---|---|---|
| 乙产品 | 700 | 23 100 | 0.1 | 2 310 |
| | 900 | 29 700 | 0.2 | 5 940 |
| | 1 000 | 33 000 | 0.2 | 6 600 |
| | 1 100 | 36 300 | 0.4 | 14 520 |
| | 1 300 | 42 900 | 0.1 | 4 290 |
| | | | | 33 660 |

从上述计算结果可得，甲产品提供的边际贡献总额的预期值比乙产品多 2 640 元，故该公司生产新产品甲较为有利。但需注意，由于销售量的不确定，使得预期值的计算和分析带有很大的主观性，所以公司在决策前应慎重地确定各种可能的销售量范围及其相应的概率。只有这样，才能作出接近实际的决策分析结论。

## 三、最优生产批量决策

在成批生产的企业里，经常会涉及每批生产多少数量、全年分几批生产最为经济的问题，这就是“最优生产批量”的决策问题。对于这类问题进行决策分析，主要应考虑两个成本因素，即“调整准备成本”和“储存成本”。至于制造产品的直接材料、直接人工等生产成本，则与此项决策无关，不需加以考虑。

调整准备成本是指每批投产前，需要进行一些准备工作（如调整机器、清理现场、准备工卡模具、布置生产线、下达派工单、领取原材料、准备生产作业记录和成本记录等）而发生的成本。这种成本与每批数量的多少没有直接关系，但与生产批数成正比，具有固定成本性质。

储存成本也称持有成本或置存成本，是指单位产品（或零部件）在储存过程中所发生的仓储费、搬运费、保险费、占用资金支付的利息等（这部分与储存量的多少成正比，属于变动成本性质），以及仓库房屋、机械设备的折旧费、维修费、通风照明费等（这部分在一定期间内的发生额是固定不变的，属于固定成本性质）。

成批生产企业的全年总生产量一般是固定的，每批产量越大，全年生产的批数就越少；反之，每批产量越小，全年生产的批数就越多。同时与生产批量相关的调整准备成本和储存成本的性质是互相矛盾的，因为调整准备成本与生产批量无关，但与生产批数成正比；若要降低全年的调整准备成本，则应减少批数，而减少批数，就要增大批量，从而提高全年的储存成本。因此，最优生产批量应为全年调整准备成本与全年储存成本之和最低时的生产批量。

### （一）单一产品最优生产批量的决策分析

单一产品最优生产批量的决策分析，可采用逐次测试法、图示法和公式法。

设：$D$——全年生产量；

$Q$——生产批量；

$p$——每日生产量；

$d$——每日耗用量（销售量）；

$K$——每批调整准备成本；

$KC$——单位产品年储存成本；

$TC$——全年调整准备成本与储存成本之和。

则：

$$最高储存量=Q-\frac{Q}{p}\cdot d=Q(1-\frac{d}{p})$$

$$平均储存量=\frac{Q}{2}(1-\frac{d}{p})$$

$$全年调整准备成本=\frac{D}{Q}\cdot K$$

$$全年储存成本=\frac{Q}{2}(1-\frac{d}{p})\cdot KC$$

$$全年总成本=\frac{Q}{2}(1-\frac{d}{p})\cdot KC+\frac{D}{Q}\cdot K$$

**【例 5—12】** 某企业全年需用甲零件 36 000 个，专门生产甲零件的设备每天能生产 150 个，每天平均领用 120 个。每批调整准备成本为 300 元，单位零件全年的平均储存成本为 2 元。

要求：作出最优生产批量的决策分析。

(1)采用逐次测试法计算确定产品的最优生产批量，可通过列表的方法分别计算不同生产批量下的总成本。根据本例资料，不同生产批量下的总成本的计算如表 5—20 所示。

**表 5—20**

| 批量(个) | 4 000 | 6 000 | 7 200 | 9 000 | 12 000 | 18 000 | 36 000 |
|---|---|---|---|---|---|---|---|
| 全年批数(批) | 9 | 6 | 5 | 4 | 3 | 2 | 1 |
| 年平均储存量(个) | 400 | 600 | 720 | 900 | 1 200 | 1 800 | 3 600 |
| 全年调整准备成本(元) | 2 700 | 1 800 | 1 500 | 1 200 | 900 | 600 | 300 |
| 全年平均储存成本(元) | 800 | 1 200 | 1 440 | 1 800 | 2 400 | 3 600 | 7 200 |
| 全年总成本(元) | 3 500 | 3 000 | 2 940 | 3 000 | 3 300 | 4 200 | 7 500 |

通过逐次测试可以看出，甲零件的最优生产批量为 7 200 个，全年投产 5 批，可使全年的调整准备成本与储存成本之和达到最低，即 2 940 元。

(2)采用图示法计算，以批量为横坐标，以成本为纵坐标，在坐标图中描绘出全年调整准备成本、全年平均储存成本和全年总成本的三条线，如图 5—2 所示。

从图 5—2 可见，最优生产批量的最低成本就是处于全年总成本凹形曲线的最低点，即 2 940元左右，此点恰与全年调整准备成本线和全年平均储存成本线的交点处于相同的业务量位置，即每批投产量为 7 200 个。

(3)最优生产批量也可通过建立一定的数学模型(公式法)，即利用全年总成本 $TC$ 与生产批量 $Q$ 的函数关系，用微分法求 $TC$ 为极小值时的 $Q$ 值。由此可以导出：

$$最优生产批量(Q^*)=\sqrt{\frac{2D\cdot K}{KC\cdot(1-\frac{d}{p})}}$$

$$最优生产批数=\frac{D}{Q^*}=\sqrt{\frac{D\cdot KC\cdot(1-\frac{d}{p})}{2K}}$$

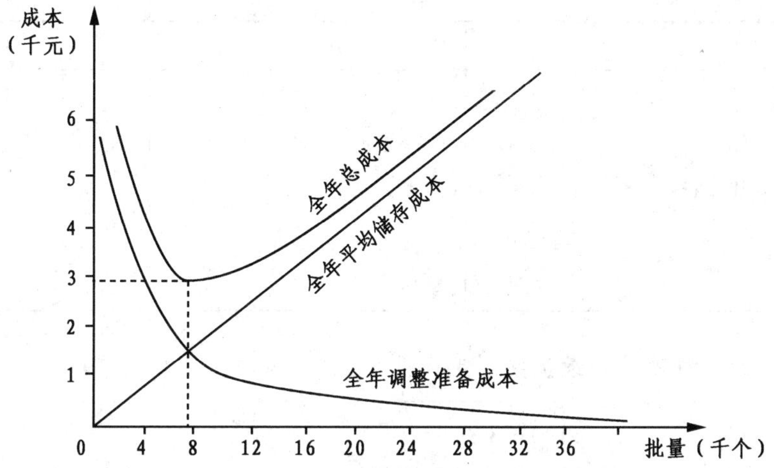


图 5—2

$$最优生产批量的总成本(TC^*)=\sqrt{2\cdot D\cdot K\cdot KC\cdot(1-\frac{d}{p})}$$

将本例的有关数据代入上述公式，即可求得：

①最优生产批量$=\sqrt{\dfrac{2\times 36\ 000\times 300}{2\times(1-\dfrac{120}{150})}}=7\ 348$(个)

②最优生产批数$=\dfrac{36\ 000}{7\ 348}=5$(批)

③最优生产批量的总成本$=\sqrt{2\times 36\ 000\times 300\times 2\times(1-\dfrac{120}{150})}=2\ 939.39$(元)

**(二)同一设备分批轮换生产多种产品的最优生产批量的决策分析**

上面介绍的是企业成批生产单一产品的最优生产批量的决策分析方法。若企业在同一生产设备上分批轮换生产多种产品，就不能应用上述数学模型。因为它们的最优生产批数各不相同，使企业无法据以在同一设备上安排生产。这时企业在进行最优生产批量决策时，按照下面的思路解决问题：

首先，根据“各种产品的全年调整准备成本之和与全年平均储存成本之和相等时的全年总成本最低”的原理，计算各种产品的“最优共同生产批数”，其计算公式如下：

$$最优共同生产批数=\sqrt{\frac{\sum D_i\cdot KC_i\cdot(1-\dfrac{d_i}{p_i})}{2\sum K_i}}$$

公式中的 $i=1,2,3,\cdots,n$，代表产品的品种；$K$ 代表由一种产品的生产转变为另一种产品的生产而发生的调整准备成本；其他 $D$、$KC$、$d$、$p$ 等符号所代表的指标与前例相同。

其次，根据最优共同生产批数计算每一种产品的最优生产批量，其计算公式如下：

$$某产品最优生产批量=\frac{该产品的全年生产量}{最优共同生产批数}$$

**【例 5—13】** 某公司甲设备分批轮换生产 A、B 两种零件，其有关资料如表 5—21 所示。

**表 5—21**

| 项　目 | A零件 | B零件 |
|---|---|---|
| 全年生产量(个) | 2 400 | 4 800 |
| 每批调整准备成本(元) | 240 | 250 |
| 每个零件全年储存成本(元) | 3 | 4 |
| 每天生产量(个) | 60 | 30 |
| 每天领用量(个) | 54 | 24 |

(1)计算 A、B 两种零件的最优共同生产批数：

$$最优共同生产批数=\sqrt{\frac{\left[2\ 400\times3\times(1-\frac{54}{60})\right]+\left[4\ 800\times4\times(1-\frac{24}{30})\right]}{2\times(240+250)}}=2.2(批)$$

(2)根据最优共同生产批数分别计算 A、B 两种零件的最优生产批量：

$$A零件最优生产批量=\frac{2\ 400}{2.2}=1\ 091(个)$$

$$B零件最优生产批量=\frac{4\ 800}{2.2}=2\ 182(个)$$

## 四、产品最优组合决策

产品最优组合决策适用于多品种生产经营的企业。在多品种产品的生产过程中，各种产品的生产都离不开一些必要的条件或因素，如机器设备、人工、原材料等，而其中有些因素可以用于不同产品的生产，如果各种产品共同用一种或几种因素，而这些因素又是有限的，就应使各种产品的生产组合达到最优化结构，以便有效、合理地使用这些限制因素。产品最优组合决策就是通过计算、分析进而作出各种产品应生产多少才能使得各个生产因素得到合理、充分的利用，并能获得最大利润的决策。

进行产品最优组合决策需采用线性规划法，其具体方法有图解法、单纯形法等。

**【例 5—14】** 某企业生产甲、乙两种产品，这两种产品需经过第一、第二两个生产部门的加工才能制成。第一部门的现有生产能力为 4 500 机器小时，第二部门的现有生产能力为 7 500机器小时。企业生产甲、乙两种产品的有关资料如表 5—22 所示。

**表 5—22**

| 产　品 | 单位产品耗用的机器小时 | | 预计市场需求量(件) | 单位产品边际贡献(元) |
|---|---|---|---|---|
| | 第一部门 | 第二部门 | | |
| 甲 | 4 | 2 | 1 000 | 10 |
| 乙 | 1 | 3 | 2 500 | 6 |

根据上述条件，应如何合理利用现有生产能力，如何实现甲、乙两种产品的最优组合，以争取为企业提供最多的边际贡献？

1. 图解法

(1)列示问题的约束条件和目标函数。

设 $x$ 代表甲产品的生产数量，$y$ 代表乙产品的生产数量，$TCM$ 代表预期的边际贡献总额。则约束条件为：

$$\begin{cases} 4x+y\leqslant 4\ 500 \\ 2x+3y\leqslant 7\ 500 \\ x\leqslant 1\ 000 \\ y\leqslant 2\ 500 \\ x,y\geqslant 0 \end{cases}$$

目标函数为：$TCM=10x+6y$

(2)将上述约束条件化为等式：

$$\begin{cases} 4x+y=4\ 500 \\ 2x+3y=7\ 500 \\ x=1\ 000 \\ y=2\ 500 \end{cases}$$

(3)在平面直角坐标系中以纵轴为 $x$、横轴为 $y$ 作图，如图 5—3 所示。

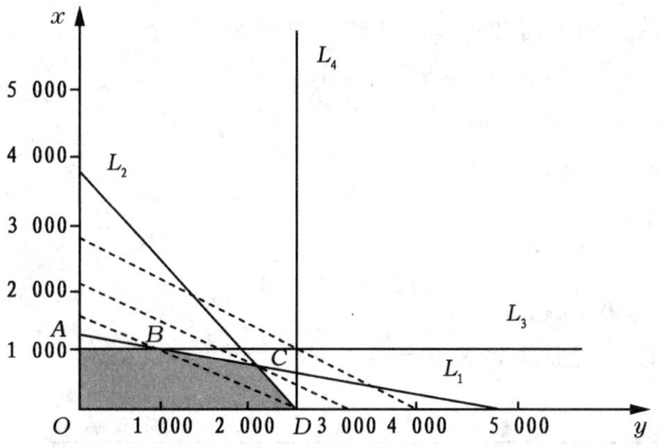


**图 5—3**

图中 $L_1$、$L_2$、$L_3$、$L_4$ 四条直线分别代表上述四个方程式。这四条直线所组成的斜线区域，就是能满足上述约束条件的可行解区域。

(4)根据目标函数 $TCM=10x+6y$ 在图中作一组平行线(其斜率为$-\dfrac{5}{3}$)，这组平行线称为“等利润线”，用虚线表示，它们的纵截距为$\dfrac{TCM}{6}$。显然，纵截距越大，则目标函数值也越大，这就要求在图中的斜线区域内找到一点，使过这点的“等利润线”的纵截距最大。直线 $L_1$ 和 $L_2$ 的交点(600，2 100)正符合这样的条件，由此可确定生产甲产品 600 件，生产乙产品 2 100 件，既能使两个生产部门的生产能力得到充分利用，又可使企业获得最大边际贡献 18 600 元。

确定产品最优组合的另一种方法是：首先，计算可行解区域里各个角点的坐标值(坐标值表示甲、乙两种产品的生产量)。其次，把各个角点的坐标值分别代入目标函数线性方程，以计算各个角点生产甲、乙产品所取得的边际贡献总额。最后，选出使边际贡献最大化的角点，作为最优解。其具体计算如表 5—23 所示。

**表 5—23** 单位:元

| 角点 | 甲产品($x$) | 乙产品($y$) | 边际贡献 $TCM=10x+6y$ |
|---|---|---|---|
| $O$ | 0 | 0 | 0 |
| $A$ | 1 000 | 0 | 10×1 000+6×0=10 000 |
| $B$ | 1 000 | 500 | 10×1 000+6×500=13 000 |
| $C$ | 600 | 2 100 | 10×600+6×2 100=18 600 |
| $D$ | 0 | 2 500 | 10×0+6×2 500=15 000 |

上述计算表明,应当生产和销售甲产品 600 件、乙产品 2 100 件,才能使边际贡献总额达到最大值。其计算结果与前面所计算的结果是一致的。按照这样来安排生产,符合上面所讲的约束条件,即第一部门所耗工时为 4 500(600×4+2 100×1),第二部门所耗工时为 7 500(600×2+2 100×3)。也就是没有超过两个部门的最大生产能力,边际贡献总额又达到最大值。

2. 单纯形法

将原问题化为线性规划的标准形式,引进松弛变量 $x_1$、$x_2$、$x_3$、$x_4$,得:

$$\max TCM=10x+6y+0x_1+0x_2+0x_3+0x_4$$

$$\text{约束条件}\begin{cases}4x+y+x_1=4\ 500\\2x+3y+x_2=7\ 500\\x+x_3=1\ 000\\y+x_4=2\ 500\\x,y,x_1,x_2,x_3,x_4\geqslant 0\end{cases}$$

可见该模型的初始单纯形表如表 5—24 所示。

**表 5—24**

| 方程 | $X_B$ | | $x$ | $y$ | $x_1$ | $x_2$ | $x_3$ | $x_4$ | 比值 |
|---|---|---|---|---|---|---|---|---|---|
| (1) | $x_1$ | 4 500 | 4 | 1 | 1 | 0 | 0 | 0 | 4 500/4=1 125 |
| (2) | $x_2$ | 7 500 | 2 | 3 | 0 | 1 | 0 | 0 | 7 500/2=3 750 |
| (3) | $x_3$ | 1 000 | 1 | 0 | 0 | 0 | 1 | 0 | 1 000/1=1 000 |
| (4) | $x_4$ | 2 500 | 0 | 1 | 0 | 0 | 0 | 1 | — |
| (5) | $-TCM$ | 0 | 10 | 6 | 0 | 0 | 0 | 0 | |

因为求最大值,所以迭代从目标函数最大值 10 开始,也就是首先考虑 $x$ 列,根据比值得最小比值为第三行(第三行比值为 1 000),将该行该列的值化为 1,该列的其他行数字化为 0,得新单纯形表如表 5—25 所示。

**表 5—25**

| 方 程 | $X_B$ | | $x$ | $y$ | $x_1$ | $x_2$ | $x_3$ | $x_4$ | 比值 |
|---|---|---|---|---|---|---|---|---|---|
| (6)=(1)−4×(3) | $x_1$ | 500 | 0 | 1 | 1 | 0 | −4 | 0 | 500/1=500 |
| (7)=(2)−2×(3) | $x_2$ | 5 500 | 0 | 3 | 0 | 1 | −2 | 0 | 5 500/3=1 833 |

续表

| 方　程 | $X_B$ | | $x$ | $y$ | $x_1$ | $x_2$ | $x_3$ | $x_4$ | 比值 |
|---|---|---|---|---|---|---|---|---|---|
| (8)=(3) | $x_3$ | 1 000 | 1 | 0 | 0 | 0 | 1 | 0 | — |
| (9)=(4) | $x_4$ | 2 500 | 0 | 1 | 0 | 0 | 0 | 1 | 2 500/1=2 500 |
| (10)=(5)−10×(3) | $-TCM$ | −10 000 | 0 | 6 | 0 | 0 | −10 | 0 | |

用上述同样的方法，考虑 $y$ 列，得出的计算结果如表 5—26 所示。

**表 5—26**

| 方　程 | $X_B$ | | $x$ | $y$ | $x_1$ | $x_2$ | $x_3$ | $x_4$ | 比值 |
|---|---|---|---|---|---|---|---|---|---|
| (11)=(6) | $y$ | 500 | 0 | 1 | 1 | 0 | −4 | 0 | — |
| (12)=(7)−3×(11) | $x_2$ | 4 000 | 0 | 0 | −3 | 1 | 10 | 0 | 4 000/10=400 |
| (13)=(8) | $x$ | 1 000 | 1 | 0 | 0 | 0 | 1 | 0 | 1 000/1=1 000 |
| (14)=(9)−(11) | $x_4$ | 2 000 | 0 | 0 | −1 | 0 | 4 | 1 | 2 000/4=500 |
| (15)=(10)−6×(11) | $-TCM$ | −13 000 | 0 | 0 | −6 | 0 | 14 | 0 | |

考虑 $x_3$ 列，用同样的方法，计算结果如表 5—27 所示。

**表 5—27**

| 方　程 | $X_B$ | | $x$ | $y$ | $x_1$ | $x_2$ | $x_3$ | $x_4$ | 比值 |
|---|---|---|---|---|---|---|---|---|---|
| (16)=(11)+4×(17) | $y$ | 2 100 | 0 | 1 | −0.2 | 0.4 | 0 | 0 | |
| (17)=(12)/10 | $x_3$ | 400 | 0 | 0 | −0.3 | 0.1 | 1 | 0 | |
| (18)=(13)−(17) | $x$ | 600 | 1 | 0 | 0.3 | −0.1 | 0 | 0 | |
| (19)=(14)−4×(17) | $x_4$ | 400 | 0 | 0 | 0.2 | −0.4 | 0 | 1 | |
| (20)=(15)−14×(17) | $-TCM$ | −18 600 | 0 | 0 | −1.8 | −1.4 | 0 | 0 | |

现(20)行的目标函数都是负号，说明最优方案已得到，即 $x$ 为 600，$y$ 为 2 100。目标函数 $TCM$ 为 18 600 元。因此，最优的产品组合应该是甲产品生产 600 件、乙产品生产 2 100 件，此时边际贡献最大为 18 600 元。

单纯形法最大的优点是不受产品品种数量的限制，两种以上产品的组合问题可用同样的方法求解，不过计算较为复杂，但如果运用专门的计算线性规划的计算机软件来处理，则可大为简化计算的工作量。

# 第二节　定价决策

## 一、影响产品销售价格的基本因素

企业产品价格制定得适当与否，往往决定着该产品能否为市场所接受，并直接影响该产品的市场竞争地位和市场占有率。一般来讲，影响产品销售价格的基本因素包括以下几个方面：

**(一)成本因素**

成本是影响企业产品销售价格制定的最基本因素。从长期来看,产品价格应等于总成本加上合理的利润,否则企业无利可图,将会停止生产;从短期来看,企业应根据成本结构确定产品价格,即产品价格必须高于平均变动成本,以便掌握盈亏情况,减少经营风险。

**(二)市场供求因素**

在完全竞争的市场上,产品的价格取决于市场上的供求关系。当产品在市场上供不应求时,其价格会上升;当产品在市场上供过于求时,其价格会下降。因此,在进行产品定价时,必须充分考虑市场的供求状况,根据市场供求来调整产品的价格。同时,根据供需理论,价格受市场供求影响,而价格的变动也影响市场供求。当产品的价格不断上升时,会使该产品供应增加、需求减少;当产品价格下降时,又会使该产品供应减少、需求增加。因此,充分分析市场供求状况与价格的关系,能保证定价决策适应市场变化的需要。

**(三)产品的寿命周期因素**

产品的寿命周期通常包括投入期、成长期、成熟期和衰退期四个阶段,在不同的阶段产品定价策略应有所不同。投入期的产品价格,既要补偿高成本,又要能为市场所接受;成长期和成熟期正是产品大量销售、扩大市场占有率的有利时机,要求稳定价格以利于开拓市场;进入衰退期后,一般应采取降价措施,以便充分发挥该产品的经济效益。

**(四)竞争因素**

产品竞争的激烈程度不同,对产品定价的影响也不同。竞争越激烈,对价格的影响就越大。在完全竞争的市场中,企业几乎没有定价的主动权;在不完全竞争的市场中,竞争的强度主要取决于产品制造的难易程度和供求形势。由于竞争影响产品定价,企业必须充分了解竞争对手的实力以及主要竞争者的定价策略来进行定价决策。如当市场上同类产品有一个基本价格时,企业可适当压低价格,以扩大销售,增加市场占有率;而当其他企业率先压价时,企业则应当采取相应的定价政策,或是以优质高价参与竞争,或是也通过压价来抗衡。

**(五)政府对价格的干预**

市场经济最基本的特征是自由企业制度,企业有充分处理与经营有关事务的自由,同时也包括自主定价权。但是在现代市场经济条件下,政府可以通过行政、法律、经济的手段对企业定价及社会整体物价水平进行调节和控制,因而企业定价时必须考虑政府的影响。

## 二、企业产品定价的目标

一般来讲,企业产品定价决策通常包括以下三项工作:一是确定定价目标;二是研究和选择定价方法;三是研究和制定定价策略。确定定价目标,是每一个企业制定产品销售价格的首要过程。所谓的定价目标,就是产品的价格实现以后应达到的目的。企业的定价目标一般有以下几种:

**(一)以追求最大利润为定价目标**

获取最大利润既是企业定价的最重要目标,也是最终目标。但追求最大利润并不等于追求最高价格。在激烈的市场竞争中,任何企业想靠长期维持不合理的高价以获取最大利润是不可能的,因为会遇到许多方面的抵抗,如需求减少、代替品出现、竞争者加入等。这里所讲的最大利润具有两方面的含义:一是指长期最大利润,而不是短期最大利润;二是指全部产品的最大利润,而不是每个单一产品的最大利润。不同企业为实现这一目标,往往根据不同情况,对不同产品选择不同的定价目标,也就是下面介绍的几种主要定价目标。

**(二)以一定的投资利润率为定价目标**

追求一定的投资利润率是企业经常采用的注重长期利润的一种定价目标,它是根据投资期望得到一定百分比的纯利或毛利作为目标。这种目标既不盲目追求一时的高利,也不急于限利求销,而是力图保持长期稳定的收益。在选择利润率时,应当慎重研究分析,既要能够保证利润目标的实现,又能为消费者所接受。

选择这一定价目标的企业应具备较强的实力。在同行业中实力雄厚、竞争力强的企业通常以此作为其长期定价目标。如果在同行业中地位不高、竞争力不强,选择这种定价目标会遇到同类产品的竞争或消费者的拒绝。

**(三)以保持和提高市场占有率为定价目标**

市场占有率是指企业产品销量在同类产品的平均销售总量中所占的比重,也称市场份额,它是反映企业经营状况好坏和产品竞争能力强弱的一个重要指标。能否维持和提高市场占有率对于企业来说有时比获得预期收益更为重要。因为市场占有率的高低,直接影响到企业今后能否长期稳定地获得收益。

选择这一定价目标的企业应具备的条件是:有潜在的生产经营能力,总成本的增长速度低于总销售量的增长速度,商品的需求价格弹性较大,即能够“薄利多销”。

**(四)以保持稳定价格为定价目标**

保持稳定价格是企业达到一定投资收益和长期利润的重要途径,因而一些在同行业中能够左右市场价格的企业,为了长期有效地经营该种产品并稳定地占领市场,往往希望价格稳定并从中获取稳定的利润。

通常的稳定价格是由一个行业的领导企业所决定的,同行业中以稳定价格为定价目标的其他企业所定价格往往与领导企业的定价保持一定比例关系。小企业通常愿意长期追随领导企业的价格,但领导企业也不能任意提高价格,以免引起各方面的不满和政府的干预。

**(五)以应付和防止竞争为定价目标**

在市场经济中,企业之间的竞争是多方面的,但大多数企业注重价格竞争。企业在定价之前,往往要广泛收集资料,将本企业产品的规格、品质与竞争者类似产品作认真的比较,并主要以对市场有决定性影响的竞争者的价格作为定价基础,以应付和防止竞争为定价目标。

采用这种定价目标时,企业既可以采取与竞争者相同的价格,也可以采取低于或高于竞争者的价格。一般来说,较小的企业或谋求扩大产品市场占有率的企业常采取低于竞争者的定价方法;而资金雄厚或是技术先进、产品优良、服务较好的企业常采取高于竞争者的定价方法。以竞争因素为定价目标的企业,在成本和需求发生变化时,只要竞争者维持原价,自身一般也应维持原价;当竞争者改变价格时,则应相应调整价格,以应付或避免竞争。

除上述常见的定价目标外,还有保持良好的企业形象定价目标、消费者定价目标等。企业的定价目标是多种多样的,目标选择合理与否,取决于能否为企业带来最大的利润。由于利润受多种因素影响,在实践中,很多企业的定价目标往往是多种目标的综合运用。

## 三、以成本为基础的定价决策

以成本为基础的定价决策是指依据产品在生产和销售中所发生的成本费用进行产品定价的方法,其思路是产品的价格首先应补偿企业的成本,其次再考虑利润,因此,企业在制定产品价格时,通常是在产品成本的基础上,采取一定的加成率来确定,这就是成本加成定价法。在运用成本加成定价法时,按照所要加成的成本基础不同,又可分为完全成本加成和变动成本加成。

### (一)完全成本加成定价法

完全成本加成定价法是指在产品全部成本的基础上加上一定的加成率进行定价。这里的全部成本一般包括直接材料、直接人工和制造费用,实际上就是产品的制造成本。虽然企业的行政管理费用、销售费用等不包括在产品的制造成本中,但在确定产品价格时,应考虑在加成的内容中,以使企业的成本能够得到足额的补偿并为企业提供合理的利润。也就是说,加成的内容包括非制造成本及合理的利润。完全成本加成定价法的计算公式为:

$$产品销售价格=单位产品制造成本\times(1+加成率)$$

$$加成率=\frac{非制造成本总额+目标利润}{产品的制造成本总额}$$

**【例5—15】** 某公司正在研究制定标准产品A产品的售价,A产品预计产销量为1 000件,会计部门提供的A产品修改设计后的预计成本资料如表5—28所示。

**表5—28** 单位:元

| 成本项目 | 单位成本 | 总成本 |
|---|---|---|
| 直接材料 | 50 | 50 000 |
| 直接人工 | 44 | 44 000 |
| 变动制造费用 | 36 | 36 000 |
| 固定制造费用 | 70 | 70 000 |
| 变动销售及管理费用 | 20 | 20 000 |
| 固定销售及管理费用 | 10 | 10 000 |

该公司A产品的开发投资额为500 000元,公司预期的投资报酬率为14%。

根据上述资料,采用完全成本加成定价法确定A产品销售价格如下:

A产品目标利润=500 000×14%=70 000(元)

$$加成率=\frac{20\ 000+10\ 000+70\ 000}{1\ 000\times(50+44+36+70)}=50\%$$

A产品销售价格=(50+44+36+70)×(1+50%)=300(元)

### (二)变动成本加成定价法

变动成本加成定价法的成本基础是单位产品变动成本。虽然固定成本不包括在成本基础之内,但在确定产品价格时,应考虑在加成的内容中,以使企业的成本能够得到足额的补偿并为企业提供合理的利润。也就是说,加成的内容包括全部固定成本及合理的利润。变动成本加成定价法的计算公式为:

$$产品销售价格=单位产品变动成本\times(1+加成率)$$

$$加成率=\frac{固定成本总额+目标利润}{产品的变动成本总额}$$

**【例5—16】** 仍沿用上例资料,采用变动成本加成定价法确定A产品的销售价格。

A产品目标利润=500 000×14%=70 000(元)

$$加成率=\frac{70\ 000+10\ 000+70\ 000}{1\ 000\times(50+44+36+20)}=100\%$$

A产品销售价格=(50+44+36+20)×(1+100%)=300(元)

应当注意的是，采用成本加成定价法制定的产品目标售价，其主要缺点在于没有考虑价格与销售量的关系。如上例中的A产品若按每件300元的价格出售，可能由于市场上的竞争致使公司的销售量达不到预定的目标销售量1 000件。当然，也可能出现A产品在市场上的需求量激增，使公司因缺货而丧失许多获利机会。因此，为使成本加成定价法能切合实际，一般可采取以下两项补救措施：

第一，用公式计算出来的目标售价绝不能一成不变，需要根据市场竞争形势的变化，由企业管理当局作出上下浮动的决定。

第二，每个企业不应对其全部产品采用同一种加成率，而需根据市场上各种产品需求的不同情况、各地区的习惯、同行业惯例，确定不同产品的加成率。

## 四、以需求为基础的定价决策

以需求为基础的定价决策是指企业在制定产品销售价格时，应以市场和消费者对特定价格水平的承受能力作为定价依据，考虑市场需求状况与价格弹性，分析销售收入、成本、利润与价格之间的关系，从中寻找最优价格点。其主要方法有用于最优售价决策的边际分析法和用于调价决策的利润无差别点法。

### (一)边际分析法在最优售价决策中的应用

边际分析法是指以市场和需求为基础，通过分析不同价格与销售量组合条件下的产品边际收入、边际成本、边际利润之间的关系，从而选取企业实现最大利润时最优售价的方法。

市场可以分为完全竞争市场和不完全竞争市场。在完全竞争市场中，产品的价格是透明的，是由市场决定的。企业能够按照市场价格将所生产的产品销售出去。如果它的开价高于市场价格，没有顾客会购买；如果要价低于市场价格，它会牺牲利润。因此，处于这种市场环境的企业将价格定为市场价格，管理者唯一需要决定的就是生产什么产品、生产多少数量的产品，如图5—4所示。

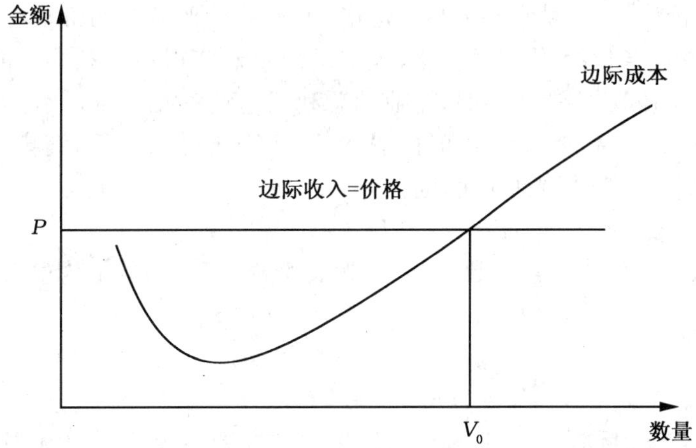


**图5—4　完全竞争条件下的边际收入与边际成本**

根据图5—4所示，边际成本是指因生产和销售额外一个单位产品而增加的成本。由于生产的规模效应，在产量增加至某一点之前，边际成本是不断下降的；然而，在某个点上，边际成本开始随产量的增加而上升，这是因为设备开始被过度使用等不经济因素的产生，从而导致效率低下。边际收入是指增加一个单位销售额而增加的收入。在完全竞争的情况下，边际收入表现为一条水平线——在所有的销售量上都等于单位价格。

可见，只要边际收入（价格）大于边际成本，增加生产和销售就是有利可图的。当边际成本超过边际收入（价格）时，企业增加的每单位产品都要蒙受损失。因此，利润最大化的数量就是边际成本等于边际收入（价格）时的数量，即图 5—4 中 $V_0$ 处的数量：企业生产太少会失去获利机会，生产太多又会因为增加单位产品所耗费的成本大于它所能带来的收入而减少利润。

在不完全竞争市场中，如果从供需理论角度看，要扩大销售量，就要降低价格；要提高价格，就只能减少销售量，提高产品质量。这时，随着产品销售量的增加，最初销售收入可能会增长较快，继而增长就会变慢，最终还可能出现下降趋势。与此同时，产品的总成本开始比较高，随着产品销售量的增加，资源利用效率逐渐提高，使总成本逐渐下降；但当销售量增长到一定程度时，资源利用效率开始下降，导致总成本又开始上升。因此，销售总收入和总成本在坐标图上都表现为曲线，如图 5—5 所示。

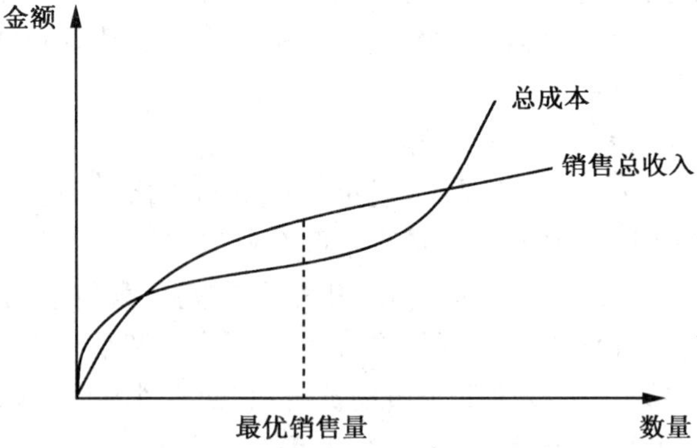


图 5—5　销售总收入与总成本变化趋势

理论上的最优价格，既不是水平最高的价格，也不是水平最低的价格，而是能够使销售总收入和总成本的差额达到最大值时的价格，也就是使企业获得最大利润时的价格。当边际收入等于边际成本，即边际利润等于零时，企业的总利润达到最大。

假设 $TR(x)$ 代表产品销售 $x$ 件时的总收入，$TC(x)$ 代表产品销售 $x$ 件时的总成本，$TP(x)$ 代表产品销售 $x$ 件时的总利润，则：

$$TP(x)=TR(x)-TC(x)$$

以 $x$ 为自变量，对 $TP(x)$ 求导数，并令其为 0，此时 $TP(x)$ 的值为最大。

$$TP'(x)=TR'(x)-TC'(x)=0$$

则：

$$TR'(x)=TC'(x)$$

上述推导说明，当边际收入 $TR'(x)$ 等于边际成本 $TC'(x)$ 时，总利润 $TP(x)$ 的值为最大。这时的产品价格和产品销售量就是最优价格和最优销售量。

**【例 5—17】** 某企业生产甲产品，最大生产能力为 40 台，该产品每台销售价格为 92 500 元，可销售 18 台，其单位变动成本为 50 000 元，固定成本总额为 200 000 元。如果其销售价格逐步下降，预计其在不同价格下的销售量如表 5—29 所示。

**表 5—29**　　甲产品销售价格与销售量变化表

| 价格(万元) | 9.25 | 9 | 8.75 | 8.5 | 8.25 | 8 | 7.75 | 7.5 |
|---|---|---|---|---|---|---|---|---|
| 销售量(台) | 18 | 20 | 22 | 24 | 26 | 28 | 30 | 32 |

根据表 5—29 中销售价格与销售量之间的数据关系，采用高低点法建立销售价格与销售量的函数关系公式。

设销售价格与销售量的函数关系公式为：$P=a+bx$

其中：$b=\dfrac{75\ 000-92\ 500}{32-18}=-1250$

$a=75\ 000-(-1\ 250\times32)=115\ 000$

则：$P=115\ 000-1\ 250x$

根据价格函数得到销售收入函数公式为：$TR=115\ 000x-1\ 250x^2$

由此可得边际收入为：$TR'(x)=115\ 000-2\ 500x$

根据甲产品单位变动成本与固定成本总额数据可得总成本函数公式为：$TC=200\ 000+50\ 000x$

由此可得边际成本为：$TC'(x)=50\ 000$

令边际收入等于边际成本：$115\ 000-2\ 500x=50\ 000$

最优销售量：$x=26$(台)

最优销售价格：$P=115\ 000-1\ 250\times26=82\ 500$(元)

边际分析法的优点是以微分极值的原理为理论依据，直接对总收入函数、总成本函数求导，使得计算结果较准确。其缺点在于销售总收入函数与总成本函数关系不容易确定，并且由于函数存在可微函数与不可微函数，只有可微函数才能求导，对于非连续函数则应采用列表法计算。

**【例 5—18】** 依据【例 5—17】的资料，编制边际分析计算表如表 5—30 所示。

**表 5—30**　　甲产品边际分析计算表　　单位：万元

| 销售价格 | 销售量(台) | 销售收入 | 边际收入 | 总成本 | 边际成本 | 边际利润 | 利润 |
|---|---|---|---|---|---|---|---|
| 9.25 | 18 | 166.5 | 0 | 110 | 0 | 0 | 56.5 |
| 9 | 20 | 180 | 13.5 | 120 | 10 | 3.5 | 60 |
| 8.75 | 22 | 192.5 | 12.5 | 130 | 10 | 2.5 | 62.5 |
| 8.5 | 24 | 204 | 11.5 | 140 | 10 | 1.5 | 64 |
| 8.25 | 26 | 214.5 | 10.5 | 150 | 10 | 0.5 | 64.5 |
| 8 | 28 | 224 | 9.5 | 160 | 10 | −0.5 | 64 |
| 7.75 | 30 | 232.5 | 8.5 | 170 | 10 | −1.5 | 62.5 |
| 7.5 | 32 | 240 | 7.5 | 180 | 10 | −2.5 | 60 |

由表 5—30 可知，当销售价格下降时，如果边际收入大于边际成本，说明降价是有利的。如本例中，销售价格从 92 500 元降至 90 000 元、从 90 000 元降至87 500元、从 87 500 元降至85 000元等都属于这种情况。如果降价使得边际收入小于边际成本，即边际利润为负数，则表

示降价对企业不利，利润逐渐减少，销售价格从82 500元降价都属于这种情况。由此可见，销售价格下降的最大限度是边际收入等于边际成本的地方。也就是说，产品的最佳价格应该是边际利润等于或最接近于零的价格。本例中，销售价格82 500元是企业的最优售价，此时最优销售量为26台，企业可获得最高利润为645 000元。

**(二)利润无差别点法在调价决策中的应用**

利润无差别点法是指利用调价后预计销量与利润无差别点销量之间的关系进行调价决策的一种方法，也称价格无差别点法。

利润无差别点销量是指某种产品为确保原有盈利能力，在调价后应至少达到的销量指标。其计算公式为：

$$利润无差别点销量=\frac{固定成本+调价前可获利润}{拟调价格-单位变动成本}=\frac{调价前可获边际贡献}{拟调价格-单位变动成本}$$

应用利润无差别点法进行调价决策时，若调价后预计销量大于利润无差别点销量，则可考虑调价；若调价后预计销量小于利润无差别点销量，则不能调价；若调价后预计销量等于利润无差别点销量，则调价与不调价的效益相同。

在此类决策中，需要综合考虑最大生产能力、调价后预计销量因素、是否追加专属成本、绝对剩余生产能力是否转移等条件。

**【例5－19】** 某企业生产甲产品，目前售价为110元，可销售12 000件，固定成本为350 000元，单位变动成本为70元，实现利润130 000元。假定企业最大生产能力为20 000件。分别考虑下列各不相关条件下的调价方案的可行性：

(1)若该产品单价降低为100元，预计销量可达到18 000件左右。

$$利润无差别点销量=\frac{350\ 000+13\ 0000}{100-70}=16\ 000(件)$$

∵最大生产能力20 000件＞预计销量18 000件＞利润无差别点销量16 000件

∴应当考虑调价

(2)若该产品单价降低为90元，预计销量可达到24 000件以上。

$$利润无差别点销量=\frac{350\ 000+130\ 000}{90-70}=24\ 000(件)$$

∵最大生产能力20 000件＜利润无差别点和预计销量24 000件

∴不应调价

(3)若调低该产品单价为90元，预计最大销量可达到28 000件，但企业必须追加60 000元固定成本才能具备生产28 000件产品的能力。

$$利润无差别点销量=\frac{350\ 000+130\ 000+60\ 000}{90-70}=27\ 000(件)$$

∵最大生产能力和预计销量28 000件＞利润无差别点销量27 000件

∴应当考虑调价

(4)若调高该产品单价为120元，只能争取到9 000件的订货(剩余生产能力无法转移)。

$$利润无差别点销量=\frac{350\ 000+130\ 000}{120-70}=9\ 600(件)$$

∵预计销量9 000件＜利润无差别点销量9 600件

∴不应调价

(5)若调高该产品单价为 120 元，只能争取到 9 000 件的订货，但剩余生产能力可以转移，转移后能够获得边际贡献 70 000 元。

$$利润无差别点销量=\frac{350\ 000+(130\ 000-70\ 000)}{120-70}=8\ 200(件)$$

∵预计销量 9 000 件>利润无差别点销量 8 200 件

∴应当考虑调价

## 五、以特殊订货为基础的定价决策

在实际工作中，许多企业在满足正常渠道的销售需要后，生产能力尚有剩余，如果此时遇到一些出价比较低的追加订货，称为特殊订货。为特殊订货定价的方法，可因情况的不同而有所区别。

**(一)在生产能力允许范围内的特殊定价决策**

这种情况是指企业利用现有剩余生产能力能够完全满足追加订货的生产需求，也就是说，接受追加订货不影响其正常的生产和销售。此时企业按以下要求定价即可增加利润：追加订货价格>单位变动成本。

由于无论是否接受追加订货，固定成本都不会发生变动，追加订货所提供的边际贡献将转化为利润，从而增加企业的利润总额。因此，在这里，固定成本属于决策无关成本而不需考虑。在这种情况下，新增利润的计算公式为：

新增利润＝追加订货数量×(追加订货价格－单位变动成本)

**【例 5—20】** 某企业生产甲产品，生产能力为 200 件，正常产销量为 160 件，固定成本为 1 600元，单位变动成本为 40 元，正常销售价格为 70 元。现有一客户欲订购 40 件，但对方最高出价为每件 45 元。

因为追加订货的价格 45 元大于单位变动成本 40 元，所以该项追加订货可以接受。此项结论可以通过表 5—31 得到验证。

**表 5—31**　　单位：元

| 项　目 | 正常销售 | 追加订货 | 合　计 |
|---|---|---|---|
| 销售收入 | 11 200 | 1 800 | 13 000 |
| 变动成本 | 6 400 | 1 600 | 8 000 |
| 边际贡献 | 4 800 | 200 | 5 000 |
| 固定成本 | 1 600 | — | 1 600 |
| 营业利润 | 3 200 | 200 | 3 400 |

从表 5—31 中可以看出，这项追加订货能使企业新增边际贡献 200 元，由于固定成本已全部由正常销售负担，所新增的 200 元边际贡献全部转化为利润，即这项追加订货可使企业增加利润 200 元。

**(二)超过生产能力允许范围的特殊定价决策**

如果追加订货的数量超过了企业现有剩余生产能力，则接受追加订货必然产生两种可能：一是减少部分正常的生产和销售，以满足追加订货的需要；二是扩大企业生产能力，它将使企业增加固定成本。

1. 企业减少部分正常生产和销售以接受追加订货

如果企业通过减少部分正常生产和销售来满足追加订货的需求，此时应按下列要求定价才能使企业增加利润：$\text{追加订货价格} > \text{单位变动成本} + \dfrac{\text{因减少正常销售而损失的边际贡献}}{\text{追加订货数量}}$。

由于追加订货冲击了正常的生产和销售，从而减少了企业正常的边际贡献，所以要使追加订货为企业增加利润，就必须使追加订货的价格在补偿单位变动成本及因减少正常销售所损失的边际贡献后仍有余额。在这种情况下，新增利润的计算公式为：

$$\text{新增利润} = \text{追加订货数量} \times (\text{追加订货价格} - \text{单位变动成本}) - \text{因减少正常销售而损失的边际贡献}$$

**【例 5—21】** 仍沿用上例资料，如果该客户订货数量为 50 件，最高出价仍为 45 元，那么，能否接受该项订货呢？

从上可得，企业要接受该项订货，就必须减少 10 件的正常生产和销售。因此，要使企业增加利润就必须：

$$\text{追加订货价格} > 40 + \frac{(70-40) \times 10}{50} = 46(\text{元})$$

由于客户最高出价仍为每件 45 元，因此不能接受这项订货。将两种方案的结果通过编表对比也可得出此项结论，如表 5—32 所示。

**表 5—32** 单位：元

| 项　目 | 不接受追加订货 | | | 接受追加订货 | | |
|---|---|---|---|---|---|---|
| | 正常销售 | 追加订货 | 合计 | 正常销售 | 追加订货 | 合计 |
| 销售收入 | 11 200 | 0 | 11 200 | 10 500 | 2 250 | 12 750 |
| 变动成本 | 6 400 | 0 | 6 400 | 6 000 | 2 000 | 8 000 |
| 边际贡献 | 4 800 | 0 | 4 800 | 4 500 | 250 | 4 750 |

从表 5—32 中可以看出，如果接受该项追加订货，将会使企业边际贡献减少 50 元，由于固定成本不发生变动，因此，企业的利润总额也将下降 50 元。

2. 企业通过扩大生产能力以接受追加订货

企业为接受追加订货而扩大生产能力，必然使固定成本相应地增加，由于所增加的固定成本与决策相关，这时应按下列要求定价即可增加企业利润：$\text{追加订货价格} > \text{单位变动成本} + \dfrac{\text{新增专属固定成本}}{\text{追加订货数量}}$。

在接受追加订货需增加专属固定成本的情况下，要使追加订货为企业增加利润，追加订货的价格就必须在补偿单位变动成本和因接受追加而新增的固定成本后仍有余额。由于原有固定成本不变，所以其属于决策无关成本而不予考虑。在这种情况下，新增利润的计算公式为：

$$\text{新增利润} = \text{追加订货数量} \times (\text{追加订货价格} - \text{单位变动成本}) - \text{新增专属固定成本}$$

**【例 5—22】** 仍沿用上例资料，如果该客户订货数量为 50 件，最高出价仍为 45 元，企业为不影响其正常的生产和销售，需增加专属固定成本 200 元。

$$\text{追加订货价格} > 40 + \frac{200}{50} = 44(\text{元})$$

所以，可以接受此项订货，并使企业增加利润50元。即：

$$50\times(45-40)-200=50(\text{元})$$

# 第三节　不确定型决策

## 一、不确定型决策的基本原理

不确定型决策是指决策者对未来情况虽有一定程度的了解，但又无法确定各种情况可能出现的概率，而需要作出的决策。例如，某企业开发一种新产品，现有三种不同数量的生产方案可供选择，同时未来的市场又可能出现“畅销”、“一般”、“滞销”三种销售情况。在每种产量方案下，尽管可以估算出在三种不同的市场情况下的盈利或亏损的金额，但不能确定究竟属于哪种情况，也不能判明各种情况可能出现的机会或概率。

对于这类不确定型决策问题，其选优标准通常取决于决策者对未来所持的态度是乐观还是审慎或稳健。不同的态度所选用的决策分析方法是不同的。但绝大多数是先把不确定型决策问题转化为确定型或风险型决策问题，估计出各种方案的预期收益或预期损失，然后以预期收益的最大值或预期损失的最小值作为最优方案。

## 二、不确定型决策分析的方法

### (一)大中取大法

大中取大法是指在几种不确定的随机事件中，选择最有利的市场需求情况下具有最大收益值的方案作为最优方案的决策方法，也称“最大的最大收益值法”。这里的“收益值”在短期经营决策中是指“边际贡献总额”、“已减除专属固定成本后的剩余边际贡献总额”、“税前净利”；在长期投资决策中是指“净现值”、“获利指数”、“内部收益率”。

在不确定条件下的决策中，如果决策者对未来持乐观态度，可以采用该方法。其程序是：首先，从每个方案中找出一个最大的收益值；然后，再从这些最大收益值中选择一个最大值，则该收益值所对应的方案就是最优方案。

大中取大法是以今后出现的情况总是最有利为假定前提，但它往往导致决策者过分乐观，容易引起冒进或轻率行动。

**【例5—23】** 假定某公司在计划年度决定开发新产品甲，根据销售部门的市场调查，提出三种不同的产量方案，即40 000件、45 000件和50 000件。在市场销路好坏不同的情况下，三种产量方案可能获得的边际贡献总额的数据资料如表5—33所示。

**表5—33**　　　　单位：元

| 产量方案 | 畅销 | 一般 | 滞销 |
|---|---|---|---|
| 40 000件 | 80 000 | 58 000 | 34 000 |
| 45 000件 | 88 000 | 50 000 | 39 000 |
| 50 000件 | 98 000 | 56 000 | 31 000 |

由于三个备选方案的最大收益值都集中在"畅销"栏，而最大收益值中最大的是 50 000 件产量，其边际贡献总额为 98 000 元，即以此作为开发新产品甲的最优方案。其情况如表 5—34 所示。

**表 5—34** 单位：元

| 产量方案 | 畅销 | 一般 | 滞销 | 最大收益值 |
|---|---|---|---|---|
| 40 000 件 | 80 000 | 58 000 | 34 000 | 80 000 |
| 45 000 件 | 88 000 | 50 000 | 39 000 | 88 000 |
| 50 000 件 | 98 000 | 56 000 | 31 000 | 98 000 |

**(二)小中取大法**

小中取大法是指在几种不确定的随机事件中，选择最不利情况下收益值最大的方案作为最优方案的一种分析方法，也称为"最大的最小收益值法"。这里收益值的含义与"大中取大法"相同。

在不确定条件下的决策中，如果决策者对未来持比较保守和稳健的态度，可采用该方法。其程序是：首先，找出各方案中的最小收益值；然后，从所有最小收益值中选择最大收益值，则该收益值对应的方案即为最优方案。

**【例 5—24】** 仍沿用上例资料，采用小中取大法为该公司作出最优产量方案的决策分析。

由于三个产量方案的最小收益值都集中在"滞销"栏内，而最小收益值中最大的是 45 000 件产量，其边际贡献总额为 39 000 元，即以此作为最优方案，其情况如表 5—35 所示。

**表 5—35** 单位：元

| 产量方案 | 畅销 | 一般 | 滞销 | 最小收益值 |
|---|---|---|---|---|
| 40 000 件 | 80 000 | 58 000 | 34 000 | 34 000 |
| 45 000 件 | 88 000 | 50 000 | 39 000 | 39 000 |
| 50 000 件 | 98 000 | 56 000 | 31 000 | 31 000 |

由此可见，小中取大法的基本点是选择最不利情况下的最大收益值作为最优方案，一般来说是比较审慎、稳健的选优方法。

**(三)大中取小法**

大中取小法也是一种决策者持审慎、稳健态度的选优方法，它是在几种不确定的随机事件中，选择最不利情况下"损失额"最小的方案作为最优方案的决策方法。

这里的"损失额"是指"后悔值"，即当出现随机事件时，各种情况下的最大收益值超过本方案收益值的差额，它表示如果选错方案将会受到的损失额。

很显然，当出现几种随机事件时，每个方案就会相应地出现几个后悔值，然后把各个方案的最大后悔值集中起来进行比较，选取其中后悔值最小的方案作为最优方案，故该方法也称"最小的最大后悔值法"。

**【例 5—25】** 仍沿用前例资料，采用大中取小法为该公司作出最优产量方案的决策分析。

(1)根据有关资料，对市场销售的三种不同情况分别确定其最大的收益值。

①畅销情况下的最大收益值为 98 000 元；

②一般情况下的最大收益值为 58 000 元；

③滞销情况下的最大收益值为 39 000 元。

(2)分别计算不同销售情况下的后悔值。

①畅销情况下的后悔值：

40 000 件产量的后悔值＝98 000－80 000＝18 000(元)

45 000 件产量的后悔值＝98 000－88 000＝10 000(元)

50 000 件产量的后悔值＝98 000－98 000＝0(元)

②一般情况下的后悔值：

40 000 件产量的后悔值＝58 000－58 000＝0(元)

45 000 件产量的后悔值＝58 000－50 000＝8 000(元)

50 000 件产量的后悔值＝58 000－56 000＝2 000(元)

③滞销情况下的后悔值：

40 000 件产量的后悔值＝39 000－34 000＝5 000(元)

45 000 件产量的后悔值＝39 000－39 000＝0(元)

50 000 件产量的后悔值＝39 000－31 000＝8 000(元)

(3)将上述不同销售情况的三种产量方案的后悔值排列成表，如表 5－36 所示。

**表 5－36**　　单位：元

| 产量方案 | 畅销 | 一般 | 滞销 | 最大后悔值 |
|---|---|---|---|---|
| 40 000 件 | 18 000 | 0 | 5 000 | 18 000 |
| 45 000 件 | 10 000 | 8 000 | 0 | 10 000 |
| 50 000 件 | 0 | 2 000 | 8 000 | 8 000 |

从表 5－36 中所列示的数据可以看出，“最大后悔值”一栏中最小的是 8 000 元，因此产量 50 000 件的方案最优。

总之，大中取小法的基本点也是以各个方案的最不利情况为基础，即在总体上从几种不同方案的最大“损失额”(后悔值)中选择其最小的作为最优方案，故仍不失为一种比较审慎、稳健的选优方法。

**(四)折中决策法**

折中决策法的基本点是要求决策者对未来情况应持一定的乐观态度，但也不要盲目乐观，而应采取一种现实主义的折中标准。其具体做法是：

首先，决策者根据实际情况和实践经验确定一个乐观系数 $\alpha$，$\alpha$ 的值要大于 0、小于 1。如果 $\alpha$ 的值接近 1，则比较乐观；若接近 0，则比较悲观。

其次，为每个备选方案按下列计算公式计算各自的“预期价值”：

$$\begin{matrix}\text{各方案的}\\\text{预期价值}\end{matrix}=\left(\begin{matrix}\text{最高}\\\text{收益值}\end{matrix}\times\alpha\right)+\left[\begin{matrix}\text{最低}\\\text{收益值}\end{matrix}\times(1-\alpha)\right]$$

最后，从各个备选方案的预期价值中选择最大的作为最优方案。

必须注意的是，$\alpha$ 值的大小，应根据不同决策的对象和当时的具体情况而定，它是一个经验数据。另外，由于这种方法是由赫威兹创立的，也称“赫威兹决策法”。

**【例 5－26】**　仍沿用前例资料，若该公司决策者对开发新产品甲比较乐观，并把 $\alpha$ 的值定为0.7。现要求采用折中决策法为该公司作出最优产量的决策分析。

根据给定的各项资料,按照上述公式分别计算三个备选方案的预期价值:

产量40 000件方案的预期价值 =(80 000×0.7)+[34 000×(1−0.7)]=66 200(元)

产量45 000件方案的预期价值 =(88 000×0.7)+[39 000×(1−0.7)]=73 300(元)

产量50 000件方案的预期价值 =(98 000×0.7)+[31 000×(1−0.7)]=77 900(元)

从以上的计算结果可见,应以产量50 000件的方案为最优,因为它提供的边际贡献总额的预期价值最高,为77 900元。

## 本章关键概念

差量成本　剩余边际贡献　成本平衡点　最优生产批量　生产准备成本　储存成本
成本加成定价法　边际分析法　利润无差别点

## 复习思考题

1. 举例说明机会成本在零部件是自制还是外购决策中的运用。
2. 有人认为:“为改变企业亏损状况,凡是亏损的产品都应停产。”这种认识对不对?为什么?
3. 企业在进行产品最优组合决策分析时应注意哪些问题?如何解决?
4. 许多被大型企业视为陈旧和不经济的生产设备,往往极受中小企业的欢迎并以合理的价格购置,有人认为这是“扩散落后技术”而加以反对,你是否同意这种观点?
5. 在进行是否接受特殊订货决策分析时,有人提出:“凡是该批订货的单价低于按完全成本计算的单位成本,均不宜接受。”这种观点对不对?为什么?
6. 什么是边际收入和边际成本?它们与产品的最佳价格之间有何关系?
7. 简述生产准备成本、储存成本与生产批量、生产批次的关系。
8. 大中取小法和小中取大法有什么不同?什么是后悔值?应怎样计算?

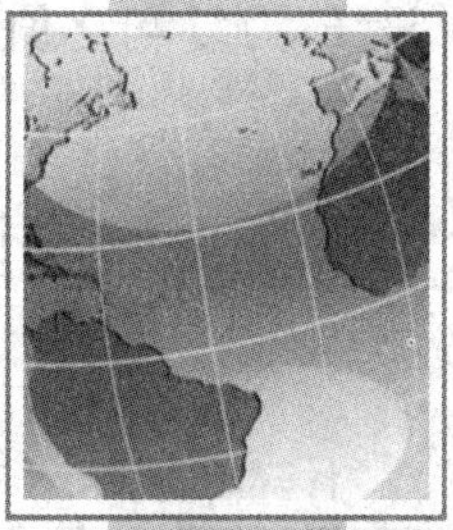

# 第六章
# 长期投资决策

**引言**

长期投资决策分析是企业在经营过程中对新建厂房、购置新的机器设备、对原有厂房和设备进行更新改造等投资问题的分析，它是管理会计中一个非常重要的内容，是关系到企业经营战略的大问题，是使企业的未来保持良好的经营状态和盈利能力的关键。必须运用科学的方法，以保证决策的重要性。

## 第一节　长期投资决策的基本价值观念

长期投资决策是指投入大量资金，投资方案获取报酬或收益的时间在一年以上，能在较长时间内影响企业经营获利能力的、涉及企业生产经营全面性和战略性问题的决策。广义的长期投资既包括固定资产投资，也包括无形资产投资和长期有价证券投资等内容。我们一般讨论狭义的长期投资，即固定资产投资，通常涉及固定资产的新建、改建、扩建和恢复工程的投资，或是进行设备更新和技术改造等方面的投资。这些投资支出都需要耗费大量的资金，而且建设时间和生产周期较长，因而投资回收期长，对企业盈亏的影响时间也长，风险性也大。所以，在投资决策分析中，为保证决策的正确性，需要考虑货币时间价值、风险及现金流量等相关因素。

### 一、货币时间价值观念

#### （一）货币时间价值的含义和作用

货币时间价值是指在不考虑风险和通货膨胀的条件下，同一货币量在不同时间的价值量的差额。

时间价值可以有两种表现形式：一是相对数，即时间价值率，简称利率，是指不考虑风险和通货膨胀的社会平均资金利润率；二是绝对数，即时间价值额，简称利息额，是指资金在再生产过程中带来的真实增值额，即一定金额的资金与利息率的乘积。

货币时间价值的计算方法有两种，即单利制和复利制。单利制是指当期利息不计入下期本金，从而不改变计息基础，各期利息额不变的计息制度。目前我国银行在国内存贷款利息的计算，大多采用单利的计算方法。复利制是指当期期末被支取的利息计入下期本金，改变计息基础，使每期利息递增、利上生利的计息制度。西方企业管理和国际贸易中，货币的时间价值大多采用复利的计算方法，而且复利的计算周期逐渐在缩短，如一年、半年、一季、一月等。从理论上讲，长期投资决策应以复利计息方式计算货币的时间价值。

**(二)复利终值与现值**

1. 复利终值

复利终值是指货币在一期或连续若干期的一段时期内的期末价值。设 $F$ 为复利终值，$i$ 为利息率，也称折现率，$n$ 为期数。按复利计算的终值的计算公式为：

$$F=PV\cdot(1+i)^n$$

**【例 6—1】** 将 10 000 元存入银行，存期 3 年，年利率 10%。要求：分别采用单利和复利的计算方法计算各年的本利和。有关的计算如表 6—1 所示。

**表 6—1**

| 年度 | 单利终值 | 复利终值 |
|---|---|---|
| 第一年 | 10 000×(1+10%×1)=11 000 | 10 000×(1+10%)=11000 |
| 第二年 | 10 000×(1+10%×2)=12 000 | 10 000×$(1+10\%)^2$=12 100 |
| 第三年 | 10 000×(1+10%×3)=13 000 | 10 000×$(1+10\%)^3$=13 310 |

在复利终值的计算公式中，$(1+i)^n$ 又称一次性收付款终值系数(或称复利终值系数、1 元复利终值)，记作$(F/PV,i,n)$。在实际工作中，为了简化和加速计算，当计算复利终值时，可查用“1 元的复利终值表”(见附表一)。该表是以 1 元为基础编制的，它的横栏为利率$(i)$，纵栏为期数$(n)$，纵栏与横栏的交叉点即为复利终值系数$(F/PV,i,n)$。

**【例 6—2】** 仍沿用【例 6—1】所示资料，计算复利终值如下：

$F$=10 000×$(F/PV,10\%,3)$=10 000×1.331=13 310(元)

2. 复利现值

复利现值是指货币在一期或连续若干期的一段时期内的期初价值。设 $PV$ 为复利现值，$i$ 为利息率，也称折现率，$n$ 为期数。按复利计算的现值的计算公式为：

$$PV=F\cdot(1+i)^{-n}$$

在复利现值的计算公式中，$(1+i)^{-n}$ 又称一次性收付款现值系数(或称复利现值系数、1 元复利现值)，记作$(PV/F,i,n)$。在实际工作中，为了简化和加速计算，当计算复利现值时，可查用“1 元的复利现值表”(见附表二)。该表是以 1 元为基础编制的，它的横栏为利率$(i)$，纵栏为期数$(n)$，纵栏与横栏的交叉点即为复利现值系数$(PV/F,i,n)$。

**【例 6—3】** 假定 A 公司打算 4 年后用 50 万元购买一台先进设备，若目前银行存款年利率为 8%(每年复利一次)，试问该公司现在需一次存入银行多少款项？

$PV$=500 000×$(PV/F,8\%,4)$=500 000×0.735=367 500(元)

**(三)年金终值与现值**

年金是指在一定时期内每隔相同时间(如一年、半年、一季等)就发生相同数额的系列收付款项，也称等额系列收付款项。年金一般要满足两个条件：(1)连续性。即指在一定期间内每隔一段时间必须发生一次收付款业务，形成系列，不得中断。(2)等额性。即指各期发生的收付款项必须在数额上相等。

在现实经济生活中，分期等额形成或发生的各种偿债基金、按直线法计提的折旧费、养老金、保险金、租金、等额分期收付款、零存整取储蓄存款业务中的零存数额、整存零取储蓄存款业务中的零取数额、个人抵押贷款的分期还款数额、定期发放的固定奖金、债券利息和优先股股息以及等额回收的投资额等，都属于年金的范畴。

年金又包括普通年金、先付年金、递延年金和永续年金等。其中，普通年金在长期投资决策分析中应用最为广泛，其他几种年金现值和终值的计算均可在普通年金的基础上推算出来。

1. 普通年金的终值和现值

普通年金是指在每期期末发生的年金，又称后付年金，用 $A$ 表示。

(1)普通年金终值

普通年金终值的计算公式为($FA$ 代表普通年金终值)：

$$FA=A\cdot\frac{(1+i)^n-1}{i}$$

上式中的$\frac{(1+i)^n-1}{i}$，称作年金终值系数(又称 1 元年金终值)，记作($FA/A,i,n$)。在实际工作中，为了简化和加速计算，当计算普通年金终值时，可查用“1 元的普通年金终值表”(见附表三)。该表是以 1 元为基础编制的，它的横栏为利率($i$)，纵栏为期数($n$)，纵栏与横栏的交叉点即为普通年金终值系数($FA/A,i,n$)。

**【例 6—4】** 设一项投资 200 万元，建设期为 5 年，在每年年末投入 40 万元，若年利率为 10%，按复利计息，5 年后的投资总额是多少？

解：$FA=400\ 000\times(FA/A,10\%,5)=400\ 000\times6.105=2\ 442\ 000$(元)

**【例 6—5】** 某企业在 6 年后需要资金 400 万元，若银行存款利率为 8 %(每年复利计息一次)，问企业每年年末需等额存入银行多少款项，才能保证在 6 年后一次取出 400 万元？

$\because FA=A\cdot(FA/A,i,n)$

$\therefore A=FA/(FA/A,i,n)$

$=4\ 000\ 000/(FA/A,8\%,6)=4\ 000\ 000/7.336$

$=545\ 256.27$(元)

注：当由已知的普通年金终值 $FA$ 求普通年金 $A$ 时，此时的普通年金 $A$ 又称作年偿债基金或积累基金，它是普通年金终值的逆运算。

(2)普通年金现值

普通年金现值的计算公式为($PVA$ 代表普通年金现值)：

$$PVA=A\cdot\frac{1-(1+i)^{-n}}{i}$$

上式中的$\frac{1-(1+i)^{-n}}{i}$，称作年金现值系数(又称 1 元年金现值)，记作($PVA/A,i,n$)。在实际工作中，为了简化和加速计算，当计算普通年金现值时，可查用“1 元的普通年金现值表”(见附表四)。该表是以 1 元为基础编制的，它的横栏为利率($i$)，纵栏为期数($n$)，纵栏与横栏的交叉点即为普通年金现值系数($PVA/A,i,n$)。

**【例 6—6】** 企业打算今后连续 5 年在每年年末取出200 000元，若年利率为 8%，每年复利计息一次，现在应一次性存入银行多少款项？

$PVA=200\ 000\times(PVA/A,8\%,5)=200\ 000\times3.993$

$=798\ 600$(元)

**【例 6—7】** 某公司投资一项目，一次性投资额为 300 万元，该项目的有效期为 7 年，若基准收益率为 10%，每年应收回多少金额才能收回总投资？

$\because PVA=A\cdot(PVA/A,i,n)$

$\therefore A=PVA/(PVA/A,i,n)$

$=3\ 000\ 000/(PVA/A,10\%,7)=3\ 000\ 000/4.868$

$=616\ 269.51$（元）

注：当由已知的普通年金现值 $PVA$ 求普通年金 $A$ 时，此时的普通年金 $A$ 又称作年回收额，它是普通年金现值的逆运算。

2. 先付年金的终值和现值

先付年金是在每期期初发生等额收付款的一种年金形式，又称预付年金或即付年金，记作 $A$。

其终值和现值的计算可在普通年金终值和现值计算公式的基础上调整计算。有关的计算公式如下：

(1)先付年金终值的计算公式为($FA$ 代表先付年金终值)：

$$FA=A\cdot\left[\frac{(1+i)^{(n+1)}}{i}-1\right]$$

$$=A\cdot[(FA/A,i,n+1)-1]$$

(2)先付年金现值的计算公式为($PVA$ 代表先付年金现值)：

$$PVA=A\cdot\left[\frac{1-(1+i)^{-(n-1)}}{i}+1\right]$$

$$=A\cdot[(PVA/A,i,n-1)+1]$$

**【例 6—8】** 企业连续 8 年于每年年初存入银行 20 000 元，年复利率为 9%，计算第 8 年末企业一次可以提取多少款项？

$FA=20\ 000\times[(FA/A,9\%,9)-1]=20\ 000\times(13.021-1)$

$=240\ 420$（元）

**【例 6—9】** 某公司为了提高产品质量，准备购进一台全自动化生产设备，现有两个方案可供选择：A 方案是一次性付款 80 万元；B 方案是分 4 期付款，在每期期初付款 21 万元。银行存款年复利率为 10%。

要求：作出选择哪一方案更为有利的决策。

方案 A 的现值＝800 000 元

方案 B 的现值$=210\ 000\times[(PVA/A,10\%,3)+1]$

$=210\ 000\times(2.487+1)=732\ 270$（元）

∵方案 A 的现值＞方案 B 的现值

∴应选择方案 B

3. 递延年金的现值

递延年金是指在一定期间($n$ 期)内，从 0 期开始隔 $s$ 期($s\geqslant 1$)以后才发生的系列等额收付款的一种年金形式，记作 $A$。

递延年金现值的计算也可借助于普通年金现值以及复利现值计算的原理，进行调整计算。

递延年金现值的计算公式为($PVA$ 代表递延年金现值)：

$$PVA=A\cdot[(PVA/A,i,n)-(PVA/A,i,s)]$$

或

$$PVA=A\cdot(PVA/A,i,n-s)\cdot(PV/F,i,s)$$

**【例 6—10】** 有一张保险单要求现在一次支付保险费，第 11 年至第 20 年每年年初可领取保险金1 000元，年复利率为 8%，则购买这张保险单需要支付多少保险费？

依题意，$A=1\,000$元，$n=20$，$s=10$

$PVA=1\,000\times[(PVA/A,8\%,20)-(PVA/A,8\%,10)]$

$=1\,000\times(9.818-6.710)=3\,108$（元）

4. 永续年金的现值

永续年金是指无限等额支付的特种年金，即当期限$n\to+\infty$时的普通年金。在实际经济生活中，并不存在无限期永远支付的永续年金，但可以将持续期限较长的年金视同永续年金计算。由于假设永续年金没有终点，故不存在其终值的计算问题，只需计算其现值即可，其计算公式可通过普通年金的计算公式推导出来：

$\because PVA=A\cdot\frac{1-(1+i)^{-n}}{i}$

当$n\to+\infty$时，$(1+i)^{-n}$的极限为0

$\therefore$上式可以改写为：

$$PVA=A\cdot\frac{1}{i}$$

**【例6－11】** 某公司准备从今年起建立一项永久的奖励基金，每年年末颁发20万元专门奖给对公司有突出贡献的各类人员。如目前银行存款的年复利率为10%，计算该公司应该存入银行多少款项，才能使这项基金正常运转？

$PVA=200\,000/10\%=2\,000\,000$（元）

## 二、风险观念

长期投资由于投资回收期长，在较长的时间内往往会碰到许多不确定因素，长期投资能否取得一定的回报、取得利润的大小为多少等问题都是不完全确定的，因此，在长期投资决策时应充分考虑投资风险的存在以及对投资风险价值的度量。

### （一）风险的含义

风险是指在一定条件下和一定时期内，人们在事先能够得知采取某种行动可能发生的各种结果，以及每种结果出现的可能性的状况。例如，我们在预计一个投资项目的报酬时，不可能十分精确，也没有百分之百的把握，却可以大致估计一个可能的报酬的概率。又如，企业开发一种新产品，其经济效益可能出现畅销、盈利一般、亏损几种结果，我们无法确知是哪一种，但可以估计出现三种情况中任何一种的概率，这就是风险状况。大部分事情的未来发展我们事先都是不能确知的，如果某项活动事先确定只有一种结果是必然发生的，那就是无风险。

与风险紧密相连的另一个概念就是不确定性。不确定性是指人们事先已经知道采取某一行动所有可能的结果，却不知道每一种结果出现的概率，或者两者都不知道，而只能做出粗略估计的状况。风险是事件本身的不确定性，具有客观性。例如，无论是企业还是个人，购买政府公债肯定能按期收到本息，其收益的不确定性较小甚至为零；而投资于股票，则收益的不确定性要大得多。这种风险是“一定条件下”的风险。你在什么时间、买哪一种或哪几种股票、各买多少，风险是不一样的。条件一旦确定，风险大小也就无法改变了。这也说明，投资的风险大小是客观的，而是否去冒风险及冒多大风险是可以选择的，是主观决策的。

风险的大小随时间延续而变化，是“一定时期内”的风险。我们对一个投资项目成本，事先的预计可能不很准确，越接近完工则预计越准确。随着时间的延续，事件不确定性程度也在缩小。事件完成，其结果也就完全肯定了。因此，风险总是“一定时期内”的风险。

风险既可能给投资人带来超出预期的收益，也可能带来超出预期的损失。一般情况下，投资人对意外损失的关切比对意外收益要强烈得多。因此，人们研究风险时侧重研究如何减少损失，主要从不利的方面来考察风险，经常把风险看成是不利事件发生的可能性。从财务的角度来说，风险主要是指无法达到预期报酬的可能性。

**(二)风险与报酬之间的关系**

风险与报酬之间呈正比例关系，即风险越大，要求的报酬率也越高。实务中，投资项目的风险大小是不同的，在投资报酬率相同的情况下，人们都会选择风险小的投资，导致的结果是竞争也会使风险增加，报酬率下降。最终，高风险的项目必须有高报酬，低报酬的项目必须风险很低，否则就没有人会投资。可见，风险与报酬之间的同向变动关系，是市场竞争的结果。

风险与期望投资报酬率的关系可以表示如下：

$$期望投资报酬率=无风险报酬率+风险报酬率$$

期望投资报酬率包括两部分：一部分是无风险报酬率，如购买国家发行的公债，到期连本带息肯定可以收回。这个无风险报酬率可以吸引公众储蓄，是最低的社会平均报酬率。另一部分是风险报酬率，是投资者因冒风险进行投资而要求超过时间价值部分的额外报酬，它与风险大小有关，风险越大则要求的报酬率越高，是风险的函数。

假设风险与风险报酬率成正比，则有：

$$风险报酬率(R)=风险报酬系数(b)\times风险程度(V)$$

其中，风险程度用标准离差或变异系数即标准离差率计量。标准离差是各种可能的报酬率偏离期望报酬率的综合差异，是反映离散程度的一种度量，但它是一个绝对值，只能用来比较期望报酬率相同的项目的风险程度。标准离差率是用标准离差比上期望报酬率，是一个相对数指标，弥补了标准离差的不足，用来衡量期望报酬率不同的投资的风险程度。风险报酬系数则取决于全体投资者的风险回避态度，可以根据以往的同类项目或由企业领导或国家有关部门组织有关专家通过统计方法来加以测定。

**(三)风险的衡量**

1. 确定概率分布

在经济活动中，某一事件在相同的条件下可能发生也可能不发生，这类事件被称为随机事件。随机事件可能发生的机会就是概率，通常用 $P$ 表示。一般情况下，把必然发生的事件概率设为 1，把不可能发生的事件概率设为 0，而一般随机事件的概率是介于 0 与 1 之间的一个数。概率越大，表示该事件发生的可能性越大。

**【例 6—12】** 某公司有两个投资项目：A 投资项目所要进入的领域竞争激烈，如果经济发展迅速并且该项目搞得好，会取得较大利润，否则利润很小甚至亏本；B 项目很稳定，销售前景可以准确预测。现假设未来的经济情况只有三种：繁荣、一般和衰退，有关的概率分布和预期报酬率见表 6—2。

**表 6—2**

| 经济情况 | 发生概率 | A 项目预期报酬率 | B 项目预期报酬率 |
|---|---|---|---|
| 繁荣 | 0.2 | 90% | 25% |
| 一般 | 0.6 | 30% | 20% |

续表

| 经济情况 | 发生概率 | A项目预期报酬率 | B项目预期报酬率 |
|---|---|---|---|
| 衰退 | 0.2 | －90％ | 5％ |
| 合计 | 1 | | |

此处，概率表示每一种经济情况出现的可能性。未来经济情况出现繁荣的可能性是0.2。假如这种情况真的出现，A项目可获得高达90％的报酬率，也就是说，采纳A项目获利90％的可能性是0.2。实务中，报酬率受多种因素的影响，我们这里为了简化，假设其他因素都相同，只有经济情况一个因素影响报酬率。

如果随机变量只取有限个数，并且对应于这些值有确定的概率，则此随机变量是离散型分布，前面所举例子就属于离散型分布。

实践中，出现的经济情况远不止三种，有各种可能的情况会出现，如果对每种情况都赋予一个概率，并分别测定其报酬率，则还可以得到连续型概率分布。

2. 计算预期值

随机变量的各个取值，以相应的概率为权数的加权平均数，叫做随机变量的预期值（数学期望或均值），它反映随机变量取值的平均化。

$$报酬率的预期值(\bar{k}) = \sum_{i=1}^{n} (p_i \times k_i)$$

式中：$p_i$——第 $i$ 种结果出现的概率；

$k_i$——第 $i$ 种结果出现后的预期报酬率；

$n$——所有可能结果的数目。

据【例6－12】的资料进行计算：

预期报酬率(A)＝0.2×90％＋0.6×30％＋0.2×(－90％)＝18％

预期报酬率(B)＝0.2×25％＋0.6×20％＋0.2×5％＝18％

两者的预期报酬率相同，但其概率分布不同。A项目报酬率的分散程度大，变动范围在－90％至90％之间；B项目报酬率的分散程度小，变动范围在5％至25％之间。这说明两个项目的报酬率虽然相同，但是风险不同。为了定量地衡量风险的大小，还要使用统计学中衡量概率分布离散程度的指标。

3. 计算标准离差

表示随机变量离散程度的数量指标包括平均差、方差、标准离差和标准离差率等，最常用的是方差和标准离差。

方差是用来表示随机变量与期望值之间离散程度的一个量。

$$方差(\delta^2) = \sum_{i=1}^{N} (k_i - \bar{k})^2 \times p_i$$

标准离差也叫均方差，是方差的平方根。

$$标准离差(\delta) = \sqrt{\sum_{i=1}^{N} (k_i - \bar{k})^2 \times p_i}$$

仍以前例进行计算：A项目的标准离差是58.79，B项目的标准离差是6.78（计算过程见表6－3、表6－4），定量计算的结果说明A项目的风险比B项目大。

表 6—3　　A 项目的标准离差

| $k_i-\bar{k}$ | $(k_i-\bar{k})^2$ | $(k_i-\bar{k})^2\times p_i$ |
|---|---|---|
| 90—18 | 5 184 | 5 184×0.2 ＝1 036.8 |
| 30—18 | 144 | 144×0.6 ＝86.4 |
| —90—18 | 11 664 | 11 664×0.2＝2 332.8 |
| 方差($\delta^2$) | | 3 456 |
| 标准离差($\delta$) | | 58.79 |

表 6—4　　B 项目的标准离差

| $k_i-\bar{k}$ | $(k_i-\bar{k})^2$ | $(k_i-\bar{k})^2\times p_i$ |
|---|---|---|
| 25—18 | 49 | 49×0.2＝9.8 |
| 20—18 | 4 | 4×0.6＝2.4 |
| 5—18 | 169 | 169×0.2＝33.8 |
| 方差($\delta^2$) | | 46 |
| 标准离差($\delta$) | | 6.78 |

## 三、现金流量观念

### (一)现金流量的含义

现金流量,是指在长期投资决策中,投资项目在其计算期内因资本循环而可能或应该发生的各项现金流入量和现金流出量的统称。现金流量以收付实现制为基础,反映广义现金的流动。一定期间内企业收到的现金称为该期间的现金流入量;一定期间内支出的现金称为该期间的现金流出量;一定期间内的现金流入量与现金流出量的差额称为净现金流量或现金净流量。

以现金流量作为评价长期项目投资经济效益的基础,有如下原因:

(1)采用现金流量将现金收支运动与其发生的时间紧密联系起来,有利于将货币时间价值引入对项目投资的评价体系中,可以更加真实地反映项目的投资效益。

(2)采用现金流量可以回避在贯彻权责发生制时必然遇到的存货估价及费用摊销等问题,可以避免因会计方法不一致而导致的不同方案利润指标相关性差的问题,从而加强了不同投资项目之间的可比性。

### (二)现金流量的内容

1. 现金流入的内容

(1)营业收入

营业收入是指项目投产后由于该项目的实施而每年实现的全部收入,这里主要指的是销售收入或营业收入。

(2)固定资产回收额

固定资产回收额也称固定资产余值,是指投资项目中的固定资产在项目终结时(即项目终结点)报废清理或中途变价转让处理所收回的价值,即处理固定资产的净收益。

(3)流动资金回收额

流动资金回收额主要是指投资项目完全终结时，因不再发生新的替代投资而收回的原垫付的全部流动资金。在实务中，会因资金周转速度的提高而发生某年流动资金增加额为负值的情况。在长期投资决策中，往往假定不发生这种提前回收流动资金投资的现象。因此，各年垫支的流动资金投资额的合计应等于在终结点一次回收的流动资金。

固定资产回收额和流动资金回收额的合计数也称为回收额。

(4) 其他现金流入

其他现金流入是指以上三项以外的现金流入项目。

2. 现金流出的内容

(1)原始投资

原始投资是指任何一个投资项目在初始投资时发生的现金流出量。投资项目的有效持续时间(即指项目计算期)是指该投资项目从建设开始一直到最后清理的全部年份，通常情况下可以分为建设期和生产经营期。项目的投资既可以发生在建设期，也可以发生在生产经营期，但大多发生在建设期。为了简化核算，可假定一个投资项目的所有投资都是在建设期投入的。一个投资项目的原始投资一般包括：①在固定资产上的投资。是指房屋、建筑物、生产设备等的购入或建造成本、运输成本、安装成本等。②在无形资产上的投资。③在流动资产上的投资。是指对原材料、在产品、产成品、存货和货币资金等流动资产的投资。④在其他项目上的投资。是指与长期投资项目有关的谈判费、注册费、职工培训费等筹建费用。

(2)经营成本

经营成本又称付现的营运成本，或简称付现成本，它是生产经营阶段最主要的现金流出项目。某年经营成本等于当年的总成本费用扣除那些性质上属于总成本范畴但不需实际支出现金的部分，如该年的折旧费用、无形资产摊销额、开办费摊销额等。

虽然在生产经营期发生的经营成本节约额相当于本期现金流入的增加，但为统一现金流量的口径，在实务中仍按其性质将节约的经营成本以负值计入现金流出项目，而并非列入现金流入项目。

(3)各项税款

各项税款是指投资项目投产后依法缴纳的、单独列示的各项税款，包括营业税、消费税、所得税等。但一般纳税人企业在价外核算的增值税不包含在此项目中。

(4)其他现金流出

其他现金流出是指不包括以上内容的现金流出项目。

3. 净现金流量

(1)净现金流量的一般计算公式

净现金流量(NCF，又称现金净流量)，是指在项目计算期内由每年现金流入量与同年现金流出量之间的差额所形成的序列指标，它是长期投资决策评价指标计算的重要依据。其一般计算公式为：

$$某年净现金流量=该年现金流入量-该年现金流出量$$

即：

$$NCF_t = CI_t - CO_t$$

上式中的 $NCF_t$ 为第 $t$ 年的净现金流量，$CI_t$ 为第 $t$ 年的现金流入量，$CO_t$ 为第 $t$ 年的现金流出量，$t$ 的取值范围为 $0 \leqslant t \leqslant n$(0 期为建设起点，即第一年年初)。

(2)净现金流量的简便计算公式

由于现金流入和流出在项目计算期内不同阶段上的内容不同，使得各阶段上的净现金流量表现出不同的特点。一个可行的投资方案，在通常情况下，由于建设期内往往只发生投资即现金流出，因此，建设期的净现金流量一般小于或等于零；而在生产经营期内，净现金流量则多为正值。

①建设期的净现金流量计算的简便公式

$$\text{建设期某年的净现金流量}=\text{该年现金流入量}-\text{该年现金流出量}=-\text{该年的原始投资额}$$

②生产经营期的净现金流量计算的简便公式

$$\begin{aligned}\text{生产经营期某年的净现金流量}&=\text{该年现金流入量}-\text{该年现金流出量}\\&=(\text{该年营业收入}+\text{该年回收额})-(\text{该年经营成本}+\text{该年所得税})\\&=(\text{该年营业收入}+\text{该年回收额})-[(\text{该年总成本}-\text{该年折旧}-\text{该年摊销}-\text{该年利息})+\text{该年所得税}]\\&=(\text{该年营业收入}-\text{该年总成本}-\text{该年所得税})+\text{该年折旧}+\text{该年摊销}+\text{该年利息}+\text{该年回收额}\\&=\text{该年净利润}+\text{该年折旧}+\text{该年摊销}+\text{该年利息}+\text{该年回收额}\end{aligned}$$

**【例 6—13】** 某公司准备投资一个新项目，经测算，有关资料如下：

(1)该项目的固定资产投资为 160 万元，在建设起点投入，建设期 1 年；在第 1 年年末垫支流动资产 40 万元，以便进行生产经营活动，垫支的流动资产在项目终结点收回。

(2)预计该固定资产完工后可使用 8 年，期满预计净残值为 8 万元，按直线法计提折旧。

(3)固定资产完工后第 1 年的营业收入为 80 万元，付现成本为 40 万元；以后 7 年的营业收入为 120 万元，付现成本为 60 万元。假定每年的营业收入均于当年收到。

(4)假定该公司适用的所得税税率为 25%。

该项目各年的净现金流量计算如下：

其一，采用一般计算公式计算。根据有关资料编制表 6—5。

**表 6—5　项目各年净现金流量计算表**　单位：万元

| 年　度 | 0 | 1 | 2 | 3～8 | 9 |
|---|---|---|---|---|---|
| 现金流入量 | | | | | |
| 营业收入 | | | 80 | 120 | 120 |
| 固定资产回收额 | | | | | 8 |
| 流动资产回收额 | | | | | 40 |
| 小　计 | 0 | 0 | 80 | 120 | 168 |
| 现金流出量 | | | | | |
| 固定资产投资 | 160 | | | | |
| 流动资产投资 | | 40 | | | |
| 经营成本 | | | 40 | 60 | 60 |
| 所得税 | | | 5.25 | 10.25 | 10.25 |
| 小　计 | 160 | 40 | 45.25 | 70.25 | 70.25 |
| 净现金流量 | —160 | —40 | 34.75 | 49.75 | 97.75 |

其二，采用简便计算公式计算。

建设期的净现金流量＝－该年原始投资额

$NCF_0$＝－160 万元

$NCF_1$＝－40 万元

$NCF_2$＝(80－40－19)×(1－25%)＋19＝34.75(万元)

$NCF_{3\sim8}$＝(120－60－19)×(1－25%)＋19＝49.75(万元)

$NCF_9$＝(120－60－19)×(1－25%)＋19＋40＋8＝97.75(万元)

(3)固定资产更新改造项目净现金流量的计算

由于企业在进行固定资产更新改造决策分析时主要是对固定资产更新和不更新两个方案进行选择，因此，在计算固定资产更新改造项目各年净现金流量时，实质上是在计算固定资产更新和不更新两个方案各年的差量净现金流量($\Delta NCF_t$)这项指标。固定资产更新改造项目各年差量净现金流量的计算公式如下：

$$\frac{\text{建设期某年}}{\text{差量净现金流量}}=-\left(\frac{\text{该年发生的新}}{\text{固定资产投资}}-\frac{\text{旧固定资产}}{\text{变价净收入}}\right)$$

$$\frac{\text{生产经营期某年}}{\text{差量净现金流量}}=\frac{\text{该年因更新改造}}{\text{而增加的净利润}}+\frac{\text{该年因更新改造}}{\text{而增加的折旧额}}+\frac{\text{该年回收新固定资产净残值超过}}{\text{继续使用旧固定资产净残值之差额}}$$

**【例 6－14】** 某企业计划变卖一套尚可使用 5 年的旧设备，另行购置一套新设备来替换它。取得新设备的投资额为 180 000 元，旧设备的账面价值为 150 000 元，已计提折旧 100 000 元，目前变价净收入为 80 000 元，到第 5 年末，新设备与继续使用旧设备的预计净残值相等。使用新设备可使企业在 5 年内每年增加营业收入 60 000 元，增加经营成本 30 000 元，该企业采用直线法计提折旧，所得税税率为 25%。

计算该更新设备项目的项目计算期内各年的差量净现金流量($\Delta NCF_t$)如下：

(1)使用新设备比旧设备增加的投资额＝180 000－80 000＝100 000(元)

(2)经营期每年折旧变动额＝$\dfrac{100\ 000}{5}$＝20 000(元)

(3)经营期每年总成本变动额＝30 000＋20 000＝50 000(元)

(4)经营期每年营业利润变动额＝60 000－50 000＝10 000(元)

(5)经营期每年所得税变动额＝10 000×25%＝2 500(元)

(6)经营期每年净利润变动额＝10 000－2 500＝7 500(元)

(7)建设期差量净现金流量：$\Delta NCF_0$＝－(180 000－80 000)＝－100 000(元)

(8)经营期各年差量净现金流量：$\Delta NCF_{1\sim5}$＝7 500＋20 000＝27 500(元)

## 第二节 长期投资决策评价指标及其计算

长期投资决策评价指标是指用于衡量和比较长期投资项目的可行性及其优劣，以便据以进行方案决策的定量化标准与尺度。它是由一系列综合反映投资效益、投入产出关系的量化指标构成的。长期投资决策评价指标按是否考虑货币时间价值，可分为静态指标和动态指标两大类。

## 一、静态评价指标

### (一)投资利润率

投资利润率(ARR)是指投资项目达产期正常年利润或年均利润与原始投资额的比率。其计算公式为:

$$投资利润率(ARR)=\frac{年利润或年均利润}{原始投资额}\times 100\%$$

**【例 6－15】** 沿用【例 6－13】的资料,计算该项目的投资利润率。

该项目投产后第 1 年净利润=(80－40－19)×(1－25%)=15.75(万元)

该项目投产后第 2～8 年净利润=(120－60－19)×(1－25%)=30.75(万元)

该项目投产后年均净利润=(15.75×1+30.75×7)/8=28.875(万元)

该项目投资利润率=28.875/200=14.44%

投资利润率是一个静态正指标。它的优点是计算过程比较简单,其缺点在于:第一,没有考虑货币时间价值因素;第二,不能正确反映建设期的长短、投资方式的不同和回收额的有无等条件对项目的影响;第三,无法直接利用现金流量信息;第四,计算公式的分子与分母的时间特征不同,不具有可比性。

### (二)静态投资回收期

静态投资回收期(PP)是指以投资项目生产经营期净现金流量抵偿该投资项目原始投资额所需要的全部时间。

1. 特殊条件下静态投资回收期指标的计算

所谓特殊条件,是指所有的原始投资都是在建设起点(即 0 期)投入的,建设期为 0 年,投产后即生产经营期的每年净现金流量相等,则静态投资回收期可以采用以下公式计算:

$$静态投资回收期(PP)=\frac{该项目的原始投资额}{生产经营期年净现金流量}$$

**【例 6－16】** 假设某一投资项目的建设期为 0 年,所有原始投资 100 万元均在建设起点投入,该项目的计算期为 8 年,生产经营期每年的净现金流量均为 20 万元。

要求:计算该投资项目的静态投资回收期。

解:该投资项目的静态投资回收期$(PP)=\frac{100}{20}=5$(年)

2. 一般情况下静态投资回收期的计算

上述特殊条件不可能存在于每个投资项目中,通常情况下,某投资项目各年净现金流量不符合上述特殊条件,这时静态投资回收期就要采用以下方法计算:预计的静态投资回收期需要运用计算各年年末的累计净现金流量的办法进行计算,即逐年计算,直到累计的净现金流量等于零的那一年为止,该年的年数就是该投资项目的静态投资回收期。但有时找不到恰好使累计的净现金流量等于零的那一年,这时投资项目的静态投资回收期就等于最后一年上一年的年数再加上最后一年补偿的原始投资额与最后一年全部净现金流量的比值。

**【例 6－17】** 仍沿用【例 6－13】所示资料,计算该投资项目的静态投资回收期如表 6－6 所示。

表 6—6　　累计净现金流量计算表　　单位:万元

| 年　度 | 每年净现金流量 | 累计净现金流量 |
|---|---|---|
| 第 0 年 | —160 | —160 |
| 第 1 年 | —40 | —200 |
| 第 2 年 | 34.75 | —165.25 |
| 第 3 年 | 49.75 | —115.5 |
| 第 4 年 | 49.75 | —65.75 |
| 第 5 年 | 49.75 | —16 |
| 第 6 年 | 49.75 | 33.75 |
| 第 7 年 | 49.75 | 83.5 |
| 第 8 年 | 49.75 | 133.25 |
| 第 9 年 | 97.75 | 231 |

根据表 6—6 的计算结果可知:该投资项目的静态投资回收期应大于 5 年同时小于 6 年,则:

$$静态投资回收期(PP)=5+\frac{16}{49.75}=5.32(年)$$

静态投资回收期指标是一个绝对量反指标,它能够直观地反映原始投资额的返本期限,便于理解和掌握,其计算也不难,是应用较为广泛的传统评价指标。但由于它没有考虑货币时间价值因素,又不考虑回收期满后继续发生的各期净现金流量的变化情况,故存在着一定弊端。

## 二、动态评价指标

### (一)净现值

任何一项长期投资项目,决策者总是期望未来能获得的报酬的总金额要比原始投资的总金额更多一些,这样才能体现价值的增值。但未来得到的报酬的现金流量和原始投资的现金流量发生在不同时期,根据货币时间价值观念,不同时期货币的价值是不相等的,这两类金额只有统一在同一时点上(通常情况下,这一时点是指建设起点,即 0 期)才好相互对比。所谓的净现值(NPV),就是指在长期投资项目的项目计算期内,按行业基准收益率或其他设定的折现率计算的各年净现金流量现值的代数和。

净现值的计算步骤通常为:

(1)计算投资项目每年的净现金流量。

(2)将每年的净现金流量按照行业基准收益率或设定的折现率折算到建设起点,即已知终值求现值。

(3)将每年的净现金流量的现值相加求代数和,即为净现值。

**【例 6—18】**　某公司现有两个投资项目可供选择,两个投资项目的固定资产投资均为 50 万元,且均在建设起点投入,建设期均为 0 年。两个投资项目的寿命周期均为 5 年,期末无残值,采用直线法计提折旧。假设折现率为 8%,其他有关资料如表 6—7 所示。

表 6—7　　**净现金流量计算表**　　单位：元

| 年度 | 甲项目 | | | 乙项目 | | |
|---|---|---|---|---|---|---|
| | 净利 | 折旧 | *NCF* | 净利 | 折旧 | *NCF* |
| 1 | 200 000 | 100 000 | 300 000 | 140 000 | 100 000 | 240 000 |
| 2 | 200 000 | 100 000 | 300 000 | 180 000 | 100 000 | 280 000 |
| 3 | 200 000 | 100 000 | 300 000 | 220 000 | 100 000 | 320 000 |
| 4 | 200 000 | 100 000 | 300 000 | 240 000 | 100 000 | 340 000 |
| 5 | 200 000 | 100 000 | 300 000 | 220 000 | 100 000 | 320 000 |
| 合　计 | 1 000 000 | 500 000 | 1 500 000 | 1 000 000 | 500 000 | 1 500 000 |

由于甲项目生产经营期各年的净现金流量相等，即为普通年金形式，因此，可采用简化公式进行计算。

甲项目的净现值(*NPV*)＝－500 000＋300 000×(*PVA*/*A*,8%,5)
＝－500 000＋300 000×3.993
＝697 900(元)

由于乙项目的各年净现金流量不相等，故应分别按普通复利折现，然后加总计算净现值。现编制乙项目净现值计算表，如表 6—8 所示。

表 6—8　　**净现值计算表**　　单位：元

| 年　度 $n$ | 各年净现金流量 $NCF_t$ | 复利现值系数 $(PV/F,8\%,n)$ | 复利现值 $PV$ |
|---|---|---|---|
| 0 | －500 000 | 1 | －500 000 |
| 1 | 240 000 | 0.926 | 222 240 |
| 2 | 280 000 | 0.857 | 239 960 |
| 3 | 320 000 | 0.794 | 254 080 |
| 4 | 340 000 | 0.735 | 249 900 |
| 5 | 320 000 | 0.681 | 217 920 |
| 净现值(*NPV*) | | | 684 100 |

在长期投资决策中，很多评价指标的计算都会用到净现值指标，因此，净现值指标是投资决策评价指标中最重要的指标之一。净现值是动态绝对量正指标，其优点在于既综合考虑了货币时间价值因素，又运用了投资项目计算期的全部净现金流量。净现值指标的缺点是，无法从动态的角度直接反映投资项目的实际收益水平，尤其是在几个投资项目的原始投资额不相同的情况下，仅以净现值绝对量的大小，是不能作出获利水平高低的正确评价的。

**(二)净现值率**

净现值率(NPVR)是指投资项目的净现值与原始投资额现值合计之比。其计算公式为：

$$\text{净现值率}(NPVR)=\frac{\text{投资项目的净现值}}{|\text{原始投资额现值合计}|}\times 100\%$$

**【例 6—19】** 仍沿用【例 6—18】所示资料，计算甲、乙两项目的净现值率。

甲项目净现值率＝697 900/500 000＝139.58%

乙项目净现值率＝684 100/500 000＝136.82%

净现值率是一个相对量正指标，在长期投资决策中是一个比较重要的指标。在不同的投资项目计算期内具体内容相同但原始投资不同的情况下，净现值率指标比净现值指标更具有说服力。

**(三)现值指数**

现值指数又称获利指数($PI$)，是指项目投产后各年净现金流量的现值合计与原始投资额的现值合计之比。其计算公式为：

$$现值指数(PI)=\frac{投产后各年净现金流量的现值合计}{原始投资额的现值合计}$$

当原始投资在建设期内全部投入时，现值指数与净现值率有如下关系：

$$现值指数=1+净现值率$$

**【例 6—20】** 仍沿用【例 6—18】所示资料，计算甲、乙两项目的现值指数。

甲项目现值指数＝300 000×$(PVA/A,8\%,5)$/500 000＝2.395 8

乙项目现值指数＝[240 000×$(PV/F,8\%,1)$＋280 000×$(PV/F,8\%,2)$
＋320 000×$(PV/F,8\%,3)$＋340 000×$(PV/F,8\%,4)$
＋320 000×$(PV/F,8\%,5)$]/500 000
＝2.368 2

现值指数是一个折现的相对量评价指标，可从动态的角度反映项目投资的资金投入与总产出之间的关系；其缺点是，除了无法直接反映投资项目的实际收益率外，计算起来比净现值指标复杂，计算口径也不一致。

**(四)内部收益率**

内部收益率($IRR$)又称内含报酬率或内部报酬率，是指使投资项目的净现值等于 0 时的报酬率，是一项长期投资项目在其寿命周期内按现值计算的实际可望达到的投资报酬率。

内部收益率计算的基本原理就是，根据这个报酬率对投资项目寿命周期的各年全部净现金流量进行折现，使未来各年净现金流量的总现值正好等于该投资项目原始投资额的现值合计，即寻求投资项目净现值等于 0 时的投资报酬率。

内部收益率的计算方法，视各年净现金流量发生的具体情况的不同而有所不同，现分述如下：

1. 内部收益率计算的特殊方法

当全部投资均于建设起点一次投入，建设期为 0，投产后每年净现金流量相等时，建设起点即 0 期的净现金流量等于原始投资的负值，第 1 期至第 $n$ 期每年净现金流量为普通年金的形式，依据内部收益率的定义，则有：

$$(-原始投资额)+生产经营期年净现金流量\times(PVA/A,i,n)=0$$

经整理，可得：

$$(PVA/A,i,n)=\frac{原始投资额}{生产经营期年净现金流量}$$

内部收益率特殊计算方法的具体步骤：

(1)首先利用上式计算普通年金现值系数。

(2)根据计算出来的普通年金现值系数，查 $n$ 年期的普通年金现值系数表。

(3)如果在普通年金现值系数表的 $n$ 年序列上恰好能够找到上述公式计算出来的普通年

金现值系数,则该系数所对应折现率即为所求的内部收益率。

(4)如果在普通年金现值系数表的 $n$ 年序列上找不到上述公式计算出来的普通年金现值系数,则应该采用插值法求解。

**【例 6－21】** 某公司有一投资项目,原始投资总额为4 000 000元,全部在建设起点投入,建设期为 0 期,生产经营期为 12 年,生产经营期每年的净现金流量为1 000 000元。

计算该投资项目的内部收益率如下:

$$(PVA/A,i,12)=\frac{4\,000\,000}{1\,000\,000}=4$$

查 12 年的普通年金现值系数表:

$\because (PVA/A,22\%,12)=4.127>4$

$(PVA/A,24\%,12)=3.851<4$

$\therefore 22\%<IRR<24\%$,应用插值法计算 $IRR$:

$$IRR=22\%+(24\%-22\%)\times\frac{4.127-4}{4.127-3.851}=22.92\%$$

2. 内部收益率计算的一般方法

若投资项目各年的净现金流量不符合上述特殊情况,就无法应用简便算法。在这种情况下,需采用逐次测试法,具体方法如下:

(1)先自行设定一个折现率,并根据它来计算该投资项目的净现值。

(2)根据计算的结果,进行如下判断:

①若净现值=0,则此次设定的折现率即为内部收益率,测试完成。

②若净现值>0,则说明原先设定的折现率过低。现值和折现率呈反向关系,即折现率越高,折算出来的现值就越小;反之,折现率越低,折算出来的现值就越大。而内部收益率是寻求使投资项目的净现值等于 0 时的折现率,因此,当测算应用设定的折现率计算出来的净现值大于 0 时,下次测试所设定的折现率就应该调高,应设定一个稍高一些的折现率,再次按照上述步骤进行测试。

③若净现值<0,则说明原先设定的折现率过高。应重新设定一个稍低一些的折现率,再次按照上述步骤进行测试。

(3)如果通过多次测试,始终找不到恰好使投资项目净现值等于 0 时的折现率,则可利用最接近于 0 的两个净现值正负临界值及其相应的折现率,应用插值法计算近似的内部收益率。

在逐步测试法运用过程中,值得注意的是,为了使计算结果更加接近于实际情况,每两次测试所设定的折现率之间的差距不应过大,通常情况下不超过 5%。在测试出来的净现值接近于 0 的时候,两次测试设定折现率的差距一般为 2%。

在内部收益率的两种计算方法中,都可能用到插值法,但具体内容有所不同。在内部收益率计算的特殊方法中,是利用普通年金现值系数进行插值;而在内部收益率计算的一般方法中,是利用计算出来的最为临近的正负净现值进行插值。

**【例 6－22】** 仍沿用【例 6－13】所示资料,计算该投资项目的内部收益率。

根据所示资料整理计算如表 6－9 所示。

表 6-9　　　　内部收益率计算表——多次测试法　　　　单位：万元

| 年度 | 各年净现金流量 $NCF_t$ | 设定折现率12%<br>复利现值系数 | 设定折现率12%<br>复利现值 | 设定折现率14%<br>复利现值系数 | 设定折现率14%<br>复利现值 | 设定折现率16%<br>复利现值系数 | 设定折现率16%<br>复利现值 |
|---|---|---|---|---|---|---|---|
| 0 | -160.00 | 1.000 0 | -160.00 | 1.000 0 | -160.00 | 1.000 0 | -160.00 |
| 1 | -40.00 | 0.892 9 | -35.71 | 0.877 2 | -35.09 | 0.862 1 | -34.48 |
| 2 | 34.75 | 0.797 2 | 27.70 | 0.769 5 | 26.74 | 0.743 2 | 25.83 |
| 3 | 49.75 | 0.711 8 | 35.41 | 0.675 0 | 33.58 | 0.640 7 | 31.87 |
| 4 | 49.75 | 0.635 5 | 31.62 | 0.592 1 | 29.46 | 0.552 3 | 27.48 |
| 5 | 49.75 | 0.567 4 | 28.23 | 0.519 4 | 25.84 | 0.476 2 | 23.69 |
| 6 | 49.75 | 0.506 6 | 25.20 | 0.455 6 | 22.67 | 0.410 4 | 20.42 |
| 7 | 49.75 | 0.452 3 | 22.50 | 0.399 6 | 19.88 | 0.353 8 | 17.60 |
| 8 | 49.75 | 0.403 9 | 20.09 | 0.350 6 | 17.44 | 0.305 0 | 15.17 |
| 9 | 97.75 | 0.360 6 | 35.25 | 0.307 5 | 30.06 | 0.263 0 | 25.71 |
| 净现值 $NPV$ | | 30.29 | | 10.58 | | -6.71 | |

∵　最接近于0的两个净现值临界点分别为-6.71和+10.58，其相应的折现率分别为16%和14%

∴　14%＜$IRR$＜16%，应用插值法计算$IRR$：

$$IRR=14\%+(16\%-14\%)\times\frac{10.58-0}{10.58+6.71}=15.22\%$$

内部收益率指标是一个动态相对量正指标，它能从动态的角度直接反映投资项目的实际收益水平，又不受行业基准收益率高低的影响，比较客观。但该指标的缺点是计算过程十分麻烦，当经营期大量追加投资时，又有可能导致多个$IRR$的出现，或偏高或偏低，缺乏实际意义。

**(五)NPV、NPVR、PI和IRR之间的关系**

净现值$NPV$、净现值率$NPVR$、现值指数$PI$和内部收益率$IRR$指标不仅都属于动态正指标，而且它们之间存在着以下数量关系：

当$NPV>0$时，$NPVR>0$，$PI>1$，$IRR>ic$

当$NPV=0$时，$NPVR=0$，$PI=1$，$IRR=ic$

当$NPV<0$时，$NPVR<0$，$PI<1$，$IRR<ic$

上式中的$ic$代表行业基准收益率或设定的折现率。

此外，净现值率、现值指数和内部收益率指标的计算都需要运用净现值指标的形式和计算技巧。这些指标都受建设期的长短、投资方式以及各年净现金流量的数量特征的影响。所不同的是，净现值为绝对量指标，其余均为相对量指标。计算净现值、净现值率和现值指数指标所依据的折现率都是事先已知的行业基准收益率或设定的折现率，而内部收益率指标的计算本身与行业基准收益率或设定的折现率无关。

# 第三节　长期投资决策评价指标的运用

计算长期投资决策评价指标的目的，是为长期投资决策提供决策的定量依据，进行项目的评价和选优。由于评价指标的运用范围不同、评价指标的自身特征不同，评价指标之间的关系也比较复杂，因此，必须根据具体运用范围确定如何运用评价指标。

## 一、单一独立投资项目的评价

在只有一个长期投资项目可供选择的条件下，需要利用评价指标考察该独立投资项目是否具有财务可行性，从而作出接受或拒绝该投资项目的决策。当有关正指标大于或等于某些特定数值、有关反指标小于或等于某些特定数值时，则该投资项目具有财务可行性，应接受该投资项目；反之，则不具有财务可行性，应拒绝接受。

如果满足下列情况之一，通常该投资项目是可行的，可以接受；反之，应该拒绝。

(1)净现值大于或等于 0；

(2)净现值率大于或等于 0；

(3)现值指数大于或等于 1；

(4)内部收益率大于或等于行业基准收益率或设定的折现率；

(5)静态的投资回收期小于或等于投资项目计算期的一半；

(6)投资利润率大于或等于基准报酬率。

在单一独立投资方案决策过程中，当投资回收期、投资利润率等次要指标的评价结果与净现值等主要指标的评价结果发生矛盾时，应当以主要指标的评价结果为准。而利用净现值、净现值率、现值指数和内部收益率指标进行单一独立投资项目评价时，会得出相同的评价结果。

## 二、多个互斥方案的选择

互斥方案就是互相排斥、不能同时并存的多个方案。也就是说，互斥方案决策过程就是在每一个入选方案已具备技术上的可行性和经济上的合理性的前提下，比较各个方案的优劣，利用评价指标从各个备选方案中最终选出一个最优方案的过程。

在管理会计的多方案比较决策中，将利用某一特定的评价指标作为决策标准或依据的方法称为以该项指标命名的“××法”，如以净现值作为互斥方案择优依据的方法就是所谓的“净现值法”，同样道理还有“净现值率法”、“现值指数法”、“内部收益率法”、“投资利润率法”和“投资回收期法”等。在多个互斥方案的原始投资额和项目计算期相同的情况下，通常采用净现值法和净现值率法。在多个互斥方案的原始投资额和项目计算期不同的情况下，通常采用差额投资内部收益率法和年等额净回收额法。

### (一)差额投资内部收益率法

所谓的差额投资内部收益率法，是指在计算两个投资额不同方案的差量净现金流量 $\Delta NCF$ 的基础上，计算出差额投资内部收益率 $\Delta IRR$，并据以判断方案优劣的方法。在此方法下，当差额投资内部收益率指标大于或等于基准收益率或设定的折现率时，应选择原始投资额大的投资项目；当差额投资内部收益率指标小于基准收益率或设定的折现率时，应选择原始投资额小的投资项目。差额投资内部收益率法适用于两个备选方案之间进行选优，如果备选方案超出两个，采用此法非常麻烦。差额投资内部收益率法的计算步骤为：

第一步：计算两个备选方案的差量净现金流量 $\Delta NCF_t$。

第二步：将差量净现金流量 $\Delta NCF_t$ 视作单一方案的各年净现金流量 $NCF_t$，根据单一方案内部收益率的计算方法，计算出差额投资内部收益率 $\Delta IRR$。

第三步：将 $\Delta IRR$ 与基准收益率或设定的折现率相比较，进行方案选优。

**(二)年等额净回收额法**

所谓的年等额净回收额法,是指根据所有投资项目的年等额净回收额的大小作为选优标准的决策方法。在所有备选方案中,年等额净回收额最大的方案为最优方案。当备选方案超出两个时,采用年等额净回收额法优于采用差额投资内部收益率法。年等额净回收额法的计算步骤为:

第一步:分别计算各个备选方案的净现值 $NPV$。

第二步:将第一步骤计算出来的净现值 $NPV$ 视作各个备选方案的普通年金现值 $PVA$,按照规定的折现率 $i$ 和各投资项目的项目计算期 $n$,分别计算各个备选方案的年等额净回收额 $A$,计算公式为:

$$某方案的年等额净回收额(A)=\frac{NPV}{(PVA/A,i,n)}$$

第三步:比较各备选方案的年等额净回收额,选取年等额净回收额最大的方案。

**【例 6—23】** 仍沿用【例 6—14】所示资料,采用差额投资内部收益率法判断更新方案是否可行(行业基准收益率为 10%)。

$$(PVA/A,\Delta IRR,5)=\frac{100\ 000}{27\ 500}=3.636\ 4$$

$\because (PVA/A,10\%,5)=3.790\ 8>3.636\ 4$

$(PVA/A,12\%,5)=3.604\ 8<3.636\ 4$

$\therefore 10\%<\Delta IRR<12\%$,应采用插值法:

$$\Delta IRR=10\%+\frac{3.790\ 8-3.636\ 4}{3.790\ 8-3.604\ 8}\times(12\%-10\%)=11.66\%$$

由于差额投资内部收益率 11.66%大于选定的行业基准收益率 10%,因而应更新设备。

**【例 6—24】** 某企业拟投资新建一条生产线,现有三个方案可供选择:甲方案原始投资额为 125 万元,项目计算期为 11 年,净现值为 95.87 万元;乙方案原始投资额为 110 万元,项目计算期为 10 年,净现值为 92 万元;丙方案的净现值为—12.5 万元,行业基准收益率为 10%。

采用年等额净回收额法进行决策分析如下:

甲方案、乙方案的净现值大于 0,具有财务上的可行性;丙方案的净现值为负数,不具有财务上的可行性。

$$甲方案的年等额净回收额=\frac{95.87}{(PVA/A,10\%,11)}=\frac{95.87}{6.495}=14.76(万元)$$

$$乙方案的年等额净回收额=\frac{92}{(PVA/A,10\%,10)}=\frac{92}{6.145}=14.97(万元)$$

因为乙方案的年等额净回收额大于甲方案的年等额净回收额,所以乙方案优于甲方案。

## 三、多个投资方案组合的决策

这类决策所涉及的多个投资项目相互之间不排斥,它们之间可以任意组合,在条件允许的情况下,甚至可以选取所有的备选方案。

在资金总量不受限制的情况下,只要备选方案是可行方案,则都可以被选取。而在资金总量受限制的情况下,则需按净现值率或现值指数的大小,结合净现值进行各种组合排队,从中选出能使净现值合计最大的最优组合。具体程序如下:

(1)以各投资项目的净现值率高低为序,逐项计算累计投资额,并与限定的投资总额进行比较。

(2)当截止到某项投资项目(假定为第 $n$ 项)的累计投资总额恰好达到限定的投资总额时,则第 1 项至第 $n$ 项的投资项目组合为最优的投资组合。

(3)若在排序过程中未能直接找到投资项目的最优组合,必须按照下列方法进行必要的修正:

①当排序中发现第 $n$ 项的累计投资额首次超过限定的投资总额,而剔除该投资项目后,按顺延的投资项目计算的累计投资总额却小于或等于限定的投资总额时,可将第 $n$ 项与第 $(n+1)$ 项进行位置交换,继续计算累计投资总额,这种交换可连续进行。

②当排序中发现第 $n$ 项的累计投资额首次超过限定的投资总额,又无法与下一项进行交换,第 $(n-1)$ 项的原始投资额大于第 $n$ 项原始投资额时,可将第 $n$ 项与第 $(n-1)$ 项交换位置,继续计算累计投资总额,这种交换也可连续进行。

③若经过反复交换,已不能再进行交换,仍未找到能使累计投资总额恰好等于限定的投资总额的投资项目组合时,可按最后一次交换后的投资项目组合作为最优组合。

总之,在主要考虑投资效益的条件下,多方案比较决策的主要依据就是,能否保证在充分利用资金的前提下,获得尽可能多的净现值总量。

**【例 6—25】** 现有 A、B、C、D、E 五个投资项目,有关资料如表 6—10 所示。

**表 6—10** 单位:元

| 项 目 | 原始投资 | 净现值 | 净现值率(%) |
|---|---|---|---|
| A | 2 000 000 | 600 000 | 30 |
| B | 3 000 000 | 750 000 | 25 |
| C | 1 000 000 | 400 000 | 40 |
| D | 2 000 000 | 900 000 | 45 |
| E | 4 000 000 | 1 400 000 | 35 |

分别就以下条件作出多方案组合决策:

(1)投资总额不受限制;

(2)投资总额受到限制,分别为 300 万元、500 万元、700 万元。

根据已知资料,按净现值率的大小将各投资项目进行排队,有关资料如表 6—11 所示。

**表 6—11** 单位:元

| 项 目 | 原始投资 | 净现值 | 净现值率(%) |
|---|---|---|---|
| D | 2 000 000 | 900 000 | 45% |
| C | 1 000 000 | 400 000 | 40% |
| E | 4 000 000 | 1 400 000 | 35% |
| A | 2 000 000 | 600 000 | 30% |
| B | 3 000 000 | 750 000 | 25% |

(1)由于投资总额不受限制,而且各个投资项目均为可行方案,所以 A、B、C、D、E 五个投

资项目的组合为最优组合。

(2)当投资总额受到限制时，最优组合的选择就需要根据具体情况而定：

①当投资总额为300万元时，最优组合为D+C，该组合可获得净现值为1 300 000元，大于其他组合或项目：C+A、B。

②当投资总额为500万元时，最优组合为D+C+A，该组合可获得净现值为1 900 000元，大于其他组合：C+E、D+B、A+B。

③当投资总额为700万元时，最优组合为D+C+E，该组合可获得净现值为2 700 000元，大于其他组合：C+E+A、D+A+B、E+B。

## 四、固定资产更新决策

固定资产更新是指对技术上或经济上不宜继续使用的旧资产，用新的资产更换或用先进的技术对原有设备进行局部改造。固定资产更新决策是长期投资决策中的一个重要问题。固定资产形成以后，由于资产本身的磨损以及技术、经济上的原因，都面临着继续使用和更新重置的选择问题。

固定资产更新决策主要研究三个问题：一是是否更新，即是继续使用旧资产还是更换新资产；二是何时更新，即确定固定资产的最佳使用年限；三是更新何种设备，即决定选择什么样的设备来更新。实际上，这几个问题是结合在一起考虑的。如果市场上没有比现有设备更适用的设备，那么就继续使用旧设备。由于旧设备总可以通过修理继续使用，所以更新决策是继续使用旧设备还是购置新设备的选择。

### (一)更新决策的现金流量分析

固定资产更新决策，即是否继续使用旧设备或购置新设备的决策。

固定资产更新过程中，若不同决策方案改变了企业的生产能力，形成的现金流量包括现金流出和现金流入，则可以采用已有的净现值法或内含报酬率法来进行决策。

但是，一般情况下，设备更换并不改变企业的生产能力，不增加企业的现金流入，更新决策的现金流量主要是现金流出。即使有少量的残值变价收入，也属于支出抵减，而非实质上的流入增加，这就给更新决策的现金流量分析带来了新困难，即没有适当的现金流入，净现值或内含报酬率就无法计算。

**【例6—26】**　某企业有一台旧设备，工程技术人员提供了更新设备的有关数据，如表6—12所示。

**表6—12**　　单位：万元

| 项　目 | 旧设备 | 新设备 |
| --- | --- | --- |
| 原值 | 2 200 | 2 400 |
| 预计使用年限 | 10 | 10 |
| 已经使用年限 | 4 | 0 |
| 设备残值 | 200 | 300 |
| 变现价值 | 600 | 2 400 |
| 年营运成本 | 700 | 400 |

假设该企业要求的最低报酬率为15%，要求进行是否更新设备的决策。

对两个方案进行现金流量分析，两个方案的现金流量情况如下：

方案一，使用旧设备：

$n=6$

$NCF_0=-600$（万元）

$NCF_{1\sim5}=-700$（万元）

$NCF_6=-700+200=-500$（万元）

方案二，使用新设备：

$n=10$

$NCF_0=-2\ 400$（万元）

$NCF_{1\sim9}=-400$（万元）

$NCF_{10}=-400+300=-100$（万元）

我们发现，由于没有现金流入，计算净现值意义不大。由于使用年限不同，成本比较法也不具有可行性。而且新、旧设备的尚可使用年限不相同，不可使用差量分析法进行决策，即旧设备尚可使用 6 年，新设备尚可使用 10 年，第 7 年的成本差额难以确定。因此，可行的决策方法是通过比较两种方案的年成本，以年平均成本最低者为最优方案。

**（二）固定资产年平均成本法**

固定资产的年平均成本，是指该资产引起的现金流出的年平均值。若不考虑货币时间价值，它是未来尚可使用年限内的现金流出总额与尚可使用年限的比值。若考虑货币时间价值，它是未来尚可使用年限内的现金流出总现值与年金现值系数的比值，即平均每年的现金流出。

当不考虑货币时间价值时，年平均成本计算公式如下：

$$\text{年平均成本}=\frac{\text{原始投资}-\text{残值}}{\text{有效使用年限}}+\text{年运行成本}$$

当考虑货币时间价值时，年平均成本计算公式如下：

$$\text{年平均成本}=\frac{\text{原始投资的现值}+\text{年运行成本的现值}-\text{残值的现值}}{(PVA/A,i,n)}$$

**【例 6－27】** 仍以【例 6－26】为例，采用固定资产年平均成本法进行决策分析。

(1)不考虑货币时间价值

旧设备年平均成本＝(600＋700×6－200)÷6＝767(万元)

新设备年平均成本＝(2 400＋400×10－300)÷10＝610(万元)

(2)考虑货币时间价值

$$\begin{aligned}\text{旧设备年平均成本}&=[600+700\times(PVA/A,15\%,6)-200\times(PV/F,15\%,6)]\\&\quad\div(PVA/A,15\%,6)\\&=[600+700\times3.784-200\times0.432]\div3.784\\&=836\text{(万元)}\end{aligned}$$

$$\begin{aligned}\text{新设备年平均成本}&=[2\ 400+400\times(PVA/A,15\%,10)-300\times(PV/F,15\%,10)]\\&\quad\div(PVA/A,15\%,10)\\&=[2\ 400+400\times5.019-300\times0.247]\div5.019\\&=863\text{(万元)}\end{aligned}$$

通过比较可知，使用旧设备的年平均成本较低，不宜进行设备更新。

**（三）固定资产差量分析法**

如果固定资产更新之后，未来使用年限与旧设备的尚可使用年限相同，也可以采用差量分析法进行决策。

**【例 6—28】** 某公司考虑用一台效率更好的新设备来代替旧设备，以减少成本、增加收益。旧设备原购置成本为40 000元，已使用 5 年，估计还可使用 5 年，已提折旧20 000元，假定使用期满后无残值，如果现在销售可得价款10 000元，使用该设备每年可获收入50 000元，每年的现付成本为30 000元。新设备的购置成本为60 000元，估计可使用 5 年，期满有残值10 000元，使用新设备后，每年收入可达80 000元，每年的现付成本为40 000元。假定该公司的资金成本为 10%，所得税税率为 25%。试作出该公司是继续使用旧设备还是对其进行更新的决策。

在本例中，一个方案是继续使用旧设备，另一个方案是出售旧设备而购置新设备。为此，我们可采用差量分析法来计算一个方案比另一个方案增减的现金流量，所有增减额均用“Δ”表示。下面以新设备为标准，计算两个方案的差量现金流量：

(1)计算初始投资与折旧的现金流量。

Δ初始投资＝60 000－10 000＝50 000(元)

Δ年折旧额＝10 000－4 000＝6 000(元)

(2)计算各年营业净现金流量的差量，如表 6—13 所示。

**表 6—13**　　单位：元

| 项目 \ 时间 | 1~5 年 |
|---|---|
| Δ销售收入① | 30 000 |
| Δ付现成本② | 10 000 |
| Δ折旧额③ | 6 000 |
| Δ税前净利④＝①－②－③ | 14 000 |
| Δ所得税⑤＝④×25% | 3 500 |
| Δ税后净利⑥＝④－⑤ | 10 500 |
| Δ营业净现金流量⑦＝⑥＋③ | 16 500 |

(3)计算两个方案现金流量的差量，如表 6—14 所示。

**表 6—14**　　单位：元

| 项目 \ 时间 | 0 | 1 | 2 | 3 | 4 | 5 |
|---|---|---|---|---|---|---|
| Δ初始投资 | －50 000 | | | | | |
| Δ营业净现金流量 | | 16 500 | 16 500 | 16 500 | 16 500 | 16 500 |
| Δ终结现金流量 | | | | | | 10 000 |
| Δ现金流量 | －50 000 | 16 500 | 16 500 | 16 500 | 16 500 | 26 500 |

(4)计算净现值的差量：

$$\Delta NPV = 16\ 500 \times (PVA/A,10\%,4) + 26\ 500 \times (PV/F,10\%,5) - 50\ 000$$
$$= 16\ 500 \times 3.170 + 26\ 500 \times 0.621 - 50\ 000$$
$$= 18\ 761.5(\text{元})$$

投资项目更新后，有净现值 18 761.5 元，故应进行更新。

## 本章关键概念

货币时间价值　年金　现金流量　投资利润率　静态投资回收期　净现值　净现值率　现值指数　内部收益率

## 复习思考题

1. 在长期投资决策中，为什么要考虑货币时间价值因素？
2. 简述现金流量及其内容。
3. 为什么要采用固定资产经济寿命作为固定资产的最佳使用年限？
4. 净现金流量是如何计算的？
5. 什么是固定资产的经济寿命？为什么要使用该项指标？
6. 静态投资回收期和动态投资回收期的关系是什么？
7. 什么是净现值？净现值指标在长期投资决策中的地位如何？
8. 净现值、净现值率、现值指数和内部收益率指标之间的关系是什么？
9. 如何运用各项长期投资指标进行单一独立投资项目决策？
10. 在原始投资额不相等的情况下，应采用什么方法进行选优决策？简述各个方法的具体内容和评价标准。
11. 简述长期投资评价指标的分类。
12. 当投资总额受到限制时，应如何进行多个投资项目组合排队的决策分析？

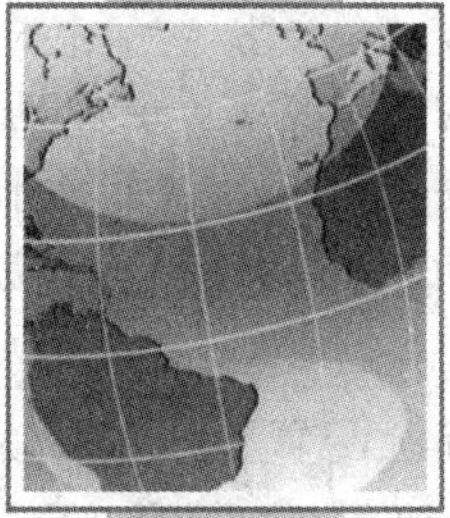

# 第七章 全面预算

### 引言

企业通过长期和短期经营决策，基本上可以确定未来生产经营活动的长期战略目标和短期经营目标。为了实现既定的目标，保证决策所确定的最优方案在实际工作中得到贯彻执行，全面预算的编制成为必不可少的手段与方法。本章在介绍全面预算编制的基本原理与方法的基础上，阐述全面预算编制的具体程序和步骤。

## 第一节　全面预算概述

### 一、企业战略、长期经营计划与全面预算

#### (一)全面预算含义

预算是一种以量化形式表现的计划，用以规划、安排预算期内资源的获得、配置和使用。在不同的应用领域，预算的内涵也有所不同。在法律领域，预算是指政府预算，是政府为了筹集、使用和分配财政资金，按照法定程序编制，经过国家权力机构审查、批准的，具有法律地位的年度财政收支计划。在工程领域，预算是指工程预算，是根据工程项目不同设计阶段设计文件的具体内容和有关定额、指标及取费标准，预先计算和确定建设项目全部工程费用的技术经济文件。在企业管理领域，预算是指企业预算，是企业对预算期内各项经济活动数量化和货币化的计划安排。

全面预算一般是指企业管理领域的预算，它是企业为了实现战略规划和经营目标，按照一定程序编制、审查和批准的，以货币及其他数量形式反映企业未来时期全部经营活动各项目标的行动计划与相应措施的数量说明，具体包括特种决策预算、日常业务预算和财务预算三大类内容。

特种决策预算又称专门决策预算或投融资预算，它实际是企业投融资决策方案的进一步策划，最能直接体现决策的结果。如资本支出预算，其编制依据可追溯至决策之前收集到的有关资料，只不过预算比决策估算更细致、更精确。

日常业务预算是指与企业日常经营活动直接相关的经营业务的各种预算。具体包括销售预算、生产预算、直接材料预算、直接人工预算、制造费用预算、产品成本预算、应交税费及附加预算、销售及管理费用预算等，这些预算前后衔接、相互勾稽，既有价值量指标，又有实物量和时间量指标。

财务预算是一系列专门反映企业未来一定时期财务状况、经营成果以及现金收支等价值指标的各种预算的总称。具体包括现金预算、预计利润表、预计资产负债表等内容。财务预算作为全面预算体系中的最后环节，可以从价值方面总括地反映特种决策预算和日常业务预算

的结果，也称为总预算，其余预算则相应称为辅助预算或分预算。由此可见，财务预算在全面预算体系中占有举足轻重的地位。

**（二）全面预算与企业战略、长期经营计划的关系**

全面预算作为企业内部控制体系的重要组成部分，其基本功能可分为两大类：一是计划；二是控制。无论是在计划方面还是在控制方面，企业战略对预算功能的发挥都起着决定性作用。以企业战略作为预算编制的起点，直接决定或影响到不同预算模式的确定、预算目标规划及不同目标下组织责任的界定。

企业战略是对企业全局的且长远的发展方向、目标、任务、政策以及资源配置作出的决策与安排。在企业战略规划中，企业在进行环境分析和可利用资源分析的基础上，制定企业及各部门未来发展的战略目标，并将其具体化为一套财务关键指标和非财务指标的预测值，从而为企业长期经营计划的安排和年度经营活动方案的确定提供目标与方向。

源于企业战略规划的长期经营计划，属于“研究开发计划”，它涉及新产品和新市场的研究开发（在这里，研究开发是一个广义的概念，不限于传统意义上的技术研究开发等）。长期经营计划既是落实战略规划的必要手段，同时也对企业未来生产经营具有长远的意义，决定了企业未来的经营方向、规模、资源配置以及长期发展目标等问题。

全面预算源于战略规划、受制于长期经营计划，是对企业年度营运活动中的物料供应、产品生产和销售等环节所作的规划和安排。它以落实战略规划、成熟的经营计划以及关注现有产品和现有市场为重点。

企业战略、长期经营计划和全面预算都属于计划的范畴。“计划”是管理的首要职能，是对未来行动方案的一种规划和说明，起到设定目标、明确活动内容、规定任务期限、落实执行责任的作用。按照计划的时间跨度、内容和作用不同，可以将计划分为战略计划、策略计划和行动计划。其中，战略计划的时间跨度通常在5年以上，内容比较抽象概括，是具有全局性的计划；策略计划的时间跨度一般在3年左右，内容比较具体，是将战略计划中具有广泛性的目标转变为确定目标，并进一步规定达到各种目标的确切时间的计划；行动计划的时间跨度通常为1年及1年以下，内容详细具体，是为了实现战略计划、策略计划而“化战略为行动”的短期计划。因此，企业战略规划属于战略计划，长期经营计划属于策略计划，全面预算属于行动计划。

在当今的市场经济环境下，恰当的战略规划和战略目标是企业成功的前提，但成功的关键还在于执行和落实。而企业经营环境中各种因素的变化、企业资源和能力的有限性以及决策分析信息的不对称性等，使得企业所制定的战略的持久性、战略规划的有效性及长期经营计划的执行存在一定的风险。只有把战略变成系统的、具体的、可行的行动计划，并能够随着企业环境的变化而不断调整行动方案，才是成功企业的必备条件。而这个系统的、具体的、可行的行动计划，就是全面预算。

综上所述，全面预算本质上是一种战略管理活动。首先，预算的目标是与企业战略目标相吻合的，不考虑战略目标的预算管理是无法增强企业的竞争优势的，更不能提高企业的核心竞争力。不同时期、不同类型企业的战略存在着差异，而相应的预算体系也不同。战略的不同导致了企业发展思路和方针、长期发展计划的差异，从而导致预算管理的目标和重点也不一样。其次，全面预算将实现企业战略与长期经营计划落实到具体的生产经营环节。企业长期经营计划的制订基于其战略的定位，对未来活动作出安排，包括以市场预测为依托的市场营销计划、以生产安排为主线的产品经营计划、投资与设备更新计划、并购与重组计划、研究与开发计划、人力资源计划等。全面预算就是在这些计划的基础上，制定企业的收入预算、成本预算、各项费用预算等，它是在计划的基础上所作出价值量的表述和安排。最后，全面预算的战略性还体现在其是沟通企业战略和经营管理活动的桥梁。

全面预算作为一种企业整体规划和动态控制的管理方法，对企业整体经营活动进行量化管理与计划安排，是企业整体战略和长期经营计划的具体体现。企业战略、长期经营计划及全面预算之间的关系如图 7－1 所示。

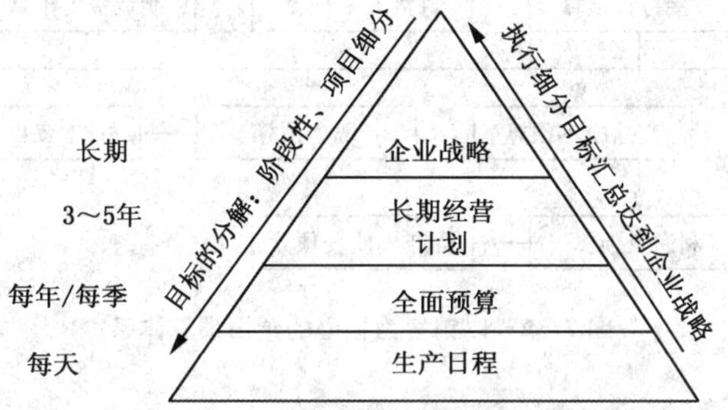


**图 7－1　企业战略、长期经营计划及全面预算之间的关系**

## 二、全面预算的体系

全面预算是由一系列预算按照其经济内容及相互关系有序排列组成的有机整体。各项预算之间前后衔接、相互关联、相互制约、相辅相成，存在严格的勾稽关系，形成一个完整的、科学的、系统的全面预算体系。

全面预算体系中各项预算的相互关系源于企业的战略目标和战略规划。从财务视角看，企业的战略目标和重点主要有以规模为导向的战略模式、以收益为导向的战略模式。当然，不同企业生命周期不同，其战略立足点有所差异，或两者兼而有之。

**(一)以规模为导向的战略模式**

以规模为导向的战略模式主要适用于投入期和成长期的企业。当企业处于投入期或步入成长期时，战略重点往往不在财务而在营销上，即通过市场营销来开发市场潜力和提高市场占有率。因此，其预算管理的重点也是借助于预算机制和管理形式来促进营销扩张战略的全面落实，以取得企业可持续的市场规模优势，这时往往采用以销售为核心的管理模式。

在以销售为核心的管理模式中，预算关注的主要内容是：(1)以市场为依托，基于扩大市场占有率的目标要求和销售预测编制销售预算；(2)以“以销定产”为原则，编制生产、成本和费用等各职能预算；(3)以各职能预算为基础，编制综合财务预算。

以销售为核心的管理模式下全面预算体系如图 7－2 所示。

**(二)以收益为导向的战略模式**

当企业步入成熟期后，已经形成一定规模，追求最大化收益成为必然选择。在收益实现过程中，企业要么把管理重心放在目标利润的实现上，要么会全面关注企业经营的方方面面，由此区分下面两种管理模式：

1. 以目标利润为核心的管理模式

以目标利润为核心的管理模式主要适用于成熟期企业以及集团化、多元化企业。因为对于大多数集团化、多元化企业而言，企业生命周期的特征并不突出，不同分部或产品的生命周

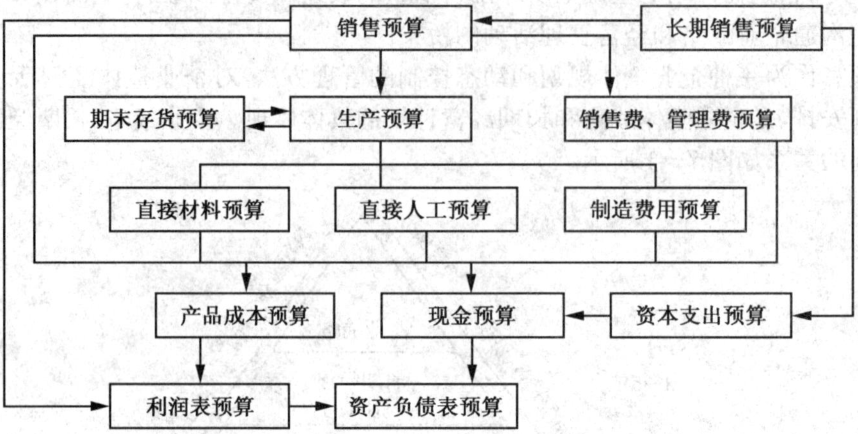


**图 7—2 以销售为核心的全面预算体系**

期在空间上同时并存，在时间上相互继起，因此，企业的具体战略也是多元的。但从整体上战略的核心不外乎追求股东财富或企业价值最大化，具体到最直接且最易于理解的财务指标就是目标利润。以目标利润为核心的管理模式便成为众多集团企业的现实选择。

在以目标利润为核心的管理模式中，强调目标利润实现是企业管理的重心和主线，实施重点如下：(1)依据出资人回报要求、市场报酬标杆或内部持续改善要求，确定企业目标利润总规模；(2)制定公平、合理的分目标利润确定规则，进行目标分解；(3)确定实现目标利润的具体规划和资源安排，形成各相关业务预算和财务预算。

以目标利润为核心的管理模式下全面预算体系如图 7—3 所示。

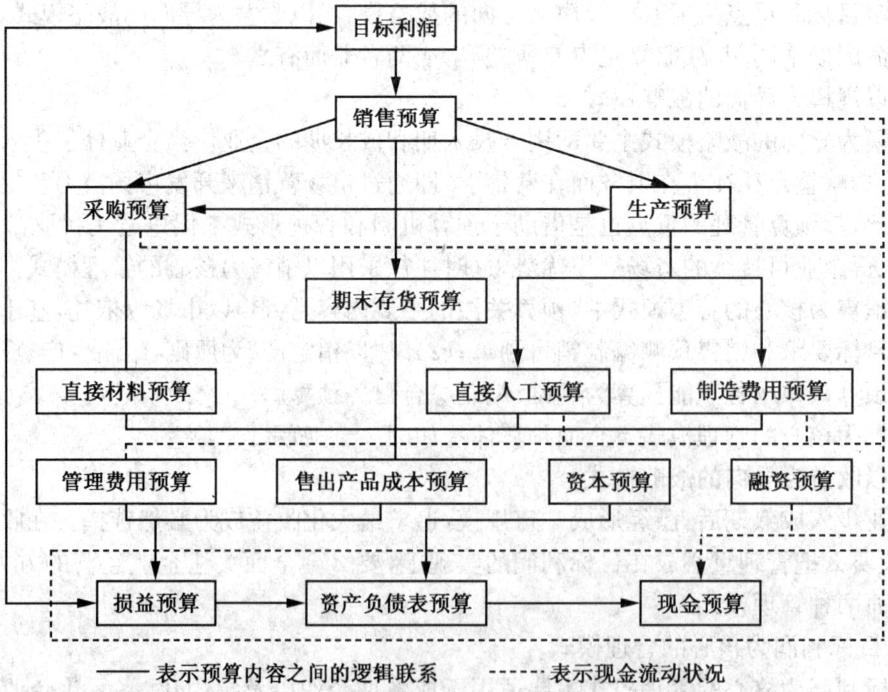


**图 7—3 以目标利润为核心的全面预算体系**

2. 以现金流量为核心的管理模式

企业收益实现中一个重要的质量表现即现金流状况。"现金流为王"的观念已被越来越多的企业所认可和接受。为此,现金流日益成为众多企业管理战略中的关注重点。与此相适应,以现金流量为核心的管理模式也成为众多企业的选择。

在以现金流量为核心的管理模式中,强调以现金预算为龙头,集中企业资金管理,实施要点有:(1)依据以收定支、与成本费用匹配的原则,采取零基预算的方法编制现金流量预算,按收付实现制反映业绩;(2)由资金管理部门制定统一格式和要求,并对各部门预算的子项目进行细化,对所有数据提供对应的现金流量;(3)资金管理部门对各责任单位预算汇总、初审、平衡,并与企业经营目标相对应,最终形成年度现金流量预算;(4)根据企业年度现金流量预算制定各部门的动态现金流量预算,按季、月、周对各部门的现金流量制定分时段预算,据以对其日常现金流量进行动态控制。

以现金流量为核心的管理模式下全面预算体系如图7—4所示。

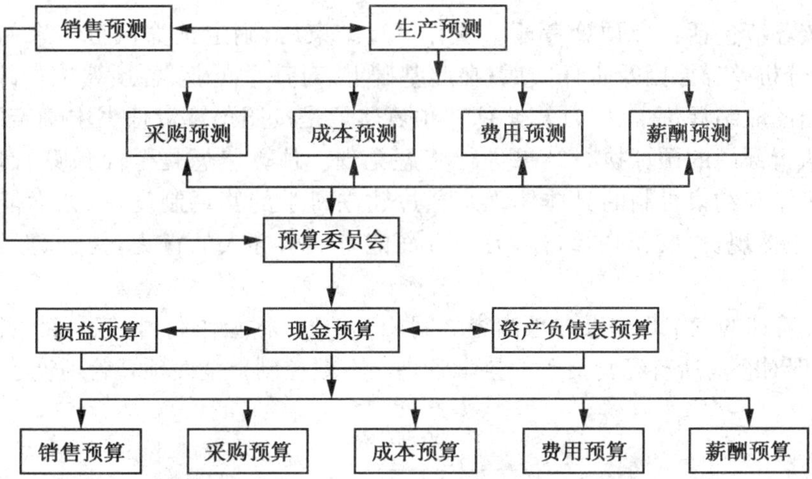


**图7—4　以现金流量为核心的全面预算体系**

## 三、全面预算管理

全面预算管理是指企业为实现战略规划和经营目标,对预算期内的经营活动、投资活动和筹资活动,通过预算的方式进行合理的规划、预计、测算和描述,并以预算为标准,对其执行过程和执行结果进行计量、控制、调整、核算、分析、考核和奖惩等一系列管理活动的总称。全面预算管理作为对现代企业成熟与发展起到重大推动作用的管理系统,是企业内部管理控制的一种主要方法。从最初的计划、协调,发展到现在兼具控制、激励、评价等诸多功能的一种综合贯彻企业经营战略的管理工具,全面预算管理在企业内部控制中日益发挥核心作用。

企业全面预算管理的业务流程包括预算编制、预算执行和预算考核三个环节。

预算编制环节包括:(1)拟定预算目标。预算目标是预算期内企业各项经营活动所要达到的结果,是落实到各预算部门的具体的责任目标值。各部门在编制预算草案前,企业管理当局要根据战略规划和长期经营计划拟定企业及各预算部门的预算目标和预算编制大纲,作为编制全面预算的方向和依据。(2)预算编制。各预算部门根据预算决策机构下达的预算目标和预算编制大纲，综合考虑预算期内市场环境、资源状况、自身条件等因素，按照“自上而下、自下而上、上下结合”的程序编制预算草案。(3)预算审批。企业预算管理部门对各预算部门上报的预算草案进行审查、汇总，提出综合平衡的建议和调整意见；在企业各有关部门进一步修订、调整、平衡的基础上，汇总编制企业全面预算草案，经公司总经理签批后提交董事会或股东大会审议批准。

预算执行环节包括：(1)预算分解与落实。全面预算审批下达后，管理当局要通过签订预算责任书的方式将预算指标层层分解、细化，从横向和纵向两个方面将预算指标落实到企业内部各预算执行部门，形成全方位的预算执行责任体系。(2)预算执行和控制。在整个预算期内，企业各项经营活动的开展要以全面预算为依据，并按照一定的程序和方法，对预算的执行进行监控，确保企业及各预算部门实现预算目标。(3)预算分析和调整。预算是对未来经营活动的指导，但预算编制中存在很多不确定性因素，因此，在预算执行中要对预算执行过程及结果进行分析，根据环境等因素的变化对预算作不断的修订和调整，以确保预算作用的发挥。

预算考核环节包括：(1)预算考评。预算执行结束后，确定预算执行结果与预算标准之间的差异，并分析差异原因及责任归属；在此基础上，对整个企业、各预算执行部门和预算责任人作出恰当的业绩评价。(2)预算奖惩。预算奖惩是按照预算责任书中确定的奖惩方案，根据各预算执行部门的预算执行结果进行奖惩兑现。预算奖惩是全面预算管理的生命线，是预算激励机制和约束机制的具体体现。通过建立科学的奖惩制度，一方面能使预算考评落到实处，真正体现责、权、利的结合；另一方面能有效引导人的行为，使预算目标和预算行为协调一致。

全面预算管理的三个环节及各项内容之间相互关联、相互作用、相互衔接，并周而复始地循环，从而实现对企业所有经营活动的科学管理与有效控制。全面预算管理流程如图7—5所示。

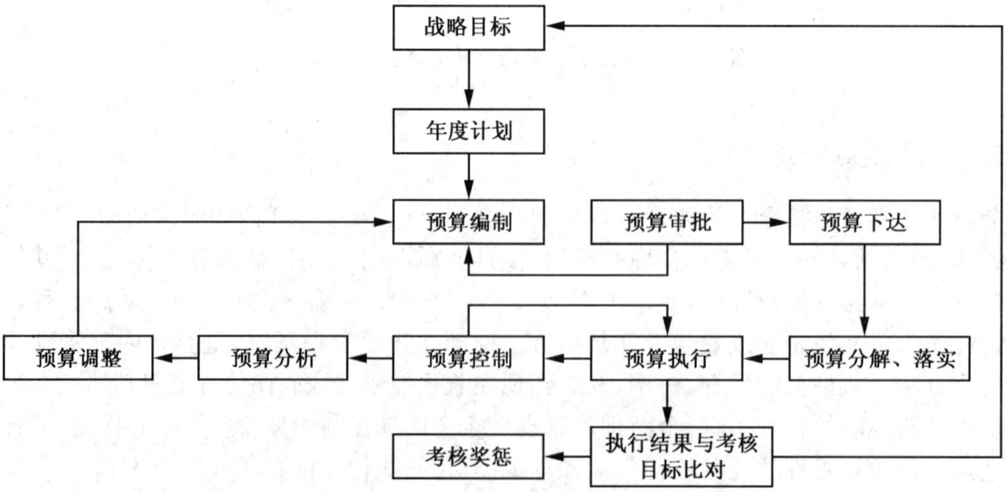


图7—5 全面预算管理流程

# 第二节　全面预算的编制

全面预算涉及企业预算期间的全部经营活动及其成果。为保证预算目标的科学性和各预算数字之间的协调性，在具体编制这些预算时，应按照各项预算的相互逻辑关系，以销售预算为基础逐步进行编制。

## 一、日常经营预算的编制

日常经营预算是反映企业在计划期间日常发生的各种具有实质性的基本活动的预算，主要包括销售预算、生产预算、直接材料预算、直接人工预算、制造费用预算、产品成本预算、销售及管理费用预算，以及经营活动中涉及的应交税费及增值税预算等。

### （一）销售预算

销售预算是全面预算编制的基础和起点，它主要根据企业年度的利润目标和销售预测，对预算期内各产品的销售量和销售额等作出计划。在编制过程中，应根据有关年度内各季度市场预测的销售量和售价，确定预算期销售收入，同时考虑增值税销项税额的取得情况。

为了便于财务预算，还应在编制销售预算的同时，编制与销售收入有关的经营现金收入预算表，以反映全年及各季销售所得的现销含税收入和回收以前时期应收账款的现金收入。

**【例7—1】** MC公司生产经营甲、乙两种产品，20×7年度预计销售情况为：每季度甲产品预计销售量均为100件，一至四季度乙产品预计销售量分别为400件、500件、600件和500件。甲、乙产品预计单价分别为100元和50元。甲产品的现销比例为100%，乙产品的货款分别按70%、20%和10%分三个季度收回。该公司20×7年初应收账款余额为7 000元，一季度均可收回。该公司增值税税率为17%。则该公司20×7年度的销售预算如表7—1、表7—2所示。

**表7—1　　20×7年度MC公司销售预算**　　单位：元

| 季度 | | 一 | 二 | 三 | 四 | 全年 |
|---|---|---|---|---|---|---|
| 销售单价（元/件） | 甲产品 | 100 | 100 | 100 | 100 | 100 |
| | 乙产品 | 50 | 50 | 50 | 50 | 50 |
| 预计销量（件） | 甲产品 | 100 | 100 | 100 | 100 | 400 |
| | 乙产品 | 400 | 500 | 600 | 500 | 2 000 |
| 预计销售收入 | 甲产品 | 10 000 | 10 000 | 10 000 | 10 000 | 40 000 |
| | 乙产品 | 20 000 | 25 000 | 30 000 | 25 000 | 100 000 |
| | 合计 | 30 000 | 35 000 | 40 000 | 35 000 | 140 000 |
| 增值税销项税额 | 甲产品 | 1 700 | 1 700 | 1 700 | 1 700 | 6 800 |
| | 乙产品 | 3 400 | 4 250 | 5 100 | 4 250 | 17 000 |
| | 合计 | 5 100 | 5 950 | 6 800 | 5 950 | 23 800 |
| 含税销售收入 | 甲产品 | 11 700 | 11 700 | 11 700 | 11 700 | 46 800 |
| | 乙产品 | 23 400 | 29 250 | 35 100 | 29 250 | 117 000 |
| | 合计 | 35 100 | 40 950 | 46 800 | 40 950 | 163 800 |

表 7—2　　**20×7 年度 MC 公司经营现金收入预算**　　单位：元

| 季度 | 一 | 二 | 三 | 四 | 全年 |
|---|---|---|---|---|---|
| 含税销售收入 | 35 100 | 40 950 | 46 800 | 40 950 | 163 800 |
| 期初应收账款 | 7 000 | | | | 7 000 |
| 第一季度 | 28 080 | 4 680 | 2 340 | | 35 100 |
| 第二季度 | | 32 175 | 5 850 | 2 925 | 40 950 |
| 第三季度 | | | 36 270 | 7 020 | 43 290 |
| 第四季度 | | | | 32 175 | 32 175 |
| 经营现金收入合计 | 35 080 | 36 855 | 44 460 | 42 120 | 158 515 |

**(二)生产预算**

生产预算是指为规划企业预算期内预计生产量水平而编制的一种日常业务预算。它是在销售预算的基础上编制的,并可以为下一步编制成本和费用预算提供依据。

编制生产预算的主要依据是预算期各种产品的预计销售量及存货量资料。具体计算公式为:

$$\text{预计生产量}=\text{预计销售量}+\text{预计期末产成品存货量}-\text{预计期初产成品存货量}$$

由于预计销售量可以直接从销售预算中得到,预计期初存货量等于上季期末存货量,因此,编制生产预算的关键是正确地确定各季预计期末存货量。在实践中,可按事先估计的期末存货量占一定时期销售量比例进行估算,当然还要考虑季节性因素的影响。

**【例 7—2】** MC 公司 20×7 年度预计产成品存货资料如下:甲产品 20×6 年末存货量为 50 件,单位变动成本为 91.6 元,每季末存货量均为 50 件;乙产品 20×6 年末存货量为 40 件,单位变动成本为 38 元,20×7 年末存货量为 60 件,其余每季度存货量均为下季销量的 10%。存货按先进先出法计价。则该公司 20×7 年度的生产预算如表 7—3 所示。

表 7—3　　**20×7 年度 MC 公司生产预算**　　单位:件

| 产品 | 季度 | 一 | 二 | 三 | 四 | 全年 |
|---|---|---|---|---|---|---|
| 甲产品 | 预计销售量 | 100 | 100 | 100 | 100 | 400 |
| | 加:预计期末存货量 | 50 | 50 | 50 | 50 | 50 |
| | 减:期初存货量 | 50 | 50 | 50 | 50 | 50 |
| | 预计生产量 | 100 | 100 | 100 | 100 | 400 |
| 乙产品 | 预计销售量 | 400 | 500 | 600 | 500 | 2 000 |
| | 加:预计期末存货量 | 50 | 60 | 50 | 60 | 60 |
| | 减:期初存货量 | 40 | 50 | 60 | 50 | 40 |
| | 预计生产量 | 410 | 510 | 590 | 510 | 2 020 |

**(三)直接材料预算**

直接材料预算是指为规划一定预算期内因组织生产活动和材料采购活动预计发生的直接材料需用量、采购数量和采购成本而编制的一种经营预算。

直接材料预算以生产预算、材料消耗定额和预计材料采购单价等信息为基础,并考虑期初、期末材料存货水平。该预算中相关预算指标计算公式如下:

$$\text{预计直接材料生产需要量} = \text{预计生产量} \times \text{单位产品材料消耗定额}$$

$$\text{预计直接材料采购量} = \text{预计直接材料生产需要量} + \text{预计期末材料存货量} - \text{预计期初材料存货量}$$

$$\text{预计直接材料采购成本} = \text{预计直接材料采购量} \times \text{材料计划单价}$$

$$\text{预计直接材料采购总支出} = \text{预计直接材料采购成本} \times (1+\text{增值税税率})$$

为了便于编制财务预算，在直接材料预算中还必须计算与材料采购活动有关的现金支出，包括前期采购材料将于本期支付的现金和本期采购材料并于本期支付的现金。

**【例 7—3】** MC 公司甲、乙两种产品 20×7 年度需用的各种材料消耗定额和采购单价如表 7—4 所示。

**表 7—4　　20×7 年度 MC 公司材料消耗定额及采购单价资料**

| 项目 | 直接材料 | | |
|---|---|---|---|
| | A 材料 | B 材料 | C 材料 |
| 单位甲产品消耗定额 | 10 千克 | 5 千克 | |
| 单位乙产品消耗定额 | 3 千克 | 2 千克 | |
| 材料单价 | 2 元 | 7 元 | 10 元 |

该公司 20×7 年度预计材料的存货量及付款方式如下：20×6 年末 A 材料存货量 669 千克，B 材料 396 千克；预计 20×7 年末 A 材料存货量 840 千克，B 材料 510 千克。各种材料季末存货量均为下季生产总耗用量的 30%。每季购买 A、B 材料只需支付 60%现金，余款在下季内付清。根据特种预算，企业拟于 20×7 年第四季度购买10 000元 C 材料，以备下年开发新产品之用，付款方式同上。20×6 年末应付账款余额为5 000元，20×7 年第一季度支付。则该公司 20×7 年度的直接材料预算如表 7—5、表 7—6、表 7—7 所示。

**表 7—5　　20×7 年度 MC 公司直接材料需用量预算**　　单位：千克，件

| 产品品种 | 项目 | 季度 | 一 | 二 | 三 | 四 | 全年 |
|---|---|---|---|---|---|---|---|
| 甲产品 | 材料单耗 | A 材料 | 10 | 10 | 10 | 10 | 10 |
| | | B 材料 | 5 | 5 | 5 | 5 | 5 |
| | 预计生产量 | | 100 | 100 | 100 | 100 | 400 |
| | 预计生产需要量 | A 材料 | 1 000 | 1 000 | 1 000 | 1 000 | 4 000 |
| | | B 材料 | 500 | 500 | 500 | 500 | 2 000 |
| 乙产品 | 材料单耗 | A 材料 | 3 | 3 | 3 | 3 | 3 |
| | | B 材料 | 2 | 2 | 2 | 2 | 2 |
| | 预计生产量 | | 410 | 510 | 590 | 510 | 2 020 |
| | 预计生产需要量 | A 材料 | 1 230 | 1 530 | 1 770 | 1 530 | 6 060 |
| | | B 材料 | 820 | 1 020 | 1180 | 1 020 | 4 040 |

表 7—6　　**20×7 年度 MC 公司直接材料采购预算**　　单位：元，千克

| 材料 | 季　度 | 一 | 二 | 三 | 四 | 全年 |
|---|---|---|---|---|---|---|
| A 材料 | 材料采购单价 | 2 | 2 | 2 | 2 | 2 |
| | 甲产品耗用量 | 1 000 | 1 000 | 1 000 | 1 000 | 4 000 |
| | 乙产品耗用量 | 1 230 | 1 530 | 1 770 | 1 530 | 6 060 |
| | 材料耗用总量 | 2 230 | 2 530 | 2 770 | 2 530 | 10 060 |
| | 加：期末材料存量 | 759 | 831 | 759 | 840 | 840 |
| | 减：期初材料存量 | 669 | 759 | 831 | 759 | 669 |
| | 本期采购量 | 2 320 | 2 602 | 2 698 | 2 611 | 10 231 |
| | 材料采购成本 | 4 640 | 5 204 | 5 396 | 5 222 | 20 462 |
| B 材料 | 材料采购单价 | 7 | 7 | 7 | 7 | 7 |
| | 甲产品耗用量 | 500 | 500 | 500 | 500 | 2 000 |
| | 乙产品耗用量 | 820 | 1 020 | 1 180 | 1 020 | 4 040 |
| | 材料耗用总量 | 1 320 | 1 520 | 1 680 | 1 520 | 6 040 |
| | 加：期末材料存量 | 456 | 504 | 456 | 510 | 510 |
| | 减：期初材料存量 | 396 | 456 | 504 | 456 | 396 |
| | 本期采购量 | 1 380 | 1 568 | 1 632 | 1 574 | 6 154 |
| | 材料采购成本 | 9 660 | 10 976 | 11 424 | 11 018 | 43 078 |
| C 材料 | 材料采购单价 | | | | 10 | 10 |
| | 本期采购量 | | | | 1 000 | 1 000 |
| | 材料采购成本 | | | | 10 000 | 10 000 |
| 材料采购成本合计 | | 14 300 | 16 180 | 16 820 | 26 240 | 73 540 |
| 增值税进项税额 | | 2 431 | 2 750.6 | 2 859.4 | 4 460.8 | 12 501.8 |
| 材料采购总支出 | | 16 731 | 18 930.6 | 19 679.4 | 30 700.8 | 86 041.8 |

表 7—7　　**20×7 年度 MC 公司直接材料采购现金支出预算**　　单位：元

| 季度 | 一 | 二 | 三 | 四 | 全年 |
|---|---|---|---|---|---|
| 材料采购总支出 | 16 731 | 18 930.6 | 19 679.4 | 30 700.8 | 86 041.8 |
| 期初应付账款 | 5 000 | | | | 5 000 |
| 第一季度 | 10 038.6 | 6 692.4 | | | 16 731 |
| 第二季度 | | 11 358.4 | 7 572.2 | | 18 930.6 |
| 第三季度 | | | 11 807.6 | 7 871.8 | 19 679.4 |
| 第四季度 | | | | 18 420.5 | 18 420.5 |
| 现金支出合计 | 15 038.6 | 18 050.8 | 19 379.8 | 26 292.3 | 78 761.5 |

**(四)应交税费及附加预算**

应交税费及附加预算是指为规划一定预算期内预计发生的应交增值税、消费税、资源税、印花税、城市维护建设税和教育费附加金额而编制的一种经营预算。

本预算中不包括预交所得税。由于税金需要及时清缴，为简化预算方法，可假定预算期发生的各项应交税费及附加均于当期以现金形式支付。

应交税费及附加预算需要根据销售预算、材料采购预算的相关数据和适用税率资料来编制，有关指标的估算公式为：

$$\text{某期预计发生的应交税金及附加}=\text{某期预计发生的销售税金及附加}+\text{该期预计应交增值税}$$

$$\text{某期预计发生的销售税金及附加}=\text{该期预计应交消费税}+\text{该期预计应交资源税}+\text{该期预计应交印花税}+\text{该期预计应交城市维护建设税}+\text{该期预计应交教育费附加}$$

应交消费税等于应纳税额与适用税率的乘积；应交资源税按照应税产品的课税数量和规定的单位税额计算；应交城市维护建设税和应交教育费附加分别等于应交消费税与增值税之和同适用的附加税率或征收率的乘积。

$$\text{某期预计应交增值税}=\text{该期预计应交增值税销项税额}-\text{该期预计应交增值税进项税额}$$

**【例 7—4】** MC 公司 20×7 年度各季度预计的增值税销项税额和进项税额资料分别如表 7—1和表 7—6 所示。该公司销售环节的销售税金为销售收入的 5%。则该公司 20×7 年度的应交税费及附加预算如表 7—8 所示。

**表 7—8　　20×7 年度 MC 公司应交税费及附加预算**　　单位：元

| 季 度 | 一 | 二 | 三 | 四 | 全年 |
|---|---|---|---|---|---|
| 增值税销项税额 | 5 100 | 5 950 | 6 800 | 5 950 | 23 800 |
| 增值税进项税额 | 2 431 | 2 750.6 | 2 859.4 | 4 460.8 | 12 501.8 |
| 应交增值税 | 2 669 | 3 199.4 | 3 940.6 | 1 489.2 | 11 298.2 |
| 销售税金及附加 | 1 500 | 1 750 | 2 000 | 1 750 | 7 000 |
| 现金支出合计 | 4 169 | 4 949.4 | 5 940.6 | 3 239.2 | 18 298.2 |

**(五)直接人工预算**

直接人工预算是指为规划一定预算期内人工工时的消耗水平和人工成本水平而编制的一种经营预算。

编制直接人工预算的主要依据是已知的标准工资率、标准单位直接人工工时和生产预算中的预计生产量等资料。相关指标计算公式如下：

$$\text{某产品预计直接人工总工时}=\text{预计该产品生产量}\times\text{单位产品工时定额}$$

$$\text{某产品预计直接人工成本}=\text{某产品预计直接人工总工时}\times\text{单位工时工资成本}$$

**【例 7—5】** MC 公司 20×7 年度单位工时工资率和工时定额资料如表 7—9 所示。

表 7—9　　20×7 年度 MC 公司单位工时工资率和工时定额资料

| 项　目 | 直接人工 | |
|---|---|---|
| | 一车间 | 二车间 |
| 单位甲产品工时定额 | 3 小时 | 2 小时 |
| 单位乙产品工时定额 | 2 小时 | 1 小时 |
| 小时工资率 | 4 元 | 4 元 |

根据上述资料，该公司 20×7 年度的直接人工预算如表 7—10 所示。

表 7—10　　20×7 年度 MC 公司直接人工预算　　单位：小时，件，元

| 产品 | 季　度 | 一 | 二 | 三 | 四 | 全年 |
|---|---|---|---|---|---|---|
| 甲产品 | 单位产品工时定额 | 5 | 5 | 5 | 5 | 5 |
| | 预计生产量 | 100 | 100 | 100 | 100 | 400 |
| | 直接人工工时 | 500 | 500 | 500 | 500 | 2 000 |
| | 单位工时人工成本 | 4 | 4 | 4 | 4 | 4 |
| | 直接人工成本 | 2 000 | 2 000 | 2 000 | 2 000 | 8 000 |
| 乙产品 | 单位产品工时定额 | 3 | 3 | 3 | 3 | 3 |
| | 预计生产量 | 410 | 510 | 590 | 510 | 2 020 |
| | 直接人工工时 | 1 230 | 1 530 | 1 770 | 1 530 | 6 060 |
| | 单位工时人工成本 | 4 | 4 | 4 | 4 | 4 |
| | 直接人工成本 | 4 920 | 6 120 | 7 080 | 6 120 | 24 240 |
| 直接人工成本现金支出 | | 6 920 | 8 120 | 9 080 | 8 120 | 32 240 |

**(六)制造费用预算**

凡生产成本中不属于直接材料和直接人工的部分，都包括在制造费用中，所以制造费用预算是为规划一定预算期内除直接材料和直接人工预算以外预计发生的其他生产费用水平而编制的一种日常业务预算。

企业在编制制造费用预算时，通常将制造费用按性态分为变动性制造费用和固定性制造费用两种。固定性制造费用可在上年的基础上根据预算期有关因素的变动加以适当调整进行预计，变动性制造费用则根据预计生产量乘以单位产品的预算分配率进行预计。

为了编制现金预算，在制造费用预算中，通常还包括费用方面预计的现金支出。由于固定资产折旧费是非付现成本项目，在计算时应予剔除。相关指标计算公式如下：

$$\begin{array}{c}\text{某季度预计制造}\\\text{费用现金支出}\end{array}=\begin{array}{c}\text{该季度预计变动性}\\\text{制造费用现金支出}\end{array}+\begin{array}{c}\text{该季度预计固定性}\\\text{制造费用现金支出}\end{array}$$

$$\begin{array}{c}\text{某季度预计变动性}\\\text{制造费用现金支出}\end{array}=\sum\left(\begin{array}{c}\text{变动性制造费}\\\text{用预算分配率}\end{array}\times\begin{array}{c}\text{该季度某种产品}\\\text{预计直接人工工时}\end{array}\right)$$

$$\begin{array}{c}\text{变动性制造费}\\\text{用预算分配率}\end{array}=\frac{\text{变动性制造费用预算总额}}{\text{全年直接人工总工时}}$$

$$\begin{array}{c}\text{某季度预计固定性}\\\text{制造费用现金支出}\end{array}=\frac{\text{该年度预计固定性制造费用}-\text{预计年折旧费}}{4}$$

**【例 7—6】** MC 公司在编制预算时采用变动成本法，变动性制造费用按各产品直接人工工时比例分配，20×7 年度预计的直接人工工时资料如表 7—10 所示，制造费用中除折旧费以

外的各项目均以现金支付。该公司 20×7 年度的制造费用预算如表 7—11、表 7—12 所示。

**表 7—11** **20×7 年度 MC 公司制造费用预算** 单位:元,小时

| 变动性制造费用 | | 固定性制造费用 | |
|---|---|---|---|
| 1. 间接材料 | 5 000 | 1. 管理人员工资 | 3 900 |
| 2. 间接人工 | 3 500 | 2. 折旧费 | 4 000 |
| 3. 维修费 | 3 120 | 3. 办公费 | 1 500 |
| 4. 水电费 | 3 400 | 4. 保险费 | 900 |
| 5. 其他 | 1 100 | 5. 租赁费 | 1 200 |
| | | 6. 其他 | 500 |
| 合计 | 16 120 | 合计 | 12 000 |
| 直接人工总工时 | 8 060 | 减:折旧费 | 4 000 |
| 预算分配率=16 120÷8 060=2 | | 现金支出合计 | 8 000 |

**表 7—12** **20×7 年度 MC 公司制造费用现金支出预算** 单位:元,小时

| 季 度 | | 一 | 二 | 三 | 四 | 全年 |
|---|---|---|---|---|---|---|
| 变动性制造费用分配率 | | 2 | 2 | 2 | 2 | 2 |
| 直接人工工时 | 甲产品 | 500 | 500 | 500 | 500 | 2 000 |
| | 乙产品 | 1 230 | 1 530 | 1 770 | 1 530 | 6 060 |
| | 小计 | 1 730 | 2 030 | 2 270 | 2 030 | 8 060 |
| 变动性制造费用 | 甲产品 | 1 000 | 1 000 | 1 000 | 1 000 | 4 000 |
| | 乙产品 | 2 460 | 3 060 | 3 540 | 3 060 | 12 120 |
| | 小计 | 3 460 | 4 060 | 4 540 | 4 060 | 16 120 |
| 付现固定性制造费用 | | 2 000 | 2 000 | 2 000 | 2 000 | 8 000 |
| 现金支出合计 | | 5 460 | 6 060 | 6 540 | 6 060 | 24 120 |

### (七)产品成本预算

产品成本预算是指为规划一定预算期内各种产品的单位产品成本、生产成本、销售成本等内容而编制的一种日常业务预算。该预算需要在生产预算、直接材料预算、直接人工预算和制造费用预算的基础上编制;同时,也为编制预计利润表和预计资产负债表提供数据。

产品成本预算必须按照产品品种编制,其程序与存货的计价方法密切相关;不同的存货计价方法,需要采取不同的预算编制方法。此外,不同的成本计算模式也会产生不同的影响。

**【例 7—7】** MC 公司采用变动成本法编制其产品成本预算,产成品存货按先进先出法计价。则该公司 20×7 年度的甲、乙产品成本预算如表 7—13、表 7—14 所示。

**表 7—13** **20×7 年度甲产品成本预算** 单位:元,千克,小时

| 成本项目 | 单价 | 单位用量 | 单位成本 | 总成本 |
|---|---|---|---|---|
| 直接材料 | | | | |
| A 材料 | 2 | 10 | 20 | 8 000 |
| B 材料 | 7 | 5 | 35 | 14 000 |
| 直接人工 | 4 | 5 | 20 | 8 000 |

续表

| 成本项目 | 单价 | 单位用量 | 单位成本 | 总成本 |
| --- | --- | --- | --- | --- |
| 变动制造费用 | 2 | 5 | 10 | 4 000 |
| 合　计 | | | 85 | 34 000 |
| 加:产成品期初余额 | | | 91.6 | 4 580 |
| 减:产成品期末余额 | | | 85 | 4 250 |
| 预计产品销售成本 | | | 85.83 | 34 330 |

注:年初产成品存货量50件,单位变动成本91.6元。

**表7—14**　　**20×7年度乙产品成本预算**　　单位:元,千克,小时

| 成本项目 | 单价 | 单位用量 | 单位成本 | 总成本 |
| --- | --- | --- | --- | --- |
| 直接材料 | | | | |
| A材料 | 2 | 3 | 6 | 12 120 |
| B材料 | 7 | 2 | 14 | 28 280 |
| 直接人工 | 4 | 3 | 12 | 24 240 |
| 变动制造费用 | 2 | 3 | 6 | 12 120 |
| 合　计 | | | 38 | 76 760 |
| 加:产成品期初余额 | | | 38 | 1 520 |
| 减:产成品期末余额 | | | 38 | 2 280 |
| 预计产品销售成本 | | | 38 | 76 000 |

注:年初产成品存货量40件,单位变动成本38元。

**(八)销售及管理费用预算**

销售及管理费用预算是指为规划一定预算期内企业为组织销售和管理预计发生的各项费用水平而编制的一种日常业务预算。

销售及管理费用预算的编制方法与制造费用预算的编制方法非常接近,可将其划分为变动性和固定性两部分费用。对于随销售量呈正比例变动的那部分变动性销售费用(管理费用一般均为固定性费用),只需要反映各个项目的单位产品费用分配额即可;对于固定性销售及管理费用,则按项目反映全年预计水平。

销售及管理费用预算也要编制相应的现金支出预算。

预算期变动性销售费用的现金支出等于该期各种产品的相应现金支出之和,一定期间某种产品预计发生的变动性销售费用的现金支出的计算公式为:

$$\text{某期某种产品预计的变动性销售费用现金支出}=\text{该种产品单位变动性销售费用分配额}\times\text{该期该产品预计销售量}$$

对于固定性销售及管理费用的现金支出,可以采取两种处理方法:第一种方法是根据全年固定性销售及管理费用的预算总额扣除其中的非付现成本的差额,在年内各季度平均分摊。第二种方法不主张将其在年内各季度平均分摊,而是根据具体的付现成本项目的预计发生情况分季度编制预算。这是因为固定性销售及管理费用中有部分内容属于年内待摊或预提的性质,如一次性支付的全年广告费和保险费等,这些开支的时间与受益期间不一致,对于这些跨期分摊的项目来说,任何平均费用都不等于实际支出,必须逐项按预计支出情况编制预算。本书采用第一种方法。

【例7—8】 MC公司预计20×7年度发生销售及管理费用合计为8 000元，均为固定付现费用。则该公司20×7年度销售及管理费用预算如表7—15所示。

表7—15　　20×7年度MC公司销售及管理费用预算　　单位：元

| 季度 | 一 | 二 | 三 | 四 | 全年 |
|---|---|---|---|---|---|
| 变动销售及管理费用分配率 | 0 | 0 | 0 | 0 | 0 |
| 变动销售及管理费用 | 0 | 0 | 0 | 0 | 0 |
| 付现固定销售及管理费用 | 2 000 | 2 000 | 2 000 | 2 000 | 8 000 |
| 现金支出合计 | 2 000 | 2 000 | 2 000 | 2 000 | 8 000 |

## 二、资本支出预算的编制

资本支出预算是为了规划未来期间长期投资决策项目，与日常经营活动相比，这些项目不经常发生。该预算主要是依据预算期企业购买固定设备等长期投资相关资料所编制。

【例7—9】 MC公司第四季度购置设备5 000元，当期以现金全额支付。则该公司20×7年度资本支出预算如表7—16所示。

表7—16　　20×7年度MC公司资本支出预算　　单位：元

| 季　度 | 一 | 二 | 三 | 四 | 全年 |
|---|---|---|---|---|---|
| 购置设备现金支出 | 0 | 0 | 0 | 5 000 | 5 000 |

## 三、财务预算的编制

财务预算反映了企业在计划期内有关现金收支、经营成果和财务状况的预算情况，实际上就是对企业整体的预算，主要包括现金预算、预计利润表及预计资产负债表。

### (一)现金预算

现金预算也称现金收支预算，它是以日常业务预算和特种决策预算为基础所编制的反映现金收支情况的预算。这里的现金是指货币资金，广义的现金收支预算主要反映企业预算期的现金收入、现金支出、现金余缺和现金筹措运用情况，同时也要求反映期初、期末现金余额。

在该预算中，现金收入主要是指经营业务活动的现金收入；现金支出除了涉及有关直接材料、直接人工、制造费用、销售及管理费用方面的经营性现金支出外，还包括用于缴纳税金、股利分配方面的支出，以及购买设备等资本性支出。

现金收支差额与期末余额均要通过协调资金筹措及运用来调整，应当在保证各项支出所需资金供应的前提下，注意保持期末现金余额在合理的上下限度内波动。因为现金储备过少会影响周转，现金过多又会造成浪费，所以现金余额既不是越多越好，也不是越少越好。因此，企业不仅要定期筹措到抵补收支差额的现金，还必须保证有一定的现金储备。当收支差额为正值(即现金结余)，且在偿还了利息和借款本金之后仍超过现金余额上限时，就应拿出一部分资金用于有价证券投资；一旦发现还本付息之后收支差额低于现金余额下限，就应抛出一部分有价证券来补足现金短缺。如果现金收支差额为负值(即现金短缺)，可采取暂缓还本付息、抛售有价证券或向银行借款等措施。

【例 7—10】 MC 公司根据各项日常业务预算的结果编制现金预算，相关资料如下：公司每季度预分 500 元股利；各季预交所得税 200 元；各季季末现金余额的核定范围为 2 000～3 000元；各季现金余缺可通过归还或取得短期借款解决，短期借款年利率为 10%，归还或借入金额为 1 000 元的倍数。则该公司 20×7 年度现金预算如表 7—17 所示。

**表 7—17　　20×7 年度 MC 公司现金预算**　　单位：元

| 季　度 | 一 | 二 | 三 | 四 | 全年 |
|---|---|---|---|---|---|
| 期初现金余额 | 1 000 | 2 742 | 2 642 | 2 311 | 1 000 |
| 经营现金收入 | 35 080 | 36 855 | 44 460 | 42 120 | 158 515 |
| 经营现金支出 | | | | | |
| 采购直接材料 | 15 039 | 18 051 | 19 380 | 26 292 | 78 762 |
| 支付直接人工 | 6 920 | 8 120 | 9 080 | 8 120 | 32 240 |
| 支付制造费用 | 5 460 | 6 060 | 6 540 | 6 060 | 24 120 |
| 支付销售及管理费用 | 2 000 | 2 000 | 2 000 | 2 000 | 8 000 |
| 支付增值税、销售税金及附加 | 4 169 | 4 949 | 5 941 | 3 239 | 18 298 |
| 预交所得税 | 200 | 200 | 200 | 200 | 800 |
| 预分股利 | 500 | 500 | 500 | 500 | 2 000 |
| 资本性现金支出 | | | | | |
| 购置固定资产 | | | | 5 000 | 5 000 |
| 现金支出合计 | 34 288 | 39 880 | 43 641 | 51 411 | 169 220 |
| 现金余缺 | 1 792 | —283 | 3 461 | —6 980 | —9 705 |
| 现金筹措或运用 | | | | | |
| 加：短期借款 | 1 000 | 3 000 | | 10 000 | 14 000 |
| 处置有价证券 | | | | | |
| 减：支付利息 | 50 | 75 | 150 | 125 | 400 |
| 归还借款 | | | 1 000 | | 1 000 |
| 购买有价证券 | | | | | |
| 期末现金余额 | 2 742 | 2 642 | 2 311 | 2 895 | 2 895 |

**（二）预计利润表**

预计利润表是指以货币形式综合反映预算期内企业经营活动成果（包括利润总额、净利润）计划水平的一种财务预算。该预算需要在销售预算、产品成本预算、应交税费及附加预算、销售及管理费用预算等日常业务预算的基础上编制。

【例 7—11】 依据前例资料，MC 公司按变动成本法编制的 20×7 年度预计利润表如表 7—18所示。

表 7—18 **20×7 年度 MC 公司预计利润表** 单位:元

| 项 目 | 金 额 |
| --- | --- |
| 营业收入 | 140 000 |
| 减:变动营业成本 | 110 330 |
| 销售税金及附加 | 7 000 |
| 变动销售及管理费用 | |
| 边际贡献 | 22 670 |
| 减:固定制造费用 | 12 000 |
| 固定销售及管理费用 | 8 000 |
| 财务费用 | 400 |
| 利润总额 | 2 270 |
| 减:所得税(25%) | 567.5 |
| 净利润 | 1 702.5 |

**(三)预计资产负债表**

预计资产负债表是指用于总括反映企业预算期末财务状况的一种财务预算。

预计资产负债表中除上年期末数已知外,其余项目均应在前述各项日常业务预算和特种决策预算的基础上分析填列。

**【例 7—12】** 依据前例资料,MC 公司编制的 20×7 年度预计资产负债表如表 7—19 所示。

表 7—19 **20×7 年度 MC 公司预计资产负债表** 单位:元

| 资 产 | 年初数 | 年末数 | 权 益 | 年初数 | 年末数 |
| --- | --- | --- | --- | --- | --- |
| 现金 | 1 000 | 2 895 | 短期借款 | 2 000 | 15 000 |
| 应收账款 | 7 000 | 12 285 | 应付账款 | 5 000 | 12 280 |
| 存货:材料 | 4 110 | 15 250 | 应交税费 | 200 | —32.5 |
| 产成品 | 6 100 | 6 530 | 股本 | 35 000 | 35 000 |
| 固定资产净值 | 38 440 | 39 440 | 留存收益 | 14 450 | 14 152.5 |
| 合 计 | 56 650 | 76 400 | 合 计 | 56 650 | 76 400 |

注:应收账款年末数=7 000+163 800—158 515=12 285(元);

固定资产净值年末数=38 440+5 000—4 000=39 440(元);

应付账款年末数=5 000+86 041—78 761=12 280(元);

应交税费年末数=200+567.5—800=—32.5(元);

留存收益年末数=14 450+1 702.5—2 000=14 152.5(元)。

# 第三节 预算与控制

预算与控制密不可分。预算编制既是一个计划过程,同时也是确定控制标准的过程。而预算的执行过程也就是根据预算对实际经营活动进行控制的过程,即预算控制。在上一节,为了说明全面预算各个组成部分之间的相互关系,我们只按预算期内计划的一种业务量水平来编制相应的预算,这种预算称为固定或静态预算。一般而言,企业的生产经营活动及其所处的环境并非如此简单稳定,作为控制手段的预算也就必须根据其特点而采取不同的形式。实际上,管理人员在编制预算时,需要考虑预算控制的要求,针对不同企业和不同特点的生产经营活动进行有效控制,使用比一般预算方法更先进的方法编制预算。预算编制的具体方法和技巧是否恰当,是预算控制能否成功的一个重要方面。

## 一、固定预算与弹性预算

编制预算的方法按其业务量基础的数量特征不同,可分为固定预算方法和弹性预算方法两大类。

### (一)固定预算

固定预算又称静态预算,是指根据预算期内正常的、可能实现的某一业务量水平作为唯一基础来编制预算的一种方法。其主要特点是:所编制的预算的业务量水平固定不变,不考虑预算期内业务量水平可能发生的变动;在进行业绩考核评价时,也只能将实际执行结果与预算期内所确定的预计业务量水平下的预算数相比较。如果企业的实际业务量水平与预计的业务量水平相差较大,有关预算指标的实际数与预算数之间就会因业务量基础不同而失去可比性。因此,采用固定预算方法编制的预算不利于正确地控制、考核和评价企业预算的执行情况。

**【例7—13】** BT公司在预算期内生产某种产品的预计产量为50 000件,按固定预算方法编制的该产品成本预算如表7—20所示。

**表7—20　　BT公司产品成本预算(按固定预算方法编制)**

预计产量:50 000件　　单位:元

| 成本项目 | 总成本 | 单位成本 |
|---|---|---|
| 直接材料 | 700 000 | 14 |
| 直接人工 | 300 000 | 6 |
| 制造费用 | 750 000 | 15 |
| 合　计 | 1 750 000 | 35 |

该产品在预算期内的实际产量为60 000件,实际发生总成本为1 920 000元,其中:直接材料900 000元,直接人工300 000元,制造费用720 000元。该企业根据实际成本资料和预算成本资料编制的成本业绩报告如表7—21所示。

**表7—21　　BT公司成本业绩报告**　　单位:元

| 成本项目 | 实际成本 | 预算成本 | | 差　异 | |
|---|---|---|---|---|---|
| | | 未按产量调整 | 按产量调整 | 未按产量调整 | 按产量调整 |
| 直接材料 | 900 000 | 700 000 | 840 000 | +200 000 | +60 000 |
| 直接人工 | 300 000 | 300 000 | 360 000 | 0 | −60 000 |
| 制造费用 | 720 000 | 750 000 | 900 000 | −30 000 | −180 000 |
| 合　计 | 1 920 000 | 1 750 000 | 2 100 000 | +170 000 | −180 000 |

从表7—21中可以看出,实际成本与未按产量调整的预算成本相比,超支较多;实际成本

与按产量调整后的预算成本相比，又节约不少。

在产量从 50 000 件增加到 60 000 件的情况下，如果不按变动后的产量对预算成本进行调整，就会因业务量不一致而导致所计算的差异缺乏可比性；但是，如果所有的成本项目都按实际产量进行调整，也不科学，因为制造费用中包括一部分固定制造费用，它们是不随产量变动的，即使按产量调整了固定预算，也不能准确反映企业预算的执行情况。

一般来说，固定预算方法只适用于业务量水平较为稳定的企业或非营利组织。

**(二)弹性预算**

弹性预算又称变动预算或滑动预算，是指以业务量、成本和利润之间的依存关系为依据，以预算期可预见的各种业务量水平为基础，为克服固定预算方法的缺点而设计，编制能够适应多种情况的预算的一种方法。

与固定预算方法相比，弹性预算方法具有如下两个显著的优点：

第一，预算范围宽。弹性预算方法能够反映预算期内与一定相关范围内可预见的多种业务量水平相对应的不同预算额，从而扩大了预算的适用范围，便于预算指标的调整。弹性预算不再是只适应一个业务量水平的一个预算，而是能够随业务量水平的变动作机动调整的一组预算。

第二，可比性强。在弹性预算方法下，如果预算期内实际业务量与计划业务量不一致，可以将实际指标与实际业务量相应的预算额进行对比，从而能够使预算执行情况的评价与考核建立在更加客观和可比的基础上，便于更好地发挥预算的控制作用。

在实际工作中，弹性预算方法主要用来编制制造费用预算、销售及管理费用预算。由于企业的制造费用和销售及管理费用中都包含变动费用和固定费用两部分，因此，在编制其弹性预算时，应首先将有关预算中的全部成本费用分为固定和变动两部分。变动费用的预算数主要根据单位业务量来计算和控制，而固定费用的预算数则按总额来确定和控制。某一成本费用项目预算的计算公式如下：

成本的弹性预算数＝单位变动成本预算数×预计业务量＋固定成本预算数

**【例 7—14】** BBS 公司以产品产量为业务量基础所进行的制造费用成本性态分析如表 7—22所示。

**表 7—22　　制造费用成本性态分析表**　　单位：元

| 项　目 | 固定成本 | 单位变动成本 |
|---|---|---|
| 间接材料 | | 2 |
| 间接人工 | | 2 |
| 维修费 | 55 000 | 1 |
| 水电费 | 25 000 | 1.5 |
| 机物料消耗 | 40 000 | 2.5 |
| 管理人员工资 | 45 000 | |
| 保险费 | 50 000 | |
| 设备租金 | 85 000 | |
| 合　计 | 300 000 | 9 |

该公司正常产量水平为50 000件，产量变动范围为40 000～60 000件，据此编制该公司弹性制造费用预算如表7—23所示。

表7—23　　BBS公司弹性制造费用预算　　单位：元

| 产量(件) | 40 000 | 45 000 | 50 000 | 55 000 | 60 000 |
|---|---|---|---|---|---|
| 生产能力利用程度 | 80% | 90% | 100% | 110% | 120% |
| 变动成本项目 | 160 000 | 180 000 | 200 000 | 220 000 | 240 000 |
| 间接材料 | 80 000 | 90 000 | 100 000 | 110 000 | 120 000 |
| 间接人工 | 80 000 | 90 000 | 100 000 | 110 000 | 120 000 |
| 混合成本项目 | 320 000 | 345 000 | 370 000 | 395 000 | 420 000 |
| 维修费 | 95 000 | 100 000 | 105 000 | 110 000 | 115 000 |
| 水电费 | 85 000 | 92 500 | 100 000 | 107 500 | 115 000 |
| 机物料消耗 | 140 000 | 152 500 | 165 000 | 177 500 | 190 000 |
| 固定成本项目 | 180 000 | 180 000 | 180 000 | 180 000 | 180 000 |
| 管理人员工资 | 45 000 | 45 000 | 45 000 | 45 000 | 45 000 |
| 保险费 | 50 000 | 50 000 | 50 000 | 50 000 | 50 000 |
| 设备租金 | 85 000 | 85 000 | 85 000 | 85 000 | 85 000 |
| 制造费用预算 | 660 000 | 705 000 | 750 000 | 795 000 | 840 000 |

表7—23中的业务量间距为10%，在实际工作中可选择更小的间距。显然，业务量的间距越小，实际业务量水平出现在预算表中的可能性就越大，但工作量也就越大。

另外，应当注意的是，弹性预算方法不仅适用于制造费用和销售及管理费用预算的编制与控制，实际上，任何随业务量变化而变化的预算项目均可采用这种方法编制预算，从而为预算控制提供一个坚实的基础。

## 二、增量预算与零基预算

编制成本费用预算的方法按其出发点的特征不同，可分为增量预算方法和零基预算方法两大类。

### (一)增量预算

增量预算又称调整预算方法，是指以基期成本费用水平为基础，结合预算期业务量水平及有关影响成本因素的未来变动情况，通过调整有关原有费用项目而编制预算的一种方法。

传统的预算编制方法基本上采用的是增量预算方法，这种方法的基本假设思想是：现有的业务活动是企业所必需的；原有的各项开支都是合理的；增加费用预算是值得的。在这种假设思想之下，企业采用增量预算方法编制预算时，往往不加分析地保留、接受原有成本项目，或按主观臆断平均削减，或只增不减，容易造成浪费，有可能使不必要的开支合理化。

### (二)零基预算

零基预算的全称为“以零为基数编制的计划与预算”，是指在编制预算时对所有的预算支出均以零为基础，不考虑其以往情况如何，从根本上研究、分析各项费用是否有支出的必要性和支出额的大小。

零基预算的程序为：

首先，提出预算目标。即由企业内部各部门根据企业的经营目标和各部门的具体任务，对每一项业务说明其性质、目的，以零为基础，详细提出各项业务所需要的开支或费用。

其次，进行成本效益分析。即对每一个预算项目的所得与所费进行比较，以其计算对比的结果衡量评价各预算项目的经济效益，在权衡各个费用开支项目轻重缓急的基础上，决定对所有预算项目资金分配的先后顺序。

最后，分配预算资金。即根据以上确定的预算项目的先后顺序，将企业在计划期内可动用的经济资源，在有关项目之间进行合理分配，既要保证优先预算项目的资金需要，又要使预算期内的各项生产经营活动得以均衡协调发展。

**【例 7—15】** 某企业采用零基预算方法编制销售及管理费用预算。该企业可用于下一年度销售及管理费用的资金总额为 250 万元。销售及管理费用预算的具体编制步骤如下：

第一步，经研究讨论，销售及管理部门提出下一年度销售及管理费用预算总额为 300 万元，具体项目如表 7—24 所示。

**表 7—24　　销售及管理费用项目开支金额**　　单位：元

| 费用项目 | 开支金额 |
|---|---|
| 1. 销售人员工资 | 500 000 |
| 2. 广告宣传费 | 750 000 |
| 3. 差旅费 | 300 000 |
| 4. 保险费 | 200 000 |
| 5. 办公费 | 250 000 |
| 6. 职工培训费 | 150 000 |
| 7. 销售佣金 | 850 000 |
| 合　计 | 3 000 000 |

第二步，经企业预算委员会分析研究，认为销售人员工资、保险费、销售佣金、办公费和差旅费五项开支属于约束性费用，在预算期必须全额保证它们对资金的需求；而职工培训费和广告宣传费两项开支属于酌量性费用，可在满足约束性资金需求的前提下，将余下的资金按它们对企业收益的影响程度来分配。

根据历史成本资料对职工培训费和广告宣传费进行成本效益分析，得到数据如表 7—25 所示。

**表 7—25　　成本效益分析表**　　单位：元

| 项目 | 各期平均发生额 | 各期平均收益额 | 成本收益率 |
|---|---|---|---|
| 职工培训费 | 100 000 | 600 000 | 6 |
| 广告宣传费 | 680 000 | 6 800 000 | 10 |
| 合　计 | | | 16 |

第三步，将下一年度实际可用的资金 250 万元在各费用项目之间进行分配。

(1)确定约束性费用项目的预算金额：

500 000+200 000+850 000+250 000+300 000=2 100 000(元)

(2)确定可分配的资金数额:

2 500 000−2 100 000=400 000(元)

(3)按成本效益比重将可分配的资金数额在广告宣传费和职工培训费之间进行分配:

$$广告宣传费可分配资金=400\ 000\times\frac{10}{10+6}=250\ 000(元)$$

$$职工培训费可分配资金=400\ 000\times\frac{6}{10+6}=150\ 000(元)$$

在实际工作中,某些成本项目的成本效益关系不容易确定,按零基预算方法编制预算时,不能机械地平均分配资金,而应根据企业的实际情况,有重点、有选择地确定预算项目,保证重点项目的资金需要。

零基预算与传统预算方法相比,它不是以承认现实的基本合理性为出发点,而是以零为起点,从而避免了原来不合理的费用开支对预算期费用的影响,因而具有能够充分合理且有效地配置资源、减少资金浪费的优点,特别适用于那些较难分辨其产出的服务性部门。但是,零基预算的方案评级和资源分配具有较大的主观性,容易引起部门之间的矛盾,导致部门注意短期效益而忽视企业长期效益,而且当费用项目较多时,工作量大,编制预算的费用较高。

## 三、定期预算与滚动预算

编制预算的方法按其预算期的时间特征不同,可分为定期预算方法和滚动预算方法两大类。

### (一)定期预算

定期预算是指在编制预算时以不变的会计期间(如日历年度)作为预算期的一种预算编制方法。

定期预算方法的唯一优点是能够使预算期间与会计年度相配合,便于考核和评价预算的执行结果。按照定期预算方法编制的预算主要有以下缺点:第一,远期指导性差。由于定期预算往往是在年初甚至提前两三个月编制的,对于整个预算年度的生产经营活动很难作出准确的预算,尤其是对预算后期的预算只能进行笼统的估算,数据含糊,缺乏远期指导性。第二,灵活性差。由于定期预算不能随情况的变化及时调整,当预算中所规划的各种经营活动在预算期内发生重大变化时(如预算期临时中途转产),就会造成预算滞后过时,使之成为虚假预算。第三,连续性差。由于受预算期的限制,致使经营管理者的决策视野局限于本期规划的经营活动,不能适应连续不断的经营过程,从而不利于企业的长远发展。

### (二)滚动预算

滚动预算是指在编制一定期间预算的基础上,当预算执行一段时间后,再立即补充一个相应期间的预算,并依次向后滚动。由于这种预算在执行中随着执行期间的推移而连续不断地滚动编制,并且在任何期间都始终有对应的预算,所以也称永续预算或连续预算。其主要特点是,预算期是连续不断的,始终保持一定的期限。以一年预算期为例,预算执行每过1个月,就根据前1个月的预算执行情况及有关因素的变化,对剩余11个月的预算数加以修订和调整,并在原来的预算期末补充1个月的预算,使总预算经常保持12个月的预算期。

编制滚动预算时,前几个月的预算要尽可能地详细完整,后几个月的预算可以粗略一些,随着时间的推移,将原先较粗的预算调整修正为详细的预算,并随之补充新的预算。滚动预算示意图如图7—6所示。

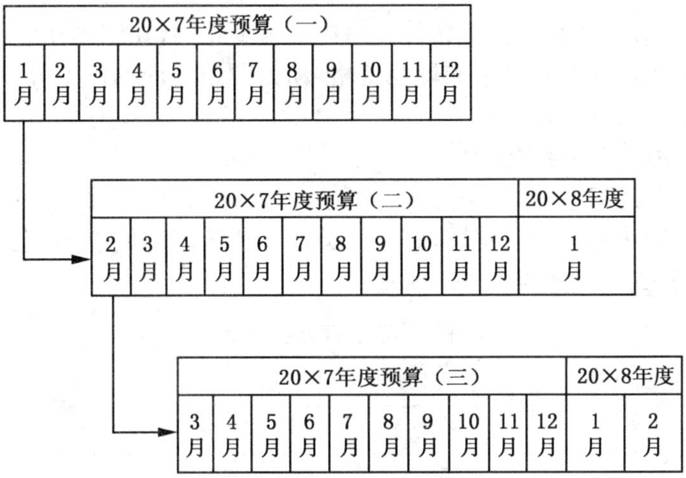


**图 7—6　滚动预算示意图**

由此可见，滚动预算与传统的定期预算相比，具有以下优点：首先，可保持预算的完整性、连续性，从动态预算中把握企业的未来发展趋势；其次，有利于企业管理决策人员以长远的眼光去统筹企业的各项生产经营活动，将近期预算与远期预算很好地联系和衔接起来，保证企业的经营管理工作能稳定而有序地进行；最后，在这种方法下，企业要经常根据实际情况的变化，修订编制预算，使预算比较切合实际，因此，有利于充分发挥预算的指导和控制作用，也有利于预算的顺利执行和实施。但是，滚动预算也有其不足之处，主要是预算工作要经常进行，增加了预算编制的工作量。

## 四、作业预算

作业预算是以作业成本计算（Activity-Based Cost，ABC）为基础的一种新型预算管理方法，以企业战略和客户需求为起点，通过价值链分析来改进企业的业务流程，并根据作业链预测作业量，进而更合理地预测成本并实施有效控制。关注价值的创造是其主要特征。

它对传统预算的改进表现在以下几个方面：

其一，传统预算方法一般不考察成本项目的合理性，而作业预算法考察每一个流程和作业存在的必要性，重视价值链分析，有助于系统的重新设计和保证预算成本的合理性。

其二，作业预算法更关注企业战略和客户需求，并将其融入作业分析和确定产出的过程中。

其三，传统预算方法将成本分为固定成本与变动成本，作业预算法将成本分解为不同作业层次的作业成本，形成了对成本性态更深入的分析，在产量变化情况下成本预测更准确。

其四，作业预算法分析每一项作业的成本，使成本与业务的联系更加紧密。同时，以作业量为基础的成本预算比传统预算更精确。

其五，作业预算法将顾客服务、市场开发和运输等支持业务视为成本对象，这些成本对象与产出密切相关，而不是像传统方法那样将它们只作为成本要素。这样，这类业务的成本不只是与产品相联系，而且与顾客需求相联系，使管理者可以重新评价并改进这些业务。

作业预算的编制与作业成本的计算很相似，主要是基于作业分配过程中涉及的数量及价格的预计值。在实际工作中，编制作业预算应当以作业中心为核心。

作业预算的编制程序如下：

**(一)制定标准**

制定标准是编制作业预算的前提条件。与传统预算相同,在编制作业预算的过程中会涉及单位数量和价格,如材料的消耗量和计划价格、动力费用的计划价格等。因此,在编制预算前必须首先确定其相关的标准。

**(二)编制作业中心资源耗费预算**

编制作业预算必须预计各作业中心的资源动因量,根据单位资源的价格标准确认各作业中心的资源耗费;作业中心的专属费用,其性质类似于传统固定成本,应直接预计其总额。作业中心资源耗费预算的格式如表 7—26 所示。

**表 7—26　　作业中心资源耗费预算**　　单位:元

| | 产品设计 | 订单处理 | 加工 | … | 合计 |
|---|---|---|---|---|---|
| 水费合计 | ×× | ×× | ×× | … | ×× |
| 用水吨数 | ×× | ×× | ×× | … | |
| 每吨水价格 | ×× | ×× | ×× | … | |
| 电费合计 | ×× | ×× | ×× | … | ×× |
| 用电度数 | ×× | ×× | ×× | … | |
| 每度电价格 | ×× | ×× | ×× | … | |
| ⋮ | ⋮ | ⋮ | ⋮ | ⋮ | ⋮ |
| 专属成本 | ×× | | | | |
| 修理费 | ×× | | | | |
| 办公费 | ×× | | | | |
| ⋮ | ⋮ | ⋮ | ⋮ | ⋮ | ⋮ |
| 资源成本合计 | ×× | ×× | ×× | ×× | ×× |

**(三)编制作业中心成本分配预算**

各作业中心归集的资源耗费总成本即该中心的预计作业成本,这部分属于间接成本,需分配计入产品成本。分配作业成本必须以作业动因为标准,预计各作业中心的成本分配率,按照不同产品的作业动因预计量分配各产品,从而确定各产品的间接成本。作业中心成本分配预算格式如表 7—27 所示。

**表 7—27　　作业中心成本分配预算**　　单位:元

| | 预计作业成本 | 预计耗用作业动因数 | | | | 预计分配率 | 分配成本 | | |
|---|---|---|---|---|---|---|---|---|---|
| | | A 产品 | B 产品 | … | 合计 | | A 产品 | B 产品 | … |
| | (1) | (2) | (3) | (4) | (5) | (6) | (7) | (8) | (9) |
| 产品设计 | ×× | ×× | ×× | … | ×× | ×× | | | … |
| 订单处理 | ×× | ×× | ×× | … | ×× | ×× | | | … |
| ⋮ | ⋮ | ⋮ | ⋮ | ⋮ | ⋮ | ⋮ | ⋮ | ⋮ | ⋮ |
| 合计 | ×× | ×× | ×× | ×× | | ×× | ×× | ×× | … |

注:上表中(5)=(2)+(3)+(4);(6)=(1)÷(5);(7)=(2)×(6);(8)=(3)×(6)。

### (四)编制产品成本预算

作业中心成本预算仅仅反映各产品应分配的间接费用,要编制产品成本预算还应考虑产品的有关直接费用(如直接材料、直接人工等),据此编制的预算为各产品的成本预算,这些直接费用无需通过作业中心进行分配,直接计入产品成本。产品成本预算的具体格式如表7—28所示。

表 7—28　产品成本预算　单位:元

| | A产品 | B产品 | … | 合　计 |
|---|---|---|---|---|
| 直接材料 | ×× | ×× | … | ×× |
| 直接人工 | ×× | ×× | … | ×× |
| 产品设计 | ×× | ×× | … | ×× |
| 订单处理 | ×× | ×× | … | ×× |
| ⋮ | ⋮ | ⋮ | ⋮ | ⋮ |
| 成本合计 | ×× | ×× | ×× | ×× |

## 本章关键概念

全面预算　弹性预算　零基预算　滚动预算　现金预算

## 复习思考题

1. 生产经营全面预算包括哪些主要内容?它们之间关系怎样?
2. 为什么说销售预算是编制全面预算的基础和关键?怎样编制销售预算?
3. 试分析固定预算与弹性预算的联系与区别。
4. 什么是零基预算?它具有哪些基本特征?如何对它进行客观评价?
5. 什么是滚动预算?它有哪些特点?

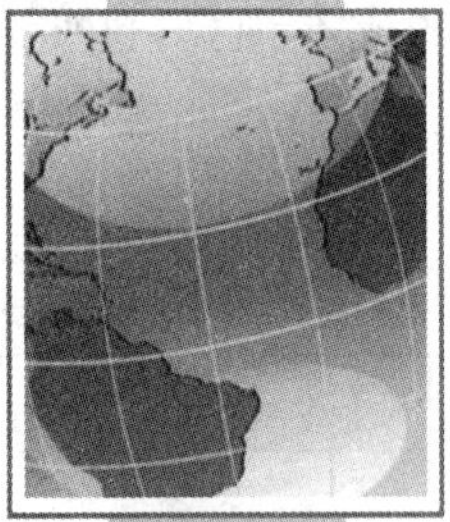

# 第八章 成本控制

**引言**

成本控制是企业预算控制的一项重要内容，它是为保证企业全面预算执行而采取的各种控制措施。建立健全企业成本控制系统，对于充分发挥成本管理职能、提高企业经营管理水平和市场竞争力具有重要作用。本章在介绍企业成本控制原理的基础上，主要阐述标准成本控制、作业成本控制和目标成本控制的基本内容。

## 第一节　成本控制概述

### 一、成本控制的含义

企业的预算编制好以后，为了保证预算的顺利完成，必须对企业发生的有关经济活动进行控制。此时，控制活动要以预算作为标准，又称预算控制。预算控制的对象和范围比较广泛，涉及企业供应、生产、销售、财务等有关责任单位的成本、收入、利润等方方面面，而成本控制则是预算控制的基础。因此，本章将对成本控制作一专门讨论。

所谓成本控制，是指企业在生产经营活动中，以不断降低成本和提高效益为目的，对影响成本的各种因素加以管理，及时发现与预定目标成本之间的差距，采取一定的措施，保证成本目标和成本预算任务的完成。

成本控制在企业管理中起着重要作用。首先，成本控制是企业增加盈利的根本途径。增加利润是企业经营的目的之一，而控制成本则直接服务于此目的，因为无论在何种情况下，降低成本都可以增加利润：(1)在收入不变的情况下，降低成本可以增加利润；(2)在收入增加的情况下，降低成本可使利润增加得更快；(3)在收入减少的情况下，降低成本可以抑制利润的下降。因此，降低成本是企业实现盈利目的的根本途径。其次，成本控制是企业抵抗内外压力、求得生存的主要保障。企业在经营过程中面对各方压力，外有同行竞争、政府课税和经济环境逆转等不利因素，内有职工改善待遇、股东分红和债权人的压力。企业为了抵御内外压力，常常以降低成本、提高产品质量、创新产品设计和增加产销量为主要手段。而其中降低成本是最主要、最有效的手段。因为降低成本可以提高企业产品价格的竞争能力；可以提高安全边际率，使企业在不景气的经济环境中继续生存；可以抵御由于价格提高而引发的经销商和供应商的提价要求，以及增加流转税的外在压力；可以提高质量、创新设计、提高职工待遇和增加股利。最后，成本控制是企业发展的基础。把成本控制在同类企业的先进水平上，才可能获得超额利润，为企业迅速发展打下基础。许多企业陷入困境的重要原因之一是，在成本失控的情况下盲目发展，以致当市场萎缩或决策失误时没有抵抗能力，最终被市场淘汰。因此，只有进行成本控制，使成本降到最低状态，才能使企业的发展有足够的后劲，在竞争中处于不败之地。

成本控制可按成本发生的时间先后划分为事前成本控制、事中成本控制和事后成本控制三个阶段，也就是成本控制循环中的设计阶段、执行阶段和考核阶段。

事前成本控制又称为成本的前馈控制和预防控制，是指产品投产前，通过对产品成本与功能的关系的分析研究，提出对产品功能和目标成本的要求，从根本上解决功能过剩、成本过高的问题；同时还要对影响成本的有关因素进行分析研究，制定出一整套成本控制制度，针对不同类型的成本采取不同方法约束成本开支，防止偏差和浪费的发生。

事中成本控制又称为日常成本控制，是指在成本形成过程中，企业内部对成本负有经营管理责任的各级单位，根据事先制定的成本目标或标准，对企业各责任中心日常发生的各项成本和费用进行严格的计量、监督，如发生偏差，就及时分析原因并采取措施进行调节，使各项成本和费用不超过预定的标准，以保证目标成本的实现。

事后成本控制又称为成本的后馈控制，是指在成本发生后，把日常发生的成本差异及其原因汇总起来进行分析研究，找出成本升降的原因，明确经济责任，为下一期企业生产经营计划和目标成本的确定提供改进意见。

## 二、成本控制的要求

为了充分发挥成本控制的作用，成本控制应注意如下几点：

(1)成本控制要对成本形成全过程进行全面控制。成本形成的全过程，包括产品投产前的设计、工艺的确定，以及生产过程的各个环节；另外，还要考虑产品使用中的寿命周期成本。全面成本控制就是以产品成本形成的全过程为对象，结合生产经营各阶段的不同性质和特点进行有效控制。

(2)成本控制要进行全员控制。成本控制涉及企业的全体员工和部门，要降低成本，就要充分调动企业各部门和全体员工关心成本和参加成本控制的积极性。

(3)成本控制要进行全方位的控制。成本控制不是单纯地限制和监督，它一方面要精打细算、节约开支、消灭浪费，另一方面又要按照成本效益的原则实现相对的成本节约，以更少的消耗取得更多的成果。

(4)成本控制要贯彻责权利相结合的原则。要保证落实到责任中心的成本预算能够恰当地被执行，必须赋予它们与其责任大小、控制范围一致的权利，如决定某项成本项目能否开支的权利。此外，成本控制必须在定期考核评价成本实绩的基础之上，与对责任中心的奖惩挂钩。

(5)成本控制要以目标成本为依据。目标成本是企业成本控制的目标，但是，目标成本作为企业的整体目标，不便进行日常控制。按照目标管理理论，应该把企业的目标成本层层分解，落实到各成本责任中心，分级归口管理。这样一来，可以使责任单位明确责任范围，及时发现成本差异，分析成本超降的原因，并采取措施予以纠正。

(6)成本控制要按例外管理原则，重点剖析例外差异。例外管理原则是西方国家在经营管理工作上进行日常控制的一种专门方法，特别是在成本指标控制方面采用更多。因为在日常控制活动中，实际水平与预算数之间的差异，特别是那些数量小、影响不大的差异普遍存在，如果要一一查明，势必会影响成本控制工作的效率。因此，应把注意力集中在那些非正常的关键性差异上，对其追根溯源，查明原因，并采取有效措施予以纠正。

### 三、成本控制制度

成本控制制度是指在对产品设计、研制等阶段影响成本的有关因素的分析和研究的基础上，制定出的一整套适合本企业具体情况的成本控制方法和相应的规章制度。其关键是要通过企业内部设置的规章制度，针对不同的成本采用不同的成本控制方法，约束成本开支，预防偏差和杜绝浪费现象的发生。成本控制制度是企业内部控制制度的重要组成部分。

从目前国外成本控制的实践看，其成本控制方法繁多，一般有目标成本控制法、作业成本控制法、标准成本控制法、相对成本控制法、责任成本控制法等。对于这些适应现代化大生产和市场经济的、行之有效的成本控制方法，应结合我国企业的具体情况、成本控制对象和内容的不同而灵活加以运用。

企业内部的全部成本按成本习性，可以分为变动成本和固定成本两类。变动成本主要是通过制定标准成本和编制弹性预算进行控制。直接材料和直接人工在制造业产品成本中一般占有较大的比重，数额易于分割，用标准成本控制比较简便易行；而变动性制造费用通常由变动性的成本项目组成，金额分散，通过编制弹性预算控制较为适宜。对于固定成本，首先要根据其开支项目的性质和轻重缓急区分为约束性固定成本和酌量性固定成本，然后分别控制。对于约束性固定成本，控制关键在于作出长期投资决策之前的事前控制。因此，应根据相关的资本支出预算中的数据，分项目制定固定预算，作为事前控制的依据。而企业其他非约束性固定成本，则可以通过编制零基预算的方法来加强成本控制。另外，在企业产品设计阶段，则适合采取目标成本控制法来实施成本控制。

## 第二节　标准成本控制

### 一、标准成本概述

标准成本控制系统是指通过事前制定标准成本，在实际执行过程中将实际成本与标准成本进行比较分析，找出差异产生的原因，并据以加强成本控制和业绩评价的成本控制系统。一个完整的标准成本控制系统包括标准成本的制定、成本差异的计算和分析以及成本差异的处理。

所谓标准成本，实际上就是按成本项目反映的单位产品的目标成本。因为通过成本预测确定的目标总成本不便于日常的控制和考核，必须分别按成本项目逐一制定出各自的标准成本才能落实。关于标准成本概念存在两种含义：

一是指单位产品的标准成本，它是根据单位产品的标准消耗量和标准单价计算出来的，也称为“成本标准”。其计算公式为：

成本标准＝单位产品成本标准＝单位产品标准消耗量×标准单价

二是指实际产量的标准成本，它是根据实际产品产量和单位产品标准成本计算出来的。其计算公式为：

标准成本＝实际产量×单位产品标准成本

标准成本有多种多样的形式及不同的分类方法。

**(一)按其制定所根据的生产技术和经营管理水平划分**

按其制定所根据的生产技术和经营管理水平，分为理想标准成本和正常标准成本。

理想标准成本是指在最优的生产条件下，利用现有的规模和设备能够达到的最低成本。制定理想标准成本的依据是理论上的业绩标准、生产要素的理想价格和可能实现的最高生产经营能力利用水平。因此，这种标准是完美的成本标准，很难成为现实，即使暂时出现也不可能持久。理想标准成本不能作为考核的依据。而正常标准成本是指在效率良好的条件下，根据下期应该发生的生产要素消耗量、预计价格和预计生产能力利用程度制定出来的标准成本。要达到这种标准不是没有困难，却是可以达到的。它的数量大于理想标准成本、小于历史平均水平，实施以后实际成本更大的可能是逆差而不是顺差，是要经过努力才能达到的一种标准。实践中，广泛使用正常标准成本，其特点为：它是用科学方法根据客观实践经充分研究后制定出来的，具有客观性和科学性；它排除了各种偶然性和意外情况，又保留了目前条件下难以避免的损失，代表正常情况下的消耗水平，具有现实性；它是应该发生的成本，可以作为评价业绩的尺度，是广大职工努力的目标，具有激励性；它可以在工艺技术水平和管理水平变化不大时使用，不需要经常修订，具有稳定性。

**(二)按其适用期不同划分**

按其适用期不同，分为现行标准成本和基本标准成本。

现行标准成本是指根据其适用期间应该发生的价格、效率和生产经营能力利用程度等预计的标准成本，它是评价实际成本的依据。而基本标准成本是指一经制定，只要生产的基本条件无重大变化，就不予变动的一种标准成本。由于基本标准成本不按各期实际进行修订，不宜用来直接评价工作效率和成本控制的有效性。

## 二、标准成本的制定

标准成本应该分成本项目制定，一般制定的顺序是先确定直接材料和直接人工的标准成本，再确定制造费用的标准成本，最后确定单位产品的标准成本。在制定时，无论哪一个成本项目，都需要分别确定其用量标准和价格标准，两者相乘后得出成本标准。其中，用量标准包括单位产品材料消耗量、单位产品直接人工工时等，主要由生产技术部门主持制定；价格标准包括原材料单价、小时工资率、小时制造费用分配率等，由会计部门和其他有关部门共同研究确定。无论是用量标准还是价格标准，都可以是理想状态或正常状态的。下面主要讨论正常状态下的正常标准成本的制定。

**(一)直接材料标准成本的制定**

直接材料标准成本的制定，需要确定直接材料的用量标准和价格标准。其中，用量标准即标准消耗量，是用统计方法、工业工程法和其他技术方法确定的，包括理想消耗和正常损失两部分；价格标准是预计下一年度实际需要支付的进料单位成本，包括发票价格、运费、检验费和正常损耗等成本。直接材料标准成本举例如表 8－1 所示。

**表 8－1** **直接材料标准成本** 产品：甲

| 标 准 | 材料 A | 材料 B |
|---|---|---|
| 价格标准 | | |
| 发票单价 | 1.10 元 | 5.20 元 |
| 运费 | 0.08 元 | 0.50 元 |
| 每千克标准价格 | 1.18 元 | 5.70 元 |

续表

| 标　准 | 材料 A | 材料 B |
|---|---|---|
| 用量标准 | | |
| 　图纸用量 | 4.00 千克 | 2.00 千克 |
| 　正常损耗量 | 0.20 千克 | |
| 　单位产品标准用量 | 4.20 千克 | 2.00 千克 |
| 成本标准 | | |
| 　材料 A(1.18 元×4.20 千克) | 4.96 元 | |
| 　材料 B(5.70 元×2.00 千克) | | 11.40 元 |
| 单位产品标准成本 | 16.36 元 | |

**(二)直接人工标准成本的制定**

直接人工标准成本的制定,需要确定直接人工的用量标准和价格标准。其中,用量标准是单位产品的标准工时,它是按产品的加工工序所需直接人工工时汇总而得到的。其含义是指在现有生产技术条件下,生产单位产品所需要的时间,包括直接加工操作必不可少的时间以及必要的间歇和停工两部分。而价格标准是指标准工资率。它既可以是预定的工资率,也可以是正常的工资率。在计件工资制下,标准工资率是预定的每件产品支付的工资除以标准工时;在月工资制下,标准工资率则是按月工资总额和可用工时总量来计算的。直接人工标准成本举例如表 8—2 所示。

**表 8—2　　直接人工标准成本**　　产品:甲

| 项　目 | 第一工序 | 第二工序 |
|---|---|---|
| 小时工资率 | | |
| 　基本生产工人人数 | 30 | 20 |
| 　每人每月工时(8 小时×20.92 天) | 167 | 167 |
| 　出勤率 | 95% | 95% |
| 　每人每月平均可用工时 | 159 | 159 |
| 　每月总工时 | 4 770 | 3 180 |
| 　每月工资总额 | 5 247 元 | 3 816 元 |
| 　每小时工资 | 1.1 元 | 1.2 元 |
| 单位产品工时 | | |
| 　理想作业时间 | 1.5 | 1.2 |
| 　设备调整时间 | 0.4 | — |
| 　其他 | 0.1 | 0.1 |
| 　单位产品工时合计 | 2 | 1.3 |
| 直接人工标准成本 | 2.2 元 | 1.56 元 |
| 合　计 | 3.76 元 | |

**(三)制造费用标准成本的制定**

各部门的制造费用标准成本分为变动制造费用标准成本和固定制造费用标准成本两部分。它们都是按部门分别编制,然后将同一产品涉及的各部门单位制造费用标准成本加以汇总,得出整个产品制造费用标准成本。

1. 变动制造费用的标准成本

变动制造费用的数量标准通常采用单位产品直接人工工时标准(在直接人工标准成本制定时已经确定)、机器工时或其他用量标准。不管选择何种用量标准,应尽可能使该标准与变动制造费用保持较好的线性关系。

变动制造费用的价格标准是每一工时变动制造费用的标准分配率,它是根据变动制造费用预算和直接人工总工时计算求得的。其计算如表 8—3 所示。

**表 8—3**　　**变动制造费用标准成本**　　产品:甲

| 项　目 | 第一车间 | 第二车间 |
|---|---|---|
| 变动制造费用预算 | | |
| 运输 | 1 000 元 | 2 100 元 |
| 消耗材料 | 4 000 元 | 1 900 元 |
| 间接人工 | 2 000 元 | 3 800 元 |
| 动力 | 500 元 | 2 500 元 |
| 合　计 | 7 500 元 | 10 300 元 |
| 生产量标准(人工工时) | 5 000 | 5 150 |
| 变动制造费用标准分配率 | 1.5 元 | 2 元 |
| 直接人工用量标准(人工工时) | 2 | 1 |
| 变动制造费用标准成本 | 3 元 | 2 元 |
| 单位产品变动制造费用标准成本 | 5 元 | |

各车间变动制造费用标准成本确定后,可汇总出单位产品的变动制造费用标准成本。

2. 固定制造费用的标准成本

采用完全成本法计算产品成本的企业,固定制造费用要计入产品成本,应确定其标准成本。固定制造费用的标准成本也包括用量标准和价格标准。其中,用量标准与变动制造费用的用量标准相同,包括直接人工工时、机器工时、其他用量标准等,并且两者要保持一致,以便进行差异分析(此标准的数量已在制定直接人工用量标准时确定);而其价格标准是每小时固定制造费用的标准分配率,它是根据固定制造费用预算和直接人工标准总工时来计算的。其计算如表 8—4 所示。

**表 8—4**　　**固定制造费用标准成本**　　产品:甲

| 项　目 | 第一车间 | 第二车间 |
|---|---|---|
| 固定制造费用预算 | | |
| 折旧费 | 300 元 | 1 500 元 |

续表

| 项　目 | 第一车间 | 第二车间 |
|---|---|---|
| 管理人员工资 | 600 元 | 1 200 元 |
| 间接人工 | 500 元 | 1 100 元 |
| 其他 | 300 元 | 250 元 |
| 合　计 | 1 700 元 | 4 050 元 |
| 生产量标准(人工工时) | 3 400 | 2 025 |
| 固定制造费用标准分配率 | 0.5 元 | 2 元 |
| 直接人工用量标准(人工工时) | 2 | 1 |
| 固定制造费用标准成本 | 1 元 | 2 元 |
| 单位产品固定制造费用标准成本 | 3 元 | |

各单位的固定制造费用标准成本确定后，可汇总出单位产品的固定制造费用标准成本。

将以上确定的直接材料、直接人工和制造费用的标准成本按产品加以汇总，就可确定有关产品全部的标准成本。

## 三、成本差异的计算和分析

成本差异主要是指实际成本与标准成本之间的差额，又称标准成本差异，它反映实际成本脱离预定目标程度的信息。为消除此偏差要进行成本差异分析，找出原因和对策，以便加以纠正。

### (一)变动成本差异的计算和分析

变动成本包括直接材料、直接人工和变动制造费用，它们的实际成本高低取决于实际用量和实际价格，标准成本高低取决于标准用量和标准价格。因此，其成本差异可以归结为价格脱离标准造成的“价格差异”和用量脱离标准造成的“数量差异”两类。

成本差异＝实际成本－标准成本

＝实际数量×实际价格－标准数量×标准价格

＝实际数量×实际价格－实际数量×标准价格＋实际数量×标准价格－标准数量×标准价格

＝实际数量×(实际价格－标准价格)＋(实际数量－标准数量)×标准价格

＝价格差异＋数量差异

1. 直接材料成本差异的计算和分析

直接材料成本差异是直接材料实际成本与标准成本之间的差额，其形成原因为：一是价格脱离标准；二是用量脱离标准。前者按实际用量计算，称为价格差异；后者按标准价格计算，称为数量差异。

直接材料价格差异＝实际数量×(实际价格－标准价格)

直接材料数量差异＝(实际数量－标准数量)×标准价格

**【例 8—1】** 某企业本月生产甲产品1 000件，耗用 A 材料2 000千克，材料单价为 1.2 元/千克；直接材料的单位产品标准成本为 3.8 元，即每件产品耗用 1.9 千克的直接材料，每千克材料的标准价格为 2 元。则：

直接材料价格差异＝2 000×(1.2－2)＝－1 600(元)

直接材料数量差异＝(2 000－1 000×1.9)×2＝200(元)

由上可得，直接材料成本差异等于价格差异与数量差异之和，即：－1 600＋200＝－1 400(元)。而直接材料成本差异又等于实际成本减去标准成本，即：2 000×1.2－1 000×1.9×2＝－1 400(元)。因此，直接材料价格差异与数量差异之和，应当等于直接材料成本的总差异。

计算出价格差异和数量差异后，应对此进行分析。一般地，材料价格差异是在采购过程中形成的，不应由耗用材料的生产部门负责，而应由采购部门作出解释。采购部门未能按标准价格进货的原因有很多，如物价上涨、违反合同被罚款、采用了不必要的快速运输方式等。企业应针对各种原因，确定合理的责任归属。而材料数量差异是在材料耗用过程中形成的，反映生产部门的成本控制业绩。材料数量差异形成的具体原因有许多，如操作失误造成废品和废料增加、机器不适用造成用料增加等。有时多用料也不一定是生产部门的责任，如购入的材料质量低劣、规格不符等，故应具体问题具体分析，合理确定责任归属。

2. 直接人工成本差异的计算和分析

直接人工成本差异是指直接人工实际成本与标准成本之间的差额，它也可以分为“价差”和“量差”两部分。价差是指实际工资率脱离标准工资率的差额，按实际工时计算确定，又称工资率差异；量差是指实际工时脱离标准工时的差额，按标准工资率计算确定，又称人工效率差异。

工资率差异＝实际工时×(实际工资率－标准工资率)

人工效率差异＝(实际工时－标准工时)×标准工资率

**【例 8－2】** 某企业本月生产甲产品 500 件，实际使用工时1 000小时，支付工资2 000元；直接人工的标准成本为 5 元/件，即每件产品标准工时为 2.5 小时，标准工资率为 2 元/小时。则：

工资率差异＝1 000×(2 000/1 000－2)＝0(元)

人工效率差异＝(1 000－500×2.5)×2＝－500(元)

由上可得，直接人工成本差异等于工资率差异与人工效率差异之和，即：0＋(－500)＝－500(元)。而直接人工成本差异又等于实际成本减去标准成本，即：2 000－500×5＝－500(元)。因此，直接人工的工资率差异与人工效率差异之和，应当等于直接人工成本的总差异。

计算出工资率差异和人工效率差异之后，应对此进行分析。一般地，工资率差异形成的原因包括直接生产工人升级或降级使用、奖励制度未产生实效、工资率调整、出勤率变化等，应归属于人事劳动部门管理，其差异的具体原因会涉及生产部门或其他部门；而人工效率差异形成的原因则包括工作环境不良、劳动情绪不佳、作业计划安排不当、产量太少无法发挥批量优势等，应主要由生产部门负责，但在实践中还需具体问题具体分析。

3. 变动制造费用差异的计算和分析

变动制造费用差异是指实际变动制造费用与标准变动制造费用之间的差额，它也可以分解为“价差”和“量差”两部分。价差是指变动制造费用的实际小时分配率脱离标准小时分配率的差额，按实际工时计算确定，它反映耗费水平的高低，故称为变动制造费用耗费差异；量差是指实际工时脱离标准工时的差额，按标准小时分配率计算确定，它反映工作效率变化引起的费用节约或超支，故称为变动制造费用效率差异。

变动制造费用耗费差异＝实际工时×(变动制造费用实际分配率－变动制造费用标准分配率)

$$\text{变动制造费用效率差异}=(\text{实际工时}-\text{标准工时})\times\text{变动制造费用标准分配率}$$

**【例 8—3】** 某企业本月生产甲产品的实际产量为 500 件，使用工时1 000小时，实际发生变动制造费用 600 元；变动制造费用标准成本为 1 元/件，即每件产品标准工时为 2.5 小时，变动制造费用标准分配率为 0.4 元/小时。则：

变动制造费用耗费差异＝1 000×(600/1 000－0.4)＝200(元)

变动制造费用效率差异＝(1 000－500×2.5)×0.4＝－100(元)

由上可得，变动制造费用成本差异等于耗费差异加上效率差异，即：200＋(－100)＝100(元)。而变动制造费用成本差异又等于实际成本与标准成本的差额，即：600－500×1＝100(元)。因此，变动制造费用的耗费差异与效率差异之和，应当等于变动制造费用的总差异。

计算出变动制造费用耗费差异和效率差异之后，应对此差异进行分析。一般地，变动制造费用的耗费差异是部门经理的责任，因为它是实际支出与按实际工时和标准分配率计算的预算数之间的差额，它反映耗费水平即每小时业务量支出的变动制造费用脱离了标准；而变动制造费用效率差异是由于实际工时脱离了标准，多用工时导致费用增加，因此，其形成原因与人工效率差异相同。

**(二)固定制造费用差异的计算和分析**

固定制造费用差异的计算和分析与变动制造费用差异的计算和分析不同，其方法有“二因素分析法”和“三因素分析法”两种。

1. 二因素分析法

二因素分析法是指将固定制造费用差异分为耗费差异和能量差异。耗费差异是指固定制造费用实际金额与固定制造费用预算金额之间的差额。由于固定制造费用不随业务量的变动而变动，因而在考核时不考虑业务量的变动，而以原来的预算数作为标准，实际数超过预算数即视为耗费过多。其计算公式为：

$$\text{固定制造费用耗费差异}=\text{固定制造费用实际数}-\text{固定制造费用预算数}$$

能量差异是指固定制造费用预算数与固定制造费用标准成本的差额，即实际业务量的标准工时与生产能量的差额用标准分配率计算的金额。其计算公式如下：

$$\begin{aligned}\text{固定制造费用能量差异}&=\text{固定制造费用预算数}-\text{固定制造费用标准成本}\\&=\text{固定制造费用标准分配率}\times\text{生产能量}-\text{固定制造费用标准分配率}\\&\quad\times\text{实际产量标准工时}\\&=(\text{生产能量}-\text{实际产量标准工时})\times\text{固定制造费用标准分配率}\end{aligned}$$

**【例 8—4】** 某企业本月生产甲产品，实际产量 400 件，发生固定制造费用1 424元，实际工时为 890 小时；企业生产能量为 500 件，即1 000小时；每件产品固定制造费用标准成本为 3 元，即每件产品标准工时为 2 小时，标准分配率为 1.50 元/小时。则：

固定制造费用耗费差异＝1 424－1 000×1.5＝－76(元)

固定制造费用能量差异＝1 000×1.5－400×2×1.5＝300(元)

验算：

固定制造费用成本差异＝实际固定制造费用－标准固定制造费用

＝1 424－400×3＝224(元)

固定制造费用成本差异＝耗费差异＋能量差异

＝(－76)＋300＝224(元)

通过以上计算可以看出，该企业甲产品固定制造费用超支224元主要是由于生产能力利用不足、实际产量小于计划产量所致。固定制造费用超支，不论是耗费差异还是能量差异，一般都应由有关的管理部门负责。

二因素分析法比较简单，但从上述计算公式可见：二因素分析法没有反映和分析生产效率对固定制造费用成本差异的影响。在计算能量差异时，使用的都是标准工时，它说明的是按标准工时反映的生产能力利用情况。如果实际产量标准工时与计划产量标准工时一致，则能量差异为零。但是，实际产量的实际工时可能与其标准工时存在差异，而生产能力的实际利用情况更取决于实际工时而非标准工时。实际工时与标准工时之间的差异，属于效率高低问题。因此，固定制造费用成本差异分析更多地采用将能量差异划分为闲置能量差异和效率差异的三因素分析法。

2. 三因素分析法

三因素分析法是将固定制造费用成本差异分为耗费差异、效率差异和闲置能量差异三部分。耗费差异的计算与二因素分析法相同。不同的是，将二因素分析法中的"能量差异"进一步分为两部分：一部分是实际工时未达到标准能量而形成的闲置能量差异；另一部分是实际工时脱离标准工时而形成的效率差异。其计算公式如下：

$$\text{固定制造费用闲置能量差异}=\text{固定制造费用预算数}-\text{实际工时}\times\text{固定制造费用标准分配率}$$

$$=(\text{生产能量}-\text{实际工时})\times\text{固定制造费用标准分配率}$$

$$\text{固定制造费用效率差异}=\text{实际工时}\times\text{固定制造费用标准分配率}-\text{实际产量标准工时}\times\text{固定制造费用标准分配率}$$

$$=(\text{实际工时}-\text{实际产量标准工时})\times\text{固定制造费用标准分配率}$$

**【例8－5】** 仍依【例8－4】资料，采用三因素分析法计算如下：

固定制造费用闲置能量差异＝(1 000－890)×1.5＝165(元)

固定制造费用效率差异＝(890－400×2)×1.5＝135(元)

三因素分析法的闲置能量差异(165元)与效率差异(135元)之和为300元，与二因素分析法中的"能量差异"数额相同。采用三因素分析法，能够更好地说明生产能力利用程度和生产效率高低所导致的成本差异情况，并且便于分清责任：闲置能量差异的责任一般在于管理部门，而效率差异的责任则往往在于生产部门。

## 四、成本差异的处理

在标准成本系统下，成本差异能够从成本上及时反映生产经营管理方面的有利和不利因素，有利于管理部门了解各项生产经营活动的效益，提高成本控制效果。因此，成本差异如何处理，不仅是一个关系到会计原则贯彻、成本计算、存货估计、利润计量等的理论问题，而且是在标准成本系统应用中亟待探讨的实践问题。

**(一)西方国家的处理**

从西方国家的理论与实践的角度来看，标准成本差异的处理方式主要有三种：

一是累计结转法。即各种成本差异在每月月末不进行账务处理，而是在成本差异账户累计下来，直到年底才将累计下来的成本差异在销售成本、产成品和在产品之间按标准成本比例进行分配或直接转入销售成本中。这种方式主要是考虑成本效益原则。因为企业实行标准成本系统的前提之一是正确确定产品的标准成本，企业经过深入研究，制定的标准成本应该十分接近实际成本，否则就失去了标准成本控制、考核的作用，因此，每月月末的各种成本差异数额不会很大。根据成本效益原则，可以不必每月月末处理，而是累计下来到年末一次处理，以简化核算和账务处理工作。但是，成本差异当期不处理，就不能从当期经营成果中反映出来，从而减弱了成本和利润指标的灵敏性。

二是逐月结转法。即每月月末将各种成本差异在销售成本、产成品和在产品之间按标准成本比例进行分配，计算产品的实际成本和损益。

三是即期处理法。即每月月末将各种成本差异全部直接转入销售成本或损益中。

第二和第三种方式都涉及标准成本差异性质问题。学术界有人认为，成本差异具有资产性质，根据公认的会计原则和税法的有关规定，企业应当以实际成本法反映产品销售成本和存货水平。因此，成本差异的流动必须与实物保持一致，只有销售的产品才应该将其应分摊的成本差异在利润中确认。第二种方式就是这种观点的产物，它既能以实际成本法反映销售成本和存货水平，又能满足企业纳税需要。但是这种做法将使成本核算的工作量大大增加，并且它没有把当期成本控制的成果在当期损益中体现出来，从而给成本和利润的分析造成了困难。

第三种方式则认为，成本差异是当期已经发生的损失或收益，是损益而不是资产。人为地把成本超支作为资产价值追加，势必会虚增资产、少计利润；把成本节约作为资产价值的抵减，也必将虚减资产、虚增盈利。另外，从控制角度看，成本差异恰好反映了本期供应部门、生产部门进行成本管理的结果，如果把成本差异直接计入销售成本或损益账户，将有利于分别计算标准成本和实际成本法下的营业利润，从而能够将利润同企业当期生产经营、成本控制的效益直接挂钩，正确反映当期各级管理部门、人员的工作业绩。同时，按照权责发生制的要求，把当期成本差异计入当期销售成本或损益也更有利于收入和费用的配比。

**（二）我国的处理**

在我国，处理成本差异的方法一般有以下两种：

一是直接处理法。直接处理法是将本期发生的各种成本差异全部转入"主营业务成本"账户，或者转入"本年利润"账户。也就是说，本期发生的成本差异由本期销售的产品成本负担，并全部从本期主营业务收入中扣减，不再分配给期末在产品和期末库存商品。这种方法的依据是，承认标准成本是一种正常成本，产品差异是由不正常的低效率和浪费造成的，应当通过利润表中的利润来体现本期的经营业绩。而且，这种处理方法的账务处理过程相对比较简便。但是，如果成本差异的数额较大或制定的标准成本不符合实际的正常水平，则不仅使存货成本严重脱离实际成本，而且还会歪曲本期的实际经营成果，不利于业绩的衡量和评价。因此，这种方法比较适用于成本计算业务量较多、成本差异数额不大、有比较准确的标准成本资料的企业。

二是递延法。递延法是指在会计期末将本期的各种成本差异，按标准成本比例分配给期末在产品、期末库存商品和本期已经销售的商品。分配后，期末的在产品和库存商品反映的都是实际成本，主营业务成本反映的也是本期已销售商品的实际成本。本期发生的成本差异应由存货和销售成本共同负担。但是，采用这种方法期末成本差异分配非常复杂，不便于产品成本计算的简化；而且由于在这种方法下各种存货的计价都是实际成本，这就不便于本期成本差异的分析和控制。此外，有些费用计入存货成本不一定合理，例如闲置能力是一种损失，但并不能换取收益，将其作为资产计入存货成本明显不合理，不如将其作为期间费用在当期参加损益汇总。

需要强调的是，虽然成本差异的处理方法可以针对企业的具体情况自行选择，但要保持一贯性，以便使成本的数据具有可比性，有利于进行成本分析和预测，并能防止信息使用者的误解。

# 第三节　作业成本控制

## 一、作业成本法的定义与产生和发展

### （一）作业成本法的定义

作业成本法（Activity-Based Costing，ABC），是通过追踪作业活动，动态地反映、计量作业成本和以作业成本为基础计算的产品成本，来评价作业业绩和资源利用情况的一种成本计算方法。

### （二）起源与发展

以作业为基础的研究开始于20世纪40年代的美国。1941年，艾瑞克·科勒最早提出作业概念和作业账户。1952年，在他编著的《会计师词典》（*Dictionary for Accountants*）中首次系统阐述了作业会计的思想。1971年，乔治·斯托布斯提出作业成本法的概念，推动了西方学者对传统成本会计系统的反思。1988年，哈佛大学的青年学者罗宾·库珀首先对作业成本法的相关内容作出明确解释，随后他与罗伯特·卡普兰合作，共同构建了作业成本法的完整体系，并致力于向各类公司和机构推广应用。在西方，作业成本法已经被大量应用于公司、政府部门等营利和非营利组织，并取得了令人瞩目的成果。

20世纪80年代末，我国会计学家余绪缨率先撰文介绍作业成本法，掀起了国内的研究热潮。1999年，财政部重点课题“管理会计应用与发展的典型案例研究”的课题组成员在陕西农业机械厂、西安变压器厂、咸阳钢绳厂、西安高压开关厂、中原油田特车厂开展作业成本法应用研究，并取得了初步成果。后来，科龙集团、美的集团、海尔集团、康佳集团、广州宝洁等公司也开始应用作业成本法。现在，许多管理基础较好的企业正在积极尝试推行作业成本法。

### （三）产生背景

在20世纪后期，现代管理思想和方法出现了许多重大变革，并取得了引人注目的新进展。这些新进展都是围绕如何为企业塑造核心竞争能力而展开的。以作业为核心的作业成本法便是其中之一。

1. 技术背景

20世纪70年代以来，高新技术和电子信息技术蓬勃发展，全球竞争压力日趋激烈，以美国和日本等为代表的发达国家纷纷将高新技术和计算机信息系统应用于生产领域。为提高劳动生产率、降低成本、改善产品质量，企业的产品设计与制造工程师开始采用计算机辅助设计和制造，最终发展为依托于计算机的一体化制造系统，实现了生产领域的高度计算机化和自动化。随后，计算机的应用延伸到了企业经营的各方面，订货、设计、制造、销售等环节均由计算机控制，企业成为受计算机控制的各个子系统的综合集成体。计算机化控制系统引发了管理观念和管理技术的巨大变革，适时制（Just-In-Time，JIT）生产系统应运而生。JIT要求企业以顾客需求为出发点，当日生产、当日销售，以达到消除存货和各种形式的浪费。JIT的实施，使传统的成本计算与成本管理方法受到强烈的冲击，并直接导致了作业成本法的形成和发展。

2. 社会背景

高新技术在生产领域的广泛应用，极大地提高了劳动生产率，促进了社会经济的发展，随后人们可支配收入增加，追求生活质量的要求也越来越高。人们不再热衷于大众型消费品，转而追求彰显个性的消费品。这种社会需求的变化，要求企业具有更高的灵活反应能力，能及时向消费者提供多样化和富有个性的产品和服务，以适应多样化和快速多变的消费需求。与此相适应，顾客化生产即柔性制造系统(Flexible Manufacturing System，FMS)取代以追求规模经济为目标的大批量传统生产就成为历史的必然。这样，适应产品品种单一化、常规化和批量化的传统成本计算法赖以存在的社会环境就不复存在了，变革传统的成本管理方法已是大势所趋。

3. 传统成本计算方法的不适用性

传统成本核算中，产品生产成本主要由直接材料、直接人工、制造费用构成，其中制造费用属于间接费用，必须按一定标准将其分配计入有关产品。传统成本计算方法通常以直接人工成本、直接人工工时、机器工时等作为制造费用的分配标准。这种做法在过去的制造环境下比较适宜。过去，企业只生产少数几种产品，而且生产机械化、自动化程度都不高，产品成本中直接材料、直接人工占到了很大的比重，而制造费用所占比重较小，按照这种简单的方法分配制造费用基本不会影响成本信息的准确性，而且还能加速成本核算工作。自 20 世纪 70 年代后，生产高度自动化，制造费用构成内容和金额发生了较大变化，与直接人工成本渐渐失去了相关性，传统成本核算方法逐渐显现出固有的缺陷，主要体现在以下方面：

(1)制造费用激增，直接人工下降，成本信息可靠性受到质疑。生产过程高度自动化，资本趋向密集型，随之而来的是制造费用构成内容和金额发生了较大变化。这种变化表现为企业设备的购置成本大幅提高而经济寿命却大大缩短，每一会计期间的固定资产折旧增大。同时，自动化生产使人力从繁重的体力劳动中解脱出来，这使直接人工工时和成本大大减少。按照人工工时分配制造费用，其结果是消耗工时多的产品往往负担较多的制造费用，而这些产品多是机械化、自动化加工程度较低的产品，这种分配结果显然与收益分配原则相悖，成本信息也不够客观，还可能误导决策。

(2)与工时无关的费用增加，歪曲了成本信息。自动化生产下，与工时无关的许多费用显著增加，如设备调整准备费、搬运费、产品质检费、设备检修费。这些费用多由生产支持性活动导致，其金额的多少通常与人工工时、机器工时没有必然的因果关系，两者之间不存在正比例关系。利用无因果关系的工时去分配这些费用，一定会产生虚假的成本信息。

(3)简单的分配标准导致成本转移问题出现，成本信息失真。首先，批量差异导致成本转移。在不同批量的产品之间，生产准备等费用分配不准确，导致小批量产品成本被低估，大批量产品成本被高估。其次，工艺差异引起成本转移。如果公司生产多种产品的加工工艺不同，即使产品批量类似，也会存在成本转移。一般来讲，多是资本密集型产品成本向劳动密集型产品成本转移、复杂工艺产品成本向简单工艺产品成本转移。最后，其他因素产生的成本转移。品种规格差异、工艺革新、研发项目等因素都可能造成成本转移，这一类问题较复杂，一般需要视具体情况进行分析。

正是在上述因素的综合作用下，以作业为基础的成本计算方法——作业成本法——应运而生。

## 二、作业成本法的原理

### (一)概念体系

作业成本法涉及的概念有资源、作业、作业中心、成本对象、成本动因、成本要素和作业成本库。

1. 资源

资源是成本的源泉,一个企业的资源包括直接人工、直接材料、生产维持成本、间接制造费用以及生产过程以外的成本。资源成本信息的主要来源是总分类账,它反映企业今年付了多少工资、提了多少折旧、缴了多少税等信息。

2. 作业

作业是各种类型的工作和业务活动。作业的类型和数量会随着企业的不同而不同。划分作业需遵循以下原则:一是作业应具有明确的“边界”,即作业消耗的资源与作业产出能够被清楚划分;二是作业活动必须是可量化的,一般生产作业比较容易量化,知识性作业如研究工作有时难以量化,如果要把这类作业纳入作业成本核算体系,就必须为其制定可以量化的标准;三是作业应具有单一的成本动因,作业的消耗只能按照单一的成本动因进行分配;四是作业必须与一定的组织机构相对应,一个作业必须由唯一的一个组织单位负责,便于进行日常管理和业绩考核。

通常,按照作业与个别产品联系的紧密程度不同,分为以下四类:

(1)产品单位水平作业。即生产单位产品而从事的作业,如直接材料和直接人工成本等。这种作业的成本与产量呈正比例变动,如果产量增加一倍,则直接人工成本也会增加一倍。

(2)产品批别水平作业。即生产每批产品而从事的作业,如对每批产品生产的机器准备、订单处理、原料处理、检验及生产规划等。这种作业的成本与产品批数呈正比例变动,是该批产品所有单位产品的固定(或共同)成本。例如,从生产某批产品转向生产另一批产品时,就需要对机器进行准备。当生产批数越多时,机器准备成本就越多,但其成本与产量多少无关,与批别呈正比例变动。

(3)产品种类水平作业。即为支持各种产品的生产而从事的作业,这种作业的目的是服务于各种产品的生产与销售,如对一种产品编制材料清单、制定数控规划、处理工程变更、测试线路等。这种作业的成本与单位数和批数无关,但与生产产品的品种呈正比例变动。

(4)维持水平作业。即为维持工厂生产而从事的作业,如工厂管理、水暖、照明及厂房折旧等。这种作业的成本是生产全部产品发生的共同成本。通常认为,前三类以外的所有作业均是维持水平作业。

3. 作业中心

作业中心,是成本归集和分配的基本单位。它是介于资源与最终成本对象之间的中间成本对象,可以由一项作业或一组相近作业构成。设立作业中心与责任会计中设立成本中心的方法相似,只是它们依据的出发点不同:成本中心是依据成本的责权范围设立的,而作业中心是以同质作业为基础设立的。

4. 成本对象

成本对象是指归集成本、计算成本的对象,可分为最终成本对象和中间成本对象。最终成本对象(不作特殊说明,书中所提成本对象均为此类)即企业的最终产品或劳务,比如钢铁企业生产的钢材、银行提供的某种资金借贷服务。中间成本对象是指在企业内部计算、归集成本的对象，如企业内部辅助生产部门提供的产品或劳务以及各类作业中心。

5. 成本动因

成本动因就是分配各种费用、成本的标准，最新的作业管理标准规定了三种成本动因：

(1)资源动因，是作业、成本对象或者其他资源对于某种资源需求的强度和频率的最恰当的单一数量标准，它是将某种资源成本分配到作业、成本对象或者其他资源的分配标准。

(2)作业动因，是成本对象或者其他作业对于某一作业需求的强度和频率的最恰当的单一数量标准，它是将某一作业成本分配到成本对象、其他作业的分配标准。

(3)成本对象动因，表示其他成本对象对于某一成本对象需求的强度和频率的最恰当的单一数量标准，它是将某一成本对象成本分配给其他成本对象的分配标准。

根据成本动因确定的可能的分配关系如图 8—1 所示。

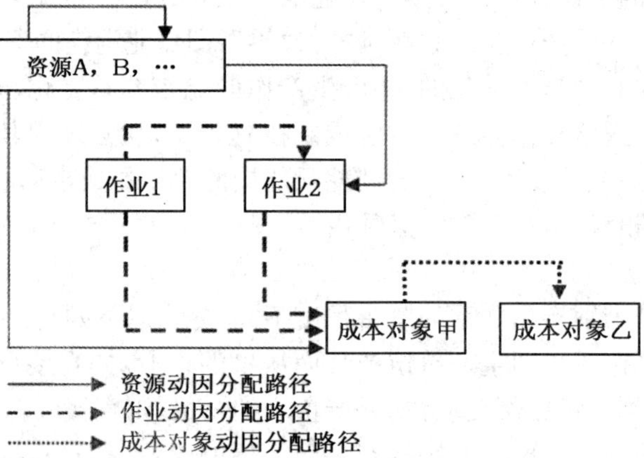


图 8—1　各类成本动因的分配路径

6. 成本要素和作业成本库

按照资源动因，分配给各个作业中心的每一种资源的成本就构成了一项成本要素。设置成本要素有助于进行资源管理。在很多情况下，改善作业并不能带来成本的自动降低。资源可能是闲置的、无效的，如不采取措施消除它们，它们仍然会归集给作业。而成本要素能清晰地揭示所耗资源的结构，便于确定哪些资源需要重新配置和利用。

作业成本库，也叫作业成本池，是与一个作业中心相关的所有成本要素的总和。它不仅汇集了一个作业中心发生的全部各类成本，而且反映了各个作业中心耗费资源的种类和金额，这样就可以计算、分析出每种成本要素所占的比重，按照比重大小就很容易确定成本管理的重要项目和次要项目。对每个作业中心而言，成本降低机会并不都是平等的，一般地，成本库越大的作业中心具有越大的成本降低潜力。

上述相关概念的内在联系如图 8—2 所示。

**(二)作业成本法的基本原理**

作业成本法将生产过程描述为：生产引起作业，作业消耗资源，产品消耗作业，从而导致成本发生。从作业表象上看，每一作业都是一种资源的投入和另一种效果产出的过程。从本质而言，作业是一种交易，这种交易可以体现为企业生产经营过程的各种业务活动，包括企业外部和内部各种价值链活动，由于这些活动是以作业为单位连接而成的，故称为作业链。按照这种因果链条，作业成本法以作业成本的核算来追踪产品形成和成本积累的过程，对成本形成的

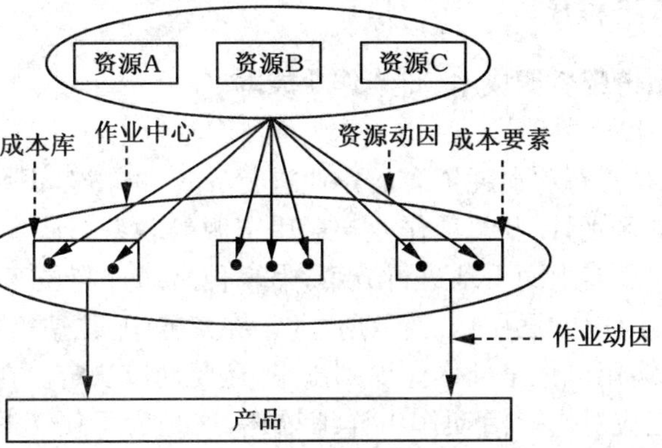


**图 8—2 作业成本计算法中各概念之间的关系**

"前因后果"进行追本溯源。从"前因"上讲,由于成本由作业引起,成本的计算与分析应该是对整个作业链进行计算与分析,首先从市场需求和产品设计环节开始,然后贯穿于企业经营的所有环节;从"后果"上讲,就是要明确作业实际耗费了多少资源,这些资源是如何实现价值转移的,最终向客户(即市场)转移了多少价值、收取了多少价值。这样,作业成本法使成本计算和管理更加深入、透彻,成本信息也更加详细、更具有信息含量。

作业成本法的理论基础是成本动因理论。这种理论认为,费用的分配应着眼于费用发生的原因,将费用的分配与导致这些费用产生的原因联系起来,按照费用发生的原因分配费用。根据作业耗用资源、产品(或劳务,即成本对象)耗用作业的思路,作业成本计算可分为两个阶段。第一阶段,将产品(劳务)消耗资源的直接成本(如直接材料、直接人工)归集给产品(劳务),同时将作业所耗资源成本(即间接成本,如传统成本计算中的制造费用和期间费用)按资源动因分配给各个作业,归集为作业成本;第二阶段,将产品(劳务)所耗作业成本按作业动因分配给各产品(劳务),并将直接成本和间接成本归集形成产品(劳务)成本。可以看到,与传统成本计算方法相比,作业成本法对于直接成本的处理是完全相同的,但对间接成本按照成本动因进行了两次分配——先按资源动因分配到作业,再按作业动因分配到产品,这使得成本计算结果更为准确。在作业成本法下,间接成本分配的两个阶段如图 8—3 所示。

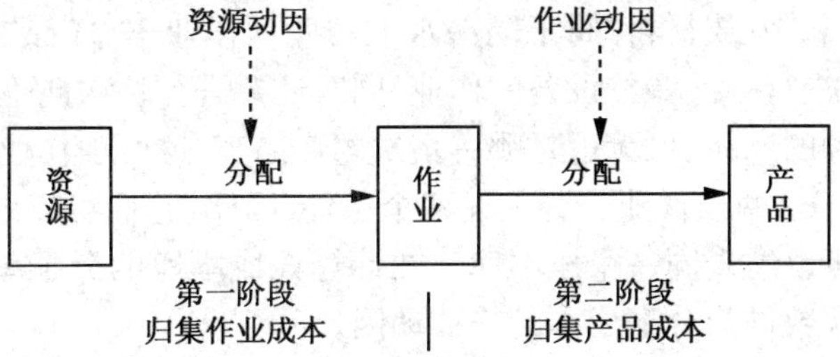


**图 8—3 分配间接成本的两个阶段**

## 三、作业成本法程序

**(一)第一阶段:分配资源成本、归集作业成本**

1. 作业的认定和分类

作业的认定就是对每项消耗资源的作业进行界定和分辨,识别每项作业在生产活动中的作用、与其他作业的区别,以及每项作业与耗用资源的联系。认定作业有两种方式:一种是根据企业整体生产流程,自上而下地进行分解;另一种是通过与员工和经理进行交谈,自下而上地确定他们所做的工作,并逐层认定各项作业。在实务中,往往需要把自上而下与自下而上这两种方式结合起来运用。把全部作业识别出来,还要加以认定。在认定作业后,需按顺序列出作业清单,在清单上应对作业活动作出详细描述,这是为了便于对认定的作业进行进一步分析、归类和建立作业同质组。如认定的"生产准备"作业,是在每批产品投产前进行的设备、工装调整等准备工作。

作业分类是为了便于考察、计量作业的产出以及产品对作业的消耗,以确保正确地选择分配标准,更精准地核算成本。可以将作业划分成四类:产品单位水平作业、产品批别水平作业、产品种类水平作业及维持水平作业。

2. 建立作业同质组和同质成本库

企业的生产活动很复杂,往往由十几项、上百项甚至数百项作业组成。如果按照每项作业归集成本、计算分配率,虽然成本计算结果会更加精确,但随之而来的是巨大的核算工作量,这并不符合成本效益原则。因此,需要在作业分类的基础上,进行"合并同类项"的工作,建立作业同质组和同质成本库,以减少成本计算和分配工作。

(1)建立作业同质组和同质成本库的基本方法

建立作业同质组是在作业分类的基础上,进一步按作业动因分类,将具有相同作业动因的作业,按一定要求合并在一起。同质组作业就构成了一个作业中心。建立同质成本库就是将同质组内各项作业的成本归集在一起,形成一个成本集合。建立同质组和相应的成本库后,即可把同质组内的各项作业视为一个作业中心,使用同一个作业动因,将成本库内的全部成本分配给有关产品。为了保证成本计算准确度,纳入同一个同质组的作业必须同时具备以下两个条件:一是必须属于同一类作业;二是对于不同产品来说,有着大致相同的作业消耗比率。只有满足这两个条件的作业,才能使用同一个作业动因分配成本。

例如,"调整设备"和"发放材料"属于同一水准的两项作业——产品批别水平作业。在每批产品投产前,都需要进行一次调整设备的作业,同时还要进行一次向生产车间发放材料的作业。无论生产什么品种的产品,也无论是哪一批次的产品,对这两项作业都有着相同的消耗比率——"1次/批"。由于这两项作业符合上述两个条件,因此,它们可以纳入同一个同质组,这两项作业相应的成本可以纳入同一个成本库。在计算该成本库的分配率时,可以使用调整设备次数或是发放材料次数作为分配成本的作业动因。

(2)建立同质组和同质成本库时需注意的问题

首先,同质组和相应的成本库不宜设置过多。每个同质组中同质作业个数越少,同质组的个数就越多,使用的作业动因越多。那么,需要计算的分配率也越多,计算工作越复杂。当然,这样成本分配的准确性会越高。但是,实施和维持作业成本法的成本也就越高。因此,在建立作业同质组和成本库、确定作业动因时,必须遵循成本效益原则。

其次,在建立同质组和成本库、选择作业动因时,应注意尽量选择现有成本系统容易取得的成本动因，以便利用现有成本系统中的有关数据资料，特别是一些历史成本资料。如专门为其他生产部门提供大型零部件加工的生产车间，曾经可能就是一个责任成本中心，单独计算成本，那么，就可将该成本中心的各项作业作为一个同质组，建立成本库，以机器工时或人工工时作为成本动因(因为在传统的成本计算系统中多以此作为成本分配基础)。这样，就可以容易地取得据以计算和分析零部件加工作业成本的各种数据资料。

最后，选择作业动因还应注意其在作业成本管理中的导向性。这里选择作业动因的主要目的是为了方便计算产品成本，但也不应忽视其在作业管理中的导向性。所谓导向性，就是所选作业动因，能否引导经理们采取有利于企业降低成本总体目标的措施，而避免经理们采取对他们所在的团队有利，但与企业的总体目标相悖的措施。例如，频繁采购会引起采购成本的增加，选择采购次数作为作业动因，可能会诱导材料使用部门的经理减少采购次数，而要求扩大一次采购量，从而增加材料的储存成本。如果按采购数量分配采购成本和储存成本，则可能避免上述情形，促使采购业务经理和使用材料的有关部门经理共同从实际出发确定最佳采购量，从选择供应商、供货地点等方面考虑降低采购成本和储存成本。

3. 按照资源动因将各种资源耗费分配给作业(或产品、劳务)，归集作业成本库成本

资源是企业生产耗费的最原始形态。如果把整个企业看成一个与外界进行物质交换的投入产出系统，则所有进入该系统的人力、物力、财力等都属于资源范畴。因此，资源可以简单地区分为货币资源、材料资源、人力资源、动力资源等几类。这一步包含以下工作：

(1)确立各类资源的资源动因，将资源分配给各受益对象(作业或产品、劳务)。其中，直接分配给产品的资源成本就是产品的直接成本，如直接材料、直接人工等。

$$某项资源成本分配率=\frac{该项资源成本}{各作业/产品消耗该项资源动因数量之和}$$

$$某作业/产品负担的该项资源成本=该作业/产品消耗该项资源动因\times该项资源成本分配率$$

(2)确认作业所耗资源种类，即确认作业所包含的成本要素。

(3)汇总各同质组作业的各项成本要素，得出各个作业中心的作业成本库的成本总额。

**(二)第二阶段：分配作业成本、归集产品成本**

(1)按照作业动因将作业成本库的总成本分配给产品(劳务)。

$$某项作业成本分配率=\frac{该项作业成本总额}{各产品消耗该项作业动因数量之和}$$

$$某产品负担的该项作业成本=该产品消耗该项作业动因\times该项作业成本分配率$$

(2)汇总产品(劳务)的资源成本(直接成本)和作业成本(间接成本)，并在完工产品和在产品之间分配，计算产品成本。进行当期完工产品与在产品之间的成本分配，以及完工产品总成本及单位成本的计算，与传统成本计算方法没有区别，故不赘述。

**【例8－6】** 东风小型机械制造公司成型部门的制造费用过去按照直接人工工时分配，由于市场竞争的压力，要求会计部门提供可靠的成本信息用于定价决策和成本控制。通过调查分析认为，制造费用分配对产品成本计算影响很大，公司决定改变传统方法，采用作业成本计算方法。

20××年6月成型部门生产A和B两种产品，该部门有关的资料如表8－5所示。其中，直接材料和直接人工属于直接成本，按照资源动因直接归属给产品，其他费用属于间接成本。

表 8—5 **产品生产相关资料**

| 项　目 | 产品 A | 产品 B |
| --- | --- | --- |
| 生产数量(件) | 6 000 | 2 000 |
| 直接材料(元/件) | 90 | 60 |
| 直接人工(工时/件) | 1.5 | 1 |
| 材料用量(千克) | 3 000 | 2 000 |
| 机器调控次数 | 3 | 2 |
| 产品抽检比例 | 10% | 20% |
| 小时工资率(元/小时) | 30 | 30 |

(1)确定作业和作业成本动因

20××年 6 月成型部门制造费用总计为 550 000 元，根据成本和作业之间的关系分析，该部门制造费用由三种作业引起，这三种作业是质量控制、机器调控和材料准备。与各项作业相关的成本数据如表 8—6 所示。

表 8—6 **作业与相关数据**

| 作　业 | 作业成本库 | 制造费用 |
| --- | --- | --- |
| 质量控制 | 质量控制 | 250 000 元 |
| 机器调控 | 机器调控 | 100 000 元 |
| 材料准备 | 材料准备 | 200 000 元 |
| 合　计 | | 550 000 元 |

质量控制成本与产品抽检数正相关，以产品抽检数作为作业动因；机器调控成本与机器调控次数正相关，以机器调控次数作为作业动因；材料准备成本与材料用量正相关，以材料用量作为作业动因。

(2)按成本动因确定制造费用分配率

根据表 8—5 和表 8—6 的资料，按作业动因计算的各作业成本分配率如表 8—7 所示。

表 8—7 **制造费用分配率表**

| 成本库 | 成本总额(元) | 分配基础(成本动因) | 分配率 |
| --- | --- | --- | --- |
| 质量控制 | 250 000 | 抽检件数：<br>A：6 000×10%=600<br>B：2 000×20%=400<br>合计　1 000 | 250 000/1 000=250 元/件 |
| 机器调控 | 100 000 | 3(A)+2(B)=5 | 100 000/5=20 000 元/次 |
| 材料准备 | 200 000 | A：3 000<br>B：2 000<br>合计　5 000 | 200 000/5 000=40 元/千克 |

(3)按各产品消耗的成本动因分配制造费用

根据表 8—5、表 8—6 和表 8—7 的数据，制造费用分配如表 8—8 所示。

**表 8—8　　制造费用分配表**

| 作业成本 | 分配率 | 产品 A | | 产品 B | |
|---|---|---|---|---|---|
| | | 消耗动因 | 分配成本 | 消耗动因 | 分配成本 |
| 质量控制(250 000 元) | 250 元/件 | 600 件 | 150 000 元 | 400 件 | 100 000 元 |
| 机器调控(100 000 元) | 20 000 元/次 | 3 次 | 60 000 元 | 2 次 | 40 000 元 |
| 材料准备(200 000 元) | 40 元/千克 | 3 000 千克 | 120 000 元 | 2 000 千克 | 80 000 元 |
| 合计 550 000 元 | | | 330 000 元 | | 220 000 元 |

(4)计算产品单位成本

根据表 8—5～表 8—8 的资料，产品单位成本计算如表 8—9 所示。

**表 8—9　　产品成本计算表**

| 成本要素 | 产品 A | | 产品 B | |
|---|---|---|---|---|
| | 单位成本 | 总成本 | 单位成本 | 总成本 |
| 直接材料 | 90 元 | 540 000 元 | 60 元 | 120 000 元 |
| 直接人工 | 30×1.5=45 元 | 270 000 元 | 30×1=30 元 | 60 000 元 |
| 制造费用 | 330 000/6 000=55 元 | 330 000 元 | 220 000/2 000=110 元 | 220 000 元 |
| 合　计 | 190 元 | 1 140 000 元 | 200 元 | 400 000 元 |

成型部门采用作业成本计算法与传统方法的计算结果有很大不同，如果仍采用传统的分配方法，按直接人工工时分配制造费用，制造费用分配率计算如下：

直接人工工时：A 产品　　1.5×6 000=9 000 工时

　　　　　　　B 产品　　1×2 000=2 000 工时

　　　　　　　合　计　　11 000 工时

制造费用分配率=550 000÷11 000=50(元/工时)

采用传统分配方法，产品单位成本计算如表 8—10 所示。

**表 8—10　　产品成本计算表**

| 成本要素 | 产品 A | | 产品 B | |
|---|---|---|---|---|
| | 单位成本 | 总成本 | 单位成本 | 总成本 |
| 直接材料 | 90 元 | 540 000 元 | 60 元 | 120 000 元 |
| 直接人工 | 30×1.5=45 元 | 270 000 元 | 30×1=30 元 | 60 000 元 |
| 制造费用 | 50×1.5=75 元 | 450 000 元 | 50×1=50 元 | 100 000 元 |
| 合　计 | 210 元 | 1 260 000 元 | 140 元 | 280 000 元 |

传统方法下产品 A 的单位成本为 210 元，比作业成本计算法下的 190 元高出 10.5%；而产品 B，传统方法下单位成本为 140 元，比作业成本计算法下的 200 元低 30%。不同成本计算方法对成本计算结果的影响可见一斑，不真实的成本信息将会导致决策和控制的失误。

# 第四节 目标成本控制

## 一、目标成本控制的原理

目标成本是一种预计成本，是在生产经营活动开始以前依据一定的科学分析或方法制定出来的成本目标。这种预计成本与目标管理方法结合起来用于控制成本的发生和规模，就称为目标成本控制。目标成本控制是一种适用范围很广的成本控制的有效方法。它既可以用于对新产品开发与生产的成本控制，也可以用于标准产品的成本控制；既可以对企业成本的总体进行控制，也可以对某一部分的成本开支实施控制。对于已经投产的标准产品的目标成本控制，标准成本法是一种被广泛应用的、比较成熟的方法，在上一节中已作专门论述。本节中，我们主要讨论新产品开发与生产过程中的目标成本控制，也就是指企业以市场为导向，在产品投产之前，运用成本企划、价值工程等手段达成由产品的可能售价和目标利润决定的最优目标成本，并以目标成本作为主要依据实施成本控制。

目标成本控制体现了20世纪50年代目标管理的思想。目标管理方法强调管理以目标为开始，组织应有明确的总体目标，制定和设置目标时由下而上逐级汇总，以确保分目标构成对总目标的支持和保证。而在制定和汇总目标的过程中，注重上下级之间就目标设定的充分沟通，上级对下属应给予建设性的指导。目标管理的实施则以自我控制为基础。此外，目标管理要求一定程度的由上而下和由下而上的反复循环。由上而下分派给下属人员的目标，在循环过程中能够积极吸收下级人员的意见，并由下而上汇总，实现对目标的进一步完善和修订。目标管理的最大优点是，明确的目标能够起到激励作用，激发广大员工参与目标制定和实施的积极性和自觉性。

目标成本控制是目标管理的一项重要内容，它要求必须以目标成本为依据，对企业的各项成本开支进行严格的限制、监督和指导，力求做到以最小的成本开支，获取最大的经济效益。作为成本开支依据的目标成本，是进行成本比较分析的有效尺度。使用目标成本可以查明生产经营过程中实际成本脱离目标成本的差异与原因，明确有关部门和人员的责任。推行目标成本管理，首先应将企业总的目标成本由上而下层层分解，建立起分部门、分层次的目标成本管理体系。纵的方面，可以由上而下按总厂、分厂、车间进行分解；横的方面，按管理职能进行分解，可以按供销部门、设计部门、辅助生产部门、生产部门、行政管理部门进行分解。当然，企业可以根据自身生产工艺及其组织管理的特点选择其他目标分解方式，如按产品结构分解为总装成本和零部件成本，按产品形成过程分解为产品设计成本、材料采购成本、生产制造成本和产品销售成本。不论怎样，目标成本实施的关键是立足于企业上下各级、横向各职能部门和环节之间的协调配合，使它们围绕一个目标积极努力做好成本控制工作。

## 二、目标成本控制的程序

在市场经济的条件下，目标成本控制与传统的产品定价过程相反。传统的产品定价是先收集市场需求信息，确定产品的具体要求，并据此进行产品设计、制定制造工艺、确定所耗用原材料和零件的价格，从而估计出产品的成本，然后再加上一定的利润以确定产品的价格。而目标成本控制则是要在产品设计阶段先根据市场调查制定出目标售价，再根据企业的中长期计划制定目标利润，最后以目标售价减去目标利润即为目标成本。有了目标成本，就可以开始进行设计、筹划和组织生产，并运用价值工程手段，通过产品整体及其零部件的设计和原材料的选择来确保目标成本的达成。

目标成本控制的程序因企业的不同而有所不同，但大体上可以分为四个阶段，即目标成本的初步确定、目标成本的可行性分析、实现目标成本、目标成本的追踪考核与修订。

第一阶段是初步确定目标成本。在这一过程中，首先根据企业经营战略，在市场分析、了解竞争产品等的基础上，确定产品价格及目标销售收入。其次是根据企业的经营决策确定目标利润，确定目标利润的目的是要确保企业长期利润计划的完成。设置目标利润的通常方式是紧紧依托于旧产品的实际利润，然后根据市场的波动情况进行调整。目标成本可以根据目标售价减去目标利润后的差额来确定。一种产品的总目标成本确定以后，可按成本项目或产品功能细分，以制定每一个成本要素和产品功能的目标成本。

第二阶段是进行目标成本的可行性分析，包括分析目标售价、目标利润和目标成本三个步骤。企业分析目标售价可以有三种方法。它可以进行市场调查，调查消费者需要的产品功能和特色及产品的售价；也可以对竞争者进行分析，掌握竞争者产品的功能、价格、品质及服务水平等有关资料，并与本公司的产品资料进行对比；甚至可以对竞争者的产品进行拆装和重置，了解竞争者产品中各种零件的功能和特性，估计其生产流程和成本构成。公司在消费者需求研究、竞争者分析以及竞争者产品分析之后，可以通过比较来确定自己的目标售价的可行性。企业分析产品目标利润应与企业的中长期目标及利润计划相配合，同时考虑销售、利润、投资回报、现金流量、产品品质、成本结构、市场需求、销售政策等因素的影响。最后是根据本企业实际成本的变化趋势、同类企业的成本水平，充分考虑本企业成本节约的能力，分析目标成本的可行性。

第三阶段是实现目标成本。目标成本控制是围绕目标成本的设置、分解、实施、分析和考核进行的，即通过合理设置成本目标及其目标分解，把企业的各部门、各环节直至全体职工连成一个有共同努力方向的、纵横协调的指标保证体系，以充分调动各方面的积极性和主动性，全力以赴地去完成企业的目标总成本。目标成本控制应从产品设计研制开始，对材料采购、库存、生产、销售直至售后服务整个过程实施全面控制，但其核心是在产品设计研制阶段对目标成本进行规划。即通过将企业目前或预期的产品成本与设定的目标成本相比较，计算出成本差距。然后，通过运用成本企划、价值工程等方法寻求最佳的产品设计，用最低的成本达成顾客需求的功能、安全性、品质等。如果此时计算出的最佳产品设计下的成本仍高于目标成本，则重复运用上述手段寻求最佳成本。

第四阶段是目标成本的追踪考核与修订，包括对产品的财务目标和非财务目标完成状况的追踪考核、调查消费者的需求是否得到满足、市价的变化对目标成本有何影响等事项，并根据上述各阶段目标成本的实现情况对其进行修订。

## 三、目标成本规划：成本企划

成本企划（Target Costing/Cost Design）是指以产品开发、设计阶段为中心，结合企业财务、采购、技术、生产、销售等各部门，以综合降低成本为目的而实施的成本管理技术。成本企划是 20 世纪 90 年代日本企业成本管理中的典型模式，近年来，其应用范围不断扩大，甚至在金融等服务性行业也得到了推广应用，成为一种世界各国所瞩目的成本管理方法。

成本企划的主要目标是，在产品生产的源流设计阶段，对成本进行策划以求达到降低成本的目的，同时为实现经营上的战略目标，作为利益管理的手段发挥其效果。在成本企划中，不仅要考虑产品成本与使用功能的关系，而且要通过对产品的价值分析，力求实现产品使用功能与市场理想价格的协调。在成本发生之前，对成本发生的机制进行彻底的研究和分析，排除非增加价值活动产生的动因，使有效降低成本的空间得到最大限度的拓展。

成本企划最关键的因素是目标成本规划，即在产品的规划与设计阶段就要关注将要制造的产品成本只能允许是多少。成本是事先限定好的，制造过程实际消耗的成本乃至顾客的使用成本都不允许超过这一范围。这就意味着要把成本思考的立足点从传统的生产现场转移到产品的规划、构思与设计阶段，从生产经营的下游转移到上游或者说是源头。如果说某种产品市场上只能卖 5 元钱，企业必须有 20%的盈利率，成本最多只能是 4 元钱，那么就应当从产品规划、设计阶段开始，通过与各部门及零件供应商等的合作努力降低成本，确保 4 元钱目标成本的达成，最终实现成本降低的目标，提高生产出来的产品的市场适销性。

成本企划的一般流程如图 8—4 所示。

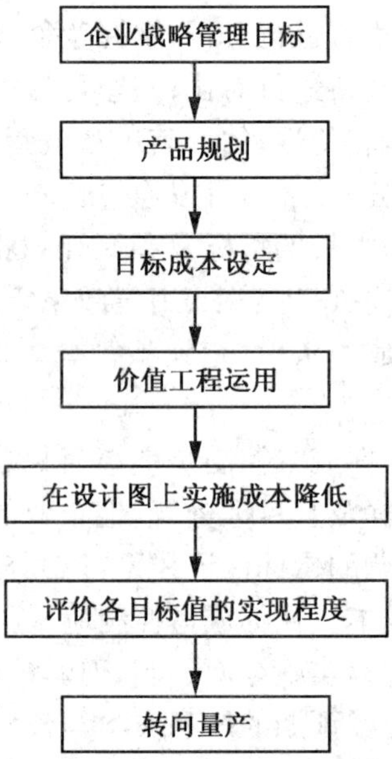


**图 8—4　成本企划流程**

在成本企划的一般流程中，应注意以下几点：

(1)产品规划是成本企划活动的起始点，它是引出成本企划所要求的“产品观念”的重要一步，有了源自市场消费者需求的产品观念，才有了企划的对象。在产品规划中，通过充分了解市场，在研究消费者需求和竞争对手表现后，可以确定产品目标价格，并据以设定产品的目标成本。接着，由工程技术人员根据企业现有的生产能力和生产技术水平，估计生产该产品所需花费的成本，比较估计成本与目标成本两者的差额就是企业需要努力的方向。

(2)从设定目标成本到在设计图纸上实现成本降低是成本企划的中心阶段，成本降低是在这一阶段真正得以落实的。这一阶段主要包括对目标成本实施的“设定—分解—再设定—再分解—……—达成”这一“中心循环”。这一过程看似简单，实际上包括了多重循环，即围绕企业战略管理目标，以产品规划为媒体，运用价值工程等管理工程学方法，在设计图上对目标成本实现的可行性进行反复“预演”和不断完善，直至从技术规格到成本投入上都能满足实现企业战略管理目标。产品开发设计过程一般可以分为构想设计、基本设计、详细设计和工序设计四个阶段，严格地说，每个阶段都需要实施这一循环，每一次循环都是对成本的一次挤压。

(3)在产品设计阶段，成本企划强调价值工程的运用。根据产品规划书，设计产品原型。结合原型，把成本降低的目标分解到各个产品构件上，分析各构件是否能够满足产品规划书要求的性能，在满足性能的基础上，运用价值工程降低成本。如果成本的降低达到目标成本的要求，就可转入基本设计阶段，否则还需要运用价值工程重新加以调整，以达到要求。进入基本设计阶段后，运用同样的方法挤压成本，转入详细设计，最后进入工序设计。在工序设计阶段，成本降低的目标达成后，成本挤压暂时告一段落，可以转向试生产。

(4)试生产阶段是对成本目标值的实现程度的评价，致力于解决潜在问题。一旦在试生产阶段发现产品成本超过目标成本的要求，则需重新返回设计阶段，运用价值工程来进行再次改进。只有在目标成本达成的前提下，才能进入最后的量产。进入量产阶段，这种成本管理即转向成本维持，保证正常生产条件，维持既定成本水平。

与传统成本管理相比，成本企划的特点主要表现在：第一，成本企划与在生产过程中适用的标准成本计算不同，它主要适用于产品的开发、设计阶段；第二，成本企划不是成本控制的实施手段，而是计划成本或降低成本的前期设计，即对企业目标成本进行规划的手段；第三，相对于反复、大量生产的生产形态而言，成本企划更适用于多品种、少量生产的形态；第四，成本企划是对设计产品规格、生产技术等实施控制的管理手段，因此，与会计手段相比，更带有经营工学的性质，一般要运用价值工程、全面质量管理、看板作业等工学管理的方法；第五，成本企划不仅依靠会计部门，而且需要销售、技术(开发、设计)以及生产部门的协力合作，从这一点可以看出，将技术、生产、销售统一起来的计算机信息系统与成本企划有着密切关联。

**【例 8—7】** 巨人发动机公司提供汽车发动机产品，主要生产Ⅰ型、Ⅱ型、Ⅲ型发动机。经理对本厂经营情况调查后发现，本公司 20×6 年成本要比同类公司高 25%，公司经董事会决定，在 20×7 年实行目标成本控制，努力降低成本，确保 20×7 年利润总额不低于 20×6 年。通过对相关客户的访谈，公司总结了客户对发动机的四个要求：动力、油耗、重量、噪音。每种发动机提供唯一一组的动力、油耗、重量、噪音组合。总体来说，增加动力、降低噪音会增加成本，增加重量及油耗会降低成本。

20×7 年Ⅰ型、Ⅱ型、Ⅲ型发动机预计产量分别为850 000台、2 200 000台、1 500 000台。在分析了目前的市场价格及目标利润之后，巨人发动机公司初步制定每台发动机目标成本，如表 8—11所示。

**表 8—11　　20×7 年每台发动机目标成本　　单位：元**

| | Ⅰ型 | Ⅱ型 | Ⅲ型 |
|---|---|---|---|
| 单位售价 | 7 500 | 4 500 | 6 000 |
| 目标利润 | 1 100 | 500 | 600 |
| 目标成本 | 6 400 | 4 000 | 5 400 |

在不对以上三类发动机进行改造的前提下，20×7 年预计成本如表 8—12 所示。

表 8—12 **20×7 年每台发动机预计成本** 单位:元

| | Ⅰ型 | Ⅱ型 | Ⅲ型 |
|---|---|---|---|
| 原材料成本 | 2 500 | 1 800 | 2 300 |
| 外购零部件成本 | 2 200 | 1 400 | 1 200 |
| 间接成本 | 3 383 | 1 674 | 2 766 |
| 预计成本合计 | 8 083 | 4 874 | 6 266 |
| 目标成本 | 6 400 | 4 000 | 5 400 |
| 成本差量 | —1 683 | —874 | —866 |

可见,在现有情况下,预计成本超过目标成本,因此,需要对成本项目进行细分,进而分别寻求降低途径。

对于间接成本,巨人发动机公司基于作业成本法进行归集,具体如表 8—13～表 8—16 所示。

表 8—13 **每台发动机的数量动因间接成本**

| 作业 | 成本动因 | 成本动因率(元) | 成本动因量(小时) | | |
|---|---|---|---|---|---|
| | | | Ⅰ型 | Ⅱ型 | Ⅲ型 |
| 装配 | 组装工时 | 35 | 7 | 3 | 5 |
| 质检 | 检查工时 | 42 | 2 | 1 | 2 |
| 再加工 | 人工工时 | 35 | 3 | 1 | 3 |
| 材料处理 | 助手工时 | 28 | 5 | 2 | 4 |

表 8—14 **每台发动机的批别动因间接成本**

| 作业 | 成本动因 | 成本动因率(元) | 成本动因量(批,小时) | | |
|---|---|---|---|---|---|
| | | | Ⅰ型 | Ⅱ型 | Ⅲ型 |
| 运送 | 运送批数 | 50 | 7 | 5 | 4 |
| 装备 | 装备工时 | 250 | 8 | 4 | 7 |

表 8—15 **每台发动机的产品层次间接成本** 单位:元

| 作业 | Ⅰ型 | | Ⅱ型 | | Ⅲ型 | |
|---|---|---|---|---|---|---|
| | 全部成本 | 单位成本 | 全部成本 | 单位成本 | 全部成本 | 单位成本 |
| 设计 | 80 000 000 | 94 | 45 000 000 | 20 | 55 000 000 | 37 |
| 管理 | 8 000 000 | 9 | 8 000 000 | 4 | 8 000 000 | 5 |

表 8—16 **每台发动机的生产能力间接成本**

| 作业 | 成本动因 | 成本动因率(元) | 成本动因量(小时,元) | | |
|---|---|---|---|---|---|
| | | | Ⅰ型 | Ⅱ型 | Ⅲ型 |
| 综合管理 | 劳动力工时 | 18 | 17 | 7 | 14 |
| 综合费用 | 材料成本 | 0.02 | 2 500 | 1 800 | 2 300 |

由成本估算,可得单位产品具体成本项目的预算,如表 8—17 所示。

**表 8—17　　20×7 年每台发动机预计成本明细**　　单位:元

| | Ⅰ型 | Ⅱ型 | Ⅲ型 |
|---|---|---|---|
| 单价 | 7 500 | 4 500 | 6 000 |
| 材料成本 | | | |
| 原材料 | 2 500 | 1 800 | 2 300 |
| 零部件 | 2 200 | 1 400 | 1 200 |
| 每台相关成本 | | | |
| 装配 | 245 | 105 | 175 |
| 质检 | 84 | 42 | 84 |
| 再加工 | 105 | 35 | 105 |
| 材料处理 | 140 | 56 | 112 |
| 每批相关成本 | | | |
| 运送 | 350 | 250 | 200 |
| 装备 | 2 000 | 1 000 | 1 750 |
| 产品相关成本 | | | |
| 设计 | 94 | 20 | 37 |
| 管理 | 9 | 4 | 5 |
| 设备维持成本 | | | |
| 综合管理 | 306 | 126 | 252 |
| 综合费用 | 50 | 36 | 46 |
| 全部预计成本 | 8 083 | 4 874 | 6 266 |

为了削减预计成本,该公司组建了一个设计小组来负责三种发动机的重新设计改造。首先,小组进行价值工程分析,从竞争对手处买回发动机进行拆卸研究,进而制订出发动机的多种设计方案。其次,设计小组与设计工程师共同确定新的设计方案,在成本降低的情况下,保证发动机有相同的功能,并去掉无用的功能。价值工程作业导致如表 8—18 所示的情况。

**表 8—18　　价值工程作业导致的每台发动机的变化**

| 变更项目(单位) | Ⅰ型 | Ⅱ型 | Ⅲ型 |
|---|---|---|---|
| 原材料成本(元) | 2 400 | 1 600 | 2 200 |
| 外购零部件成本(元) | 2 100 | 1 300 | 1 000 |
| 装配工时(小时) | 6 | 2 | 4 |
| 再加工工时(小时) | 2 | 无变化 | 2 |

这些变化导致如表 8—19 所示的成本估计。

**表 8—19　　20×7 年价值工程作业导致的每台发动机预计成本明细**　　单位:元

| | Ⅰ型 | Ⅱ型 | Ⅲ型 |
|---|---|---|---|
| 单价 | 7 500 | 4 500 | 6 000 |
| 材料成本 | | | |
| 原材料 | 2 400 | 1 600 | 2 200 |
| 零部件 | 2 100 | 1 300 | 1 000 |
| 每台相关成本 | | | |
| 装配 | 210 | 70 | 140 |
| 质检 | 84 | 42 | 84 |
| 再加工 | 70 | 35 | 70 |
| 材料处理 | 140 | 56 | 112 |
| 每批相关成本 | | | |
| 运送 | 350 | 250 | 200 |
| 装备 | 2 000 | 1 000 | 1 750 |
| 产品相关成本 | | | |
| 设计 | 94 | 20 | 37 |
| 管理 | 9 | 4 | 5 |
| 设备维持成本 | | | |
| 综合管理 | 270 | 108 | 216 |
| 综合费用 | 48 | 32 | 44 |
| 全部预计成本 | 7 775 | 4 517 | 5 858 |

然后,设计小组访问顾客来了解需求,通过改变动力、油耗、重量、噪音来调整成本,根据功能的改变,将导致如表 8—20 所示的情况。

**表 8—20　　功能改造导致的每台发动机的变化**

| 变更项目(单位) | Ⅰ型 | Ⅱ型 | Ⅲ型 |
|---|---|---|---|
| 单价(元) | 7 500 | 4 500 | 6 000 |
| 原材料(元) | 2 200 | 1 700 | 2 400 |
| 设计成本(万元) | 11 500 | 8 000 | 9 500 |
| 检查工时(小时) | 1 | 1 | 2 |
| 组装工时(小时) | 3 | 2 | 4 |
| 再加工工时(小时) | 1 | 1 | 1 |
| 材料处理工时(小时) | 3 | 2 | 2 |
| 运送数量(批) | 4 | 2 | 2 |
| 装备工时(小时) | 4 | 2 | 5 |

功能改变后成本如表8—21所示,此时可以达到目标成本的水平。

**表8—21　　20×7年功能改造导致的每台发动机预计成本明细**　　单位:元

| | Ⅰ型 | Ⅱ型 | Ⅲ型 |
|---|---|---|---|
| 单价 | 7 500 | 4 500 | 6 000 |
| 材料成本 | | | |
| 原材料 | 2 200 | 1 700 | 2 400 |
| 零部件 | 2 100 | 1 300 | 1 000 |
| 每台相关成本 | | | |
| 装配 | 105 | 70 | 140 |
| 质检 | 42 | 42 | 84 |
| 再加工 | 35 | 35 | 35 |
| 材料处理 | 84 | 56 | 56 |
| 每批相关成本 | | | |
| 运送 | 200 | 100 | 100 |
| 装备 | 1 000 | 500 | 1 250 |
| 产品相关成本 | | | |
| 设计 | 135 | 36 | 63 |
| 管理 | 9 | 4 | 5 |
| 设备维持成本 | | | |
| 综合管理 | 144 | 108 | 162 |
| 综合费用 | 44 | 34 | 48 |
| 全部预计成本 | 6 098 | 3 985 | 5 343 |

## 四、目标成本规划:价值工程

在企业目标成本规划中,成本企划运用价值工程的手段来确保生产的产品满足目标,具有强烈的管理工程学属性。成本企划虽然离不开价值工程,但两者并不等同。成本企划是在产品的设计阶段为了降低成本和确保利润而实施的各种活动;价值工程则是通过分析调查产品的功能和价格,寻求有助于降低成本及新产品开发的一种成本管理科学,是成本企划活动开展的有效手段。

### (一)价值工程的含义

构成产品成本的各项费用,虽然大多数是在产品生产过程中实际发生的,但生产一件产品应该发生哪些费用、数量是多少,在很大程度上是由产品投产前的产品设计所决定的。因此,产品生产成本的控制,可以在产品的设计阶段,通过对产品的价值工程分析,选择最佳方案并确定相应的最低目标成本。

价值工程是以功能分析为中心,使产品和作业能达到适当的价值,即用最低的成本来实现和创造产品应具备的必要功能的一项有组织的活动。它有以下三个方面的含义：

第一，价值工程是以最低的成本去实现某产品或作业应具备的必要功能，以使产品和作业达到最佳价值。其中，功能是某项产品所负担的职能或所起的作用。功能首先以满足消费者的需求为前提条件，功能的提高是无限的，但它同时受客户需求和生产成本的制约。价值工程就是要确定产品的必要功能，避免功能过剩(产品功能多于或高于客户所必需的)和功能不足(功能达不到客户的要求)现象的发生。成本则是指产品的寿命周期成本，即为实现产品的必要功能在整个产品生产和使用过程中发生的成本。价值工程就是在保证产品必要功能的前提下，使其寿命成本最低。这里的价值要从功能与成本的关系上来理解，即产品的功能和成本的比值，它反映了产品物美价廉的程度。产品功能与成本之间的关系如下：

$$价值=功能/成本，即\ V=F/C$$

或：

$$V=(F1+F2+F3+\cdots)/C$$

其中：$V$ 代表价值；$C$ 代表成本；$F$ 代表产品各组件的功能。

价值工程是根据产品成本和功能的内在联系，通过科学的比较分析，从中找出最佳价值。由于产品的功能受客户需求的限制，而客户需求又受产品寿命周期成本的制约，因此，开展价值工程活动既不能脱离客户成本的约束，片面追求高功能，也不能脱离客户需求，片面追求低成本，造成产品的必要功能不足。价值工程的真正目的在于，既实现产品的必要功能，又降低产品的寿命周期成本，追求产品的最佳价值。要实现这个目的，只能从提高功能和降低成本两个方面入手。

第二，价值工程的核心问题是对产品或作业进行功能分析。在产品设计和研制时，着重对产品功能的分析研究，确定实现必要功能最优方案的有效方法。通过功能分析可以发现哪些功能是客户需要的、哪些功能是不必要的、哪些功能是过剩的、哪些功能是不足的，并在改进方案中提出新的解决方法，去掉不必要的功能，削减过剩的功能，补足不足的功能，从而使产品的功能更加合理，以达到既能满足客户需求、保证必要的功能，又能降低产品的寿命周期成本。

第三，价值工程作为一整套的科学方法，是运用集体智慧的一项有组织的活动。由于价值工程既要降低成本，又要提高功能，涉及企业经营活动的方方面面，因此，要有效开展价值工程活动，就需要将各部门的专业人员组织起来，紧密配合，运用各方面的知识，充分发挥集体的力量。

**(二)价值工程的程序**

价值工程活动就是一个发现和解决问题的过程，它所研究的问题包括：价值工程的对象是什么？它的用途是什么？其成本是多少？其价值是多少？有无实现同样功能的其他方法？新方案的成本是多少？新方案能满足要求吗？价值工程活动的具体开展包括如下几个阶段：

第一，正确选择对象。企业没有必要对所有的产品或作业都进行价值分析，也没有必要对一个产品的所有零件都进行价值分析，而应该有所选择。一般而言，在设计方面，要选择那些结构复杂、体积庞大、材料昂贵、性能差的产品；在生产方面，要选择那些批量大、工艺复杂、原材料消耗高、能源消耗大、成品率低、废品率高的产品；在销售方面，要选择那些客户意见多、竞争力差的老产品；在成本方面，要选择那些成本高于同类或功能相近的产品以及成本结构中过高的构成部分。

第二，根据对象的性质、范围和要求，收集可靠的信息。具体包括：企业的基本情况，如经营方针、产品品种、产量、质量等；有关的技术和经济资料，如本企业或同类产品结构、性能、加工工艺、材料成本、加工费等；客户的有关意见，如客户对产品的要求、使用目的、使用条件以及在使用中的问题等。

第三，进行功能、成本和价值分析。首先，要把价值工程的对象所具有的功能细致地加以研究，了解它们的作用。即分析对象在生产过程中所采取的每一流程、每道工序，每种材料和零件对构成产品的最终价值起到了什么作用、承担了什么职能，没有它们是否影响产品的使用价值，有无便宜的东西可以代替等。所有这些工作就是给每个分析对象的功能下定义的过程，实际上也是发现问题的过程。其次，就是对已下定义的功能进行分类和整理。即搞清哪些是基本功能、哪些是辅助功能、哪些功能是客户需要的、哪些功能是客户不需要的、哪些是功能过剩、哪些是功能不足，以及各功能之间的关系。通过功能整理，可以具体把握需要改进的功能范围，为进一步提出功能改进方案提供依据。最后，要进行功能评价。先是针对不同的分析对象进行评价，然后与现实成本相互比较，求出各分析对象的价值系数。功能评价有许多方法，比较常用的方法有评分法和FD法。

1. 评分法

即采用5分制、10分制和100分制，按各零部件的重要性打分。例如，改进某零部件的三种备选方案，从可靠性、生产复杂性、操作方便性、保养难易、重量和安全方面按10分制评分，如表8—22所示。

**表8—22　　功能评分表**

| 方案 | 可靠性 | 生产复杂性 | 操作方便性 | 保养难易 | 重量 | 安全 | 总分 |
|---|---|---|---|---|---|---|---|
| 1 | 5 | 10 | 10 | 7 | 4 | 9 | 45 |
| 2 | 9 | 5 | 8 | 5 | 6 | 4 | 37 |
| 3 | 9 | 8 | 10 | 8 | 7 | 9 | 51 |

方案2总分最低，初选淘汰。然后根据估计成本再作比较，如表8—23所示。

**表8—23　　估计成本比较表**

| 方案 | 一次摊销费用 | 直接材料、人工费用 | 总成本 |
|---|---|---|---|
| 1 | 30 | 150 | 180 |
| 3 | 20 | 164 | 184 |

最后进行价值分析。设方案1的成本系数为100，则方案3的成本系数为：$(184/180)\times 100=102.22$。

所以，方案1和方案3的价值系数分别为：

$V_1=45/100=0.45$

$V_3=51/102.22=0.4989$

对比后选择方案3。

2. FD法

即一对一比较法。这种方法是将产品生产的各项作业活动排列起来，一对一地对比，凡功能相对重要的作业得1分，次要的得0分。然后，将各项生产作业得分的总计数除以全部作业得分总数，即可求得各项作业的功能评价系数。假设某产品由A、B、C、D、E、F六种零部件组成，按FD法计算功能评价系数，如表8—24所示。

表 8—24　　**功能比较表**

| 产品零部件 | 一对一比较结果 | | | | | | 得分合计 | 功能评价系数 |
|---|---|---|---|---|---|---|---|---|
| | A | B | C | D | E | F | | |
| A | × | 1 | 1 | 0 | 1 | 0 | 3 | 3/15=0.2 |
| B | 0 | × | 1 | 0 | 1 | 1 | 3 | 3/15=0.2 |
| C | 0 | 0 | × | 0 | 1 | 1 | 2 | 2/15=0.13 |
| D | 1 | 1 | 1 | × | 1 | 1 | 5 | 5/15=0.33 |
| E | 0 | 0 | 0 | 0 | × | 1 | 1 | 1/15=0.07 |
| F | 1 | 0 | 0 | 0 | 0 | × | 1 | 1/15=0.07 |
| 合　计 | | | | | | | 15 | 1 |

由上述计算结果可得：D、A、B 三种零部件的功能评价系数较大，说明其功能较为重要；而 E、F 零部件的功能评价系数最小，说明其功能较不重要。

在功能评价系数确定后，应计算各种零部件的成本系数和价值系数。其中：

某种零部件成本系数＝该种零部件的现实成本/各种零部件现实成本合计

某种零部件价值系数＝该种零部件的功能评价系数/该种零部件的成本系数

上例中的价值系数和成本降低幅度的计算结果如表 8—25 所示。

表 8—25　　**价值系数与成本降低幅度计算表**

| 产品零部件 | 现实成本 | 成本系数 | 价值系数 | 按功能评价系数分配目标成本 | 成本降低幅度 |
|---|---|---|---|---|---|
| A | 237 | 0.237 | 0.844 | 180 | 57 |
| B | 168 | 0.168 | 1.191 | 180 | －12 |
| C | 105 | 0.105 | 1.238 | 117 | －12 |
| D | 281 | 0.281 | 1.174 | 297 | －16 |
| E | 76 | 0.076 | 0.921 | 63 | 13 |
| F | 133 | 0.133 | 0.526 | 63 | 70 |
| 合计 | 1 000 | 1.000 | 5.894 | 900 | 100 |

第四，确定最优方案。即根据上面计算和分析的结果，按客户的需求，提出若干改进价值的新方案，再把各种方案进行分析和评价后，选择功能不变而使成本更低或功能更高的最优方案。原则上，应选择价值系数大于 1 或小于 1 的零部件作为改善对象。价值系数为 1，说明该零部件的功能与成本平衡，不必作为改善对象；价值系数大于 1，说明功能重要性大的零部件实际分配到的成本较少；价值系数小于 1，说明功能重要性较小的零部件占用了过多的实际成本。因此，可将后两种情况列为提高或降低成本分配的对象。如上例中，零部件 A、E、F 的价值系数都小于 1，尤其是 F 偏低，有降低成本的潜力。

寻求最优的改善方案是价值工程分析的关键，这需要组织各部门集思广益，集中物流、生产、财务、采购部门的人员，一起讨论、评价各方案的可行性，如果测算出的最佳产品成本仍高于目标成本，则要继续重复上述活动。

第五，求出目标成本。即根据筛选出的最优方案进行目标成本的计算，也就是将产品的目标成本按功能评价系数分配给各有关的零部件，算出各作业环节的目标成本，作为对产品成本水平实行有效事前控制的依据。

## 第五节　成本控制的其他方法

### 一、质量成本控制

所谓质量成本，是指企业为保持或提高产品质量所支出的一切费用，以及因产品质量未达到规定水平所产生的一切损失。

**(一)质量成本的构成**

质量成本通常包括两方面的内容：一是预防和检验成本；二是损失成本。

预防和检验成本也是由两部分构成的：预防成本和检验成本。所谓预防成本，是指为保证产品质量达到一定水平而发生的各种费用，如质量计划工作费用、新产品评审费用、工序能力研究费用、质量审核费用、质量情报费用、人员培训费用和质量奖励费用等。所谓检验成本，是指为评估和检查产品制造质量而发生的费用，如进货检验费、工序检验费、产品检验费、破坏性试验的产品试验费用和检验设备的维护与保养费用。

损失成本包括内部质量损失和外部质量损失两部分。所谓内部质量损失，是指生产过程中因质量问题而发生的损失成本，包括产品在生产过程中出现的各类缺陷所造成的损失，以及为弥补这些缺陷而发生的各类费用支出，如报废损失、返修损失、复检费用、停工损失、事故分析处理费用和产品降级损失等。所谓外部质量损失，是指产品销售后因产品质量缺陷而引起的一切费用支出，如支付用户的索赔费用、退货损失、保修费用和折价损失等。

与质量有关的预防和检验成本以及损失成本是两类具有不同性质的成本。预防和检验成本属于不可避免成本，随着产品质量的不断提高，这部分成本将会不断增大；损失成本则属于可避免成本，随着产品质量的不断提高，这部分成本将逐渐降低。产品质量的高低通常以产品的合格率来表示。

**(二)质量成本控制程序**

(1)确定最优质量成本，并以此作为质量成本控制的总目标。最优质量既不在质量最高时，也不在质量最低时，而是在使质量成本所有四项内容之和最低时的质量水平上。

(2)建立健全质量成本管理的组织体系。有了质量成本的控制标准，还应建立健全质量成本管理的组织体系，以确保目标的实现。由于质量成本涉及企业的诸多部门，如供应、生产、销售、质检、财会等部门，因此，必须划分责任，归口管理。

(3)应坚持以预防为主的方针。在质量成本控制中，为保证一定的质量水平，应适当地增大预防和检验成本占质量成本的比重，这样可减少事故成本的发生。

(4)计算和分析质量成本差异。企业应及时计算实际质量成本脱离预算的差异，并对此分项逐一进行分析，寻找原因，以采取相应措施加以控制。

**(三)最佳质量成本模型**

尽管现实中，在两类不同性质的质量成本(预防和检验成本以及损失成本)之间找到最优的平衡点是相当困难的工作，但在理论上，最优质量成本水平确实是存在的。确定最优质量成本的方法可参考合理比例法进行。

合理比例法是根据质量成本各项目之间的比例关系，确定一个合理的比例，从而找出质量水平的适宜区域,而不是确定最优质量成本点。因为达到某一点的合格品率不易保持,而使合格品率在某一范围内还是容易做到的。

此法将质量总成本曲线分为三个区域:改善区、适宜区和至善区,如图8—5所示。

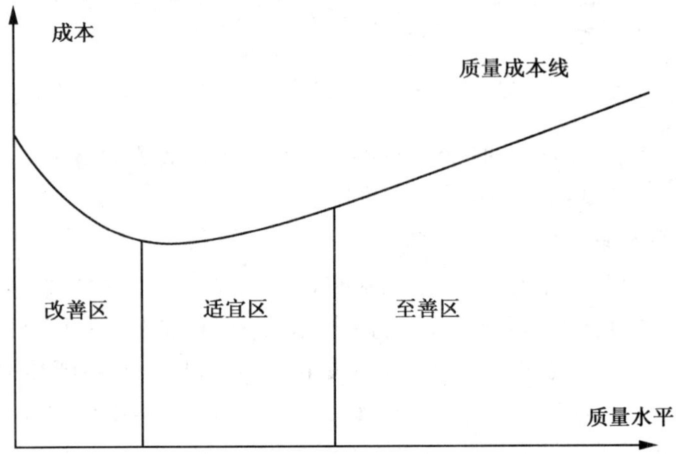


图8—5 质量总成本曲线

如果产品质量处于改善区,说明产品质量水平较低,损失成本高,这为企业敲响了警钟,企业应尽快采取措施,追加预防和检验费用的支出,尽可能地提高产品质量;如果产品质量处于至善区,说明产品质量水平很高,甚至超过用户的需要,出现了不必要的质量成本损失,此时也是不可取的。理想的质量水平区域是适宜区,在这一区域内,质量适当,成本低,效益高。

质量成本诸项目之间客观地存在着一个合理的比例,当达到这一合理比例时,质量水平处于适宜区。有关研究者对制造企业平均水平的研究发现:一般而言,在质量成本中,预防成本占10%左右,检验成本占30%左右,损失成本占60%左右。我国一些企业的实践证明,这个比例基本上具有代表性。当然,我们不能对此作绝对化理解,还应根据企业自身的具体情况来确定。

## 二、使用寿命周期成本控制

### (一)使用寿命周期成本的含义

在当今社会,企业只关心产品成本的控制是不够的,还必须从用户的角度来研究和分析使用成本的影响,也就是要研究使用寿命周期成本的控制。所谓使用寿命周期成本,也称使用成本,是用户为取得并实现所需产品或劳务的功能所付出的代价。

目前西方许多国家比较重视对使用寿命周期成本的研究,因为客户要求生产厂商在报价时,不仅要报原价,还要报使用寿命周期成本,提供产品的能源消耗、排污标准、保修期以及大修理周期等参数。另外,购买单位在处理报价投标时,往往以使用寿命周期成本为准,而不是以售价为准。因此,企业要想在日趋激烈的竞争中站稳脚跟、求得发展,必须重视对产品使用寿命周期成本的研究与控制。

### (二)使用寿命周期成本的内容

使用寿命周期成本包括原始成本和运行维护成本两部分。原始成本是指设计成本、开发成本和生产成本；运行维护成本是指售后的与使用该产品有关的消耗成本及维修成本、保养成本等。可见，运行维护成本是生产成本的补充。一般来说，运行维护成本的高低，常常反映出产品功能或质量的好坏。凡质量高、功能好的产品，其运行维护成本就低，而其使用寿命周期就长；反之，质量低、功能差的产品，其运行维护成本必然高，而其使用寿命周期相对也短。因此，企业要在激烈的竞争中立于不败之地，不仅要考虑产品的物美价廉，而且还要研究运行维护成本的降低问题。运行维护成本的降低是一个综合性问题，它牵涉到产品的许多方面，如产品的功能、产品的质量等，企业可以从生产者和使用者两个不同的角度对此加以控制。

**(三)从生产者角度的使用寿命周期成本控制**

从生产者的角度，就是一切为用户着想，千方百计降低产品的使用寿命周期成本，减少用户的支出，从而达到扩大销量、争取更多用户、增加利润的目的。需要注意的是，对于生产者来讲，控制使用寿命周期成本只是促销的一种手段，而不是像产品成本控制那样纯粹为了控制成本。

**(四)从使用者角度的使用寿命周期成本控制**

从使用者的角度，就是当决定是否购买一种产品时，不仅要考虑产品的售价，而且还要考虑该产品的使用寿命周期成本。采用的分析方法有两种：一是在购买时，要求厂家提供使用寿命周期成本的资料，比较不同厂家产品的使用寿命周期成本，取其低者；二是将发生在使用期内不同时点上的运行维护成本分别折现，计算出可供选择产品的现值成本，然后进行比较，择其低者。

## 三、利用 ERP 进行成本控制

ERP 又称企业资源计划系统(Enterprise Resource Planning)，是指建立在信息技术基础上，结合系统化的管理思想，为企业决策层及员工提供决策手段的管理平台。

ERP 集信息技术与先进的管理思想于一体，反映时代对企业合理调配资源、最大化地创造社会财富的要求，成为企业在信息时代生存和发展的基石。ERP 是整合企业管理理念、业务流程、基础数据、人力与物力资源、计算机硬件、软件和网络资源于一体的企业资源管理系统。

ERP 将企业内部所有资源整合在一起，对采购、生产、成本、库存、分销、运输、财务、人力资源等进行规划，以达到最佳资源组合，取得最佳效益。因此，利用 ERP 这个工具，可以帮助企业在生产运营的各个环节，即采购、生产、库存、销售和资金运作等方面控制成本。

**(一)采购成本**

利用 ERP 控制采购成本，就是要把整个采购过程公开化、透明化、制度化。利用计算机网络，把不同供应商的报价收集在一起，企业领导者能很容易地调出同一产品不同供应商的报价。同时，建立起对不同供应商的同一产品的质量统计分析，由企业的检验部门、技术部门、供应部门做质量检验。

**(二)生产成本**

利用 ERP 控制生产过程的成本，目前大多数 ERP 提供商提供的软件主要是控制次品率和物料的消耗。首先是对于控制次品率，先要设定一个废品率，要有一个计划指标，如果实际废品率是在计划成本控制之下的，就没有问题。而控制次品率的方式就是，利用 ERP 明确哪一个人在哪段时间生产了哪批产品，以分清该生产者的责任，加强责任心。其次是利用 ERP

控制物料耗用。有了物料需求计划,各个环节都有详细的物料清单,对于将要生产多少产品、需要多少原料都很清楚,可以有效地避免生产环节的物料浪费。

**(三)库存成本**

利用ERP可以解决从原材料库存、半成品库存到产成品库存整个库存环节的成本控制问题。有了ERP,使得及时生产系统在生产环节和库存管理中的应用成为可能。及时生产系统的核心思想就是,企业所需物料或产品在恰恰需要的时间、地点以正好需要的数量及时到位。这里面需要考虑安全库存和提前期两个因素,如果可以忽略这两个因素的话,就能够达到理想的零库存境界。ERP可以按照生产的节拍和节奏计算出加工批量,并计算出前一个工序在什么时候该把一个批量给下一个工序。这样一来,整个库存结构都是非常合理的。

国外有一些大型的龙头企业把它们的物料需求计划公布给主要合作伙伴,让供应商按照它们的物料需求计划安排生产计划。在忽略安全库存的前提下,大买家的原材料库里是零库存,供应商的产成品库里也是零库存,这样大家的库存与资金占用都下降了。在整个供应链上,如果库存与资金占用都下降,终端产品的价格就可以下降,大型生产厂商的竞争力就会增强,这样企业与企业之间的竞争就会演变成供应链与供应链之间的竞争。供应链得到的好处是一个企业所得不到的,几个企业形成供应链,才能做到将成本压到极限。

**(四)销售成本**

利用ERP进行销售成本控制也是遵循了计划和控制的思想。利用ERP不仅可以更有效地控制和管理应收账款,还可以对销售网络中各网点的库存结构进行动态管理。对于不能按照计划收回的应收账款,ERP会马上产生一个信息来控制管理过程,促使应收账款的收回。另外,很多行业都存在分销问题,也就是产品放在分销网点销售。如何把分销网点的库存结构控制好,是企业控制销售成本的关键。当网点多,产品系列、品种和规格也很多时,仅仅依靠人工很难把握销售网点的库存结构,况且网点的销售和库存是动态的,必须有ERP帮助控制。

**(五)生产环节的资金运作**

生产环节的资金运作也可以利用ERP进行管理。利用ERP可以计划在什么时间将要购进什么原材料或产品,使得提前的时间正好够用,并且所支付利息的时间尽量地缩短。有些ERP供应商提供的软件能够做到工序级的管理,使企业通过ERP很清楚地知道企业计划要支出的费用,从而使企业对资金的需求计算得更精确,减少企业在资金上的不合理占用,降低财务成本。

总之,企业根据自身的情况,分阶段、分级别地使用ERP这个工具,即使不能达到那种理想供应链、零库存的境界,至少也能在不同程度上控制成本。

## 本章关键概念

标准成本　理想标准成本　现实标准成本　正常标准成本　成本差异　目标成本　价值工程

## 复习思考题

1. 标准成本控制的内容和程序是什么?

2. 如何进行标准成本的差异计算与分析?

3. 如何理解标准成本法既是一种成本计算方法,又是一种加强成本控制、评价企业经营业绩的成本控制制度?

4. 何谓作业成本计算? 它与传统成本计算有何不同?

5. 目标成本控制的内容和程序是什么?

6. 价值工程基本公式中的"成本"、"价值"、"功能"各有什么特定的含义?

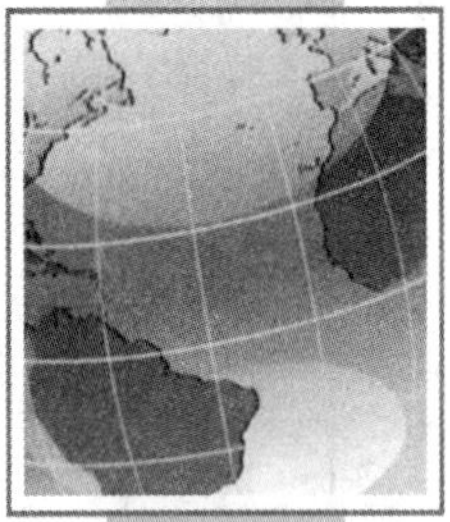

# 第九章 责任会计

## 引言

国际经济的迅速发展和商业竞争的日益激烈，使得传统的集权管理模式无法满足迅速变化的市场需求，分权管理成为组织管理的发展趋势。然而，分权管理模式中也存在着目标分化等缺陷，这就需要企业内部建立一套有效的控制制度来配合分权管理模式的实施，这就是责任会计制度。

责任会计制度是按授权范围的大小，将企业内部划分为不同的责任单位，明确其权、责、利，以责任预算、责任控制和责任考核为内容的一整套内部控制系统。责任会计制度的实施有利于贯彻经济责任制，并对各责任单位进行有效的激励。

责任中心可以划分为成本中心、利润中心和投资中心等形式，不同的责任中心都具有自身的考核和评价方法。为了公正、合理地对各责任中心进行业绩评价和考核，企业需要制定合理的内部转移价格。

## 第一节 责任会计概述

### 一、分权管理与责任会计

第二次世界大战以来，世界经济迅速发展，商业竞争日益激烈，企业规模也越来越大，一大批集团型企业在世界各地相继出现。企业规模的扩大，一方面由于资源整合与管理的协同效应的发挥，提高了企业的核心竞争能力，但另一方面也使企业内部经营管理复杂化。在这种形势下，传统的集权管理模式暴露出其决策集中、应变能力差、无法满足迅速变化的市场需求等缺陷，而分权管理模式的出现则在一定程度上修正了集权管理的这些缺陷。

所谓集权管理，是指企业将决策制定权高度集中，决策问题自下而上地传递给企业最高管理者，由其作出最优决策，并布置下级单位负责执行的一种企业组织管理模式。集权管理可以保证企业总体发展目标的顺利实施，防止资源的浪费；但其对市场变化的敏感性很差，权力过度集中致使无法调动各级单位的工作积极性。

所谓分权管理，是指企业将决策制定权在不同层次的管理人员之间进行适当划分，并将决策权随同相应的经济责任下放给不同层次的基层管理人员，使其对日常的生产经营活动进行及时决策，以适应市场变化需求的一种企业组织管理模式。

分权管理的主要优点包括：一是有利于提高企业的市场竞争能力。分权管理，就是将企业整体划分为不同层次的管理部门，确定各部门的负责人，并明确其拥有的决策权，鼓励其进行决策的一种管理方法。这种做法将各个部门推向了竞争激烈的市场环境，使其可以直接对市场波动作出迅速有效的反应，及时制定应对措施，作出正确决策。其结果就是使企业发展与市场发展保持一致，提高了企业市场竞争能力，加强了各个部门日常经营活动的控制力度。二是有利于高层管理者提高工作效率、从事战略决策。高层管理者是企业最有价值的人力资源，如果将他们的精力放在为下级部门进行日常经营管理决策上的话，既是对资源的最大浪费，也会对企业的战略发展造成不利影响。在分权管理模式下，高层管理者将日常管理工作下放给各级部门分别处理，可以将其从日常经营决策中解脱出来，把有限精力集中在企业政策性和战略性的决策上，为企业未来的发展作出长远规划。三是有利于发挥企业的激励机制。在分权管理模式下，通过赋予基层管理者一定的决策权，使他们在工作中充分发挥自己的才华、实现个人的价值，有利于激发这些人的工作积极性，创造出有效的激励机制。四是有利于人才培养。分权管理能为企业基层管理者提供大量的决策和管理机会，有利于基层管理人员提高管理能力和管理技能，积累管理经验；也有利于企业高层管理者有效考核基层管理者的管理水平，发现和培养人才，为企业创造良好的管理梯队。

分权管理一般被大型的企业所采纳，它有一定的优越性，却也存在缺陷，包括以下方面：一是分权管理缺乏目标一致性。各个分权单位由于注重自身局部利益和短期利益，就会牺牲企业的整体利益和长期利益，从而削弱了各分权单位之间的整体协作观念，产生了目标不一致的问题。二是分权管理增加了信息成本和代理成本。分权管理过程中，信息的反复传递既会增加信息不对称所产生的信息成本，也会增加因为委托代理关系而存在的代理成本，这些因素会干扰企业高层管理者作出正确的战略决策。

为了防止分权管理的缺陷，必须严格推行经济责任制，在责、权、利相结合的基础上，协调各方面的关系，以保证经营目标的一致性。于是，在 20 世纪 60 年代以后的西方企业中，为顺应这种管理要求，一种有效的控制制度不断地发展和完善起来，即责任会计制度。其具体措施是：根据企业赋予各级单位的权力、责任以及对其业绩的范围和评价方式的不同，将企业划分为各种不同形式的责任中心；建立以各种责任中心为主体，以权、责、利相统一为特征，以责任预算、责任控制、责任考核为内容的系列结构，并通过信息的积累、加工和反馈形成一整套的企业内部控制系统，即为责任会计制度。

## 二、责任会计制度的原则

责任会计是一种管理活动，它以企业内部各责任单位为基础，以保证企业计划的顺利执行和不断提高经济效益为目的，主要利用价值形式对企业内部生产经营活动过程中的耗费、占用和成果进行核算和控制。尽管各企业实施责任会计制度的具体做法可能不尽相同，但都应符合以下几项基本原则：

### （一）目标一致性原则

责任者权责范围的确定、责任预算的编制、责任者成绩的评价和考核，可以促使责任者为企业总目标的实现而努力工作，保持各责任中心的目标同企业总目标一致，以及责任者的利益同企业整体利益一致，防止各责任者偏离企业总目标而各行其是，以致损害企业的整体利益。

企业在实行分权管理的情况下，往往会出现各职能部门、各车间的局部目标同整个企业总目标的差异性，这时就需要各职能部门、各车间以企业的总体目标为主，协调完成企业的总体目标，否则企业总目标将难以实现。此外，要制定合适的考核标准。标准的高低直接影响到总体目标的完成，为此，要选择具有综合性的考核标准，以避免由于实行单一标准而造成企业内部各责任实体只重视某一方面的情形。责任指标的综合性可以避免责任实体只顾眼前利益的做法，能够比较全面地反映责任实体所承担的经济责任。

**(二)可控性原则**

可控性原则指上级对下级的考核应只限于下级所能控制的活动或因素。例如,在一个成本中心,能为这个责任中心所控制、对其工作好坏产生影响的成本,属于可控成本,否则就是不可控成本。对于这个责任中心来说,其成绩的好坏应由其可控成本作为考核和评价的主要依据,不可控成本仅有参考意义。可控成本原则意味着,只要下级努力工作,他就能达到控制目标的要求,因为这些目标的完成情况完全受其行为的影响或控制;反之,如果在责任会计中心引入不可控指标,被控对象完成指标的积极性就会受到影响。从这一意义上来看,可控性原则实际上隶属于下面提到的激励原则,但由于这一原则在责任会计中运用广泛,因而值得专门提出。

**(三)激励原则**

为责任中心确定了符合企业整体利益的目标以后,还要促使各责任中心以最大的努力来完成目标,也就是说,对被控对象进行有效的激励。激励过程是一个非常复杂的行为过程,激励的大小取决于多种因素的综合作用,所以责任会计也就是通过对人的行为的激励来发挥作用的。

在责任会计中,控制目标的难度和达到目标后的奖励是影响激励的两个重要因素。一般来说,这两个因素对激励的影响是反方向的。随着目标难度的增加,被控对象的积极性可能会下降,当目标的难度超过一定限度时,被控对象也就没有积极性去完成目标;反之,随着完成目标后奖励的增加,被控对象的积极性就会提高。所以,在设计责任会计制度时,我们可以通过这两个因素的选择和组合来改善对各责任中心的激励。

**(四)灵活性原则**

责任会计制度要在瞬息万变的经营环境中保持其控制效能,必须具有灵活性。首先,责任范围要按经济业务内在联系划分,把责任细分为几层具体的工作,而不能搞行政分割;否则一旦环境变化,职责划分又不能及时调整,就会出现新工作或新问题无人负责的现象。其次,责任的考核应将价值指标与非价值指标、长期效益指标与短期效益指标、定性指标与定量指标等多种类型指标相结合,并把会计核算、统计核算与业务核算紧密结合进行责任核算,这样才能适应企业内部管理的需要。

**(五)及时反馈原则**

贯彻责任会计制度还需要有反馈执行情况的信息传递系统,应该有一个良好的记录和报告制度,使生产业务部门及责任者能及时了解各自的预算情况。此外,还应与责任预算进行对比分析。这样做,一是可以使责任者正确了解经过自己努力所取得的成绩以及存在的问题,使领导者不失时机地得到这类信息,恰当地使用权力,调整责任中心的经济活动;二是通过信息反馈,可以使责任者及时了解到信息范围内到底出现了什么难题,从而依靠自身的变化,将环境变化所产生的影响及时地化解;三是通过准确、可靠、及时地反馈经济信息,使企业领导者能作出恰当的决策。信息反馈原则要求经济活动的报告要及时,间隔期尽量短一些,数据要可靠,但不要求过分精确,以减少工作量。

**(六)例外管理原则**

例外管理也是一项重要的管理原则。企业生产经营活动的多样性和复杂性,以及外部环境的经常变化、管理基础的强弱不同、管理人员的素质高低不一,都不可避免地使责任单位的执行结果与企业的责任预算产生差异。作为企业最高层次的领导者,就要根据差异的不同情况来区别对待。如果产生的差异对企业的目标有很大影响,这就要求高层领导者进行仔细的分析和评价，找出问题的症结所在，以保证企业在竞争的条件下生存和发展下去。因此，实行例外管理是必要的。这是因为：首先，作为一个规模日益扩大、管理日益复杂的企业，其最高层管理者没有必要也不可能对一些日常的事务性工作样样都抓、都放在重要的位置上；其次，现行的会计制度还不能明显地指出和控制某种例外差异的产生，会计资料只是反映执行结果与预算目标相比的差异，这种情况就需要企业实行例外管理，并能建立与其相适应的会计制度。

实行例外管理，要避免混淆计划制订差异和计划执行差异，因为造成这两种差异的原因不同，即前者由计划部门造成，后者由执行单位造成。企业高层管理者要根据不同差异，采取不同的方法来处理。

## 三、实施责任会计制度的基本程序

### （一）划分责任中心，确定权责范围

企业实行分权管理，逐级下放权责，所属各部门就成为许多责任中心。所谓责任中心，是指由一个主管人员承担责任并具有相当权力的内部单位。这里所说的“责任”，是指责任中心的管理人员对其职务范围内所发生的管理费用和工作成果应负的经济责任。实行责任会计制度，要合理划分责任中心。要按照管理可以明确分工、责任可以辨认、成果可以单独考核的原则，把整个企业划分为若干责任中心。虽然企业的生产经营活动是一个有机整体，一个管理人员的成绩往往受到其他人员工作状况的影响，不易完全划分清楚，但为了贯彻责任制度，对每个人的权责应尽可能地明确规定。

### （二）编制责任预算，确定各责任中心的业绩考核标准

企业通常都编有预算，以财务形式来表示一定时间的计划和目标。一般预算是分别销售、生产、采购、人工、财务等职能以及资本支出等来编制的，通过上述各种预算来确定预期的本期经营成果（利润）和期末财务状况。实行责任会计制度时，要求按照各责任中心编制预算，将企业的全面预算所确定的目标和任务进行层层分解，为每一责任中心确定相应的责任预算，其目的是使各责任中心的管理人员明确应负担的任务和应控制的事项，这种预算称为责任预算。责任预算和一般预算可以并行实施，因为它们只是从不同的角度来计划企业的经济活动，最后达到同样的目标，即预期的经营成果和财务状况。事实上，并不要求编制两套预算，而是在同一套预算中既按产品和生产经营过程规定目标，也同时按责任中心规定目标，各自发挥不同的作用。

责任预算规定各责任中心目标后，应在经营活动开始前将目标下达给各责任中心的负责人，使他们按预算来控制本部门的经营活动。在责任中心体制下，对实际发生业务的记录，要按责任中心来汇集和分类，即对收益和成本费用按责任中心设置明细账。此外，为了明确责任起见，应尽量避免收益和费用的分配计算。在必须分配共同费用时，要根据责任归属采用合理的分配方法，拟定适当的结算价格，以防转嫁责任。

### （三）编制责任报告，反映各责任中心预算的完成和执行情况

一个良好的报告制度，应具有相关性、适时性和准确性。

相关性，是指报告的内容要适合各级主管人员的不同需要，只列示其本人控制范围内的有关数据，即便要照顾到资料的完整性，也要明显区分可控部分和不可控部分。

适时性，是指报告的时间要适合报告使用人的需要。一般来说，下级管理人员要求的报告要及时，并且有较高的报告频率；高级管理人员则与此相反。总之，既要满足控制的要求，又要保持合理的成本。

准确性，是指报告的内容要有足够的准确性，保证评价和考核的正确性，而不是要求绝对精确。影响报告准确性的主要因素不是计算的精度，而是原始资料的真实可靠性以及计算方法的科学性。

责任中心及其责任预算一经确定，就要按照责任中心建立一套完整的日常记录和计算相关责任执行情况的信息系统，并定期编制业绩报告。各责任中心所编制的责任报告要完整、客观、及时地反映本中心责任预算的完成和执行情况。

**(四)进行业绩评价与考核**

通过对各责任中心责任报告中的实际数与预算数进行对比和差异分析，可以对各责任单位的工作业绩和经营效果进行客观的评价和考核。再根据事先制定的奖惩制度对各责任单位进行有效的优奖劣罚，以保证经济责任制的贯彻执行。这套奖惩制度要客观、公正，最大限度地调动每个责任人的积极性，充分发挥责任会计制度的激励职能。

### 四、责任中心的构建

责任中心是根据一定的管理权限，并承担一定的经济责任而设立的企业内部独立核算的特定部门，其基本特征是权、责、利的结合。具体来说，责任中心具有如下特征：

(1)拥有与企业管理目标相协调且与其管理职能相适应的经营决策权，使各责任中心能在最恰当的时刻对企业遇到的问题作出最恰当的决策；

(2)承担与其经营决策权相适应的经济责任；

(3)建立与责任相配套的利益机制，这是激励管理人员和所有职工的工作热情和积极负责态度的有效手段；

(4)各责任中心的目标要与企业整体目标协调一致，企业将经营决策权授予各级管理人员时，实际上就是将企业的整体目标分解成各责任中心的具体目标。

责任中心应具备如下四个条件：一是有承担经济责任的主体——责任者；二是有确定经济责任的客观对象——资金运动；三是有考核经济责任的基本标准——经济绩效；四是有承担经济责任的基本条件——职责、权限。不具备这些条件的单位或个人，不能构成责任中心，不能作为责任会计的基本单位。

根据责任中心的权责范围以及业务活动特点的不同，可将企业生产经营上的责任中心划分为成本中心、利润中心、投资中心三大类。每一类中心都具有各自的特点，应根据各类责任中心的特点，确定相应的业绩评价与考核的重点来实施责任会计制度。

## 第二节　不同类型责任中心的责任会计

### 一、成本中心

**(一)成本中心的含义**

成本中心是对成本或费用承担责任的责任中心，它不会形成可以用货币计量的收入，因而不对收入、利润或投资负责。成本中心一般包括负责产品生产的生产部门、劳务提供部门以及给予一定费用指标的管理部门。

成本中心的应用范围很广，从一般意义出发，企业内部凡有成本发生、需要对成本负责，并能够实施成本控制的单位，都可以成为成本中心。比如在制造业企业，上至工厂一级，下至车间、工段、班组，甚至职工个人都有可能成为成本中心。成本中心的规模不一，多个较小的成本中心共同组成一个较大的成本中心，多个较大的成本中心又能共同构成一个更大的成本中心，从而在企业形成一个逐级控制并层层负责的成本中心体系。规模大小不一和层次不同的成本中心，其控制和考核的内容也不尽相同。

按照投入产出关系，成本中心可以划分为标准成本中心和费用中心。

标准成本中心，又称技术性成本中心，是指生产产品或提供劳务的责任中心。标准成本是指成本发生的数额可以通过技术分析相对可靠地估计、测算出来的成本，如直接材料、直接人工、间接制造费用等。其特点是这种成本的发生可以为企业提供一定的物质成果，投入量与产出量之间存在着密切的联系。标准成本中心的主要形式是企业的生产车间或部门。实际上，任何一种重复性的活动都可以建立标准成本中心，只要这种活动能够计量产出的实际数量，并且能够说明投入与产出之间可望达到的函数关系。因此，各种行业都可能建立标准成本中心。银行业根据经手票据的多少、医院根据接受检查或放射治疗的人数、快餐业根据售出的盒饭多少，都可以建立标准成本中心。

费用中心，又称酌量性成本中心，是指产出物不能用财务指标来衡量，或者投入产出关系不密切的责任中心。这种责任中心包括：企业的行政管理部门，如会计、人事、劳资、计划等；研究开发部门，如新产品研制、设备改造等；某些销售部门，如广告、宣传、仓储等。一般行政管理部门的产出难以度量，研发和销售活动的投入量与产出量之间没有密切联系。对于费用中心，唯一可以准确计量的是实际费用，但无法通过投入与产出的比较来评价其效果或效率，从而限制无效费用的发生，因此也称为“无限制的费用中心”。

**(二)成本中心的特点**

责任会计是围绕责任中心来组织，以各个责任中心为对象进行有关资料的收集、整理和分析对比的会计制度。所以，成本中心的成本具有自己的特点，与一般所说的完全成本计算法下的产品成本有所不同。具体体现为两个方面：

1. 成本中心所计算考核的成本是可控成本

可控成本是指能为责任中心所控制、受其工作好坏影响的成本。一般来讲，可控成本应同时符合以下三个条件：(1)责任中心能够通过一定的方式了解将要发生的成本；(2)责任中心能够对成本进行计量；(3)责任中心能够通过自己的行为对成本加以调节和控制。

凡不符合上述三个条件的，即为不可控成本，其一般不在成本中心的责任范围之内。

实践表明，区分成本是否可控并不容易。成本的可控性是相对的，它与责任中心所处管理层次的高低和控制范围的大小是直接相关的。成本划分为可控成本与不可控成本，必须以特定的责任中心、特定的期间和特定的权限为前提。具体表现在：

(1)某项成本从某一个责任中心看是不可控的，而对于另一个责任中心则是可控的。例如，材料单位变动成本形成的成本差异，对于负责材料采购的责任中心来说是可控成本，而对于耗用材料的责任中心而言则是不可控成本。又如，新产品的试制费用，对于生产部门来说往往是不可控成本，而对于开发设计部门来说则是可控成本。

(2)某些费用从较短期间看属于不可控成本，从较长期间看又成为可控成本，如直线法下的固定资产折旧、长期租赁费等。

(3)成本的可控性也因不同级别决定问题的权力大小而不同。例如，生产车间发生的折旧费用对于生产车间这个成本中心而言属于可控成本，但对于其下属的班组这一层次的成本中心来说则属于不可控成本。又如，广告费、研究试验费是由最高层决策的，对于有关高层管理部门来说属于可控成本;而各基层单位只能在规定的限额内具体掌握使用,这些费用不能由具体使用单位自行增减,所以对基层单位来说属于不可控成本。

值得说明的是,成本不仅可以按可控性分类,也可以按其他标准分类。一般来说,成本中心的变动成本大多是可控成本,而固定成本大多是不可控成本,但也不完全如此。例如,车间在产品生产中的外购部件消耗,完全随产量的变动而变动,显然是变动成本,但它对于部门的负责人来说并不是可控成本,因为其消耗量是由部门的外部因素所决定的。再如,管理人员工资属于固定成本,但其发生额可以在一定程度上为部门负责人所决定或影响,因而仍应列作可控成本。另外,从成本的发生与各个成本中心的关系来看,各成本中心直接发生的成本是直接成本,其他部门分配的成本是间接成本。一般而言,直接成本大多是可控成本,间接成本大多是不可控成本。尽管如此,也要具体情况具体分析。一个成本中心使用的固定资产所发生的折旧费是直接成本,但不是可控成本。从其他部门分配来的间接成本又可分为两类:一类是某些服务部门为生产部门提供服务,只为生产部门正常开展生产活动提供必要的条件,与生产活动本身并无直接联系,如人事部门提供的服务;另一类是某些服务部门提供的服务是生产部门在生产中耗用的,可随生产部门的生产需要而改变,如动力部门提供的服务。一般而言,前一种间接成本属于不可控成本,后一种间接成本如果采用按各成本中心实际耗用量分配,就是各成本中心的可控成本。

2. 成本中心所计算考核的成本是责任成本

责任成本是以某一特定的责任中心为对象所归集的属于该责任中心的所有可控成本。对一个成本中心进行业绩考核时,其内容并非所有成本,而是以可控成本为依据的责任成本。

责任成本和产品成本的区别主要表现在:

(1)核算的目的不同。责任成本的核算目的是对责任中心实行管理控制;而产品成本的核算目的是按照会计准则确定期间损益和存货成本。

(2)成本核算对象不同。责任成本以特定的责任单位为成本核算对象;而产品成本以特定的产品为核算对象。

(3)核算的范围不同。责任成本核算的范围是各责任中心的可控成本;而完全成本计算法下,产品成本的核算范围是生产产品所发生的全部费用。

(4)成本归集的原则不同。责任成本是按可控性原则将成本归集于不同的责任中心,是“谁负责,谁承担”;而产品成本是按收益分配原则归集和分摊费用,是“谁受益,谁承担”。

尽管责任成本与产品成本存在着上述区别,但两者的经济内容是相同的。就一个时期而言,整个企业产品总成本与整个企业责任中心的责任成本总和是相等的,因为两者都是企业生产经营过程中的资金耗费。

**(三)成本中心的业绩考核**

1. 成本中心的考核指标

由成本中心的特点可见,成本中心控制考核应以责任成本为重点,即将各成本中心在一定期间发生的可控成本与预算数相对比,进行差异计算和原因剖析,并通过编制成本中心业绩报告来实现。同时,在成本中心的业绩考核中,不仅要关注可控成本指标,还应关注反映质量和效率等方面的非财务指标。

一般来说,标准成本中心的考核指标是在既定产品质量和数量条件下的标准成本。标准成本中心不需要作出价格决策、产量决策或产品结构决策、设备技术决策,这些决策通常由上一管理层级或职能管理部门作出,因此,它只对既定产量的投入量承担责任。

值得强调的是，如果标准成本中心的产品没有达到规定的质量，或没有按计划生产，则会对其他单位产生不利的影响。因此，标准成本中心必须按规定的质量、时间标准和计划产量来进行生产。这个要求是“硬性”的，很少有伸缩余地。完不成上述要求，成本中心要受到批评甚至惩罚。过高的产量，提前产出造成积压，超产以后销售不出去，同样会给企业带来损失，也应视为未按计划进行生产。

确定费用中心的考核指标是一件困难的工作。由于缺少度量其产出的标准，以及投入与产出之间关系不密切，运用传统的财务技术来评估这些责任中心的业绩非常困难。费用中心的业绩涉及预算、工作质量和服务水平。工作质量和服务水平很难量化，并且与费用支出关系密切。这正是费用中心与标准成本中心的主要差别。标准成本中心的产品质量和数量有良好的量化方法，如果能以低于预算水平的实际成本生产出相同的产品，则说明该中心业绩良好。而对于费用中心则不然，一个费用中心的支出没有超出预算，可能该中心的工作质量和服务水平低于计划的要求。

通常使用费用预算来评价费用中心的经营业绩。由于很难依据一个费用中心的工作质量和服务水平来确定预算额，一个解决办法是考察同行业类似职能的支出水平。例如，有的企业根据销售收入的一定百分比来制定研究开发费用预算。尽管很难解释为什么研究开发费用与销售额具有某种因果关系，但百分比法还是使人们能够在同行业之间进行比较。另外一个解决办法是零基预算法，即详细分析支出的必要性及其取得的效果，确定预算标准。还有许多企业依据历史经验来编制费用预算。这种方法虽然简单，但缺点也十分明显。管理人员为在将来获得较多的预算，倾向于把能花的钱都花掉。越是勤俭度日的管理人员，越容易面临严峻的预算压力。预算的有利差异只能说明比过去少花了钱，既不能表明达到了应有的节约程度，也不能说明成本控制取得了应有的效果。因此，依据历史实际费用数额来编制预算并不是个好办法。从根本上说，决定费用中心预算水平有赖于了解情况的专业人员的判断。在考核预算完成情况时，要利用有经验的专业人员对该费用中心的工作质量和服务水平作出有根据的判断，才能对费用中心的业绩作出客观评价。

2. 共同成本的分配

共同成本也称服务成本，它是由成本中心的服务部门产生的，如动力部门、维修部门等服务部门为生产部门提供服务而发生的成本。因为这些成本使各生产部门共同受益，必须由各受益部门共同承担，故称共同成本。如何将共同成本在各受益部门之间进行合理的分配，是成本中心业绩考核指标计算中的一项重要内容。

在共同成本的分配中，选择分配基础极为重要。间接成本分配的任何价值都源于对成本分配赖以进行的各种活动的变量计算，而没有任何价值来自成本分配本身。在分配的基础上存在特定的偏差（选择的分配基础不合理），就会引起有关方面的行为而产生严重结果，往往会影响“目标一致性”的实现。

以使用部门的实际使用量和服务的实际单位成本为基础，对实际发生的共同成本进行分配，是实际工作中最常用的分配方式。这一分配基础的优点是有利于使用部门对服务部门的工作效率进行监督，但同时也存在着以下不足：一是服务成本全部分配给各使用部门，实际上是将服务部门的低效率转嫁给使用部门，难以对服务部门的业绩进行考核，也不利于调动使用部门控制成本的积极性；二是按实际使用量分配固定成本，使某一使用部门负担的服务成本受其他使用部门的实际使用量多少的影响，从而容易使一些使用部门采取不利于实现企业整体目标的不良行为。

**【例 9—1】** 假定某企业的维修部门为甲、乙两个生产部门服务，本期甲、乙部门使用维修服务的小时数分别为 7 000 小时和 3 000 小时，维修部门当期成本为 90 000 元。维修成本分配情况如表 9—1 所示。

**表 9—1** **服务成本分配表**

| 使用部门 | 维修小时 | 分配率 | 维修成本(元) |
|---|---|---|---|
| 甲 | 7 000 | | 63 000 |
| 乙 | 3 000 | | 27 000 |
| 合　计 | 10 000 | 9 | 90 000 |

现假定下期乙部门仍使用了 3 000 小时，而甲部门使用的维修小时数变为 3 000 小时，维修部门发生的维修成本与上期相同。则维修成本分配情况如表 9—2 所示。

**表 9—2** **服务成本分配表**

| 使用部门 | 维修小时 | 分配率 | 维修成本(元) |
|---|---|---|---|
| 甲 | 3 000 | | 45 000 |
| 乙 | 3 000 | | 45 000 |
| 合　计 | 6 000 | 15 | 90 000 |

由表 9—2 可见，虽然乙部门所使用的维修小时数与上期相同，但它所分担的维修成本却比上期多了 18 000 元。这说明，这一分配基础会使一个部门的业绩受另一个部门使用服务量多少的影响，即部门经理可采用减少使用服务项目的办法，将服务成本转移给其他使用部门负担。然而，一些必要劳务耗用不足，如机器设备延缓维修、使机器设备带病运转等，都会损害企业的长远利益。

针对上述这种情况，共同成本可改用双重比率方法进行分配。双重比率是指按固定比例分配服务固定成本的预算数，按使用部门实际使用量和预定分配率分配服务变动成本的预算数。运用这一分配方法，应将共同成本按成本性态划分为变动成本和固定成本两部分，并编制成本费用预算，其中变动成本应编制弹性预算。共同成本的分配额通常是预算成本，而不是实际成本，实际成本与预算成本的差异保留在服务部门，以反映其工作效率的高低，并据以评价和考核其工作成果。这一分配基础的优点是：由于只分配预算成本，所以能避免将服务部门的低效率转移给使用部门，并符合可控性原则。但是，它同时也存在以下不足：分配预算固定成本的比例有一定的主观随意性，会使某些使用部门通过低估其将利用的服务量，以达到少负担固定成本的目的。为了避免将不可控的预算服务固定成本分配给使用部门，可采取由上级负担全部预算服务固定成本，只按使用部门实际使用量和预算单位变动成本分配服务变动成本的方法，使各使用部门负担的完全是可控成本，这样能更好地体现可控性原则。

**【例 9—2】** 假定上例中维修部门的费用预算如下：月固定成本为 18 000 元，月正常维修工作量为 9 000 小时，变动成本为 63 000 元，变动成本预定分配率为 7 元/小时。设甲、乙两个生产部门对维修服务的正常需要量分别为 5 000 小时和 4 000 小时，则分配固定成本的比例为 5∶4。甲、乙生产部门当月实际耗用维修小时数分别为 7 000 小时和 4 500 小时。当月维修成本分配情况如表 9—3 所示。

表 9—3 **服务成本分配表**

| 部门 | 固定成本 | | 变动成本 | | | 合计（元） |
|---|---|---|---|---|---|---|
| | 固定比例 | 维修成本（元） | 实际维修小时 | 预定分配率 | 维修成本（元） | |
| 甲 | 5/9 | 10 000 | 7 000 | | 49 000 | 59 000 |
| 乙 | 4/9 | 8 000 | 4 500 | | 31 500 | 39 500 |
| 合计 | | 18 000 | 11 500 | 7 | 80 500 | 98 500 |

3. 成本中心的业绩报告

成本中心的业绩报告通常是按成本中心中可控成本的各明细项目列示其预算数、实际数和两者的成本差异数。成本中心中发生的不可控成本有时也可列示作为参考资料，让成本中心负责人全面了解与其有关的成本。

根据成本中心的业绩报告，可以进一步对成本形成的原因和责任进行剖析，充分发挥信息的反馈作用，有助于各成本中心积极有效地采取措施来巩固成绩、消除缺点，促使其可控成本不断降低。因此，比较完备的业绩报告应该包括两个文件：一是用表格反映的差异；二是有关情况的分析（如差异原因和责任的分析）。至于各成本中心发生的不可控成本，一般有两种处理方式：第一，全部省略，不予列示，以便突出重点；第二，作为业绩报告的参考资料，以便管理当局了解各成本中心在一定期间消耗的全貌。

由于责任中心是逐级设置的，因此，成本中心的业绩报告也应自下而上，从最基层的成本中心逐级向上汇报，直至最高管理层。每一级成本中心的业绩报告，除最基层成本中心只有本身的可控成本外，都应包括自身的可控成本和下属单位转来的责任成本。

另外，成本中心进行业绩评价时，也可以使用专门的评价考核指标。成本中心的主要考核指标包括：

$$成本(费用)降低额=预算成本(目标成本)-实际成本$$

$$成本(费用)降低率=\frac{成本(费用)降低额}{预算成本}\times 100\%$$

成本中心业绩报告的基本形式见表 9—4。

表 9—4 **甲车间（成本中心）业绩报告** 单位：元

| 项目 | 预算数 | 实际数 | 成本差异 |
|---|---|---|---|
| 本中心可控成本： | | | |
| 直接材料 | 30 000 | 30 900 | 900（不利） |
| 直接人工 | 14 000 | 14 300 | 300（不利） |
| 管理人员工资 | 12 000 | 12 500 | 500（不利） |
| 设备维修费 | 8 600 | 8 000 | 600（有利） |
| 其他 | 1 000 | 500 | 500（有利） |
| 小计 | 65 600 | 66 200 | 600（不利） |
| 下属单位转来的责任成本： | | | |
| A 工段 | 62 360 | 62 560 | 200（不利） |

续表

| 项　目 | 预算数 | 实际数 | 成本差异 |
|---|---|---|---|
| B工段 | 94 870 | 94 470 | 400(有利) |
| 小计 | 157 230 | 157 030 | 200(有利) |
| 合计 | 222 830 | 223 230 | 400(不利) |

在上述成本中心的业绩报告中，只列示了可控成本。实务中，有的企业为了全面反映成本中心的消耗情况，将成本中心的不可控成本作为参考数据一并列示。有的企业还会在业绩报告中增加有关产量、质量、人员定额等非财务指标，以便全面评价责任中心的经营业绩。

## 二、利润中心

### (一)利润中心的含义

利润中心是指对利润负责的责任中心，由于利润是收入扣除成本以后的差额，所以利润中心既对利润负责，也对收入和成本负责。利润中心是比成本中心和收入中心更高一级的责任中心。这类责任中心一般是指拥有产品或劳务生产经营决策权的企业内部部门，如分公司、分厂等。这些部门的管理人员对于生产和销售负责，有权进行各种短期经营决策，例如，如何利用现有生产能力选择产品品种、如何进行生产组织、如何定价等。与成本中心相比，利润中心的权力更大，同时责任也更重大。

利润中心按其产品或劳务是否直接对外销售，分为自然利润中心和人为利润中心两种。

自然利润中心是指该中心的产品或劳务可以直接在外界市场上进行销售，以取得实际收入、形成实际利润的利润中心。自然利润中心的生产经营活动具有较大的独立自主性，这类利润中心本身直接面向市场，具有产品销售权、价格制定权、材料采购权和生产决策权。它虽然是企业内部的一个部门，但其功能同独立企业相近。例如公司内部的事业部，每个事业部均有销售、生产、采购的功能，有很大的独立性，能独立控制成本、取得收入。

人为利润中心是指该中心的产品或劳务不能直接对外销售而只能对企业内部各责任中心销售、取得的收入为“内部销售收入”的利润中心。人为利润中心的设立应具备两个条件：(1)该中心可以向企业内部的其他责任中心提供产品和劳务；(2)该中心能合理制定产品转移时的内部转移价格，以公平交易、等价交换的原则进行内部结算，进而确定其内部利润，评价经营业绩。

人为利润中心一般应具备独立的经营权，即能自主决定本利润中心的产品品种(含劳务)、产品质量、作业方法、人员调配、资金使用等。实际上，制造业企业的许多成本中心，如果它们的半成品(如零部件)能制定出合适的内部转移价格，都可以转变成人为利润中心。划分人为利润中心的目的是把市场机制引入企业内部，让责任主体感受到市场的压力，从而实现“压力传递”。

### (二)利润中心的业绩考核

对于利润中心业绩考核的指标主要是利润。但也应看到，任何一个单独的业绩计量指标都不能够反映出某个组织单位的所有经济效果，利润指标也是如此。因此，尽管利润指标具有综合性，利润计算具有强制性和较好的规范化程度，但仍然需要一些非货币的衡量方法作为补充，包括生产率、市场地位、产品质量、职工态度、社会责任、短期目标和长期目标的平衡等。

利润中心的业绩考核主要是将其实际的利润与该中心的预算利润相比较，衡量利润的完成情况，并对形成的差异进行分析，对差异形成的原因和责任进行剖析，进而对经营管理中的经营效果和有关责任人的业绩作出客观、公正的评价。

利用利润指标对利润中心的业绩进行考核时，成本和收入也成为考核和计算的内容。由于成本有可控成本和不可控成本之分，利润中心的成本，尤其是固定成本也必须按照可控性原则进行严格的区分。

利润中心固定成本的分类见图 9－1。

- 利润中心固定成本
  - 专属固定成本
    - 部门经理可控专属固定成本
    - 部门经理不可控专属固定成本
  - 分配的公司管理费用

**图 9－1　利润中心的固定成本分类**

因此，利润中心的业绩评价指标主要有：

1. 边际贡献

$$边际贡献＝销售收入－变动成本$$

边际贡献是销售收入与变动成本的差额。采用这个指标评价利润中心管理者业绩的主要理由是，因为固定成本超出了其控制范围，所以管理者应该把注意力集中在最大化边际贡献上。这种观点的问题在于，它的前提是不准确的。事实上，在利润中心发生的固定成本中，至少有部分是管理者可控的，并且在固定成本和变动成本的划分上有一定选择余地。以边际贡献作为评价依据，会导致部门经理尽可能多地支出固定成本以减少变动成本支出，尽管这样做并不能降低总成本。因此，业绩评价时至少应包括可控的固定成本。

2. 可控边际贡献

$$可控边际贡献＝销售收入－变动成本－可控专属固定成本$$
$$＝边际贡献－可控专属固定成本$$

可控边际贡献，也称部门经理边际贡献或经理人员业绩毛益。该指标反映了利润中心负责人在其权限范围内有效使用资源的能力，可以合理地评价利润中心负责人的经营业绩。

正确使用该指标的关键是，合理识别可控专属固定成本和不可控专属固定成本。若责任中心的负责人对该项固定成本有控制权和处理权，则该固定成本为可控专属固定成本；反之，为不可控专属固定成本。例如，折旧、保险等，如果部门经理有权处理这些有关的资产，那么它们就是可控的；反之，则是不可控的。又如，雇员的工资水平通常是由企业集中决定的，如果部门经理有权决定本部门雇用多少职工，那么工资成本就是他的可控成本；如果部门经理既不能决定工资水平，又不能决定雇员人数，则工资成本就是不可控成本。专属固定成本的划分，目的主要是对经理人员的可控成本进行考核，以评价部门经理对可控资源的利用程度。

3. 部门边际贡献

$$部门边际贡献＝可控边际贡献－不可控专属固定成本$$

部门边际贡献，又称部门毛益或分部毛益。其中的不可控专属固定成本，是指利润中心负责人不能控制的专属固定成本。这一指标主要用来对部门的业绩进行评价。该指标中包括部门经理不可控制的固定成本，不适合作为部门负责人的考评依据进行使用，否则会挫伤他们的工作积极性，影响责任会计制度激励职能的发挥。

值得注意的是，部门经理业绩评价主要是反映管理者做得如何，其评价指标用来计划、协调和控制利润中心的日常活动，同时也作为正确激励管理者的工具；而部门业绩评价主要反映利润中心作为一个经济实体做得如何。例如，一个分店的管理者业绩报告表明，其在既定条件下做得很出色；而分店的业绩报告却可能表明，由于该地区的经济和竞争条件，这家分店是一个失败的企业，应该关闭。

4. 部门营业利润

部门营业利润＝部门边际贡献－分配的公司管理费用

部门营业利润从总体角度对本利润中心的利润实现程度进行了反映，体现了该利润中心对企业利润所作的贡献。但是，利用这一指标考核部门经理业绩存在两个问题：首先，公司管理费用是部门经理无法控制的成本，由于分配公司管理费用而引起部门利润的不利变化，不能由部门经理负责。其次，分配给各部门的管理费用的计算方法往往是任意的，部门本身的活动与分配来的管理费用高低并无因果关系。普遍采用的销售百分比、资产百分比、工资百分比等，会使其他部门分配基数的变化影响本部门分配管理费用的数额。许多企业把所有的总部管理费用分配给下属部门，其目的是提醒部门经理注意各部门提供的边际贡献必须抵补总部的管理费用，否则企业作为一个整体就不会盈利。其实，通过给每个部门建立一个期望能达到的可控边际贡献标准，可以更好地达到上述目的。这样，部门经理可集中精力增加收入并降低可控成本，而不必在分析那些他们不可控的分配来的管理费用上花费精力。

利润中心的业绩报告应自下而上编制，业绩报告中的主要内容包括销售收入、变动成本、边际贡献、可控边际贡献、部门边际贡献、部门营业利润等，并将各个项目的预算数、实际数及两者之间的差异分栏列示。分配的总部管理费用可以列入其中，作为参考。

利润中心业绩报告的基本形式见表9－5。

**【例9－3】** 某公司甲利润中心的有关数据如下：部门销售收入40 000元，已销产品变动成本25 000元，部门可控专属固定成本5 000元，部门不可控专属固定成本2 000元，上级分配来的共同成本(公司管理费用)1 000元。

甲利润中心业绩考核的相关指标计算如下：

(1)边际贡献＝40 000－25 000＝15 000(元)

(2)可控边际贡献＝15 000－5 000＝10 000(元)

(3)部门边际贡献＝10 000－2 000＝8 000(元)

(4)部门营业利润＝8 000－1 000＝7 000(元)

依据上述资料编制的业绩报告见表9－5。

**表9－5** **甲利润中心业绩报告** 单位：元

| 项　目 | 预算数 | 实际数 | 差异 |
|---|---|---|---|
| 销售收入 | 38 000 | 40 000 | 2 000(有利) |
| 减：变动成本 | | | |
| 变动生产成本 | 19 000 | 20 000 | 1 000(不利) |
| 变动销售及管理费用 | 5 500 | 5 000 | 500(有利) |
| 边际贡献 | 13 500 | 15 000 | 1 500(有利) |
| 减：部门经理可控专属固定成本 | 4 500 | 5 000 | 500(不利) |

续表

| 项　目 | 预算数 | 实际数 | 差异 |
|---|---|---|---|
| 可控边际贡献 | 9 000 | 10 000 | 1 000(有利) |
| 减：部门经理不可控专属固定成本 | 2 000 | 2 000 | 0 |
| 部门边际贡献 | 7 000 | 8 000 | 1 000(有利) |
| 减：上级分配的共同成本 | 1 000 | 1 000 | 0 |
| 部门营业利润 | 6 000 | 7 000 | 1 000(有利) |

## 三、投资中心

### (一)投资中心的含义

投资中心是既对收入、成本、利润负责，又对企业资金运用及其效果负责的责任中心。投资中心是最高层次的责任中心，既能控制成本和收益，又能对投入资金进行控制。

投资中心是对投资负责的责任中心，由于投资的目的是为获得利润，所以投资中心同时也是利润中心。它与利润中心的主要区别是：在组织形式上，利润中心可以是也可以不是独立的法人，而投资中心一般都是具有经营权与投资决策权的、独立经营的法人。

投资中心是分权管理模式的最突出表现，在当今世界各国，大型集团公司下面的分公司、子公司往往都是投资中心，在跨国集团公司中尤其如此。投资中心的适用范围限于规模和经营管理权力较大的部门，一般是企业的最高层次，如各事业部、分公司、分厂等。

为了对投资中心的资产运用效果进行评价，并准确地计算出各投资中心的经济效益，就必须对各投资中心共同使用的资产进行划分，对共同发生的成本应按适当的标准进行分配，各投资中心之间相互调剂使用的现金、存货、固定资产等，均应计息清偿，实行“有偿使用”。只有这样，才符合责任会计的要求，才能正确计算、评价与考核各投资中心的经济效益和工作实绩。

### (二)投资中心的业绩考核

对投资中心的考核包括对投资项目本身效果的评价和对投资中心经营业绩的评价两个方面。对于一些新投资项目或新投资中心，常常需要首先对投资项目本身的投资效果进行评价分析，以反映投资决策的正确程度。对投资效果的评价指标一般有投资回收期、投资报酬率、内含报酬率和净现值率等。这些评价方法在前面各章已作介绍，这里不再重复。

投资中心业绩评价的指标主要是投资利润率和剩余收益。

1. 投资利润率

投资利润率也称投资报酬率，是投资中心所获得的利润与投资额之间的比率，计算公式为：

$$投资利润率=\frac{利润}{投资额}\times 100\%$$

由于不同的企业对“利润”和“投资额”的理解不同，投资利润率可以表现为不同的形式，主要有：

(1)资产利润率。资产利润率是指投资中心所获得的息税前利润与资产总额的比率。资产利润率能反映投资中心全部资产的利用效率，其计算公式为：

$$资产利润率=\frac{息税前利润}{资产总额}\times 100\%$$

这一指标以资产总额作为投资额来计算投资利润率，目的是评价和考核由投资中心掌握和使用的全部资产整体的盈利能力，所以在确定利润时不能扣除利息和所得税，应以息税前利润为标准。公式中的资产总额，可以为本期的平均资产总额。

**【例 9—4】** 某企业有一个投资中心，全部资产年初数为200 000元，年末数为240 000元，年末负债为80 000元，年税后利润为10 050元，所得税税率为25%，本年利息费用为5 000元。

则该投资中心资产利润率计算如下：

$$资产利润率=\frac{\frac{10\ 050}{1-25\%}+5\ 000}{\frac{200\ 000+240\ 000}{2}}\times 100\%=8.36\%$$

(2)所有者权益利润率。所有者权益利润率是指投资中心所获得的净利润与所有者权益的比率，其计算公式为：

$$所有者权益利润率=\frac{净利润}{所有者权益}\times 100\%$$

这一指标以所有者权益作为投资额来计算投资利润率，目的是评价和考核投资中心运用公司产权中的每一元资金对企业整体利润作出的贡献水平，所以在确定利润时需扣除利息和所得税，以税后净利润为标准。

所有者权益利润率可以反映投资中心的实际投资收益情况以及投资者的投资报酬率。

**【例 9—5】** 仍以【例 9—4】的资料为依据，计算所有者权益利润率。

$$所有者权益利润率=\frac{10\ 050}{240\ 000-80\ 000}\times 100\%=6.3\%$$

此外，投资利润率反映了投资中心的综合盈利能力，该指标在所有者权益稳定的情况下，可以分解为资产周转率和销售利润率的乘积，公式如下：

$$投资利润率=\frac{销售收入}{投资额}\times\frac{成本费用}{销售收入}\times\frac{利润}{成本费用}$$

$$=资产周转率\times销售成本率\times成本费用利润率$$

由上式可见，企业只有增加销售、降低成本，同时有效地利用现有资产，努力提高资产的利用效率，才能提高投资利润率。对投资利润率的分解分析，有助于了解投资利润率形成及其高低程度不同的原因，寻找提高投资报酬率的正确途径。

投资利润率综合反映了投资中心的经营业绩，是目前许多公司十分偏爱的评价投资中心业绩的指标。其优点是：

第一，投资利润率能反映投资中心的综合盈利能力。提高投资利润率既可以通过增收节支(增加收入、降低成本)，也可以通过减少投资资本来实现。

第二，投资利润率具有横向可比性。投资利润率属于相对数指标，它剔除了因投资额不同而导致的利润差异的不可比因素，充分体现了资本的获利能力，有利于各投资中心的横向可比。

第三，投资利润率可以作为选择投资机会的依据，有利于调整资本流量和存量，优化资源配置。

第四，有利于正确引导投资中心的管理行为，避免短期行为。

但投资利润率也有一定的局限性，主要表现在：

第一，分子与分母的计量方法难以统一。由于通货膨胀等因素的影响，使资产账面价值、负债、所有者权益等指标失实，计算结果不具有代表性。例如，每年少计折旧、虚增利润，使投资利润率升高。

第二，注重短期、局部的利益而轻视长期、整体的利益。投资利润率重视对短期业绩的评价，而忽视对企业长期盈利能力的评价。为保护当期的投资利润率水平，会使一些投资中心不愿意从事投资利润率较低但对整体企业有利的投资项目，从而导致决策失误。例如，某公司平均投资利润率为 12%，其所属的 A 投资中心实际利润率为 18%，现 A 投资中心有一投资机会，投资利润率为 15%，若以投资利润率来衡量，A 投资中心显然不会选择这一投资机会，导致投资中心目标与总公司目标不一致。

第三，不利于对部门责任人业绩作出评价。由于约束性固定成本这一不可控因素的存在，使投资利润率难以为分部经理所控制，从而为区分经理人员业绩与分部本身的业绩带来困难。

而克服这一系列不利因素的方法是采用剩余收益作为评价指标。

2. 剩余收益

剩余收益是一个绝对额指标，它是指投资中心实现的利润减去其经营资产按预期投资报酬率计算的投资报酬后的余额，其计算公式是：

剩余收益＝利润－投资额×预期投资报酬率

＝利润－资产总额×预期投资报酬率

其中的预期投资报酬率一般按整个企业各投资中心的加权平均投资报酬率计算，也可以将资金成本作为最低报酬率进行计算。

以剩余收益作为投资中心经营业绩评价指标的基本要求是，只要投资报酬率大于预期的最低收益率，该项投资便是可行的。它可以克服片面采用投资报酬率来考核、评价投资中心的工作绩效可能出现的本位主义，使之乐意接受比较有利的投资，从而使各个投资中心的局部目标同企业整体目标保持一致。

剩余收益作为评价投资中心业绩的指标，相对投资利润率而言，其主要的优点是：

第一，避免在投资决策中，投资中心拒绝接受投资利润率低于其目前收益水平但高于企业整体收益水平的方案，保证了企业整体利益与部门利益的一致性。

第二，与企业经营管理目标——追求利润最大化——相一致。

第三，对于不同的资产可以采用不同的资金成本进行分析评价，例如，流动资产资金成本小于固定资产资金成本，其所对应的风险必然不同。

**【例 9－6】** 某公司下设投资中心 A 和投资中心 B，该公司加权平均最低投资利润率为 10%，现准备追加投资。有关资料如表 9－6 所示。

**表 9－6** **投资中心指标计算表** 单位：万元

| 项目 | | 投资额 | 利润 | 投资利润率 | 剩余收益 |
|---|---|---|---|---|---|
| 追加投资前 | A | 20 | 1 | 5% | 1－20×10%＝－1 |
| | B | 30 | 4.5 | 15% | 4.5－30×10%＝＋1.5 |
| | Σ | 50 | 5.5 | 11% | 5.5－50×10%＝＋0.5 |
| A 中心追加投资 10 万元 | A | 30 | 1.8 | 6% | 1.8－30×10%＝－1.2 |
| | B | 30 | 4.5 | 15% | 4.5－30×10%＝＋1.5 |
| | Σ | 60 | 6.3 | 10.5% | 6.3－60×10%＝＋0.3 |
| B 中心追加投资 20 万元 | A | 20 | 1 | 5% | 1－20×10%＝－1 |
| | B | 50 | 7.4 | 14.8% | 7.4－50×10%＝＋2.4 |
| | Σ | 70 | 8.4 | 12% | 8.4－70×10%＝＋1.4 |

根据表 9—6 中资料评价 A、B 两个投资中心的经营业绩，可知：如以投资利润率作为考核指标，追加投资后，A 中心的利润率由 5%提高到 6%，B 中心的利润率由 15%下降到 14.8%，按此指标向 A 中心投资比向 B 中心投资好。但如果以剩余收益作为考核指标，追加投资后，A 中心的剩余收益由原来的－1 万元变成了－1.2 万元，B 中心的剩余收益由原来的 1.5 万元增加到 2.4 万元，由此应当向 B 中心投资。

如果从整个公司进行评价就会发现：向 A 中心追加投资时，全公司总体投资利润率由 11%下降到 10.5%，剩余收益由 0.5 万元下降到 0.3 万元；而向 B 中心追加投资时，全公司总体投资利润率由 11%上升到 12%，剩余收益由 0.5 万元上升到 1.4 万元。这与以剩余收益指标评价各投资中心业绩的结果一致。所以，以剩余收益作为评价指标可以保持各投资中心获利目标与公司的获利目标达成一致。

目前，大多数投资中心业绩考核是以投资利润率为评价指标的。但是，投资利润率和剩余收益都属于财务指标，仅仅以此衡量责任中心的业绩，似乎不够全面。因此，除财务指标外，可以用非财务指标来评价投资中心业绩，如盈利指标、顾客满意程度指标、市场占有率指标、效率指标等。只有综合考虑各方面的相关因素之后，才能客观地对投资中心的业绩作出全面的评价。

还需说明的是，随着市场竞争日趋激烈，市场销售工作也日趋重要。为了强化销售功能，加强收入管理，及时收回账款、控制坏账，不少企业还设置了以营销产品为主要职能的责任中心——收入中心。这种责任中心只对产品或劳务的销售收入负责，如公司所属的销售分公司或销售部。尽管这些从事销售的机构也发生销售费用，但由于其主要职能是进行销售，因此，以收入来确定其经济责任更为恰当。对销售费用，可以采用简化的核算，只需根据弹性预算方法确定即可。

综上所述，责任中心根据其控制区域和权责范围的大小，分为成本中心、利润中心和投资中心三种类型。它们各自不是孤立存在的，每个责任中心承担各自的经营管理责任。最基层的成本中心应就其经营的可控成本向其上层成本中心负责；上层的成本中心应就其自身的可控成本和从下层转来的责任成本一并向利润中心负责；利润中心应就其本身的收入、成本（含从下层转来的成本）和利润（或边际贡献）向投资中心负责；投资中心最终就其经营管理的投资利润率和剩余收益向总经理和董事会负责。所以，企业各种类型和层次的责任中心形成一个“连锁责任”网络，这就促使每个责任中心为保证企业总体的经营目标一致而协调运转。

## 第三节　内部转移价格

### 一、内部转移价格的含义

内部转移价格，又称内部结算价格，是指企业各责任中心在相互提供产品或劳务，或在相互结转责任成本时所使用的一种内部结算价格。合理制定内部转移价格是实行责任会计的重要前提。

合理的内部转移价格必须满足三个条件：

（1）合理的内部转移价格能明确划分各责任中心的经济责任。内部转移价格可以为经营业绩的评价提供合理的基准，使责任中心的业绩考核建立在客观、可比的基础上。

（2）合理的内部转移价格能最大限度地起到激励作用。合理的内部转移价格可以为各责任单位的利益提供保障，调动企业内部各部门的积极性。

(3)合理的内部转移价格能有利于企业总体目标的实现，促进各分权单位目标与企业整体目标保持一致性。

在现实的经济生活中，内部转移价格的制定涉及相关主体之间的利益分配问题，往往会存在这样或那样的矛盾。例如，一组适合评价某责任单位业绩的转移价格可能会使其违反企业整体利益，也可能一组使某责任单位长期对整个企业有重大贡献的正确激励转移价格却令该责任单位的业绩报告出现赤字。所以，应该特别注意，不同的价格制定方法适用于不同的情况和条件，没有一种适合各种使用目的的最佳内部转移价格。即使在同一企业内，对不同的责任单位之间也可能要用不同的内部转移价格。

## 二、内部转移价格的制定

### (一)内部转移价格制定的原则

内部转移价格的制定是一项较为复杂的工作。不同企业，其做法差异各有不同。各责任中心可以根据各自不同的特点分别采用不同的计价标准，但应共同遵守以下原则：

1. 目标一致性原则

制定内部转移价格，应强调企业的整体利益高于责任中心局部利益。各责任中心在分权经营的条件下实行单独核算后，不可避免地会追求自身局部利益的最大化，因而也会选择和制定对自己有利的内部转移价格。该原则要求企业在制定内部转移价格时，要从全局出发，力争使转让双方获得最大收益，也使企业整体获得最大收益。当分部利益和整体利益产生矛盾时，应该从整体利益出发制定内部转移价格，保证企业整体收益水平达到最优。

2. 激励原则

内部转移价格的制定应有利于调动各责任中心的积极性，要对各个责任中心都起到激励作用，且对应的激励程度也应公平合理、大致相同。例如，内部转移价格能激励转入部门的责任人降低成本，同时也可激励转出部门的责任人增加收入，从而实现企业整体利益的最大化。

3. 公平性原则

内部转移价格的制定应建立在等价交换的前提之上，公平合理的内部转移价格有利于企业客观地对各责任单位进行业绩评价，也有利于责任会计制度的真正实施。

### (二)内部转移价格的类型

经常使用的内部转移价格有以下几种：

1. 以市场价格作为内部转移价格

以市场价格作为内部转移价格是指假定中间产品有完全竞争的市场，转让双方可以自主决定向外部市场销售或购买中间产品。

以市场价格作为内部转移价格的责任中心，应该是独立经营核算的利润中心，它们有权决定生产产品的数量、出售或购买的产品对象及其相应的价格。同时其产品有市场竞争，这些产品之间的差别极小且有一个客观的市场价格可供利用。

以正常市价作为内部转移价格的显著优点：一是供需双方部门都能按市价买卖它们的供需产品，内部转移交易时与外部交易相同；二是一个企业的两个责任单位相互交易，不管市场上是否存在同样货物，内部交易都能控制交易的货物质量、数量、交货时间等，也可以节省谈判成本，提高资金的使用效率。因此，企业管理当局为了公司的整体利益，都会鼓励进行内部交易，除非责任单位有充分理由说明外部交易更为有利，否则各责任单位之间都应进行内部交易。

以市场价格作为内部转移价格，能正确评价各个责任单位的经营成果，并能更好地发挥生产经营活动的主动性和积极性。但以市场价格作为内部转移价格时，应注意以下两个问题：第一，在中间产品有外部市场，可向外部单位销售，或从外部单位购买时，以市场价格作为内部转移价格并不等于直接将市场价格用作结算，而应在此基础上，对外部销售价格作一些必要的调整。外部销售价格一般包括销售费、广告费以及运输费等，这些费用在产品内部转移时一般可避免发生。若企业各责任中心不是独立核算的分厂，而是车间或部门时，产品的内部转移还不必支付销售税金，这些税金一般也是外部销售价格的组成部分。直接用外部销售价格作为内部转移价格时，这两方面的好处都将为制造方所得，使用者一无所获。为使利益分配更公平，这些可避免的费用应从市场价格中扣除。即市场价格减去对外的销售费、广告费等，才是目前内部尚未销售的中间产品价格。第二，以市场价格作为内部转移价格时，通常假设：中间产品处于完全竞争市场；中间产品提供部门无闲置的生产能力。

尽管以市价作为内部转移价格还有这样或那样的缺点，但它有利于利润中心和投资中心组织自己的利润核算，且较有利于每个责任单位的业绩评价，所以在产品有外界市场、购销双方可自由对内外购销的情况下，以市场价格作为内部转移价格仍不失为一种有效的方法。

2. 以协商价格作为内部转移价格

为解决直接以市场价格作为内部转移价格所存在的缺点，一些企业提出了协商价格。协商价格即协议价格，是企业内部各责任中心以正常的市场价格为基础，通过定期共同协商所确定的为双方所接受的价格。

采用协商价格的前提是，责任中心的转移产品有在非竞争性市场买卖的可能性，在这种市场内买卖双方有权自行决定是否购买或销售这种产品。如果买卖双方不能自行决定，或当价格协商的双方发生矛盾而不能自行解决，或协商定价不能导致企业最优决策时，企业高一级的管理层要进行必要的干预，这种干预应以有限、得体为原则，不能使整个谈判变成上级领导完全决定一切。

协商价格的上限是市价，下限是单位变动成本，具体价格应由各相关责任中心在这一范围内协商决定。当产品或劳务没有适当的市价时，也只能采用议价方式来确定。通过各相关责任中心讨价还价，形成企业内部的模拟“公允市价”作为计价基础。

协商价格存在一定的缺陷：一是协商定价过程要花费人力、物力和时间；二是协商定价各方往往会相持不下，需企业高层领导裁定，这样弱化了分权管理的作用。

3. 以双重价格作为内部转移价格

以双重价格作为内部转移价格是指在转让中间产品时，不同责任中心分别依据不同的内部转移价格作为计价基础进行结算。例如，产品的供应方可按协商的市场价格计价，产品的使用方则按供应方产品的单位变动成本来计价，其差额由会计部门最终调整。采用双重价格是因为，内部转移价格主要是用于对企业内部各责任中心业绩进行评价、考核，故各相关责任中心采用的价格不需要完全一致，可分别选用对责任中心最有利的价格作为计价依据。双重价格有两种形式：

(1)双重市场价格，就是当某种产品或劳务在市场上出现不同的价格时，供应方采用最高市价，使用方采用最低市价。

(2)双重转移价格，就是供应方按市场价格或议价作为定价的基础，而使用方按供应方产品的单位变动成本作为计价的基础。

双重价格的优点是：既可以较好地满足供应方和使用方的不同需要，又能激励双方在经营上充分发挥其主动性和积极性。

采用双重内部转移价格的条件是：内部转移的产品或劳务有外部市场，供应方有剩余生产能力，而且其单位变动成本要低于市价。特别是当任何单一的内部转移价格均无法达到“目标一致性”及“激励”目的时，采用双重价格是一种行之有效的方法。

4. 以成本作为内部转移价格

以成本作为内部转移价格是指以产品或劳务的成本为基础而制定的内部转移价格。由于成本的概念不同，成本转移价格也有多种不同形式：

(1)标准成本法。以劳务或中间产品的标准成本作为其内部转移价格，即为标准成本法。这种方法适用于成本中心的产品(半成品)转移。标准成本法的最大优点是将管理与核算工作结合起来，可以避免功过转嫁之患而收到责任分明之效，能提高双方降低成本的积极性。

(2)标准成本加成法。如果产品(半成品)的转移涉及利润中心或投资中心，可将标准成本加利润作为转移价格，以分清双方责任。但是，确定利润的高低，仍需管理当局慎重斟酌。

(3)变动成本法。变动成本法是指以单位变动成本作为内部转移价格的方法。它适用于采用变动成本法计算产品成本的成本中心之间的往来结算。这种方法的优点是：符合成本习性，能够明确揭示成本与产量的关系，便于考核各责任中心的工作业绩，有利于企业和各责任中心进行生产经营决策。但是，这种方法也存在一定的不足：由于产品成本中不包含固定成本，不能反映劳动生产率的变化对单位固定成本的影响，从而割裂了固定成本与产量之间的关系，也不利于调动各责任中心增加产量的积极性。

## 三、内部转移价格的应用

各企业生产条件不同，内部转移价格应当适应特定的生产条件和环境条件的要求。事实上不存在最优的内部转移价格，只是企业在制定内部转移价格时，应努力做到能够促使各责任中心最大限度地达到整个企业的目标。

**【例 9—7】** 某企业有甲、乙两个生产部门，均为利润中心。甲部门生产的 A 部件既可以直接在市场上出售，也可以作为乙部门生产 B 产品的一种配件；乙部门生产的 B 产品作为最终产品向外部市场销售。A 部件与 B 产品的投入产出比为 1∶1。

甲、乙两个生产部门的有关单价和部分成本资料如表 9—7 所示。

**表 9—7　　甲、乙部门相关资料**

| 甲部门 | | 乙部门 | |
|---|---|---|---|
| A 部件市场价格(元/件) | 200 | B 产品市场价格(元/件) | 400 |
| 单位变动成本(元/件) | 160 | 单位加工费用(不含 A 部件成本，元/件) | 164 |
| 单位销售费用(元/件) | 20 | 单位销售费用(元/件) | 52 |
| | | 预计市场销售量(件) | 1 000 |

要求：针对以下不相关情况，进行如何确定内部转移价格的分析。

(1)情况一：甲部门生产的 A 部件最大产量为 1 000 件，全部可以在外部市场上找到销路，且该部门没有剩余的生产能力。乙部门要求按甲部门的单位变动成本作为内部转移价格，即甲部门按 160 元的价格将所生产的全部 1 000 件产品销售给乙部门，否则乙部门将不予购买。

在第一种情况下,可编制比较边际贡献表,如表9—8所示。

**表9—8　　比较边际贡献表**　　单位:元

| 项目 | 甲部门销售全部1 000件A部件 | | 乙部门销售B产品 | |
|---|---|---|---|---|
| | 以160元单价对内销售 | 以200元单价对外销售 | 以160元单价内部采购A部件 | 以200元单价外部采购A部件 |
| 销售收入 | 160×1 000=160 000 | 200×1 000=200 000 | 400×1 000=400 000 | 400×1 000=400 000 |
| 变动成本 | 160×1 000=160 000 | 180×1 000=180 000 | 376×1 000=376 000 | 416×1 000=416 000 |
| 边际贡献 | 0 | 20 000 | 24 000 | −16 000 |

从表9—8可以看出,从整个企业的角度看,如果按A部件的单位变动成本作为内部转移价格,可获得24 000元的边际贡献,与乙部门从外部市场购买A部件而甲部门直接对外销售A部件相比,企业可增加边际贡献20 000元。但甲部门将会因此而减少边际贡献20 000元,若甲部门从自身的利益出发,就不会将全部A部件卖给乙部门,而会优先考虑将其以200元的单价对外销售,从而使乙部门被迫从外部采购A部件,企业整体的最大利益最终不能实现。

因此,在第一种情况下,无论是从甲部门的角度还是从整个企业的角度,都不应按照A部件的单位变动成本作为内部转移价格,而应考虑按其外销价格作为内部转移价格。

(2)情况二:甲部门生产的A部件最大产量为1 000件,全部可以在外部市场上找到销路,且该部门没有剩余的生产能力。甲部门要求以A部件的外销单价扣除销售费作为内部转移价格,即乙部门必须按180元的单价从甲部门购买1 000件A部件,否则甲部门将不予对内销售。

在第二种情况下,可编制比较边际贡献表,如表9—9所示。

**表9—9　　比较边际贡献表**　　单位:元

| 项目 | 甲部门销售全部1 000件A部件 | | 乙部门销售B产品 | |
|---|---|---|---|---|
| | 以180元单价对内销售 | 以200元单价对外销售 | 以180元单价内部采购A部件 | 以200元单价外部采购A部件 |
| 销售收入 | 180×1 000=180 000 | 200×1 000=200 000 | 400×1 000=400 000 | 400×1 000=400 000 |
| 变动成本 | 160×1 000=160 000 | 180×1 000=180 000 | 396×1 000=396 000 | 416×1 000=416 000 |
| 边际贡献 | 20 000 | 20 000 | 4 000 | −16 000 |

从表9—9可以看出,在第二种情况下,如果甲、乙双方按A部件扣除销售费的外销价格180元成交,企业可获得24 000元的边际贡献,与乙部门从外部市场购买A部件而甲部门直接对外销售A部件相比,企业可增加边际贡献20 000元。同时在甲部门自身利益不受损害的情况下,乙部门的边际贡献有所增加,双方均愿意接受。

综合前两种情况分析,可以得出以下结论:

在供应部门生产能力可以充分利用、市场销路不受限制的情况下,如果以市场价格为基础进行内部产品的转移,并不会对该部门的边际贡献产生影响,但会对需求部门的成本和边际贡献产生影响。因为不论需求部门是否愿意购买,供应部门生产的半成品都可以实现对外销售,所以不应当以半成品的单位变动成本作为内部转移价格,而应以其外销的市场价格作为转移价格。

(3)情况三:甲部门生产的A部件最大产量超过2 000件,但外部市场已经无法容纳这些产品,所以尚有剩余生产能力可以为乙部门额外生产1 000件A部件。乙部门要求按甲部门的单位变动成本作为内部转移价格,即甲部门按160元的价格将所生产的1 000件产品销售给乙部门,否则乙部门将不予购买。

在第三种情况下,可编制比较边际贡献表,如表9—10所示。

**表9—10** **比较边际贡献表** 单位:元

| 项目 | 甲部门销售A部件 | | 乙部门销售B产品 | |
|---|---|---|---|---|
| | 对外销售1 000件<br>内部转移1 000件 | 对外销售1 000件 | 以160元单价<br>内部采购A部件 | 以200元单价<br>外部采购A部件 |
| 销售收入 | 200×1 000+160×1 000=360 000 | 200×1 000=200 000 | 400×1 000=400 000 | 400×1 000=400 000 |
| 变动成本 | 180×1 000+160×1 000=340 000 | 180×1 000=180 000 | 376×1 000=376 000 | 416×1 000=416 000 |
| 边际贡献 | 20 000 | 20 000 | 24 000 | −16 000 |

从表9—10可以看出,如果甲、乙双方按A部件的单位变动成本作为内部转移价格成交,企业可获得44 000元的边际贡献,与乙部门从外部市场购买A部件而甲部门不进行追加生产并内部转移A部件相比,企业可增加边际贡献40 000元。同时,乙部门的边际贡献也有所增加。但在第三种情况下,甲部门无论是否追加生产内部转移的A部件,对其边际贡献未产生影响;若甲部门从其自身利益出发,会拒绝向乙部门出售追加生产的1 000件A部件,从而导致甲部门生产能力闲置,企业最大利益也未能实现。

根据第三种情况的分析,可以得出以下结论:

在供应部门的生产能力有剩余、追加生产的半成品的市场销路有一定限制的情况下,设法实现"销售"就成为当务之急。为了刺激供应部门的"销售"欲望和需求部门的"购买"欲望,就不应当以半成品的市场价格或单位变动成本作为内部转移价格,而应在两者之间由双方协商确定。

(4)情况四:为了鼓励甲部门充分利用闲置的生产能力和乙部门积极从企业内部"采购",甲、乙双方协商,按照利益均衡原则,决定以170元作为内部转移价格。

在第四种情况下,可编制比较边际贡献表,如表9—11所示。

**表9—11** **比较边际贡献表** 单位:元

| 项目 | 甲部门销售A部件 | | 乙部门销售B产品 | |
|---|---|---|---|---|
| | 对外销售1 000件<br>内部转移1 000件 | 对外销售1 000件 | 以170元单价<br>内部采购A部件 | 以200元单价<br>外部采购A部件 |
| 销售收入 | 200×1 000+170×1 000=370 000 | 200×1 000=200 000 | 400×1 000=400 000 | 400×1 000=400 000 |
| 变动成本 | 180×1 000+160×1 000=340 000 | 180×1 000=180 000 | 386×1 000=386 000 | 416×1 000=416 000 |
| 边际贡献 | 30 000 | 20 000 | 14 000 | −16 000 |

通过上例的计算分析可以看出,内部转移价格的制定过程,实际上是企业内部各责任中心的利益分配过程。为了充分调动各责任中心的积极性、保证企业整体利益的最大化,各企业应具体问题具体分析,根据不同情况选择适当的内部转移价格。

## 本章关键概念

分权管理　经济责任制　成本中心　利润中心　投资中心　内部转移价格　激励机制　业绩考核

## 复习思考题

1. 分权管理模式有哪些优缺点？
2. 什么是责任会计制度？
3. 建立责任会计制度的原则有哪些？
4. 企业内部的责任中心有哪些？各有什么特点？
5. 如何对利润中心进行业绩评价？
6. 什么是内部转移价格？
7. 内部转移价格制定的原则是什么？
8. 什么是双重价格？其优缺点是什么？

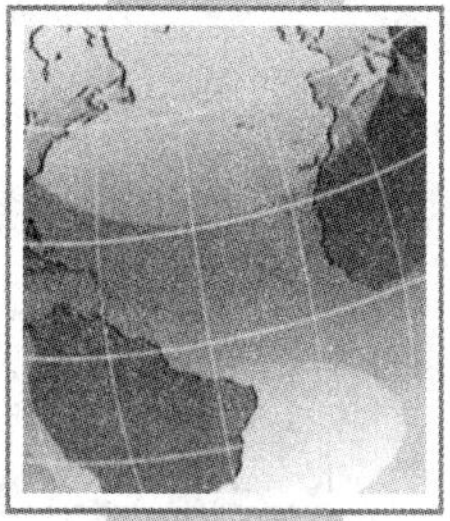

# 第十章
# 绩效管理

**引言**

绩效是衡量企业成功与否的关键要素，绩效管理是企业管理关注的核心问题，即在战略的指引下对企业绩效进行科学、全面和系统的计划、监控、评价和反馈，最终实现管理所追求的两大目标——效果和效率的双赢。绩效管理的目的是，通过系统性和精细化的管理活动将企业绩效、部门绩效和个人绩效协同起来，实现各层次绩效的全面提升，最终完成组织的战略目标。本章主要介绍绩效管理的一般程序，企业实施绩效管理的主要工具方法包括关键业绩指标法、经济增加值法、平衡计分卡等。

## 第一节　绩效管理概述

### 一、绩效管理的概念与构成要素

#### （一）绩效管理的概念

绩效在英文中使用 performance 一词，中文也可译作业绩、效绩。根据《韦伯斯特词典》的解释，绩效的意思是：(1)正在执行的活动或已完成的活动；(2)重大的成就，正在进行的某种活动或者取得的成绩。《现代汉语词典》将业绩解释为：(1)建立的功劳和完成的事业；(2)重大的成就。可见，中英文对绩效的理解都强调绩效的结果性，即绩效是重大的成就。不同之处是，英文同时也强调绩效的过程性，过程往往是结果的动因。

企业绩效是指一定经营期间的企业经营效率与效果以及经营者业绩。企业经营的效率与效果主要表现在盈利能力、偿债能力、营运能力和发展能力等方面。经营者业绩主要通过经营者在经营管理企业的过程中对企业经营、成长、发展所取得的成果和所作出的贡献来体现。

企业绩效管理是指企业与员工之间就业绩目标及如何实现业绩目标达成共识，并帮助和激励员工取得优异成绩，从而实现企业目标的管理过程。这是一个绩效计划制订、绩效辅导沟通、绩效考核评价、绩效反馈、绩效结果应用、绩效目标提升的持续循环过程，绩效管理的核心是业绩评价和激励管理。

业绩评价是指企业运用数理统计和运筹学原理，采用特定的指标体系，对照统一的标准，按照一定的程序，通过定量、定性对比分析，对企业一定经营期间的经营效率与效果以及经营者业绩进行综合评判的管理活动。业绩评价是企业实施激励管理的重要依据。

激励管理是指企业运用系统的工具方法，调动企业员工的积极性、主动性和创造性，激发企业员工工作动力的管理活动。激励管理是促进企业业绩提升的重要手段。

#### （二）绩效管理的构成要素

绩效管理作为企业内部管理控制系统的一个子系统，其构成要素一般包括业绩评价主体、业绩评价客体、业绩评价目标、业绩评价指标体系(评价指标、评价标准、评价方法)以及相关的激励机制。

1. 业绩评价主体

业绩评价主体是指业绩评价的组织者和实施者。从管理会计角度讲,业绩评价主体分为两个层次:一是企业所有者对企业最高管理层进行的业绩评价,此时业绩评价主体是企业所有者;二是企业上级管理层对下级管理层的业绩评价,此时业绩评价主体是企业上级管理层。

作为第一层次业绩评价主体的企业所有者,是依据以产权关系为基础的委托代理关系对企业最高管理层进行业绩评价。在典型的股份有限公司中,所有者仅保留重要的表决权,而把大部分决策权委托给他们的代表——董事会,对管理者的业绩评价和奖惩措施的制定都由董事会来完成。董事会广泛参与公司的内部治理,对股东财产负有经营管理责任,其最大的职责是使公司财产保值增值,同时还要维护其他利益相关者的利益。这些利益相关者不仅与公司利益相关,而且具有参与监督的动机,也具有参与监督评价的能力。

作为第二层次业绩评价主体的企业上级管理层,是依据以管理权关系为基础的委托代理关系对企业下级管理层进行业绩评价。这一层次的关系比第一层次的关系要复杂得多,是管理会计确定内部责任单位、进行业绩评价的重点。

2. 业绩评价客体

业绩评价客体即业绩评价对象。由于业绩评价主体分为两个层次,因此,业绩评价客体自然也就分为最高管理层和下级管理层。

那么,谁能作为企业最高管理层的代表呢?一般而言,经营权有两个层次的含义:一是对企业生产经营活动的管理权;二是对企业生产、营销、分配等方面大政方针的决策权。在实行经理负责制的企业中,从经理所拥有的权力和承担的责任来看,他们是企业最高管理层的代表。在股份制企业中,所有权与经营权分离首先表现为所有权与管理权的分离,其次表现为所有权与决策权的分离。但后者的分离是不彻底的。我国《公司法》规定,股份有限公司的组织结构管理模式为:股东通过股东大会选举出代表他们的董事会和监事会;董事会是公司的经营管理机构,有权决定公司的经营计划和投资方案;监事会对董事会和经理人员的行为进行监督;总经理由董事会聘用,负责公司的日常经营管理工作。可见,企业经理拥有的权力在公司制的企业中由董事会与总经理分享。董事会是主要的管理者,经理层是分享管理者角色的管理者。

至于下级管理层自然是指企业管理组织结构中的各个层次,如纵向组织结构中的子公司、分厂、车间、工段、班组等,横向组织结构中的供应、生产、销售等职能部门和计划、财务、人事等管理部门。当然,下级管理层未必一定服从企业管理组织结构的要求,如按可控性划分责任单位、按成本动因划分作业单位等。可以说,作为业绩评价的下级管理层,应根据管理的要求设置。

3. 业绩评价目标

业绩评价目标是解决为什么进行评价的问题。目标代表着一个组织努力追求的未来预期,即一种预期的业绩,可以从当前业绩衡量的结果评估企业目标的实现情况。

管理者业绩评价的目标应该是管理者的能力、水平和为实现企业目标所作的贡献,但在实践中这个目标的可操作性较差。

管理者业绩评价的目标应该由企业目标决定。而按照企业理论的说法,企业是一个契约关系网,其主要当事人是股东、职工和债权人等。从股东角度看,企业的目标是股东财富最大化；从企业职工角度看，企业的目标应该是自身福利的最大化；从债权人角度看，企业的目标应该是利润最大化。企业的目标可以从多个方面加以描述，如股东财富最大化、投资收益率最大化、职工工资增长最大化、利润最大化等，这说明企业目标是多样的，企业不可能同时追求上述多个目标，因此，企业只能达到多种目标之间的协调。对于企业相关利益主体的不同目标的折中，可以用实现企业的长期稳定发展、企业总价值最大化来表述，企业的各利益集团都可以借此来实现它们的最终目标。

企业的管理者也有其自身所追求的目标，他们追求自身效用的最大化，这主要包括两个方面，即货币收入和非货币方面的利益。非货币方面的利益包括政治地位和社会地位等。将企业目标与管理者目标相比可以发现，企业与管理者都有经济利益追求，这是一致的方面。但也有不一致的方面，管理者对个人经济利益的追求可能导致其在追求企业目标时的差异性。另外，管理者也有非经济利益方面的追求。而企业实际追求的目标是由管理者确定的，隐含在管理者的管理行为中。对管理者进行业绩评价的目标就是要衡量管理者实现企业目标的程度。正是因为管理者的目标函数与企业目标函数不完全一致，对管理者进行业绩评价才有其必要性。

## 二、绩效管理的相关理论

### （一）委托代理理论

委托代理理论是现代公司治理的逻辑起点，其核心思想是，经理层与股东构成了委托代理关系，将经理薪酬与公司业绩关联的激励计划可以起到协调经理层与股东利益冲突的作用，进而降低代理成本。所谓委托代理关系，就是一种契约关系，通过这一契约，委托人授权代理人为委托人的利益从事某项活动。但这不同于一般的雇佣关系，委托人授予代理人相对大的自主决策权，因此，委托人很难监控代理人的活动。经济学家提出要建立一套既能够有效地约束代理人的行为，又能够激励代理人按委托人的目标和委托人的利益而努力工作，从而降低代理成本的机制。

委托人和代理人之间的利益协调问题，可以转化为绩效管理中的激励问题，通过对激励机制的设计与调整，可以降低代理人的“道德风险”，从而降低代理成本。委托代理理论的中心任务是，研究在利益冲突和信息不对称的环境下，委托人如何设计最优契约激励代理人，使代理人与委托人的利益趋于一致，促使代理人采取积极行动，最大限度地实现委托人的利益。基于委托代理关系设计的绩效管理办法和绩效考核办法，不仅可以激励代理人按照组织的统一战略规划运营企业，还可以约束代理人尽可能地防范经营风险，提高自身的管理水平。

### （二）激励理论

激励理论是组织行为学的核心理论，也是管理心理学的重要内容。激励理论的主要模式包括：(1)需求激励模式。该模式认为人的需求是多层次的，只有低层次的需求被满足后才会转而追求高层次的需求。其中，马斯洛的需求层次论和赫茨伯格的双因素理论影响最为广泛。(2)动机—目标激励模式。该模式源于弗鲁姆提出的期望理论，用公式表示为：激励力＝期望值×效价。(3)权衡激励模式。该模式的理论基础为亚当斯提出的公平理论。他认为员工更为关注的不是报酬的绝对值大小，而是报酬的分配是否公平合理以及自己是否受到公平待遇。(4)强化激励模式。该模式依据的激励原理是斯金纳的强化理论。

激励理论对绩效管理的实施有一定的指导作用：在需求激励模式下，当员工低层次的需求被满足之后，会转而产生高层次的需求，具体表现为员工希望知道自己绩效水平如何，希望自己的工作成绩得到企业的认可，实现自我超越，而这些需要通过绩效管理才能实现，所以员工具有期待绩效管理的内心愿望;在动机一目标激励模式下,我们在进行绩效管理、制定绩效目标时,既不宜低,也不宜高,目标制定要适度;在权衡激励模式下,绩效目标要事先沟通且可衡量,绩效管理体系严密,尽管存在评估者的误差,但绩效管理模式下的评估显然更能使员工感到公平,更能激发员工潜能;绩效评估结果的运用本身就是以绩效为基准的正强化、负强化过程,这正符合强化激励理论的思想。

**(三)成本效益理论**

从经济学角度看,收益大于成本的预期是人们行为的基本出发点,因而也是人类社会的首要理性原则。管理活动是一种价值产出,任何一项管理职能存在的意义在于,此项管理活动正在或者即将为企业创造经济效益,即现实收益与潜在收益之和大于管理职能本身的成本。

成本效益理论对绩效管理的指导意义体现在两个方面:一是就员工而言,配合绩效管理与抵触绩效管理均可看作员工和企业双方博弈时的不同决策,企业依据不同决策给予不同收益,员工能预见到的收益最大化应该是支持绩效管理;二是就企业而言,绩效管理本身所发生的直接成本与机会成本之和应该小于绩效管理所带来的现实收益与潜在收益之和。只有这样,企业才存在实施绩效管理的经济学理由。

**(四)目标管理理论**

目标管理是一种组织管理模式,以彼得·德鲁克的目标管理理论为主要代表,其观点包括:(1)企业的任务必须转化为目标,企业管理人员必须通过这些目标对下级进行指导,并以此来保证总目标的实现;(2)目标管理是一种程序,使一个组织中的上下各级管理人员统一起来制定共同的目标,确定彼此的责任,并将此责任作为指导业务和衡量各自贡献的准则;(3)每个管理人员或员工的分目标就是企业总目标对他的要求,同时也是这个企业管理人员或员工对企业总目标的贡献;(4)管理人员和员工依据设定的目标进行自我管理,他们以所要达到的目标为依据,进行自我控制、自我指挥,而不是由他的上级来指挥和控制;(5)企业管理人员对下级进行评估和奖惩也是以这些分目标为依据。

绩效管理的过程尤其是绩效计划阶段包含目标管理。一方面,目标管理的实施离不开绩效管理,目标管理不仅将目标作为一种激励的因素,也将目标作为员工考核的标准,进行目标管理就必然要进行绩效管理;另一方面,目标管理是绩效管理推行的前提,设定绩效目标是绩效管理的第一步,目标设定的合理与否直接决定了评价结果的好坏。很多组织绩效考核推行不下去的原因就在于目标设定不合理。在薪酬与绩效挂钩的薪酬体系中,往往会产生内部不公平。如何合理地制定绩效目标并使其顺利实施,成为检验绩效管理可行性的有效因素。

## 三、绩效管理的原则

绩效管理是围绕企业发展战略,制定企业和部门、员工的阶段性绩效目标,并收集与绩效有关的信息,定期对绩效目标完成情况作出评价和反馈,持续改善员工的工作绩效,最终提高企业整体绩效的制度化过程。要遵循的原则概括为以下几个:

**(一)权责一致原则**

各项绩效考核指标的主要作用在于,监控和考核相关的业务流程及每项业务流程所对应的工作岗位。绩效考核实施前提是企业战略清晰化、部门职能规范化、岗位责任细致化和业务流程合理化。绩效考核首先要求明确考核对象,对考核对象承担的责任和赋予的权利有明确的界定,明晰管理层次的关系,减少部门摩擦,提高企业整体运行效率。因此,科学的管理制度和细致的岗位描述是绩效管理的基础。在这个前提下,绩效考核才有可能顺利实施下去,对管理者和员工起到绩效牵引的作用。

**（二）量化考核原则**

绩效考核是通过系统量化的方法，对员工在工作过程中表现出来的业绩、工作的数量和质量以及工作能力、工作态度进行公正、客观的评价。绩效考核往往是上级对下属进行审查或考评，考评者作为员工的上司，其考评方式在很大程度上影响绩效考评结果。在设置绩效指标时，对企业层面的关键业绩指标、部门层面的考核指标和业务层面的日常管理指标，要尽量做到指标量化，能用财务性指标量化的，尽量用财务性指标量化，不能用财务性指标量化的，尽可能准确地描述每种绩效表现和对应的奖惩幅度，从而使考评者能够准确把握绩效标准，公正地对被考核者作出评价。

**（三）兼顾公平原则**

兼顾公平原则是指合理设置考核权重，处理好集体绩效与个人绩效的关系，避免两种偏差：一是个人绩效突出，但因部门绩效不佳受到牵连，导致个人考评结果不理想，从而极大地损害了员工的工作热情；二是员工个人绩效极差，却因部门绩效较好而考评结果优异，导致员工存在侥幸心理，认为即使依赖他人努力同样可以获得较高的得分，不利于改进此类员工的工作绩效。因此，在实际绩效考核过程中，要结合部门和员工的实际职责内容，通过合理设置权重，达到拉开差距、激励先进、鞭策后进、兼顾公平的绩效考核目的。

**（四）有效沟通原则**

绩效沟通是绩效管理的关键，在绩效管理的每个环节都发挥着重要的作用。离开了沟通，企业的绩效管理将流于形式。管理者不仅要注重对员工工作最终结果的考核，并以此作为奖惩的依据，还必须从思想认识、沟通技巧、绩效管理全过程跟踪三个方面着手，从绩效计划环节中的合理分解指标和分配任务，到绩效实施过程中的辅导支持和管理培训，再到绩效周期结束后的纠偏分析和适时激励，从而把握绩效沟通过程的关键点，做个有效沟通的管理者。

**（五）全员参与原则**

全员参与绩效管理是提升管理执行力的关键，从企业高层到每位员工都有不可推卸的责任。一是高层领导的参与。绩效管理是企业管理行为，是企业追求效率最优化和效益最大化的管理系统，因此，绩效管理必然是“一把手工程”。只有企业高管团队亲自参与，下决心并全力支持绩效管理，才有可能把企业战略目标逐级分解下去，同时将绩效管理的理念和方法渗透到企业的各个角落，推动中层管理者和员工参与到绩效管理中来。二是中层管理者的参与。绩效管理不只是企业管理部门的责任，企业管理部门在绩效管理实施中主要扮演流程制定、工作表格提供和咨询顾问的角色，真正的责任主体应该是执行层管理者——部门经理、行政主管、班组长。他们在绩效管理中应花费更多的精力和时间，与下属讨论绩效目标和标准，经常进行检查，掌握下属的工作业绩，对下属进行反馈和辅导，评定下属的绩效结果，给予奖励和惩罚。三是基层员工的参与。让所有员工的绩效都与企业生产经营业绩紧密关联，才能使绩效管理获得成功。

**（六）注重实效原则**

持续的管理改进是绩效管理的根本意义所在。绩效管理是通过绩效计划、绩效实施、绩效考核和绩效反馈四个阶段的循环操作，以实现组织目标和员工发展的动态管理过程。绩效管理不仅要与员工薪酬挂钩，也要与员工的学习成长和职业发展相互关联。通过绩效测评，疏通员工职业发展渠道，这样才能使员工更多地关注企业发展、个人绩效和学习成长，营造注重实效、和谐发展的企业文化。

# 第二节 绩效管理的一般程序

绩效管理的过程通常被看作一个循环，这个循环可以分为四个部分：绩效计划与指标体系的构建、绩效管理的过程控制、绩效考核和评价、绩效反馈及考核结果的应用。具体而言，也可以表述为：业绩计划与激励计划的制订、业绩计划与激励计划的执行、业绩评价与激励的实施、业绩评价与激励管理报告。

绩效管理是一个循环的动态管理系统，其中包含的各个环节都紧密联系、环环相扣，任何一个环节的脱节都会导致绩效管理的失败。所以，企业应力求将各个环节的工作有效整合起来，相互配合、协调一致，以实现企业的战略管理目标。

## 一、业绩计划与激励计划的制订

绩效计划作为绩效管理流程的第一个环节，是绩效管理实施的关键和基础所在，其中包括业绩计划和激励计划两部分。业绩计划和激励计划制订是否科学合理，直接影响到绩效管理的实施效果。

绩效管理的核心是业绩评价和激励管理。业绩评价，是指企业运用系统的工具方法，对一定时期内企业营运效率与效果进行综合评判的管理活动。业绩评价是企业实施激励管理的重要依据。激励管理，是指企业运用系统的工具方法，调动企业员工的积极性、主动性和创造性，激发企业员工工作动力的管理活动。激励管理是促进企业业绩提升的重要手段。

企业应根据战略规划，综合考虑业绩评价期间宏观经济政策、外部市场环境、内部管理需要等因素，结合业务计划与预算，按照上下结合、分级编制、逐级分解的程序，在沟通反馈的基础上，编制各层级的业绩计划与激励计划。

### (一)业绩计划

业绩计划是企业开展业绩评价工作的行动方案，包括构建指标体系、分配指标权重、设定业绩目标值、选择业绩评价计分方法、确定业绩评价周期、签订业绩合同等一系列管理活动。制订业绩计划通常从企业级开始，层层分解到下级单位(部门)，最终落实到具体岗位和员工。

制订业绩计划的程序包括：

1. 构建指标体系

企业可单独或综合运用关键业绩指标法、经济增加值法、平衡计分卡、360 度绩效评价等工具方法构建指标体系。指标体系应反映企业战略规划实现的关键成功因素，具体指标应含义明确、可度量。

2. 分配指标权重

指标权重的确定既可选择运用主观赋权法或客观赋权法，也可综合运用这两种方法。主观赋权法是利用专家或个人的知识与经验来确定指标权重的方法，如德尔菲法、层次分析法等。客观赋权法是从指标的统计性质入手，由调查数据确定指标权重的方法，如主成分分析法、均方差法等。

3. 设定业绩目标值

业绩目标值的确定可参考内部标准与外部标准。内部标准有预算标准、历史标准、经验标准等，外部标准有行业标准、竞争对手标准、标杆标准等。

4. 选择业绩评价计分方法

业绩评价计分方法可分为定量法和定性法。定量法主要有功效系数法和综合指数法等，定性法主要有素质法和行为法等。

5. 确定业绩评价周期

业绩评价周期一般可分为月度、季度、半年度、年度、任期。月度、季度业绩评价一般适用于企业基层员工和管理人员，半年度业绩评价一般适用于企业中高层管理人员，年度业绩评价适用于企业所有被评价对象，任期业绩评价主要适用于企业负责人。

6. 签订业绩合同

业绩计划制订后，评价主体与被评价对象一般应签订业绩合同，明确各自的权利和义务，并作为业绩评价与激励管理的依据。业绩合同的主要内容包括业绩指标、目标值及权重、评价计分方法、特别约定事项、有效期限、签订日期等。业绩合同一般按年度或任期签订。

**(二)激励计划**

绩效计划是绩效管理的一个重要部分，是根据组织目标对员工的绩效行为进行组织的管理活动。激励计划是企业为激励被评价对象而采取的行动方案，包括激励对象、激励形式、激励条件、激励周期等内容。

激励计划按激励形式可分为薪酬激励计划、能力开发激励计划、职业发展激励计划和其他激励计划。

1. 薪酬激励计划

薪酬激励计划按期限可分为短期薪酬激励计划和中长期薪酬激励计划。短期薪酬激励计划主要包括业绩工资、业绩奖金、业绩福利等。中长期薪酬激励计划主要包括股票期权、股票增值权、限制性股票、虚拟股票等。

2. 能力开发激励计划

能力开发激励计划主要包括对员工知识、技能等方面的提升计划。

3. 职业发展激励计划

职业发展激励计划主要是对员工职业发展做出的规划。

4. 其他激励计划

其他激励计划包括良好的工作环境、晋升与降职、表扬与批评等。

激励计划的编制应以业绩计划为基础，采用多元化的激励手段，兼顾内在激励与外在激励、短期激励与长期激励、现金激励与非现金激励、个人激励与团队激励、正向激励与负向激励，充分发挥各种激励形式的综合作用。

业绩计划与激励计划编制完成后，应经薪酬与考核委员会或类似机构审核，报董事会或类似机构审批。经审批的业绩计划与激励计划应保持稳定，一般不予调整；若受国家政策、市场环境、不可抗力等客观因素影响，确需调整的，应严格履行规定的审批程序。

## 二、业绩计划与激励计划的执行

审批后的业绩计划与激励计划，应以正式文件的形式下达执行，确保与计划相关的被评价对象能够了解计划的具体内容和要求。

业绩计划与激励计划下达后，各计划执行单位(部门)应认真组织实施，从横向和纵向两方面落实到各下级单位(部门)、各岗位员工，形成全方位的业绩计划与激励计划执行责任体系。

业绩计划与激励计划的执行过程中，企业应建立配套的监督控制机制，及时记录执行情况，进行差异分析与纠偏，持续优化业务流程，确保业绩计划与激励计划的有效执行。

**(一)监控与记录**

企业可借助信息系统或其他信息支持手段,监控和记录指标完成情况、重大事项、员工的工作表现、激励措施执行情况等内容。收集信息的方法主要有观察法、工作记录法、他人反馈法等。

**(二)分析与纠偏**

根据监控与记录的结果,重点分析指标完成值与目标值的偏差、激励效果与预期目标的偏差,提出相应整改建议并采取必要的改进措施。

**(三)编制分析报告**

分析报告主要反映业绩计划与激励计划的执行情况及分析结果,其频率可以是月度、季度、年度,也可以根据需要编制。

业绩计划与激励计划的执行过程中,绩效管理工作机构应通过会议、培训、网络、报纸、公告栏等形式,进行多渠道、多样化、持续不断的沟通与辅导,使业绩计划与激励计划得到充分理解和有效执行。

## 三、业绩评价与激励的实施

绩效管理工作机构应根据计划的执行情况定期实施业绩评价与激励,按照业绩计划与激励计划的约定,对被评价对象的业绩表现进行系统、全面、公正、客观的评价,并根据评价结果实施相应的激励。

评价主体应按照业绩计划收集相关信息,获取被评价对象的业绩指标实际值,对照目标值,应用选定的计分方法,计算评价分值,并进一步形成对被评价对象的综合评价结果。业绩评价过程及结果应有完整的记录,结果应得到评价主体和被评价对象的确认,并进行公开发布或保密发布。

公开发布的主要方式有召开业绩发布会、企业网站业绩公示、面板业绩公告等;保密发布一般采用一对一书面、电子邮件函告或面谈告知等方式进行。评价主体应及时向被评价对象进行业绩反馈,反馈内容包括评价结果、差距分析、改进建议及措施等,可采取反馈报告、反馈面谈、反馈报告会等形式进行。

业绩结果发布后,企业应依据业绩评价的结果,组织实施激励计划,综合运用业绩薪酬、股权、晋升与降职、培训与教育、表扬与批评等多种方式,逐级兑现激励承诺。

## 四、业绩评价与激励管理报告

绩效管理工作机构应定期或根据需要编制业绩评价与激励管理报告,对业绩评价与激励管理的结果进行反映。业绩评价与激励管理报告是企业管理会计报告的重要组成部分,应确保内容真实、数据可靠、分析客观、结论清楚,为报告使用者提供满足决策需要的信息。

**(一)业绩评价报告**

业绩评价报告根据评价结果编制,反映被评价对象的业绩计划完成情况,通常由报告正文和附件构成。报告正文主要包括以下两部分:

1. 评价情况说明

包括评价对象、评价依据、评价过程、评价结果、需要说明的重大事项等。

2. 管理建议

根据上述具体评价情况提出相关管理建议。

报告附件包括评价计分表、问卷调查结果分析、专家咨询意见等报告正文的支持性文档。

**(二)激励管理报告**

激励管理报告根据激励计划的执行结果编制，反映被评价对象的激励计划实施情况。激励管理报告主要包括以下两部分：

1. 激励情况说明

包括激励对象、激励依据、激励措施、激励执行结果、需要说明的重大事项等。

2. 管理建议

可以根据需要以附件形式提供支持性文档表达管理建议。

业绩评价与激励管理报告可分为定期报告和不定期报告。定期报告主要反映一定期间被评价对象的业绩评价与激励管理情况。每个会计年度至少出具一份定期报告。不定期报告根据需要编制，反映部分特殊事项或特定项目的业绩评价与激励管理情况。

业绩评价与激励管理报告应根据需要及时报送薪酬与考核委员会或类似机构审核，并提交董事会或类似机构审批。企业应定期通过回顾和分析，检查和评估业绩评价与激励管理的实施效果，不断优化业绩计划和激励计划，改进未来绩效管理工作。

# 第三节 关键业绩指标法

关键业绩指标法，是指基于企业战略规划，通过建立关键业绩指标体系，将价值创造活动与战略规划目标有效联系，并据此进行绩效管理的方法。

在企业管理中，我们经常要问这样的问题：企业为什么会成功？成功的关键是什么？在过去成功的关键因素中，哪些具有持续性？如何衡量这些关键指标？在未来的机遇和挑战中，企业面临的风险是什么？回答这些问题，离不开接下来要讨论的关键业绩指标。

## 一、企业价值与关键业绩指标

关键业绩指标(Key Performance Indicator，KPI)，是对企业业绩产生关键影响力的指标，是通过对企业战略规划、关键成果领域的业绩特征分析，识别和提炼出的最能有效驱动企业价值创造的指标。

关键业绩指标将企业宏观战略目标经过层层分解，产生可操作性强的具体战术目标，构成一套衡量、反映、评价企业业务运作状况的可量化的关键指标体系。通过关键业绩指标的牵引，既可以使企业战略得以层层贯彻和实施，也可以帮助企业确定职能部门业绩目标、员工个人业绩目标，使得员工个人业绩目标、职能部门业绩目标与公司战略发展目标保持一致，进而实现企业的价值最大化。

关键业绩指标法就是把对企业战略绩效的评估简化为对几个关键业绩指标的考核，将关键业绩指标当作评估标准，把员工绩效与关键指标进行比较的评估方法。这从一定程度上可以说是目标管理法与帕累托定律(80/20定律)的有效结合。

综上所述，关键业绩指标法是规划企业绩效管理、实现企业价值最大化的业绩评价方法。

## 二、关键业绩指标的意义

关键业绩指标在企业战略实现过程中有重要的作用：

(1)关键业绩指标是公司战略目标的分解，可以有力地推动公司战略在各单位、各部门得以执行。

(2)关键业绩指标可以让企业上下级对自己的岗位职责和关键业绩要求有清晰的认知,可以确保各层各类员工业绩目标的一致性。

(3)关键业绩指标可以为绩效管理提供透明、客观、可衡量的具体标准。

(4)关键业绩指标可以帮助员工集中精力处理对公司战略有重大影响的事项,并重点关注主要经营活动的业绩。

(5)通过定期计算和评价关键业绩指标的执行结果,管理人员能够清晰了解经营领域中的关键业绩参数,及时诊断存在的问题,并采取必要的行动予以改进。

## 三、关键业绩指标体系构建流程

构建关键业绩指标体系的一般流程如下:

(1)制定企业级关键业绩指标。企业应根据战略规划,结合价值创造模式,综合考虑内外部环境等因素,设定企业级关键业绩指标。

(2)制定单位(部门)级关键业绩指标。根据企业级关键业绩指标,结合下级单位(部门)关键业务流程,按照上下结合、分级编制、逐级分解的程序,在沟通反馈的基础上,设定单位(部门)级关键业绩指标。

(3)制定岗位(员工)级关键业绩指标。根据单位(部门)级关键业绩指标,结合员工岗位职责和关键工作价值贡献,设定岗位(员工)级关键业绩指标。

## 四、关键业绩指标选取的原则和方法

### (一)关键业绩指标选取的原则

在选取关键业绩指标时,应遵循以下几个基本原则:

(1)目标导向原则。目标导向原则是指在选取关键业绩指标时,必须以企业目标、部门目标、职务目标等战略目标作为依据。

(2)注重工作质量原则。工作质量是企业核心竞争力之一,但又难以衡量,所以建立工作质量指标对绩效管理而言特别重要。

(3)可操作性原则。关键业绩指标必须从技术上保证指标的可操作性,对每一个指标都必须给予明确的定义,以建立完善的信息收集渠道。

(4)SMART 原则。在选取关键业绩指标时,要遵循 SMART 原则。SMART 是 5 个英文单词首字母的缩写。

S 代表具体(specific),指业绩考核要切中特定而具体的工作指标,不能笼统概括。

M 代表可度量(measurable),指业绩指标是数量化或者行为化的,验证这些业绩指标的数据或者信息是可以获得的。

A 代表可实现(attainable),指业绩指标在付出努力的情况下可以实现,避免设立过高或过低的目标。

R 代表价值性(rewarding),指业绩指标与上级目标具有明确的关联性,最终与公司目标相结合。

T 代表有时限(time-based),指注重完成业绩指标的特定期限。

在关键业绩指标的选取过程中,也要注重 4 个维度的结合使用,即从财务、客户、学习与成长、内部流程 4 个维度来衡量所提取的关键业绩指标是否全面。学习与成长维度可以有效地支持公司内部流程维度的良性运行，确保提供客户期待的产品和服务，最终反映在财务维度的结果上，这也强化了以结果为导向的指导思想。

**(二)关键业绩指标选取的方法**

企业的关键业绩指标可分为结果类和动因类两类指标。结果类指标是反映企业业绩的价值指标，主要包括投资回报率、净资产收益率、经济增加值、息税前利润、自由现金流等综合指标；动因类指标是反映企业价值关键驱动因素的指标，主要包括资本性支出、单位生产成本、产量、销量、客户满意度、员工满意度等。

关键业绩指标应含义明确、可度量、与战略规划高度相关。指标的数量不宜过多，每一层级的关键业绩指标一般不超过10个。

关键业绩指标选取的方法主要有关键成果领域分析法、组织功能分解法和工作流程分解法。

(1)关键成果领域分析法。关键成果领域分析法，是基于对企业价值创造模式的分析，确定企业的关键成果领域，并在此基础上进一步识别关键成功要素、确定关键业绩指标的方法。

(2)组织功能分解法。组织功能分解法，是基于组织功能定位，按照各下级单位(部门)对企业总目标所承担的职责，逐级分解和确定关键业绩指标的方法。

(3)工作流程分解法。工作流程分解法，是按照工作流程各环节对企业价值的贡献程度，识别出关键业务流程，再将企业总目标层层分解至关键业务流程相关下级单位(部门)或岗位(员工)，确定关键业绩指标的方法。

关键业绩指标的权重分配应以企业战略规划为导向，反映被评价对象对企业价值贡献或支持的程度，以及各指标之间的重要性水平。

单项关键业绩指标权重一般设定在5%～30%之间，对特别重要的指标可适当提高权重。对特别关键、影响企业整体价值的指标可设立“一票否决”制度，即如果某项关键业绩指标未完成，无论其他指标是否完成，均视为未完成业绩目标。

关键业绩指标的目标值应具有挑战性和可实现性，可设定基本目标值、挑战目标值等类似目标层级，激发被评价对象的潜能，并得到被评价对象的普遍认同。

## 五、关键业绩指标体系的构建步骤

企业构建关键业绩指标体系，遵循以下步骤：

**(一)确定业务流程**

所有不同层次的任务目标都是由企业整体的战略目标层层分解而形成的，因此，在设定不同层次的关键业绩指标时，首先要分解企业的战略目标并形成各个业务单位的具体作业目标。企业可以通过绘制客户关系图，找到各项具体作业的投入产出流程，并确定该作业的增值部分，以此为依据来设定关键业绩指标。

在确定作业流程时，可以遵循以下原则：

(1)增值产出原则。作业产出必须与企业战略目标一致，即在企业的价值链上能够产生直接或间接的增值作业，这也符合效益性原则。

(2)客户导向原则。凡是形成作业流程的作业，都会产生客户，确定作业产出时都需要从客户的需求出发。

(3)结果导向原则。定义某个作业流程时，要考虑最终的工作结果，对于那些难以确定的作业，应根据其关键行为确定。

(4)确定权重原则。各项作业要设定相应的权重，体现各项作业产出效益在企业战略目标实现过程中的相对重要性，区分关键指标和非关键指标。

**(二)建立评估指标体系**

按照从宏观到微观的顺序，企业可以依次建立各级指标体系。

首先，在明确了企业的战略目标之后，找出企业的业务重点，并确定这些关键业务领域的关键业绩指标，从而形成企业级关键业绩指标。

其次，各部门主管根据企业级关键业绩指标建立部门级关键业绩指标。

最后，各部门的主管和其他考核人员将部门级关键业绩指标进一步分解为更细的个人业绩衡量指标，并作为企业员工考核的要素和依据。

企业的业绩指标体系最终分解为各部门和各员工的业绩衡量指标，而这些业绩衡量指标的具体确定都必须依据上一级的作业产出进行。所以，从哪些方面评估各项作业产出尤为重要。一般来说，指标主要分为数量、质量、成本和时间四种类型。数量一般表现为产量、销售额、利润等；质量一般表现为准确性、独特性、返修率、破损率等；成本一般表现为单位产品的成本和投资回报率等；时间则通过供货周期、及时性来体现。

**(三)确定评估标准**

指标体系确定后，还需要设定评估标准对员工的绩效进行数量和质量的监测。关键指标指的是从哪些方面对作业产出进行衡量和评估，而评估标准指的是各个指标分别应达到什么样的水平，被评估者完成了多少、完成的质量如何，它是完成的数量和质量方面的评价标准。

关键业绩指标法的指标值在确定时分为定性和定量两类指标。对于定量指标，设定的评估标准一般为一个范围。如果实际业绩超出了标准的上限，则表明其绩效超过了期望的业绩水平；如果实际业绩低于标准的下限，则表明其绩效存在不足，需要改进。

**(四)审核关键业绩指标**

当企业确定了关键业绩指标体系之后，需要对这些指标进行审核，其目的是确认这些关键指标是否能够客观地反映被评估对象的工作绩效，且是否适用于实际的评估操作。

一般审核工作应关注以下问题：

(1)产品是否为最终产品？关键业绩指标主要是针对最终产品的评估，设定关键业绩指标时也要关注最终的工作结果。

(2)对不同的被评估对象进行评估，结果是否具有一致性？

(3)是否从客户的角度出发设定关键业绩指标？

(4)关键业绩指标是否具有技术上的可操作性？

关键业绩指标法可单独使用，也可与经济增加值法、平衡计分卡等其他方法结合使用。关键业绩指标法普遍适用于不同性质、不同行业、不同规模的企业。关键业绩指标法的应用对象可为企业、下级单位(部门)和员工。

企业应用关键业绩指标法进行绩效管理时，应综合考虑业绩评价期间宏观经济政策、外部市场环境、内部管理需要等因素，构建指标体系。

企业应有明确的战略规划。战略规划是确定关键业绩指标体系的基础，关键业绩指标反映战略规划目标，对战略规划实施效果进行衡量和监控。企业应清晰识别价值创造模式，按照价值创造路径识别出关键驱动因素，科学地选择和设置关键业绩指标。

# 第四节　经济增加值法

传统的业绩评价体系以财务指标为主，侧重于反映过去业务的经营成果，对经营成果产生的原因及未来价值的创造很少反映，造成了业绩评价中的种种局限，无法满足企业战略管理的新需求。经济增加值法以资本市场和股东财富最大化的要求为前提，构建了新的以价值为导向的价值评价方法。

经济增加值法的理论依据来自西方经济学中关于经济利润的思想，即企业利润不仅要弥补经营成本，还要弥补资本成本，只有在补偿了全部的机会成本之后的盈利，才能给企业带来真实价值的增长。与传统的会计指标相比，经济增加值指标更真实地反映了企业经营活动的利润，将企业经营利润超过全部资本成本的部分确定为利润，满足了企业股东财富最大化的利益追求。

## 一、经济增加值的含义

### （一）经济增加值的概念

经济增加值（Economic Value Added，EVA），是指税后净营业利润扣除资本成本后的净值。

经济增加值法，是指以经济增加值为核心，建立业绩指标体系，引导企业注重价值创造，并据此进行绩效管理的方法。

经济增加值法较少单独使用，一般与关键业绩指标法、平衡计分卡等其他方法结合使用。经济增加值法的适用对象为成长期以上企业。初创期企业、人力资本和信息资本等无形资产占主导的企业，以及周期性、波动性较大的企业，一般要慎重选用经济增加值法。

经济增加值法需要企业树立价值管理理念，明确以价值创造为中心的战略经营目标，建立以经济增加值为核心的价值管理体系，使价值管理成为企业的核心管理制度。

### （二）经济增加值的计算

1. 经济增加值的计算公式

经济增加值＝税后净营业利润－资本成本

＝税后净营业利润－平均资本占用×加权平均资本成本率

经济增加值及其改善值是全面评价经营者有效使用资本和为企业创造价值的重要指标。经济增加值为正，表明经营者在为企业创造价值；经济增加值为负，表明经营者在损毁企业价值。

要正确计算经济增加值，关键是要正确计算资本成本和税后净营业利润。

2. 资本成本

企业总资本成本是债务资本成本与股权资本成本之和，计算方法是总资本乘以企业加权平均资本成本率（WACC）。企业的总资本来自两个方面：一是股东；二是债权人。无论是股东还是债权人，其出资都需要得到相应的回报，他们要求的回报就是企业利用这些资金必须支付的成本。加权平均资本成本率是依据企业资本结构，按股权资本成本率和税后债务资本成本率加权计算得出的。

3. 税后净营业利润

企业的税后净营业利润是企业利用总资本生产的利润，也是企业可以用于向股东和债权人进行分配的收益。如果税后净营业利润大于资本成本，即经济增加值为正，说明企业生产了超额利润。由于债权人要求的是固定回报，所以这些超额利润归股东所有，这意味着企业为股东创造了新增价值。如果税后净营业利润小于资本成本，即经济增加值为负，则企业不仅没有创造价值，反而减损了股东财富。

## 二、经济增加值法的指标体系

企业综合考虑宏观环境、行业特点和企业的实际情况之后，可以通过价值创造模式的识别，确定关键价值驱动因素，构建出以经济增加值为核心的指标体系。

**(一)构建经济增加值指标体系的一般流程**

1. 制定企业级经济增加值指标体系

首先应结合行业竞争优势、组织结构、业务特点、会计政策等情况，确定企业级经济增加值指标的计算公式、调整项目、资本成本率等，并围绕经济增加值的关键驱动因素，制定企业级经济增加值指标体系。

2. 制定单位(部门)级经济增加值指标体系

根据企业级经济增加值指标体系，结合下级单位(部门)所处行业、业务特点、资产规模等因素，在充分沟通的基础上，设定单位(部门)级经济增加值指标的计算公式、调整项目、资本成本率等，并围绕下级单位(部门)经济增加值的关键驱动因素，细化制定单位(部门)级经济增加值指标体系。

3. 制定高级管理人员的经济增加值指标体系

根据企业级、单位(部门)级经济增加值指标体系，结合高级管理人员的岗位职责，制定高级管理人员的经济增加值指标体系。

企业应建立清晰的资本资产管理责任体系，确定不同被评价对象的资本资产管理责任。企业还应建立健全会计核算体系，确保财务数据完整、真实、有效，及时准确地获取与经济增加值计算相关的会计数据。企业应加强融资管理，关注筹资来源与渠道，及时获取债务资本成本、股权资本成本等相关信息，合理确定资本成本率。企业应加强投资管理，把能否增加价值作为新增投资项目决策的主要评判标准，以保持持续的价值创造能力。

**(二)经济增加值指标体系的内容**

经济增加值指标体系通常包括经济增加值、经济增加值改善值、经济增加值回报率、资本周转率、产量、销量、单位生产成本等。

1. 经济增加值

应用经济增加值法建立的业绩评价体系，应赋予经济增加值指标较高的权重。

2. 经济增加值改善值

经济增加值改善值可以用经济增加值目标值代替。

EVA 目标值根据 EVA 基准值和期望的 EVA 改善值(ΔEVA)确定。

$$\text{EVA 目标值} = \text{EVA 基准值} + \text{期望的 } \Delta\text{EVA}$$

企业在确定 EVA 基准值和期望的 ΔEVA 时，要充分考虑企业规模、发展阶段、行业特点等因素。其中，EVA 基准值可参照上年实际完成值、上年实际完成值与目标值的平均值、近几年(比如前 3 年)实际完成值的平均值等确定。期望的 ΔEVA 根据企业战略目标、年度生产经营计划、年度预算安排、投资者期望等因素，结合价值创造能力改善等要求综合确定。

3. 经济增加值回报率

经济增加值回报率＝经济增加值/资本成本

4. 资本周转率

资本周转率＝销售收入/股东权益平均占用额

这一比率可以分析股东投入资金是否得到了充分的利用。比率越高，表明资本周转速度越快；比率越低，表明企业的资本运用效率低、周转速度慢。

## 三、经济增加值法的评价

### (一)经济增加值法的优点

1. 使用全部资本成本进行成本补偿，真正反映了企业的经营业绩

资本成本是指企业为筹集和使用资金而付出的代价，包括资金筹集成本和资金占用成本。在传统的会计方法下，很多公司财务报表显示盈利，但股东财富不一定增长，这是因为会计利润的计算过程只扣除了债务利息，而没有扣除权益资本成本，造成了资本成本的低估，不能真实反映企业的经营业绩。与传统财务指标相比，经济增加值指标避免了这一问题，它要求企业经营管理者将股东财富的增加作为经营目标，实际上，只有企业利润超过股东的机会成本或资本成本，股东财富才真正增加了。经济增加值指标就是利用了资本成本这一重要功能，与传统会计指标相比，它更真实地反映了企业经营活动的利润。

2. 使所有者和经营者的利益趋于一致，有助于避免决策的次优化

企业经营者的业绩评价和报酬机制一直是现代企业的主要议题，解决这个问题的前提是必须有一个科学的业绩评价标准，只有评价的业绩是真实的，以业绩为基础的报酬才能体现股东价值的最大化，才能产生股东所期望的激励效果。建立在经济增加值基础上的激励制度将经济增加值的不同比例回报给管理者和企业员工，这样就把股东、管理者和员工三者的利益在同一目标下很好地结合在一起，使员工能够分享他们创造的财富，更好地培养他们的团队精神和主人翁意识。而且，采用经济增加值作为业绩评价指标不会像采用投资报酬率作为业绩评价指标那样，出现部门决策者放弃高于企业投资成本、低于目前部门投资收益率的投资机会，从而避免决策的次优化。

3. 经济增加值指标体系能较好地解决综合经营公司业绩评价中存在的问题

运用传统财务指标评价公司的经营业绩，会出现各项指标反映的结果并不一致甚至相反的情况，从而使得分析评价工作陷入无所适从的困惑。当一个企业进行综合经营时，传统指标计算出的数值不一定具有实际意义。例如，一个公司既有工商业经营，又有商品房开发，其存货周转率的评价意义就欠缺了，而使用经济增加值指标则不存在类似问题。

### (二)经济增加值法的缺点

经济增加值指标体系最大的缺点是应用过程比较复杂，项目调整具有较大的随意性，这样会使计算得出的经济指标具有随意性，准确性也不能保证。

在市场竞争日益激烈的今天，企业已不能把经济增加值作为它们追求的唯一目标，它们还不得不重视顾客的满意程度，强调自身学习和创新的能力。激励机制要求评价标准与被评价对象的劳动紧密结合，明确区分个人贡献的大小，充分调动各方面的积极因素，奖优罚劣，全面考虑业绩指标对雇员的推动作用，特别是从企业的战略目标出发评价员工个人的贡献。基于此，以战略为主导的业绩评价方法——平衡计分卡——应运而生了。

# 第五节　平衡计分卡

## 一、企业战略绩效评价和平衡计分卡

### （一）平衡计分卡的产生和发展

自 20 世纪 80 年代以后，人类社会逐步迈入了一个崭新的时代——知识经济与信息时代。随后，企业内部经营条件和外部经营环境都发生了巨大变化。客户需求呈现多样化，对产品质量、性能要求越来越高，这使得企业产品的生命周期越来越短，产品更新换代加速，生产模式也由大批量生产转向小批量、定制式生产，研发和创新能力成为企业关键的竞争力，知识资本、人力资本、信息需求在企业生产经营中的地位和作用越来越重要。在新时代背景下，业绩评价显得尤为重要，所谓"不能衡量就不能管理"，企业如何制定业绩评价体系，如何通过业绩评价把组织和人员的行为引向企业的战略目标方向，这成为一项艰巨的任务。

而传统业绩评价体系的评价指标单一，缺乏一个具有整合思想的指标体系。战略业绩评价必须解决如何在一个完整的框架下，设计出一套综合反映企业战略相关业绩的评价指标体系。

1992 年，罗伯特·卡普兰和戴维·诺顿创建了平衡计分卡（Balanced Score Card，BSC）绩效评价体系，主要用于战略业绩评价指标体系的构建。平衡计分卡的理论和应用经历了三个发展阶段：第一阶段，平衡计分卡单纯用于战略业绩评价；第二阶段，平衡计分卡与战略地图相结合，用于描述战略和评价战略业绩；第三阶段，平衡计分卡＋战略地图＋战略中心型组织，不仅用于描述战略和评价战略业绩，而且从战略需要来主动进行组织内部变革。

平衡计分卡突破了以财务为核心的传统业绩评价体系的局限，把组织的战略目标与其实现过程联系起来，把企业当前的业绩与未来的获利能力联系起来，通过评价体系使企业的组织行为与企业的战略目标保持高度一致，从而使战略目标得到高效贯彻。平衡计分卡着重于财务性绩效指标与非财务性绩效指标的平衡设计，以衡量指标及其量度作为驱动业绩提升的手段，把组织战略转变为一套前后连贯的、系统的绩效评价体系，把复杂而笼统的战略转化为精确的目标，以达到外部衡量与内部衡量、预期成果与执行动因、财务指标与非财务指标、短期目标与长期目标的平衡。

平衡计分卡从财务维度、客户维度、内部运营维度、学习和成长维度 4 个维度构建企业的业绩评价体系。企业业绩的每一个维度分别用一系列的指标来描述，4 个维度的指标通过因果关系相互联系，并与企业的信息系统集成，构成一个完整的评价考核体系。

### （二）平衡计分卡的战略性质

平衡计分卡强调企业绩效评价与其战略之间的紧密关系。它提出了一套基于战略实现的评价指标体系和框架，从战略的高度很好地诠释了业绩评价 4 个维度的内在关系。学习和成长是企业保持竞争优势、获得长期生命力、实现战略目标的根本，而学习和成长是以提高企业内部运营效率与能力为基础的；只有企业内部运营效率与能力得到改善，才能为客户提供更具价值的产品和服务以满足其需求；客户对产品和服务满意后，才能使企业获得良好的财务绩效。平衡计分卡为管理者提供了赢得未来竞争胜局的绩效评价工具。它以企业的战略为基础，将各种衡量方法和不同类型评价指标整合为一个有机的整体，既包含了财务指标，又通过客户满意度、内部运营、学习和成长非财务指标来补充说明财务指标，而这些非财务指标是财务指标的驱动因素。这就使企业既能够追踪财务结果，又能够密切关注使企业提高能力并获得未来增长潜力的无形资产等方面的进展，从而使组织能够更全面地评估自身的不足和潜能，提高核心竞争能力，增强竞争优势。可以说，平衡计分卡是对企业长期战略目标和战略绩效进行综合评价的一种方法。

## 二、平衡计分卡的基本模型及应用

### （一）平衡计分卡的基本模型

平衡计分卡以组织的战略和远景为核心，从财务、客户、内部运营、学习和成长 4 个维度描述企业的远景与战略以及实现策略。其中，财务是对过去业绩的评价，客户、内部运营、学习和成长是对驱动未来业绩的状况和能力进行评估，是对财务评价的补充和深层解析。1 个核心和 4 个维度形成了平衡计分卡的基本框架。

1. 财务维度评价

平衡计分卡保留了财务评估，是因为财务评估在总结已实施方案的财务结果上很有价值。其目标是要解决“我们怎样运作才能令股东和投资者满意，进而取得立足和发展所需要的资本”等问题。它告诉经营者企业战略及其实施和执行是否正在为最终经营成果的改善做出贡献。

财务维度的评价指标通常是一些传统的反馈指标，主要衡量指标有投资回报率、净资产收益率、经济增加值、息税前利润、自由现金流、总资产周转率、资产负债率等。

2. 客户维度评价

客户维度的评价目标是要解决“客户如何看待我们”、“为达成我们的财务目标，我们必须满足怎样的客户需求”等问题。要想获得长期的、出色的财务业绩，就必须创造出客户青睐的产品或服务。为此，企业应进行有效的市场分析，找到自己的目标客户群体，并开发出能满足目标市场客户现实需求或潜在需求的产品。企业应关注满足核心客户的需求，而不是企图满足所有客户的偏好。客户最关心的 5 个方面是时间、质量、功能、服务和价格。企业必须为这 5 个方面设定清晰的目标，再将这些目标细化为具体的指标。衡量客户维度的主要指标是市场份额、客户保持率、客户获得率、客户满意度、战略客户数量等。

3. 内部运营维度评价

内部运营维度的评价目标是要解决“我们的优势是什么”、“为使我们的客户和股东满意，我们必须在哪些内部行为及流程上超越他人”等问题。通常是在制定财务维度和客户维度的目标后，才制定企业内部运营维度的目标。这个顺序能使企业抓住重点，专心衡量那些与股东、客户目标息息相关的流程和内部运营活动。平衡计分卡法认为，所有客户的满意和财务目标的实现，主要归功于企业内部运营的高效和有序。也就是说，企业要通过优化内部运营，使自己的产品质量更高、成本更低、交货期更有保证、服务更可靠，要将内部运营绩效的提高作为企业的核心竞争力。内部运营指标既包括短期的现有业务的改善，又涉及长远的产品和服务的革新，其主要衡量指标有 3 个：研究与开发过程指标，如新产品在销售额中的比重、新产品上市速度与竞争者产品上市速度的比较、开发新产品的时间等；生产过程指标，如订货周期、准时送货率、良品率、成品存货周转率等；售后服务流程指标，如从客户提出要求到问题得到解决所需的时间、售后服务的成本、客户对售后服务的满意度等。

每个运营过程都有一系列为客户创造价值和产生财务结果的链条和程序。在平衡计分卡中，一个从研发、生产到售后服务的完整的内部运营价值链模型如图 10－1 所示。

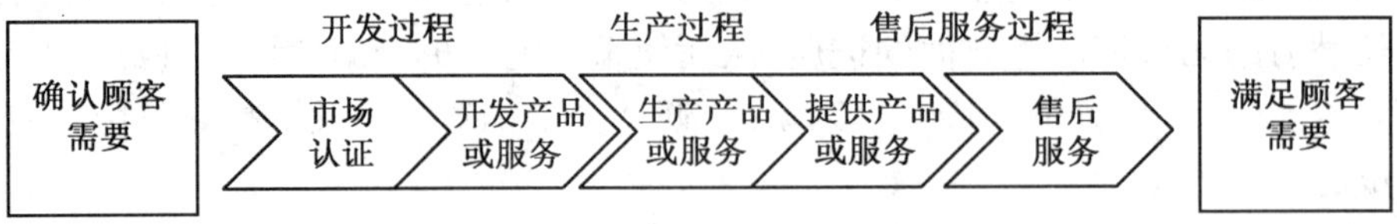


图 10－1　内部运营价值链模型

4. 学习和成长维度评价

学习和成长维度的评价目标是要解决“我们如何提高自己的能力”、“为实现财务目标和客户需要、内部运营指标，我们需要具备什么样的技能和知识”等问题。财务、客户、内部运营的目标是确认企业完成业绩突破的方向，而学习和成长的目标是为其他 3 个远景目标提供基础设施，为其他 3 个维度的目标提供动力源泉。实施平衡计分卡的目的之一就是为了避免企业的短期行为，从而使企业沿着可持续发展的道路前进。所以，它必然强调未来投资的重要性，而不局限于传统的投资领域（如购买设备、产品开发与研究等），尤其是投资基础结构和要素（如员工、系统及程序），通过为员工提供继续学习和培训的渠道，提升员工的能力，进而为企业未来发展创造重要的前提条件。学习和成长的驱动指标包含员工的能力、技术基础和组织的文化氛围。学习和成长的成果指标有员工满意度、员工保持率、员工生产率、培训计划完成率等。

但许多企业管理者发现，当他们只对短期财务业绩进行评价时，维持增强员工、系统和组织能力的投资寥寥无几。因为进行这类投资，在短期内回报不会显现，但高额的投入会拖累短期业绩下滑。因此，平衡计分卡强调为未来发展而进行的长期投资，如果企业想获得长期的财务成功，必须投资在员工、系统和运营过程等基础设施上。

在一个结构合理的平衡计分卡中，会构建出相互联系、有机结合的一系列目标和指标，而这些目标和指标既保持一致，又相互加强。上述 4 个维度的内容虽然各自有特定的评价对象和指标，但彼此之间存在着密切的联系。财务指标体系是根本，而其他 3 个方面的指标体系则最终都要体现在财务指标上，各个评价指标之间存在着企业战略所体现的因果关系等。所有这些指标共同构筑了一个完整的评价体系。

依据因果关系，平衡计分卡可以将战略转化成可操作行动。对企业的战略目标进行因果划分，可以构建出实现企业战略目标的几个子目标，这些子目标是各部门的目标；同样，各中级目标或者评价指标可以根据因果关系继续细分，直至最终分解成指导个人行动的绩效指标和目标。例如，利用资本回报率这一财务指标，按照因果关系进行深入分析和分解。现有客户重复购买和购买量的增加，意味着客户青睐程度高、满意度高，预计它将对资本回报率产生很大的正向影响，因而客户满意度被纳入平衡计分卡的客户方面。接下来，组织如何才能获得客户的青睐呢？对客户偏好的分析结果显示，客户很重视产品按时交付和高质量，因此，准时交付率和质量的提高预计将导致客户青睐度的上升，所以准时交付率和质量指标被纳入平衡计分卡的内部运营方面。要提高准时交付率，则需要在企业内部运营过程方面进行一系列的改善，包括对于各种流程的重组与优化、采用计算机信息系统等；要提高质量，只需要加强全面质量管理。而要从根本上提高准时交付率和质量，则需要通过组织以及员工的学习来实现，只有当提高质量和准时交付率的各种方法作为一种制度或者形成员工自发的行为时，才可以说这个企业是有生命力的，企业的长远生存能力才有保障。

**(二)平衡计分卡的应用**

企业应用平衡计分卡来建立绩效评价体系时,一般需经过以下步骤:

1. 企业远景和战略的建立与实施

企业首先要建立远景和战略,使每个部门可以采用一些绩效衡量指标去完成企业的远景和战略。另外,也可以考虑建立部门级战略。同时,成立平衡计分卡小组或委员会去解释企业的远景和战略,并建立财务、客户、内部运营及学习和成长 4 个方面的具体目标。

2. 绩效指标体系的设计与建立

本阶段的主要任务是依据企业战略目标,结合企业长、短期发展的需要,为 4 类维度的具体目标构建其最具有意义的绩效指标体系,包括企业级指标体系、单位(部门)级指标体系、岗位(员工)级指标体系。其中,企业级指标体系的每个维度的指标通常有 4～7 个,总数量一般不超过 25 个。

在构建平衡计分卡指标体系时,企业应以财务维度为核心,其他维度指标要与核心维度的一个或多个指标相联系。通过梳理核心维度指标的实现过程,确定每个维度的关键驱动因素,结合战略主题,选取关键业绩指标。

3. 绩效指标权重的分配及目标值的确定

平衡计分卡指标的权重分配应以战略规划目标为导向,反映被评价对象对企业战略规划目标贡献或支持的程度,以及各指标之间的重要性水平。企业业绩指标权重一般设定在5%～30%之间,对特别重要的指标可适当提高权重。对特别关键、影响企业整体价值的指标可设立“一票否决”制度,即如果某项业绩指标未完成,无论其他指标是否完成,均视为未完成业绩目标。

平衡计分卡业绩目标值应根据战略地图的因果关系分别设置。首先确定战略主题的目标值,其次确定主题内战略规划的目标值,然后基于平衡计分卡评价指标与战略规划目标的对应关系,为每个评价指标设定目标值,通常设计 3～5 年的目标值。目标值应具有挑战性和可实现性,可设定基本目标值、挑战目标值等类似目标层级,激发被评价对象的潜能,并得到被评价对象的普遍认同。

4. 制订实施计划与行动方案

即将平衡计分卡指标转化为企业的预算,并将预算指标按照企业内部组织层级和单位进行分解,从而实现短期行动计划与长期战略规划的协同。

## 三、平衡计分卡的特点及不足

**(一)平衡计分卡的特点**

平衡计分卡是将企业的远景、使命和发展战略与企业的绩效评价系统联系起来,把企业的使命和战略转变为可衡量的具体目标和评测指标,以实现战略和绩效的有机结合。与传统绩效评价方法相比,它具有以下特点:

1. 外部衡量与内部衡量之间的平衡

平衡计分卡将评价的视线范围由传统的企业内部评价扩大到企业外部评价,重视企业外部利益相关者的关系,包括股东、客户、供应商、战略伙伴以及政府等。同时,它以全新的眼光重新审视企业内部环境变化,将以往只看表面财务结果扩展到既看财务结果也重视财务结果的真正内部驱动因素,即企业内部运营及学习和成长等无形资产的改善。这种内外兼顾确保了战略目标的实现。

2. 预期成果与执行动因之间的平衡

执行动因直接影响预期成果，两者存在内在因果关系。因此，企业要想获得令人满意的预期成果(如利润、市场占有率)，应当明确在执行过程中影响这些预期成果的驱动因素(如新产品开发投资、员工训练、信息更新)。从分析创造财务绩效的驱动因素入手，只有准确地找出企业现存问题的症结所在，才能确定企业为实现某种战略目标所必须改进或发展的根本性动因，通过有效控制和改善这些动因，促使企业获得想要的成果。

3. 定量指标与定性指标之间的平衡

定量指标(如利润、员工流动率、客户抱怨次数)的特点是较准确，具有客观性，在传统业绩评价中被广泛使用。但定量数据多为过去事实形成的历史数据，因此，其预测分析需要以"趋势可预测"为前提条件。现在，企业面临的未来环境越来越不确定，这导致对未来的定量预测结果的准确性越来越差。而定性指标具有主观性和外部性，比如客户满意度在企业内部无法获得，简单进行定性分析和判断带有很强的主观性，在传统业绩评价中往往不考虑这类指标。但这缺陷并不影响定性指标的相关性和可靠性，而这两个特征正是业绩评价所需要的。平衡计分卡引入定性指标可以弥补定量指标的缺陷，使评价体系具有新的实际应用价值。

4. 短期目标与长期目标之间的平衡

现在市场竞争的加剧，使企业不但要注重短期目标(如利润)的实现，而且还必须关注长期目标(如客户满意度、员工训练成本与次数)的达成。平衡计分卡由一套监督企业向未来目标前进过程中的位置和方向的多维指标有机构成，它使员工能完全了解自己在企业未来发展过程中、在实现企业愿景的路途上所处短期与长期阶段性目标的方位。这样才能从战略目标这一永恒的主题出发，避免和消除短期机会主义行为，实现短期发展与长期发展的和谐双赢。

**(二)平衡计分卡的缺陷**

尽管平衡计分卡对传统绩效评价方法做出了突破，但是也不可避免地存在缺陷。

1. 实施难度大、成本高

平衡计分卡对组织条件有严苛的要求。平衡计分卡的实施要求：企业有明确的组织战略；高层管理者具备分解与沟通战略的能力和意愿；中高层管理者具有指标创新的能力和意愿。因此，管理基础差的企业不可以直接引入平衡计分卡，必须先提高自己的管理水平，才能循序渐进地引进平衡计分卡。

平衡计分卡要求企业从财务、客户、内部运营、学习和成长 4 个方面考虑战略目标的实施，并为每个方面制定详细、明确的目标和指标。除对战略的深刻理解外，需要消耗大量精力和时间把它分解到部门，并找出恰当的指标。而落实到最后，指标可能会多达 15～20 个，在考核与数据收集时是一个不轻的负担。此外，平衡计分卡的执行也是一个耗费资源的过程。一份典型的平衡计分卡需要 3～6 个月去执行，另外还需要几个月去调整结构，使其规范化，从而使总的开发过程经常需要一年或更长的时间。

2. 指标体系的构筑较困难

平衡计分卡对传统业绩评价体系的突破在于它引进了非财务指标，克服了单一依靠财务指标评价的局限性。然而，这又带来了另外的问题，即如何建立非财务指标体系、如何确立非财务指标的标准以及如何评价非财务指标。财务指标的构建相对容易，而其他 3 个方面的非财务指标则比较难以收集，需要企业长期探索和总结。而且，不同企业面临着不同的竞争环境，需要不同的战略，进而设定不同的目标，因此，在运用平衡计分卡时，要求企业管理层根据企业的战略、运营的主要业务和外部环境加以仔细斟酌。

3. 指标数量过多，指标之间的因果关系很难做到真实、明确

平衡计分卡涉及财务、客户、内部运营、学习和成长 4 套业绩评价指标，按照卡普兰的说法，合适的指标数目是 20～25 个。其中，财务角度 5 个，客户角度 5 个，内部运营角度 5～10 个，学习和成长角度 5 个。如果指标之间不是完全正相关关系，在评价最终结果的时候，应该选择哪个指标作为评价的依据？如果舍掉部分指标的话，是不是会导致业绩评价的不完整性？这些都是在应用平衡计分卡时要考虑的问题。

平衡计分卡对战略的贯彻基于各个指标之间明确、真实的因果关系，但贯穿平衡计分卡的因果关系链很难做到真实、可靠，就连它的创立者都认为“要想积累足够的数据去证明平衡计分卡各指标之间存在显著的相关关系或因果关系，可能需要很长的时间，可能要几个月或者几年；在短期内经理对战略影响的评价，不得不依靠主观的定性判断”。而且，如果竞争环境发生了剧烈的变化，原来的战略及与之适应的评价指标可能会丧失有效性，从而需要重新修订。

4. 各指标权重的分配比较困难

要对企业业绩进行评价，就必然要综合考虑上述 4 个层面的因素，这就涉及一个权重分配问题。更使问题复杂的是，不但要在不同层面之间分配权重，而且要在同一层面的不同指标之间分配权重。不同的层面及同一层面的不同指标之间分配的权重不同，将可能会导致不同的评价结果。而且，平衡计分卡也没有说明针对不同的发展阶段与战略需要确定指标权重的方法，故而权重的制定并没有一个客观标准，这就不可避免地使得权重的分配具有浓厚的主观色彩。

5. 部分指标的量化工作难以落实

尤其是对于部分很抽象的非财务指标的量化工作非常困难，如客户指标中的客户满意程度和客户保持程度如何量化，再如，员工的学习与发展指标及员工对工作的满意度如何量化等。这也使得在评价企业业绩的时候，不可避免地带有主观因素。

## 本章关键概念

绩效　　绩效管理　　关键业绩指标　　经济增加值　　平衡计分卡

## 复习思考题

1. 绩效管理的含义是什么？绩效管理的理论基础有哪些？
2. 如何理解绩效管理的协同性？
3. 如何理解绩效管理 4 个组成部分的循环关系？
4. 关键业绩指标法的特点有哪些？如何构建 KPI 指标体系？
5. 如何计算综合资本成本？如何评价经济增加值法？
6. 平衡计分卡的 4 个评价维度之间有何关系？
7. 应用平衡计分卡如何评价企业绩效？

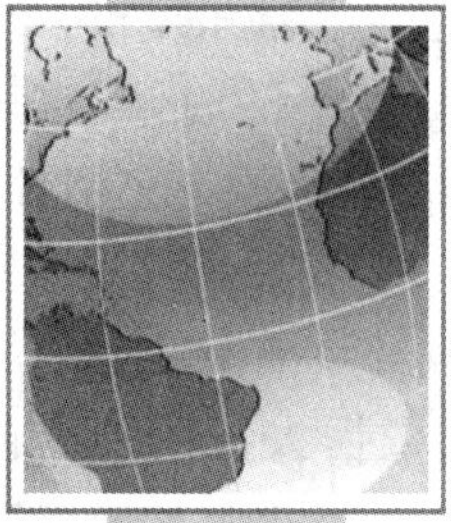

# 第十一章 战略管理会计

**引言**

战略管理会计是为适应战略管理的需要而逐渐形成的，它服从于企业的战略选择，通过报告战略的成功与否来对战略产生影响。战略管理会计分析和提供与企业战略相关的信息，特别是反映实际成本、业务量、价格、市场占有率、现金流量和企业资源总需求等方面的相对水平和趋势的信息。本章主要介绍战略管理会计的概念、特征、研究内容和研究方法。

## 第一节　战略管理会计概述

### 一、战略管理会计的含义及特点

#### (一)战略管理会计的含义

战略管理会计(Strategic Management Accounting，SMA)是20世纪末兴起的一种新的会计学分支。“战略”一词原属军事术语，是指对战争进行分析判断之后做出的全局性筹划和指导。将其引入企业管理是指在市场经济条件下，企业为谋求长期生存和发展，在预测和把握企业外部环境和内部条件变化的基础上，结合企业的专长，高瞻远瞩地作出总体谋划。

关于战略管理会计，最早是由英国学者Simmonds于1981年在《战略管理会计》一文中提出来的。在该文中，他将战略管理会计定义为：“用于构建与监督企业战略的有关企业及其竞争对手的管理会计数据的提供与分析。”之后，他又在一系列的论文中强调了管理会计与企业战略结合的重要性，特别是企业相对竞争者的成本竞争地位。他认为，管理会计应多注重外在环境，并协助企业衡量其竞争地位。他首次强调学习曲线与长期成本性态在衡量竞争优势中的重要性，以及了解竞争者成本结构的重要性。从此以后，人们沿用了这一名称，但对其定义却未达成统一的共识。Wilson等人在《战略管理会计》一书中更加明确地将其定义为：“战略管理会计是明确强调战略问题和所关注重点的一种管理会计方法。它通过运用财务信息来发展卓越的战略，以取得持久的竞争优势，从而更加拓展了管理会计的范围。”换句话说，战略管理会计提供有关企业产品或劳务市场、竞争者成本资源与成本结构等财务信息，并进行深入分析，以便监视各个期间企业及其竞争者的战略。

#### (二)战略管理会计的特点

战略管理会计的发展事实上并没有改变管理会计的性质和职能，其基本特征具体表现为：

1. 战略管理会计重视企业与市场的关系，具有开放系统的特征

传统的管理会计主要针对企业内部环境，如提供的决策分析信息主要依据企业内部的生产经营条件、业绩评价主要考虑本身的业绩水平等，因而构成一个封闭的内部系统。而战略管

理会计要考虑到市场的顾客需求及竞争者实力，这种市场观念一方面表现为管理会计信息收集与加工涉及面的扩大和控制视角的扩展，如战略决策分析要考虑到顾客需求和竞争者信息、成本控制要扩展到产品的整个生命周期，而且在标准制定、业绩评价中也要考虑到同行业的平均或先进水平等。从这方面来说，市场观念使管理会计的视角由企业内部拓展到企业外部。另一方面，战略管理所倡导的市场观念的核心是以变应变，在确定的战略目标要求下，企业的经营和管理都要适应动态市场的需要及时进行调整。这种"权变"管理的思想对于管理会计的方法体系同样产生了深远的影响，它要求管理会计必须改变传统分析中诸多的静态假设，在变动的外部环境条件下进行各项决策分析。例如，战略成本分析中的价值链分析要讨论企业与供应商及顾客之间的关系，考虑上、下游相关企业的兼并问题，而不是以企业现有的经营格局为前提；产品定价决策要面向市场，首先考虑的不是生产成本，而是市场(顾客)为特定产品的功能所愿意支付的价格；等等。战略管理会计所具有的开放性，缩小了管理会计模型与实际环境之间的差距，增强了管理会计信息的相关性和准确性。

2. 战略管理会计将视角扩大到企业整体，具有结果控制与过程控制相结合的特征

战略管理强调战略目标的合理确定，并从企业管理的各个环节和各个方面来保证其最终实现。这种整体观念有利于增强企业内部的协调运作，保证内部组织之间的目标一致，减少内部职能失调。这就要求管理会计的控制不能仅仅停留在对结果的分析上，而是要通过对过程的控制将企业生产经营的各个环节都与企业整体目标相联系，以过程控制实现对结果的影响和保证预期结果的实现。近些年发展起来的作业成本法、生命周期成本法将分析的视角由结果追溯到与产品价值相关的各个环节，撬开了在传统管理会计分析中被视为"黑箱"的生产经营过程，充分体现了战略管理会计将结果控制与过程控制相结合的特征。这一发展趋势使管理会计系统更多地融入企业的生产经营活动全过程，具有更多的非财务性质。因此，这就不仅要求管理会计人员与技术、生产、管理各领域人员密切配合，而且对管理会计人员的知识结构有了更高的要求。

3. 战略管理会计重视企业组织及其发展，具有动态系统的特征

企业战略目标的确定是与特定的内外部环境相适应的，在环境发生变化时还要相应地作出调整，所以战略管理是一种动态管理。处于初创期、发展期、成熟期或衰落期等不同发展阶段的企业，必然要采取不同的企业组织方式和不同的战略方针，并且要根据市场环境及企业本身实力的变化相应地作出调整。例如，比较处于发展期和处于成熟期的企业。前者可能注重营销战略，以迅速占领不断扩大的市场，企业组织相应较为简单，内部控制较为松散；而后者一般规模较大，组织结构复杂，面对的是成熟的市场，因此，必须通过加强内部控制来降低成本、增强竞争优势，同时注重新产品的开发。这种与企业组织发展阶段相对应的战略定位，又必然随着企业由发展期向成熟期过渡而作出调整。与企业组织发展阶段相对应的战略定位及其动态调整，必然要求管理会计系统不仅能够适应特定阶段的战略管理要求，而且能及时作出调整。这种动态系统的特征在满足战略管理会计对于管理会计系统的要求的同时，也对管理会计人员的环境认知能力及系统设计能力提出了更高的要求。

4. 战略管理会计重视企业文化，具有个性特征

战略目标的确定、实施和实现过程，实际上是企业文化的发现、创造过程。企业战略目标、实施方案等的确定及其确定方式，不仅要考虑到现有的企业文化，而且要主动地创造企业文化。例如，企业战略目标的确定可以采用自上而下或自下而上的方式，这两种方式的选择首先受到现有企业文化的制约：较多地讲究民主管理的企业可能选择后者，而长官意志起主要作用

的企业可能选择前者。企业也可能在这一过程中并未确立明显和强烈的文化特征，但后来改变了原有的文化氛围，创造了全新的企业文化。战略管理中这种企业文化的确立和创造必然对管理会计控制系统的设计产生重要影响，促使管理会计的系统设计更多地考虑到人的因素，以适应本企业战略管理所需要的文化氛围，有效地实现其过程控制。例如，企业预算编制程序的选择，不仅要考虑企业战略管理中所形成的企业文化，而且在此过程中要进一步加强这种特征，由此形成的管理会计系统必然带有更强的个性特征。

5. 收集、处理和应用信息必须遵循合法性、科学性与艺术性相结合的原则

与战略相关的信息，是以外向型为主体的多样化信息。这种类型的信息可从企业外部多种渠道获得，如公开的财务报告、竞争对手广告、行业分析报告、贸易金融报道、政府统计公告、银行金融市场、商品市场、产品技术分析、竞争对手的前雇员、行业协会、竞争对手团体中的其他成员、实地考察、本企业雇员、行业专家顾问、共同的顾客、共同的供应商等。实际上，相关的多样化信息来源是不胜枚举的。即使在日常公开出版的报纸、杂志和其他公开出版物中，也包含了大量相关信息资源的原始材料，必须把它们视为极其重要的信息宝藏。

多样化的信息收集，可以由企业的信息机构和人员去做，也可以委托企业外部专业化管理咨询机构去做。同时也应注重第一手材料的掌握，以增强对有关信息源的洞察与感悟能力，这对提高相关信息的决策有用性是非常重要的。

此外，还可直接运用当代先进的科学技术，为采集多样化的信息服务。例如，请相关的技术专家拆解竞争对手的产品，借以较详细、深入地了解其结构和功能及其整体上独特之处。又如，请冶金专家研究竞争对手厂外主要运货铁道的生锈程度，借以判断其生产经营的盛衰情况，以便采取相应的对策。这些都可以为企业提供大量战略相关信息。

通过多样化的方法和手段所取得的多样化的信息资料，还只是属于原始性的材料，并不直接具有战略的相关性与有用性。这是因为它们表现为既数量庞大、形式多样，又杂乱无章。只有以科学的态度、灵活的技巧，对它们作进一步的筛选、加工、分类和整理，通过去粗取精、去伪存真，形成既反映社会物质层面又反映社会精神层面的独特信息系统，才能使这些信息资料最终具有战略的相关性与有用性。这一过程可简称为信息的处理过程。它所取得的成果是信息处理人员科学精神与艺术修养相结合的产物。

## 二、战略管理会计的形成

第二次世界大战以后，尤其是进入 20 世纪 80 年代以后，企业的竞争日趋激烈，在世界经济一体化的进程中，企业面临着来自国内外的竞争压力，市场环境瞬息万变，经营条件日益复杂。所有企业都面临着同一个问题：如何在激烈的竞争中立于不败之地？如果企业仍将眼光局限在企业内部，只关注企业内部效率的提高，显然是行不通的。在双方市场的情况下，企业的内部效率如果不能通过市场外化为效益，企业必然会在竞争中一败涂地。企业只有关注外部市场，关注竞争对手，知己知彼，努力获取并保持竞争优势，才能谋求生存和发展的机会。而传统的管理体制在新形势下逐渐显露出其滞后的一面，主要表现为：

第一，观念陈旧，不能适应高新技术的挑战。高级制造技术（Advanced Manufacturing Technologies，AMT）和适时生产技术（Just In Time，JIT）的发展改变了许多企业的生产工艺，这种制造技术的革命引发了许多问题。比如，由于适时制生产系统下的单元式生产、零缺陷的特点，使其可以将所有物料消耗、人工费用分别归入直接成本，基本防止间接成本的出现；零库存使产品生产成本与期间成本保持一致；大量自动化设备、电脑的出现必然会加大固定性制造

费用，从而改变了成本性态的类型。而现有的成本系统不仅没能帮助管理者适应这种变化，还限制了对这种变化的适应。因此，管理会计也必须有一场革命。

第二，缺乏重视外部环境的战略观念。外部环境是企业生存的基础，既为企业的生存和发展提供了机会，又可能对企业经营造成某种威胁。所以，管理会计应该指明企业所处的相对竞争地位，其提供的信息应便于企业进行竞争战略调整，应提供预警信息。但传统的管理会计却无法提供这种信息。例如，从市场份额变化中可以看出企业竞争地位的相对变化，这种市场份额信息无疑会提高管理会计的相关性，但遗憾的是，很少有公司将这种有用的战略信息定期纳入其内部管理报告。而且，传统的管理会计不能真正联系竞争对手来分析企业所处的竞争地位。

第三，管理会计的运用不能独立于财务会计。企业财务报告应符合会计准则的要求，这些准则要求人们采取客观的、可验证的程序，将成本分配到产品中，不必精确计量已消耗的资源。就单个产品消耗的资源来说，每种产品的成本可能是不准确的；但就报表的准确性而言，却必须是财务会计准则和公众所能接受的。从这一方面来说，就应该保持管理会计和财务会计两个相互独立的系统，但是，保持这两个相互独立的系统就要付出很高的成本。于是，企业管理者在进行内部管理时，通常依据与外部财务报告来源相同的信息，这样管理会计就变得完全依赖于财务会计，由此引发出一场管理上的变革，即战略管理。战略管理的产生无疑为传统的管理活动注入了新鲜的血液。这种管理上的变革也导致了会计上尤其是管理会计上的不适应。因此，传统的管理会计如何与之配合以适应新的形势，就成为人们研究的课题。战略管理会计也正是在这种条件下产生的。

## 三、现代管理会计与战略管理会计的区别和联系

### （一）在管理会计研究对象的范围方面

从管理会计研究对象的范围上看，现代管理会计是内向型的财务信息系统，而战略管理会计是外向型的综合信息系统。

现代管理会计是建立在传统的企业管理体制的基础上的，注重本企业内部的决策、计划及控制执行，只对本企业的成本管理、决策及责任会计负责。在市场竞争不是很激烈的情况下，企业只需在其内部加强成本管理，提高劳动生产率，便可生存。但是，在科技迅猛发展的时代，竞争日趋激烈，光从本企业考虑，忽视外部环境所带来的影响，只知己而不知彼，已不能满足企业在竞争环境下的信息需求，它所提供的信息与企业的战略决策缺乏相关性。

战略管理会计是站在战略的高度，关注企业外部环境的变化，面对竞争对手，分析企业自身所处地位，以企业取得竞争优势作为主要目标。外向型的战略管理会计不仅要收集、分析企业内部的数据信息，更要走出企业为本企业提供外部市场环境及竞争者的信息，做到知己知彼，以求在市场竞争中立于不败之地。战略管理会计通过收集、分析、比较竞争对手具有战略相关性的信息，了解本企业在市场竞争中的地位，从而保持和增强企业的竞争力。

可见，战略管理会计克服了现代管理会计的一个重要缺陷，它拓展了管理会计对象的范围，由内向型向外向型发展，以适应战略管理的需要。

### （二）在管理会计的主体及目标方面

从管理会计的主体及目标上看，现代管理会计注重本企业短期利益的最大化，而战略管理会计注重企业的长远目标及整体利益的最大化。

现代管理会计注重的只是单个企业在有限期间内的发展，它提供的信息主要是对企业内

部经营决策及经营管理发挥作用。现代管理会计注重对营运资本的控制，它对投资方案的评价仅限于从财务效益的角度展开，企业经营业绩也只表现在当期的利润上，只注重追求企业短期利润的最大化。而实际上，当企业之间的竞争上升为全局性的战略竞争时，追求长远目标、抢占市场份额已成为企业刻不容缓的奋斗目标。

战略管理会计注重企业长远发展，重视市场开发、新产品开发及新产品定位等。它主要服务于企业的长期战略计划，追求企业长久的竞争优势，立足于长远目标，不断扩大市场份额，从长远利益角度来分析、评价企业资本投资。站在战略的高度，企业投资开始倾向于以智力投资为主，在人力资源、科技开发、新产品开发等方面多投入资金，以求保持企业长久的竞争力。这样，在战略管理会计中，对企业投资方案的评价不再仅局限于财务效益指标，而必须同时考虑非财务效益方面的指标，如引进人才的未来效益、引进高新技术的未来效益及新产品的市场份额等；投资决策不仅要采用定量分析法，还要辅之以定性分析法。战略管理会计被应用于企业集团作战，则注重全局利益，它的信息分析完全基于整体利益考虑。为了获得长远利益，它会考虑放弃短期利益；为了顾全整体利益，它甚至会放弃某个成员企业的利益。企业的经营成果不仅要反映在利润指标上，还要反映在企业价值的增加上。相比之下，战略管理会计注重长远性、整体利益的最大化以及具有超前性等特征。

**（三）在管理会计的研究对象方面**

从管理会计的研究对象上看，现代管理会计研究的是单一的财务信息，而战略管理会计研究的是与战略管理相关的多样化信息。

现代管理会计研究的是财务信息，而忽视了非财务信息对企业的影响。然而，外界环境及企业内部管理体系的变化会带来对管理会计信息需求的变化。企业外界环境的变化，如市场竞争、经营战略、信息加工技术变化等，会引发企业组织机构的变化。而这又必然导致管理会计研究对象及内容发生相应变化，这种变化表现在：一方面，财务信息的种类将发生变化；另一方面，非财务信息的需求也将大幅上升，如产品更新换代信息、知识产权、市场竞争信息及市场战略规划等。

战略管理会计根据外界环境及企业战略管理的需要，从企业内外部广泛收集、加工、运用各种相关信息，将信息范围扩展到与企业战略决策相关的所有信息，其中包括财务的与非财务的、数量的与质量的、经济的与非经济的、物质层面的与非物质层面的，甚至有关天时、地利、人和等方面的信息。这些信息有的来源于企业内部的财务、市场、技术、人事等部门，有的则来自企业以外的政府机关、金融机构及大众媒体等。

现代管理会计由于其研究的只是财务信息，而忽视其他信息，故它是不完整的、不充分的。尤其在竞争日趋激烈的大市场中，现代管理会计所运用的信息很容易使企业在决策中失误，丧失竞争力。战略管理会计充分收集、分析、运用与企业战略管理相关的所有信息，而不再局限于财务信息，从而使得企业能充分做到知己知彼，最终作出正确的战略决策，对保持甚至增强市场竞争力大有益处。

**（四）在管理会计应用的方法方面**

从管理会计应用的方法上看，现代管理会计的方法是非常有限的，仅限于对财务指标的计算；而战略管理会计则是在此基础上从多方位、多角度来进行综合分析和研究，其应用方法是多元化的。

现代管理会计是建立在传统的经济管理体制基础上的，其目的是满足企业经营管理的需要，其内向型的管理以及信息来源、种类的单一性又决定了现代管理会计应用方法的单一。现代管理会计的应用方法主要是对财务指标的计算，具体应用更多地体现在它的基本职能中，如预测分析、决策分析、预算编制、控制、业绩评价及考核方法等。

战略管理会计是企业经营战略的产物，为适应外界环境及企业组织机构的变化，其应用方法较现代管理会计有很大变化。第一，由于科技信息时代无形资产占企业资产的比重较高，企业资产的核算开始逐步将重点转移到无形资产；第二，随着制造业比重的下降，开始对原有成本计算方法及成本管理方法进行改进，引进作业成本法，并实行作业管理；第三，为比较、分析与同行业竞争对手的竞争优势，采用价值链分析法或其他分析方法，如竞争对手分析法、矩阵定位分析法、环境分析法等；第四，为更好地适应企业分权管理模式，实行目标成本管理、非财务指标的业绩评价及分层激励机制等；第五，战略管理会计还要结合生命周期分析法、成本动因分析法、产品组合矩阵法等多种方法，为企业战略管理提供全面、充分的信息。

战略管理会计在处理信息方法上的多元化，有助于企业管理层在更广泛、更深刻的层面上掌握信息，从而可以综合研究、全面分析，并作出正确的战略决策。

## 第二节　战略管理会计的基本内容和方法

### 一、战略管理会计的目标

正确的目标是系统良性循环的前提条件。战略管理会计的目标对战略管理会计系统的运行也具有同样意义。战略管理会计的目标可以分为最终目标和具体目标两个层次。

战略管理会计的最终目标应与企业的总目标具有一致性。传统管理会计的最终目标是利润最大化。利润最大化虽然能够使企业讲求核算和加强管理，但是，它不仅没有考虑企业的远景规划，而且忽略了市场经济条件下最重要的一个因素——风险。为了克服利润最大化的短期性和不顾风险的缺陷，战略管理会计的目标应立足于企业的长远发展，权衡风险与报酬之间的关系。自 21 世纪以来，多数企业把价值最大化作为自己的总目标，因为它克服了利润最大化的缺点，考虑了货币时间价值和风险因素，有利于社会财富的稳定增长。企业价值是企业现实与未来收益、有形与无形资产等的综合表现。因此，企业价值最大化也就是战略管理会计的最终目标。

战略管理会计的具体目标主要包括以下四个方面：(1)协助管理当局确定战略目标；(2)协助管理当局编制战略规划；(3)协助管理当局实施战略规划；(4)协助管理当局评价战略管理业绩。

### 二、战略管理会计的主要内容

战略管理会计究竟包括哪些内容，目前还没有统一的说法。作者认为，目前战略管理会计的主要内容应包括以下五个方面：

**(一)战略目标的制定**

战略管理会计首先要协助高层管理者制定战略目标。企业的战略目标可以分为三个层次，即公司战略目标、竞争战略目标、职能战略目标。公司战略目标主要是确定经营方向和业务范围方面的目标。竞争战略目标主要研究产品和服务在市场上竞争的目标问题，需要回答以下几个基本问题：企业应在哪些市场竞争？要与哪些产品竞争？如何实现可持续的竞争优势？其竞争目标是成本领先还是差异化？是保持较高的竞争地位还是可持续的竞争优势？职能战略目标所要回答的问题是:在实施竞争战略过程中,公司各个部门或各种职能应该发挥什么作用、达到什么目标?战略管理会计要从企业外部与内部收集各种信息,提出各种可行的战略目标,供高层管理者选择。

**(二)战略成本管理**

成本管理是管理会计的重要内容之一。它是一个对投资立项、研究开发与设计、生产、销售进行全方位监控的过程。战略成本管理主要是从战略的角度来研究影响成本的各个环节,从而进一步找出降低成本的途径。作业影响动因,动因影响成本。成本动因可以分为两大类:一类是与企业生产作业有关的成本动因,如存货搬运次数;另一类是与企业战略有关的成本动因,如规模、技术、经营多元化、全面质量管理以及人力资本的投入。相对于作业成本动因而言,战略成本动因对成本的影响更大。因此,从战略成本动因来进行成本管理,可以避免企业在日后经营中可能出现的大量成本浪费问题。一般来说,企业可以通过采取适度的投资规模、市场调研、合理的研究开发策略等途径来降低战略成本。

**(三)经营投资决策**

战略管理会计为企业战略管理提供各种相关、可靠的信息。因此,它在提供与企业经营投资决策有关的信息的过程中,应克服传统管理会计存在的短期性和简单化的缺陷。它应以战略的眼光提供全局性和长远性的、与决策相关的有用信息。为此,战略管理会计在经营决策方面应摒弃建立在划分变动成本和固定成本基础上的本量利分析模式,采用长期本量利分析模式。长期本量利分析模式是在企业的产品成本、收入与销售量呈非线性关系,固定成本变动及产销量不平衡等客观条件下,来研究成本、业务量与利润之间的关系。其关键是应用高等数学、逻辑学建立成本、业务量与利润之间的数学模型和关系图,从而确定保本点、安全边际等相关指标,进行利润敏感性分析。在长期投资决策方面,应突破传统的长期投资决策模型中的两个假定:一是资本性投资集中在建设期内,项目经营期间不再追加投资;二是流动资金在期初一次垫付,期末一次收回。把资本性投资与流动资金在项目经营期间随着产品销量的变化而变动的部分也考虑在内,此时的现金流量与传统的现金流量有所不同,其计算公式为:

第 $t$ 年的现金流量＝第 $t-1$ 年销售收入×(1＋第 $t$ 年销售增长率)×第 $t$ 年销售利润率×(1－第 $t$ 年所得税税率)＋第 $t$ 年折旧额－(第 $t$ 年销售收入－第 $t-1$年销售收入)×(第 $t$ 年边际固定资产投资率＋第 $t$ 年流动资金投资率)

将上述现金流量折现就可以得出企业长期投资的预期净现值。战略管理会计以现实的现金流量为基础,更能反映企业投资的实际业绩,为企业注重持续发展提供有用的信息。

**(四)人力资源管理**

人力资源管理是企业战略管理的重要组成部分,也是战略管理会计的重要内容。它包括为提高企业和个人绩效而进行的人事战略规划、日常人事管理以及一年一度的员工绩效评价。前者主要是人员招聘和员工培训方面的规划。战略管理会计的核心是以人为本,通过一定的方法和技能来激励员工以获取最大的人力资源价值,并采用一定的方法来确认和计量人力资源的价值与成本,进行人力资源的投资分析。

**(五)风险管理**

企业的任何一项行为都带有一定的风险。企业可能因冒风险而获取超额利润,也可能会招致巨额损失。一般而言,报酬与风险是共存的,报酬越大,风险也越大。风险增加到一定程度,就会威胁企业的生存。由于战略管理会计着重研究全局的、长远的战略性问题,因此,它必须经常考虑风险因素。其对风险的管理主要是在经营与投资管理中采用一定的方法(如投资组合、资产重组、并购与联营等)分散风险。

## 三、战略管理会计的主要方法

为了使战略管理会计理论在企业会计实践中得到成功的应用,还需有一定的方法加以保证。战略管理会计的基本方法主要有:

**(一)作业成本法**

20 世纪 80 年代以来,为了适应制造环境的变化,作业成本法应运而生。它是一个以作业为基础的信息加工系统,着眼于成本动因,依据资源耗费的因果关系进行成本分析。即先按作业对资源的耗费情况将成本分配到成本对象,这就克服了传统成本计算系统下间接费用责任不清的缺陷,使以前的许多不可控间接费用在作业成本系统中变成可控。同时,作业成本法大大拓展了成本核算范围,改进了成本分摊方法,及时提供了相对准确的成本信息,优化了业绩评价标准。

**(二)产品生命周期法**

产品生命周期理论认为,任何产品从最初投放市场到最终退出市场都是一个有限的生命过程。这一过程可由几个明显的阶段加以区分,分别为产品投放期、成长期、成熟期和衰退期。追踪某一产品的销售历史可以看出,产品的生命周期可用 S 形曲线描述出来。随着产品沿着生命周期曲线的移动,单位利润也随之变化。在产品投放前期,因其尚未被人所接受,单位利润为负数;随着对产品接受程度的提高,单位利润迅速上升;而过了成长期,随着竞争的加剧,单位利润开始逐渐下降,直至退出市场。

在不同的阶段,企业会面临不同的机会和挑战,因而需采取相应的战略。产品生命周期法可以很好地指导企业的战略成本管理。例如,在投放期和成长期,应以创业为使命,努力提高市场占有率;在成熟期,应以维持为使命,以保持企业现有的市场份额和竞争地位;在衰退期,则应以收获为使命,力争短期利润和现金流入的最大化,甚至牺牲部分市场份额。

**(三)增长率份额矩阵法**

与上述方法类似的另一分析工具是增长率份额矩阵,又称产品组合矩阵。它最早由波士顿顾问公司(BCG)采用。该矩阵是按产品的市场份额和市场增长情况,将企业的各种产品分成四个单元,如表 11－1 所示。

**表 11－1**

| | | 相对市场份额 | |
|---|---|---|---|
| | | 高 | 低 |
| 市场增长 | 高 | 明星(现金生成者或现金吸收者) | 野猫(现金吸收者) |
| | 低 | 现金牛(大量现金生成者) | 落水狗(少量现金生成者或现金吸收者) |

其中,市场增长代表了公司的现金需求,而相对市场份额则代表了企业的盈利水平和生成现金的能力。因为要保持较高的市场增长率,就需要大量的流动资产和固定资产投资,从而产生大量的现金需求;同时根据经验曲线效应,较高的市场占有率意味着企业具有较强的成本优势,从而会产生大量的现金流入。

根据产品组合矩阵,应对不同单元的产品采取不同的战略。简言之,对于野猫产品,应加大投资，使其迅速占领市场，成为明星产品；对于明星产品，则应以保持市场份额为主要目标；对于现金牛产品，应不失时机地抓紧收获，并尽量延长收获时间，而不宜再进一步增加市场份额；对于落水狗产品，应采取撤退战略，尽早将其逐出企业的经营范围。

应当注意，在运用上述战略时，不应孤立地进行，而要联系各种产品同时进行，即采取产品组合战略。如将现金牛产品生成的现金扶持野猫产品，使其成为明星产品，进而成为现金牛产品，以产生持久的竞争优势，支持其后的战略计划。

**（四）价值链分析法**

价值链分析是由美国学者波特首先提出来的，分为横向价值链和纵向价值链两种。

从横向角度，波特将企业行为分成九种相关的活动，包括一般管理、人力资源管理、技术发展、采购、内勤、经营、外勤、营销和服务。价值链上的每项活动都有其自身的经营成本和资产，因此，每项活动的成本要受到所分配的资产数量和使用效率的影响。为分别考察每种活动的成本效益状况，应将资产和成本分配到这些活动中去，并确定每项活动的成本动因，将其影响予以数量化，以揭示各种成本动因的相对重要程度。同时，为了衡量企业的成本竞争地位，还应将上述分析运用到竞争对手身上。如果企业价值链上所有活动的累计总成本小于竞争对手的成本，就具有了成本优势。而这种优势若能得以保持，使竞争对手无法轻易模仿，才具有战略上的意义。

从纵向角度，是将整个行业的价值活动分解成一系列相关的战略活动。这往往会超越任何一个企业的经营范围。例如，可以将造纸行业分成木材种植、砍伐、纸浆生产、造纸、加工、销售等几个价值活动。通过这一分析，可以使我们深入理解成本性态以及各个阶段产生差异的原因，从而确定企业由目前的位置沿着价值链向前或向后延伸是否有利可图，以提高整体的盈利水平。

**（五）竞争对手分析法**

当今企业之间的竞争已成为全球性经济发展的动力，当代竞争战略是建立在与竞争对手对比的基础上，如果不能准确地判断竞争对手，就无法制定可行的竞争战略。企业要取得竞争优势，就要了解竞争对手、分析竞争对手。

分析竞争对手，首先应明确谁是竞争对手。企业实际的和潜在的竞争对手包括向目标市场提供相似产品或服务的企业、经营具有相互替代性的产品或服务的企业、在市场上试图改变或影响消费者的消费习惯和消费倾向的企业等。对于第一类竞争对手，由于产品的性能相同而且基本稳定，可以将其作为主要竞争对手进行分析，其中又以最具竞争力的对手为主。

分析竞争对手的价值链是确定竞争对手在竞争中相对地位的基本工具。在明确所要分析的竞争对手之后，分析的重要步骤是识别竞争对手的价值链，判断竞争对手是怎样进行价值活动的。对竞争对手的价值链分析与对自己价值链的分析过程相同。在实践中，由于没有竞争对手的直接信息，要估计竞争对手的价值链和成本通常极为困难，因此，就需要采用一定的方法取得竞争对手的直接信息。具体做法有：评估竞争对手在公开市场购买中间产品的相对成本差异；根据汇率的相对变动判断海外竞争对手的成本变动趋势；根据竞争对手生产场所的地理位置和销售渠道计算其在特定市场的销售成本；根据竞争对手的技术装备判断竞争对手的生产效率；根据竞争对手的生产能力和市场份额判断竞争对手的生产能力利用率；通过与竞争对手的分销商、供应商以及其他人士交谈来评估竞争对手某些价值活动的成本；根据竞争对手公开的财务报告、行业分析报告、内部刊物等资料提供的数据对竞争者的成本和价值链情况作出判断。另外，也可以委托专门的咨询服务公司调查评估竞争对手。

**（六）预警分析法**

预警分析法是一种事先预测可能影响企业竞争地位和财务状况的潜在因素，以提醒管理部门注意的分析方法。它通过对行业特点和竞争状况进行分析，使管理部门在不利情况来临之前就采取防御措施，解决潜在的问题。预警分析可分为外部分析和内部分析。外部分析主要分析企业面临的市场状况、市场占有率等；内部分析主要分析劳动生产率、机制运转效率、职工队伍稳定性等。显然，能熟练预测内外部环境变化的企业具有较大的竞争优势。

**（七）质量成本分析法**

战略管理会计关注更多有关竞争能力的非财务信息，其中之一便是质量，许多企业为此采取了全面质量管理。质量成本分析法是指从产品的研制、开发、设计、制造，一直到售后服务整个寿命周期内的质量成本分析的方法。它主要分析质量成本的四个部分，即预防成本、鉴定成本、内部质量损失和外部质量损失。只有全面掌握与质量有关的成本信息，管理者才能进行正确的质量成本管理与控制，借以转变传统管理会计重产量、轻质量的观念。

应当指出，战略管理会计的方法远不止以上几种，并且始终处于不断的发展完善之中，同时，它也并非完全独立于常规管理会计之外。实际上，许多战略管理会计方法是常规管理会计方法在战略环境下的延伸，如本量利分析、差异分析等，但其实施结果却可能与常规管理会计大相径庭。

## 本章关键概念

战略管理　　战略管理会计　　战略成本管理　　价值链分析

## 复习思考题

1. 简要说明战略管理会计的含义和特点。
2. 战略管理会计形成的背景是什么？
3. 试述战略管理会计与传统管理会计的区别和联系。
4. 战略管理会计的基本内容包括哪些方面？
5. 战略管理会计的研究方法有哪些？

# 附　录

**附表一**　　**1 元的复利终值表**　　$P_{\boxed{n}\,i}=P(1+i)^n$

| 年 | 1% | 2% | 3% | 4% | 5% | 6% | 7% | 8% | 9% | 10% | 12% |
|---|---|---|---|---|---|---|---|---|---|---|---|
| 1 | 1.010 | 1.020 | 1.030 | 1.040 | 1.050 | 1.060 | 1.070 | 1.080 | 1.090 | 1.100 | 1.120 |
| 2 | 1.020 | 1.040 | 1.061 | 1.082 | 1.102 | 1.124 | 1.145 | 1.166 | 1.188 | 1.210 | 1.254 |
| 3 | 1.030 | 1.061 | 1.093 | 1.125 | 1.158 | 1.191 | 1.225 | 1.260 | 1.295 | 1.331 | 1.405 |
| 4 | 1.041 | 1.082 | 1.126 | 1.170 | 1.216 | 1.262 | 1.311 | 1.360 | 1.412 | 1.464 | 1.573 |
| 5 | 1.051 | 1.104 | 1.159 | 1.217 | 1.276 | 1.338 | 1.403 | 1.469 | 1.539 | 1.611 | 1.762 |
| 6 | 1.062 | 1.126 | 1.194 | 1.265 | 1.340 | 1.419 | 1.501 | 1.587 | 1.677 | 1.772 | 1.974 |
| 7 | 1.072 | 1.149 | 1.230 | 1.316 | 1.407 | 1.504 | 1.606 | 1.714 | 1.828 | 1.949 | 2.211 |
| 8 | 1.083 | 1.172 | 1.267 | 1.369 | 1.478 | 1.594 | 1.718 | 1.851 | 1.993 | 2.144 | 2.476 |
| 9 | 1.094 | 1.195 | 1.305 | 1.423 | 1.551 | 1.689 | 1.838 | 1.999 | 2.172 | 2.358 | 2.773 |
| 10 | 1.105 | 1.219 | 1.344 | 1.480 | 1.629 | 1.791 | 1.967 | 2.159 | 2.367 | 2.594 | 3.106 |
| 11 | 1.116 | 1.243 | 1.384 | 1.539 | 1.710 | 1.898 | 2.105 | 2.332 | 2.580 | 2.853 | 3.478 |
| 12 | 1.127 | 1.268 | 1.426 | 1.601 | 1.796 | 2.012 | 2.252 | 2.518 | 2.813 | 3.138 | 3.896 |
| 13 | 1.138 | 1.294 | 1.469 | 1.665 | 1.886 | 2.133 | 2.410 | 2.720 | 3.066 | 3.452 | 4.363 |
| 14 | 1.149 | 1.319 | 1.513 | 1.732 | 1.980 | 2.261 | 2.579 | 2.937 | 3.342 | 3.797 | 4.887 |
| 15 | 1.161 | 1.346 | 1.558 | 1.801 | 2.079 | 2.397 | 2.759 | 3.172 | 3.642 | 4.177 | 5.474 |
| 16 | 1.173 | 1.373 | 1.605 | 1.873 | 2.183 | 2.540 | 2.952 | 3.426 | 3.970 | 4.595 | 6.130 |
| 17 | 1.184 | 1.400 | 1.653 | 1.948 | 2.292 | 2.693 | 3.159 | 3.700 | 4.328 | 5.054 | 6.866 |
| 18 | 1.196 | 1.428 | 1.702 | 2.026 | 2.407 | 2.854 | 3.380 | 3.996 | 4.717 | 5.560 | 7.690 |
| 19 | 1.208 | 1.457 | 1.754 | 2.107 | 2.527 | 3.026 | 3.617 | 4.316 | 5.142 | 6.116 | 6.613 |
| 20 | 1.220 | 1.486 | 1.806 | 2.191 | 2.653 | 3.207 | 3.870 | 4.661 | 5.604 | 6.728 | 9.646 |
| 25 | 1.282 | 1.641 | 2.094 | 2.666 | 3.386 | 4.292 | 5.427 | 6.848 | 8.623 | 10.835 | 17.000 |
| 30 | 1.348 | 1.811 | 2.427 | 3.243 | 4.322 | 5.743 | 7.612 | 10.063 | 13.268 | 17.449 | 29.960 |

| 年 | 14% | 15% | 16% | 18% | 20% | 25% | 32% | 40% | 50% | 60% | 80% |
|---|---|---|---|---|---|---|---|---|---|---|---|
| 1 | 1.140 | 1.150 | 1.160 | 1.180 | 1.200 | 1.250 | 1.320 | 1.400 | 1.500 | 1.600 | 1.800 |
| 2 | 1.300 | 1.323 | 1.346 | 1.392 | 1.440 | 1.563 | 1.742 | 1.960 | 2.250 | 2.560 | 3.240 |
| 3 | 1.482 | 1.521 | 1.561 | 1.643 | 1.728 | 1.953 | 2.300 | 2.711 | 3.375 | 4.096 | 5.832 |
| 4 | 1.689 | 1.749 | 1.811 | 1.939 | 2.074 | 2.441 | 3.036 | 3.842 | 5.063 | 6.554 | 10.498 |
| 5 | 1.925 | 2.011 | 2.100 | 2.288 | 2.488 | 3.052 | 4.007 | 5.378 | 7.594 | 10.486 | 18.896 |
| 6 | 2.195 | 2.313 | 2.436 | 2.700 | 2.986 | 3.815 | 5.290 | 7.530 | 11.391 | 16.777 | 34.012 |
| 7 | 2.502 | 2.660 | 2.826 | 3.185 | 3.583 | 4.768 | 6.983 | 10.541 | 17.086 | 26.844 | 61.222 |
| 8 | 2.853 | 3.059 | 3.278 | 3.759 | 4.300 | 5.960 | 9.217 | 14.758 | 25.629 | 42.950 | 110.200 |
| 9 | 3.252 | 3.518 | 3.803 | 4.435 | 5.160 | 7.451 | 12.166 | 20.661 | 38.443 | 68.720 | 198.359 |
| 10 | 3.707 | 4.046 | 4.411 | 5.234 | 6.192 | 9.313 | 16.060 | 28.925 | 57.665 | 109.950 | 357.047 |
| 11 | 4.226 | 4.652 | 5.117 | 6.176 | 7.430 | 11.642 | 21.199 | 40.496 | 86.493 | 175.922 | 642.684 |
| 12 | 4.818 | 5.350 | 5.936 | 7.288 | 8.891 | 14.552 | 27.983 | 56.694 | 129.746 | 281.475 | 1 156.831 |
| 13 | 5.492 | 6.153 | 6.886 | 8.499 | 10.699 | 18.190 | 36.937 | 79.372 | 194.619 | 450.360 | 2 082.296 |
| 14 | 6.261 | 7.076 | 7.988 | 10.147 | 12.839 | 22.737 | 48.757 | 111.120 | 291.929 | 720.576 | 3 748.133 |
| 15 | 7.138 | 8.137 | 9.266 | 11.974 | 15.407 | 28.422 | 64.359 | 155.568 | 437.894 | 1 152.921 | 6 746.641 |
| 16 | 8.137 | 9.358 | 10.748 | 14.129 | 18.486 | 35.527 | 84.954 | 217.795 | 656.84 | 1 844.7 | 12 144.0 |
| 17 | 9.276 | 10.761 | 12.468 | 16.672 | 22.186 | 44.409 | 112.139 | 304.913 | 985.26 | 2 851.5 | 21 359.1 |
| 18 | 10.575 | 12.375 | 14.463 | 19.673 | 26.623 | 55.511 | 148.024 | 426.879 | 1 477.9 | 4 722.4 | 39 346.4 |
| 19 | 12.056 | 14.232 | 16.777 | 23.214 | 31.948 | 69.386 | 195.391 | 597.630 | 2 216.8 | 7 555.8 | 70 823.5 |
| 20 | 13.743 | 16.367 | 19.461 | 27.393 | 38.338 | 86.736 | 257.916 | 836.683 | 3 325.3 | 12 089.3 | 127 482.4 |
| 25 | 26.462 | 32.919 | 40.874 | 62.669 | 95.396 | 264.693 | 1 033.590 | 4 497.880 | 25 251.0 | 126 765.1 | 2 408 865.9 |
| 30 | 50.950 | 66.212 | 85.850 | 143.371 | 237.376 | 807.794 | 4 142.075 | 24 201.432 | 19 175.1 | 1 329 228.0 | 45 517 159.6 |

**附表二** **1元的复利现值表** $p_{\overline{n}|i}=S\left[\frac{1}{(1+i)^{n}}\right]$

| 年 | 1% | 2% | 3% | 4% | 5% | 6% | 7% | 8% | 9% | 10% | 12% | 14% |
|---|---|---|---|---|---|---|---|---|---|---|---|---|
| 1 | 0.990 | 0.980 | 0.971 | 0.962 | 0.952 | 0.943 | 0.935 | 0.926 | 0.917 | 0.909 | 0.893 | 0.877 |
| 2 | 0.980 | 0.961 | 0.943 | 0.925 | 0.907 | 0.890 | 0.873 | 0.857 | 0.842 | 0.826 | 0.797 | 0.769 |
| 3 | 0.971 | 0.942 | 0.915 | 0.889 | 0.864 | 0.840 | 0.816 | 0.794 | 0.772 | 0.751 | 0.712 | 0.675 |
| 4 | 0.961 | 0.924 | 0.888 | 0.855 | 0.823 | 0.792 | 0.763 | 0.735 | 0.708 | 0.683 | 0.636 | 0.592 |
| 5 | 0.951 | 0.906 | 0.863 | 0.822 | 0.784 | 0.747 | 0.713 | 0.681 | 0.650 | 0.621 | 0.567 | 0.519 |
| 6 | 0.942 | 0.888 | 0.837 | 0.790 | 0.746 | 0.705 | 0.666 | 0.630 | 0.596 | 0.564 | 0.507 | 0.456 |
| 7 | 0.933 | 0.871 | 0.813 | 0.760 | 0.711 | 0.665 | 0.623 | 0.583 | 0.547 | 0.513 | 0.452 | 0.400 |
| 8 | 0.923 | 0.853 | 0.789 | 0.731 | 0.677 | 0.627 | 0.582 | 0.540 | 0.502 | 0.467 | 0.404 | 0.351 |
| 9 | 0.914 | 0.837 | 0.766 | 0.703 | 0.645 | 0.592 | 0.544 | 0.500 | 0.460 | 0.424 | 0.361 | 0.308 |
| 10 | 0.905 | 0.820 | 0.744 | 0.676 | 0.614 | 0.558 | 0.508 | 0.463 | 0.422 | 0.386 | 0.322 | 0.270 |
| 11 | 0.896 | 0.804 | 0.722 | 0.650 | 0.585 | 0.527 | 0.475 | 0.429 | 0.388 | 0.350 | 0.287 | 0.237 |
| 12 | 0.887 | 0.788 | 0.701 | 0.625 | 0.557 | 0.497 | 0.444 | 0.397 | 0.356 | 0.319 | 0.257 | 0.208 |
| 13 | 0.879 | 0.773 | 0.681 | 0.601 | 0.530 | 0.469 | 0.415 | 0.368 | 0.326 | 0.290 | 0.229 | 0.182 |
| 14 | 0.870 | 0.758 | 0.661 | 0.577 | 0.505 | 0.442 | 0.388 | 0.340 | 0.299 | 0.263 | 0.205 | 0.160 |
| 15 | 0.861 | 0.743 | 0.642 | 0.555 | 0.481 | 0.417 | 0.362 | 0.315 | 0.275 | 0.239 | 0.183 | 0.140 |
| 16 | 0.853 | 0.728 | 0.623 | 0.534 | 0.458 | 0.394 | 0.339 | 0.292 | 0.252 | 0.218 | 0.163 | 0.123 |
| 17 | 0.844 | 0.714 | 0.605 | 0.513 | 0.436 | 0.371 | 0.317 | 0.270 | 0.231 | 0.198 | 0.146 | 0.108 |
| 18 | 0.836 | 0.700 | 0.587 | 0.494 | 0.416 | 0.350 | 0.296 | 0.250 | 0.212 | 0.180 | 0.130 | 0.095 |
| 19 | 0.828 | 0.686 | 0.570 | 0.475 | 0.396 | 0.331 | 0.276 | 0.232 | 0.194 | 0.164 | 0.116 | 0.083 |
| 20 | 0.820 | 0.673 | 0.554 | 0.456 | 0.377 | 0.312 | 0.258 | 0.215 | 0.178 | 0.149 | 0.104 | 0.073 |
| 25 | 0.780 | 0.610 | 0.478 | 0.375 | 0.295 | 0.233 | 0.184 | 0.146 | 0.116 | 0.092 | 0.059 | 0.038 |
| 30 | 0.742 | 0.552 | 0.412 | 0.308 | 0.231 | 0.174 | 0.131 | 0.099 | 0.075 | 0.057 | 0.033 | 0.020 |

| 年 | 15% | 16% | 18% | 20% | 25% | 30% | 35% | 40% | 45% | 50% | 60% | 80% |
|---|---|---|---|---|---|---|---|---|---|---|---|---|
| 1 | 0.870 | 0.862 | 0.847 | 0.833 | 0.800 | 0.769 | 0.741 | 0.714 | 0.690 | 0.667 | 0.625 | 0.556 |
| 2 | 0.756 | 0.743 | 0.718 | 0.694 | 0.640 | 0.592 | 0.549 | 0.510 | 0.476 | 0.444 | 0.391 | 0.309 |
| 3 | 0.658 | 0.641 | 0.609 | 0.579 | 0.512 | 0.455 | 0.406 | 0.364 | 0.328 | 0.296 | 0.244 | 0.171 |
| 4 | 0.572 | 0.552 | 0.516 | 0.482 | 0.410 | 0.350 | 0.301 | 0.260 | 0.226 | 0.198 | 0.153 | 0.095 |
| 5 | 0.497 | 0.476 | 0.437 | 0.402 | 0.328 | 0.269 | 0.223 | 0.186 | 0.156 | 0.132 | 0.095 | 0.053 |
| 6 | 0.432 | 0.410 | 0.370 | 0.335 | 0.262 | 0.207 | 0.165 | 0.133 | 0.108 | 0.088 | 0.060 | 0.029 |
| 7 | 0.376 | 0.354 | 0.314 | 0.279 | 0.210 | 0.159 | 0.122 | 0.095 | 0.074 | 0.059 | 0.037 | 0.016 |
| 8 | 0.327 | 0.305 | 0.266 | 0.233 | 0.168 | 0.123 | 0.091 | 0.068 | 0.051 | 0.039 | 0.023 | 0.009 |
| 9 | 0.284 | 0.263 | 0.225 | 0.194 | 0.134 | 0.094 | 0.067 | 0.048 | 0.035 | 0.026 | 0.015 | 0.005 |
| 10 | 0.247 | 0.227 | 0.191 | 0.162 | 0.107 | 0.073 | 0.050 | 0.035 | 0.024 | 0.017 | 0.009 | 0.003 |
| 11 | 0.215 | 0.195 | 0.162 | 0.135 | 0.086 | 0.056 | 0.037 | 0.025 | 0.017 | 0.012 | 0.006 | 0.002 |
| 12 | 0.187 | 0.168 | 0.137 | 0.112 | 0.069 | 0.043 | 0.027 | 0.018 | 0.012 | 0.008 | 0.004 | 0.001 |
| 13 | 0.163 | 0.145 | 0.116 | 0.093 | 0.055 | 0.033 | 0.020 | 0.013 | 0.008 | 0.005 | 0.002 | 0.001 |
| 14 | 0.141 | 0.125 | 0.099 | 0.078 | 0.044 | 0.025 | 0.015 | 0.009 | 0.006 | 0.003 | 0.001 | |
| 15 | 0.123 | 0.108 | 0.084 | 0.065 | 0.035 | 0.020 | 0.011 | 0.006 | 0.004 | 0.002 | 0.001 | |
| 16 | 0.107 | 0.093 | 0.071 | 0.054 | 0.028 | 0.015 | 0.008 | 0.005 | 0.003 | 0.002 | | |
| 17 | 0.093 | 0.080 | 0.060 | 0.045 | 0.023 | 0.012 | 0.006 | 0.003 | 0.002 | 0.001 | | |
| 18 | 0.081 | 0.069 | 0.051 | 0.038 | 0.018 | 0.009 | 0.005 | 0.002 | 0.001 | | | |
| 19 | 0.070 | 0.060 | 0.043 | 0.031 | 0.014 | 0.007 | 0.003 | 0.002 | 0.001 | | | |
| 20 | 0.061 | 0.051 | 0.037 | 0.026 | 0.012 | 0.005 | 0.002 | 0.001 | 0.001 | | | |
| 25 | 0.030 | 0.024 | 0.016 | 0.010 | 0.004 | 0.001 | 0.001 | | | | | |
| 30 | 0.015 | 0.012 | 0.007 | 0.004 | 0.001 | | | | | | | |

**附表三** **1 元的普通年金终值表** $A_{\overline{n}|i}=R\left[\dfrac{(1+i)^n-1}{i}\right]$

| 年 | 1% | 2% | 3% | 4% | 5% | 6% | 7% | 8% | 9% | 10% | 12% |
|---|---|---|---|---|---|---|---|---|---|---|---|
| 1 | 1.000 | 1.000 | 1.000 | 1.000 | 1.000 | 1.000 | 1.000 | 1.000 | 1.000 | 1.000 | 1.000 |
| 2 | 2.010 | 2.020 | 2.030 | 2.040 | 2.050 | 2.060 | 2.070 | 2.080 | 2.090 | 2.100 | 2.120 |
| 3 | 3.030 | 3.060 | 3.091 | 3.122 | 3.152 | 3.184 | 3.215 | 3.246 | 3.278 | 3.310 | 3.374 |
| 4 | 4.060 | 4.122 | 4.184 | 4.262 | 4.310 | 4.375 | 4.440 | 4.506 | 4.573 | 4.641 | 4.779 |
| 5 | 5.101 | 5.204 | 5.309 | 5.416 | 5.526 | 5.637 | 5.751 | 5.867 | 5.985 | 6.105 | 6.353 |
| 6 | 6.152 | 6.308 | 6.468 | 6.633 | 6.802 | 6.975 | 7.153 | 7.336 | 7.523 | 7.716 | 8.115 |
| 7 | 7.214 | 7.434 | 7.662 | 7.898 | 8.142 | 8.394 | 8.654 | 8.923 | 9.200 | 9.487 | 10.089 |
| 8 | 8.286 | 8.583 | 8.892 | 9.214 | 9.549 | 9.897 | 10.260 | 10.637 | 11.028 | 11.436 | 12.300 |
| 9 | 9.369 | 9.755 | 10.159 | 10.583 | 11.027 | 11.491 | 11.978 | 12.488 | 13.021 | 13.579 | 14.776 |
| 10 | 10.462 | 10.950 | 11.464 | 12.006 | 12.578 | 13.181 | 13.816 | 14.487 | 15.193 | 15.937 | 17.549 |
| 11 | 11.567 | 12.169 | 12.808 | 13.486 | 14.207 | 14.972 | 15.784 | 16.645 | 17.560 | 18.531 | 20.655 |
| 12 | 12.683 | 13.412 | 14.192 | 15.026 | 15.917 | 16.870 | 17.888 | 18.977 | 20.141 | 21.384 | 24.133 |
| 13 | 13.809 | 14.680 | 15.618 | 16.627 | 17.713 | 18.882 | 20.141 | 21.495 | 22.953 | 24.523 | 28.029 |
| 14 | 14.947 | 15.974 | 17.086 | 18.292 | 19.599 | 21.051 | 22.550 | 24.215 | 26.019 | 27.975 | 32.393 |
| 15 | 16.097 | 17.293 | 18.599 | 20.024 | 21.579 | 23.276 | 25.129 | 27.152 | 29.361 | 31.772 | 37.280 |
| 16 | 17.258 | 18.639 | 20.157 | 21.825 | 23.657 | 25.673 | 27.888 | 30.324 | 33.003 | 35.950 | 42.753 |
| 17 | 18.430 | 20.012 | 21.762 | 23.698 | 25.840 | 28.213 | 30.840 | 33.750 | 36.974 | 40.545 | 48.884 |
| 18 | 19.615 | 21.412 | 23.414 | 25.645 | 28.132 | 30.906 | 33.999 | 37.450 | 41.301 | 45.599 | 55.750 |
| 19 | 20.811 | 22.841 | 25.117 | 27.671 | 30.539 | 33.760 | 37.379 | 41.446 | 46.010 | 51.159 | 63.440 |
| 20 | 22.019 | 24.297 | 26.870 | 29.778 | 33.066 | 36.786 | 40.995 | 45.762 | 51.160 | 57.275 | 72.052 |
| 25 | 28.243 | 32.030 | 36.459 | 41.646 | 47.727 | 54.865 | 63.249 | 73.016 | 84.701 | 98.347 | 133.334 |
| 30 | 34.785 | 40.568 | 47.575 | 56.085 | 66.439 | 79.058 | 94.461 | 113.283 | 136.308 | 164.494 | 241.333 |

| 年 | 14% | 15% | 16% | 18% | 20% | 25% | 32% | 40% | 50% | 60% | 80% |
|---|---|---|---|---|---|---|---|---|---|---|---|
| 1 | 1.000 | 1.000 | 1.000 | 1.000 | 1.000 | 1.000 | 1.000 | 1.000 | 1.000 | 1.000 | 1.000 |
| 2 | 2.140 | 2.150 | 2.160 | 2.180 | 2.200 | 2.250 | 2.320 | 2.400 | 2.500 | 2.600 | 2.800 |
| 3 | 3.440 | 3.472 | 3.506 | 3.572 | 3.640 | 3.812 | 4.062 | 4.360 | 4.750 | 5.160 | 6.040 |
| 4 | 4.921 | 4.993 | 5.066 | 5.215 | 5.368 | 5.765 | 6.362 | 7.104 | 8.125 | 9.256 | 11.872 |
| 5 | 6.610 | 6.742 | 6.877 | 7.154 | 7.442 | 8.207 | 9.398 | 10.946 | 13.188 | 15.810 | 22.370 |
| 6 | 8.536 | 8.754 | 8.977 | 9.442 | 9.930 | 11.258 | 13.406 | 16.324 | 20.781 | 26.295 | 41.265 |
| 7 | 10.730 | 11.067 | 11.414 | 12.142 | 12.916 | 15.073 | 18.696 | 23.853 | 32.172 | 43.073 | 75.278 |
| 8 | 13.233 | 13.727 | 14.240 | 15.327 | 16.499 | 19.841 | 25.678 | 34.395 | 49.258 | 69.916 | 136.500 |
| 9 | 16.085 | 16.786 | 17.518 | 19.082 | 20.799 | 25.802 | 34.895 | 49.153 | 74.887 | 112.866 | 246.699 |
| 10 | 19.337 | 20.304 | 21.321 | 23.521 | 25.959 | 33.252 | 47.062 | 69.814 | 113.330 | 181.585 | 445.058 |
| 11 | 23.045 | 24.349 | 25.733 | 28.755 | 32.150 | 42.566 | 63.122 | 98.739 | 170.995 | 291.536 | 802.105 |
| 12 | 27.271 | 29.002 | 30.850 | 34.931 | 39.581 | 54.207 | 84.320 | 139.235 | 257.493 | 467.458 | 1 444.788 |
| 13 | 32.089 | 34.352 | 36.786 | 42.219 | 48.497 | 68.759 | 112.303 | 195.929 | 387.239 | 748.933 | 2 601.619 |
| 14 | 37.581 | 40.505 | 43.672 | 50.818 | 59.196 | 86.949 | 149.240 | 275.300 | 581.859 | 1 199.293 | 1 683.914 |
| 15 | 43.842 | 47.580 | 51.660 | 60.965 | 72.035 | 109.686 | 197.997 | 386.400 | 873.788 | 1 919.869 | 8 432.045 |
| 16 | 50.980 | 55.717 | 60.925 | 72.939 | 87.442 | 138.108 | 262.36 | 541.99 | 1 311.7 | 3 072.8 | 15 179.0 |
| 17 | 59.118 | 65.075 | 71.673 | 87.068 | 105.931 | 173.635 | 347.31 | 759.78 | 1 968.6 | 4 917.5 | 27 323.0 |
| 18 | 68.394 | 75.836 | 84.141 | 103.740 | 128.117 | 218.044 | 459.45 | 1 064.7 | 2 953.8 | 7 868.9 | 49 182.0 |
| 19 | 78.969 | 88.212 | 98.603 | 123.414 | 154.740 | 273.555 | 607.47 | 1 491.6 | 4 431.7 | 12 591.0 | 88 528.0 |
| 20 | 91.025 | 102.443 | 115.380 | 146.628 | 186.688 | 342.944 | 802.86 | 2 083.2 | 6 648.5 | 20 147.0 | 159 350.0 |
| 25 | 181.871 | 212.793 | 249.215 | 342.603 | 471.981 | 1 054.791 | 2 322.68 | 11 247.0 | 50 500.0 | 211 270.0 | 3 011 100.0 |
| 30 | 356.787 | 434.745 | 530.312 | 790.942 | 1 181.882 | 3 227.174 | 11 294.10 | 60 501.0 | 583 501.0 | 2 215 400.0 | 56 886 000.0 |

**附表四** 1 元的普通年金现值表 $a_{\overline{n}|i}=R\left[\dfrac{1-\dfrac{1}{(1+i)^n}}{i}\right]$

| 年 | 1% | 2% | 3% | 4% | 5% | 6% | 7% | 8% | 9% | 10% | 12% | 14% |
|---|---|---|---|---|---|---|---|---|---|---|---|---|
| 1 | 0.990 | 0.980 | 0.971 | 0.962 | 0.952 | 0.943 | 0.935 | 0.926 | 0.917 | 0.909 | 0.893 | 0.877 |
| 2 | 1.970 | 1.942 | 1.913 | 1.886 | 1.859 | 1.833 | 1.808 | 1.783 | 1.759 | 1.736 | 1.690 | 1.647 |
| 3 | 2.941 | 2.884 | 2.829 | 2.775 | 2.723 | 2.673 | 2.624 | 2.577 | 2.531 | 2.487 | 2.402 | 2.322 |
| 4 | 3.902 | 3.808 | 3.717 | 3.630 | 3.546 | 3.465 | 3.387 | 3.312 | 3.240 | 3.170 | 3.037 | 2.914 |
| 5 | 4.853 | 4.713 | 4.580 | 4.452 | 4.329 | 4.212 | 4.100 | 3.993 | 3.890 | 3.791 | 3.605 | 3.433 |
| 6 | 5.795 | 5.601 | 5.417 | 5.242 | 5.076 | 4.917 | 4.766 | 4.623 | 4.486 | 4.355 | 4.111 | 3.889 |
| 7 | 6.728 | 6.472 | 6.230 | 6.002 | 5.786 | 5.582 | 5.389 | 5.206 | 5.033 | 4.868 | 4.564 | 4.288 |
| 8 | 7.652 | 7.325 | 7.020 | 6.733 | 6.463 | 6.210 | 5.971 | 5.747 | 5.535 | 5.335 | 4.968 | 4.639 |
| 9 | 8.566 | 8.162 | 7.786 | 7.435 | 7.108 | 6.802 | 6.515 | 6.247 | 5.985 | 5.759 | 5.328 | 4.946 |
| 10 | 9.471 | 8.983 | 8.530 | 8.111 | 7.722 | 7.360 | 7.024 | 6.710 | 6.418 | 6.145 | 5.650 | 5.216 |
| 11 | 10.368 | 9.787 | 9.253 | 8.760 | 8.306 | 7.887 | 7.499 | 7.139 | 6.805 | 6.495 | 5.938 | 5.453 |
| 12 | 11.255 | 10.575 | 9.954 | 9.385 | 8.863 | 8.384 | 7.943 | 7.536 | 7.161 | 6.814 | 6.194 | 5.660 |
| 13 | 12.134 | 11.348 | 10.635 | 9.986 | 9.394 | 8.853 | 8.358 | 7.904 | 7.487 | 7.103 | 6.424 | 5.842 |
| 14 | 13.004 | 12.106 | 11.296 | 10.563 | 9.899 | 9.295 | 8.745 | 8.244 | 7.786 | 7.367 | 6.628 | 6.002 |
| 15 | 13.865 | 12.849 | 11.938 | 11.118 | 10.380 | 9.712 | 9.108 | 8.559 | 8.061 | 7.606 | 6.811 | 6.142 |
| 16 | 14.718 | 13.578 | 12.561 | 11.652 | 10.838 | 10.106 | 9.447 | 8.851 | 8.312 | 7.824 | 6.974 | 6.265 |
| 17 | 15.562 | 14.292 | 13.166 | 12.166 | 11.274 | 10.477 | 9.763 | 9.122 | 8.544 | 8.022 | 7.120 | 6.373 |
| 18 | 16.398 | 14.992 | 13.754 | 12.659 | 11.690 | 10.828 | 10.059 | 9.372 | 8.756 | 8.201 | 7.250 | 6.467 |
| 19 | 17.226 | 15.678 | 14.324 | 13.134 | 12.085 | 11.158 | 10.336 | 9.604 | 8.950 | 8.365 | 7.366 | 6.550 |
| 20 | 18.046 | 16.351 | 14.877 | 13.590 | 12.462 | 11.470 | 10.594 | 9.818 | 9.128 | 8.514 | 7.469 | 6.623 |
| 25 | 22.023 | 19.523 | 17.413 | 15.622 | 14.094 | 12.783 | 11.654 | 10.675 | 9.823 | 9.077 | 7.843 | 6.873 |
| 30 | 25.807 | 22.397 | 19.600 | 17.292 | 15.373 | 13.765 | 12.409 | 11.258 | 10.274 | 9.427 | 8.055 | 7.003 |

| 年 | 15% | 16% | 18% | 20% | 25% | 30% | 35% | 40% | 45% | 50% |
|---|---|---|---|---|---|---|---|---|---|---|
| 1 | 0.870 | 0.862 | 0.847 | 0.833 | 0.800 | 0.769 | 0.741 | 0.714 | 0.690 | 0.667 |
| 2 | 1.626 | 1.605 | 1.566 | 1.528 | 1.440 | 1.361 | 1.289 | 1.224 | 1.165 | 1.111 |
| 3 | 2.283 | 2.246 | 2.174 | 2.106 | 1.950 | 1.816 | 1.696 | 1.589 | 1.493 | 1.407 |
| 4 | 2.855 | 2.798 | 2.690 | 2.589 | 2.362 | 2.166 | 1.997 | 1.849 | 1.720 | 1.605 |
| 5 | 3.352 | 3.274 | 3.127 | 2.991 | 2.689 | 2.436 | 2.220 | 2.035 | 1.876 | 1.737 |
| 6 | 3.784 | 3.685 | 3.498 | 3.326 | 2.951 | 2.643 | 2.385 | 2.168 | 1.983 | 1.824 |
| 7 | 4.160 | 4.039 | 3.812 | 3.605 | 3.161 | 2.802 | 2.508 | 2.263 | 2.057 | 1.883 |
| 8 | 4.487 | 4.344 | 4.078 | 3.837 | 3.329 | 2.925 | 2.598 | 2.331 | 2.108 | 1.922 |
| 9 | 4.772 | 4.607 | 4.303 | 4.031 | 3.463 | 3.019 | 2.665 | 2.379 | 2.144 | 1.948 |
| 10 | 5.019 | 4.833 | 4.494 | 4.193 | 3.571 | 3.092 | 2.715 | 2.414 | 2.168 | 1.965 |
| 11 | 5.234 | 5.029 | 4.656 | 4.327 | 3.656 | 3.147 | 2.752 | 2.438 | 2.185 | 1.977 |
| 12 | 5.421 | 5.197 | 4.793 | 4.439 | 3.725 | 3.190 | 2.779 | 2.456 | 2.196 | 1.985 |
| 13 | 5.583 | 5.342 | 4.910 | 4.533 | 3.780 | 3.223 | 2.799 | 2.468 | 2.204 | 1.990 |
| 14 | 5.724 | 5.468 | 5.008 | 4.611 | 3.824 | 3.249 | 2.814 | 2.477 | 2.210 | 1.993 |
| 15 | 5.847 | 5.575 | 5.092 | 4.675 | 3.859 | 3.268 | 2.825 | 2.484 | 2.214 | 1.995 |
| 16 | 5.954 | 5.669 | 5.162 | 4.730 | 3.887 | 3.286 | 2.834 | 2.489 | 2.216 | 1.997 |
| 17 | 6.047 | 5.749 | 5.222 | 4.775 | 3.910 | 3.295 | 2.840 | 2.492 | 2.218 | 1.998 |
| 18 | 6.128 | 5.818 | 5.273 | 4.812 | 3.920 | 3.304 | 2.844 | 2.494 | 2.219 | 1.999 |
| 19 | 6.198 | 5.877 | 5.316 | 4.844 | 3.942 | 3.311 | 3.848 | 2.496 | 2.220 | 1.999 |
| 20 | 6.259 | 5.929 | 5.353 | 4.870 | 3.954 | 3.316 | 2.850 | 2.497 | 2.221 | 1.999 |
| 25 | 6.464 | 6.097 | 5.467 | 4.948 | 3.985 | 3.329 | 2.856 | 2.499 | 2.222 | 2.000 |
| 30 | 6.566 | 6.177 | 5.517 | 4.979 | 3.995 | 3.332 | 2.857 | 2.500 | 2.222 | 2.080 |

# 主要参考文献


[1]张一贞主编:《管理会计学》,中国物价出版社 2001 年版。

[2]张一贞主编:《管理会计》(第 3 版),上海财经大学出版社 2012 年版。

[3]余绪缨主编:《管理会计学》,中国人民大学出版社 1999 年版。

[4]孙茂竹、文光伟、杨万贵主编:《管理会计学》(第 7 版),中国人民大学出版社 2015 年版。

[5]于增彪主编:《管理会计》,清华大学出版社 2014 年版。

[6]温素彬主编:《管理会计》(第 2 版),机械工业出版社 2014 年版。

[7]许金叶编著:《管理会计》,清华大学出版社 2012 年版。

[8]郑丁旺等编著:《成本与管理会计》,中国人民大学出版社 2015 年版。

[9]冯巧根主编:《管理会计》(第 3 版),中国人民大学出版社 2016 年版。

[10]余绪缨、谢灵主编:《管理会计》(第 2 版),首都经济贸易大学出版社 2011 年版。

[11]胡玉明主编:《管理会计》(第 2 版),暨南大学出版社 2010 年版。

[12]陈万江主编:《管理会计》,西南财经大学出版社 2009 年版。

[13]林涛主编:《管理会计》,厦门大学出版社 2011 年版。

[14]吕长江主编:《管理会计》,复旦大学出版社 2006 年版。

[15]侯本领著:《管理会计》,东北财经大学出版社 2005 年版。

[16]吴大军主编:《管理会计》(第 3 版),东北财经大学出版社 2013 年版。

[17]周宝源主编:《管理会计学》(第 2 版),南开大学出版社 2010 年版。

[18]叶陈云著:《管理会计:量化工具与方法》,机械工业出版社 2016 年版。

[19]杨文安编著:《管理会计原理与个案》,上海财经大学出版社 2002 年版。

[20]张长胜著:《企业全面预算管理教程》,北京大学出版社 2012 年版。

[21]财政部企业司编:《企业全面预算管理的理论与案例》,经济科学出版社 2004 年版。

[22]夏宽云编著:《战略成本管理》,立信会计出版社 2000 年版。

[23]胡元木著:《成本与管理会计研究》,经济科学出版社 2010 年版。

[24]宋献中著:《管理会计——战略与价值链分析》,北京大学出版社 2006 年版。

[25]龚巧莉著:《全面预算管理——案例与实务指引》(第 2 版),机械工业出版社 2012 年版。

[26]谢福泉著:《供应链成本管理》,经济科学出版社 2008 年版。

[27]高晨著:《管理者业绩评价与激励前沿问题研究》,经济科学出版社 2010 年版。

[28]杨立芳著:《业绩评价与激励机制实证研究》,东北财经大学出版社 2008 年版。

[29]李玉周著:《基于成本视角的管理会计重构研究》,西南财经大学出版社 2010 年版。

[30]曹国强著:《管理会计也时尚》,中信出版社 2013 年版。

[31][日]稻盛和夫著:《阿米巴经营》,中国大百科全书出版社 2013 年版。

[32][美]罗伯特· S. 卡普兰著:《估时作业成本法》,商务印书馆 2010 年版。

[33][美]罗伯特· S. 卡普兰著:《高级管理会计》(第 2 版),东北财经大学出版社 2007 年版。

[34][美]罗纳德·W. 希尔顿著:《管理会计》,机械工业出版社 2000 年版。

[35][美]唐·R. 汉森、玛丽安·M. 莫文著:《管理会计》,北京大学出版社 2000 年版。

[36][美]查尔斯·T. 亨格瑞等著:《管理会计》,北京大学出版社 2013 年版。